A SUCESSÃO NA
ESTRATÉGIA
DOS NEGÓCIOS

Valorizar Talentos | Desenvolver Líderes | Garantir o Futuro

A SUCESSÃO NA ESTRATÉGIA DOS NEGÓCIOS

ROSA BERNHOEFT
Especialista em formação de líderes, empresários e executivos

ALTA BOOKS
EDITORA
Rio de Janeiro, 2019

A sucessão na estratégia dos negócios
Copyright © 2019 da Starlin Alta Editora e Consultoria Eireli. ISBN: 978-85-508-0824-6

Todos os direitos estão reservados e protegidos por Lei. Nenhuma parte deste livro, sem autorização prévia por escrito da editora, poderá ser reproduzida ou transmitida. A violação dos Direitos Autorais é crime estabelecido na Lei nº 9.610/98 e com punição de acordo com o artigo 184 do Código Penal.

A editora não se responsabiliza pelo conteúdo da obra, formulada exclusivamente pelo(s) autor(es).

Marcas Registradas: Todos os termos mencionados e reconhecidos como Marca Registrada e/ou Comercial são de responsabilidade de seus proprietários. A editora informa não estar associada a nenhum produto e/ou fornecedor apresentado no livro.

Impresso no Brasil — 1ª Edição, 2019 — Edição revisada conforme o Acordo Ortográfico da Língua Portuguesa de 2009.

Publique seu livro com a Alta Books. Para mais informações envie um e-mail para autoria@altabooks.com.br

Obra disponível para venda corporativa e/ou personalizada. Para mais informações, fale com projetos@altabooks.com.br

Produção Editorial Editora Alta Books **Gerência Editorial** Anderson Vieira	**Produtor Editorial** Juliana de Oliveira Thiê Alves **Assistente Editorial** Illysabelle Trajano	**Marketing Editorial** marketing@altabooks.com.br **Editor de Aquisição** José Rugeri j.rugeri@altabooks.com.br	**Vendas Atacado e Varejo** Daniele Fonseca Viviane Paiva comercial@altabooks.com.br	**Ouvidoria** ouvidoria@altabooks.com.br
Equipe Editorial	Adriano Barros Bianca Teodoro Ian Verçosa	Kelry Oliveira Keyciane Botelho Larissa Lima	Leandro Lacerda Maria de Lourdes Borges Paulo Gomes	Thales Silva Thauan Gomes
Revisão Gramatical Thamiris Leiroza Rochelle Lassarot	**Diagramação** Luisa Maria Gomes	**Capa** Thauan Gomes		

Erratas e arquivos de apoio: No site da editora relatamos, com a devida correção, qualquer erro encontrado em nossos livros, bem como disponibilizamos arquivos de apoio se aplicáveis à obra em questão.

Acesse o site www.altabooks.com.br e procure pelo título do livro desejado para ter acesso às erratas, aos arquivos de apoio e/ou a outros conteúdos aplicáveis à obra.

Suporte Técnico: A obra é comercializada na forma em que está, sem direito a suporte técnico ou orientação pessoal/exclusiva ao leitor.

A editora não se responsabiliza pela manutenção, atualização e idioma dos sites referidos pelos autores nesta obra.

Dados Internacionais de Catalogação na Publicação (CIP) de acordo com ISBD

B527r	Bernhoeft, Rosa
	A sucessão na estratégia dos negócios / Rosa Bernhoeft. - Rio de Janeiro : Alta Books, 2019.
	352 p. :il. ; 17cm x 24cm.
	Inclui bibliografia e índice.
	ISBN: 978-85-508-0824-6
	1. Administração. 2. Líderes. 3. Altos executivos. I. Título.
2019-908	CDD 658.4092 CDU 65.012.41

Elaborado por Vagner Rodolfo da Silva - CRB-8/9410

Rua Viúva Cláudio, 291 — Bairro Industrial do Jacaré
CEP: 20.970-031 — Rio de Janeiro (RJ)
Tels.: (21) 3278-8069 / 3278-8419
www.altabooks.com.br — altabooks@altabooks.com.br
www.facebook.com/altabooks — www.instagram.com/altabooks

Ao Renato, meu companheiro, com quem tudo começou. A Leonor, Carmen, Marita, Renata e Gustavo, meus filhos, que garantiram a sucessão da família. A Belen, Martin, Manuela, Luísa, Liz, Tom e Alex, filhos dos meus filhos, que, com as marcas que deixamos em suas mentes e corações, saberão, com as suas famílias, construir um mundo melhor do que aquele com o qual sonhamos no início da nossa jornada, há 55 anos.

AGRADECIMENTOS

A todos aqueles, meus clientes, que com generosidade me permitiram acesso ao mundo dos seus desejos, sonhos, expectativas e crescimento. Que se apresentaram, se abriram e se revelaram nas alegrias e nas dores das suas conquistas. Que me franquearam suas ambições e temores nos processos de sucessão em que estivemos envolvidos. Ao se mostrarem por inteiro, tornaram a mim a grande beneficiária de toda essa vivência. Recebi deles a coragem e o desapego essenciais para realizar a minha própria sucessão. Por tudo isso, sou grata.

EM ESPECIAL

À minha filha Renata Bernhoeft e ao seu marido Wagner Teixeira, sócios na Höft — Transição de Gerações e autores, neste livro, do capítulo *A sucessão na empresa familiar*, minha gratidão por manterem acesa a chama que sempre iluminou a minha trajetória profissional e a do Renato. Agradeço à Solange Ribeiro, diretora-presidente adjunta na Neonergia, e ao Peter Jancso, sócio da Jardim Botânico Investimentos e conselheiro independente em grandes empresas, por terem contribuído com ideias valiosas para esta obra.

Não poderia deixar de registrar meu agradecimento à minha equipe na Alba Consultoria, que compartilha e engrandece o meu sonho de tornar cada vez mais significativos os negócios das empresas que confiam em nossa expertise e, ainda, em gerar poder e sucesso às carreiras dos profissionais com quem lidamos.

Por fim, sou também grata à equipe da editora Alta Books por ter acreditado e publicado este meu trabalho.

SUMÁRIO

Prefácio ix
Introdução 1

Parte 1
Entendendo a Sucessão 3

   Capítulo 1. A Sucessão como Processo 3
   Capítulo 2. A Sucessão Está em Todos os Lugares 11

Parte 2
Dois Tipos Especiais de Sucessão 17

   Capítulo 3. A Empresa Estatal 17
   Capítulo 4. A Empresa Familiar 25
   Capítulo 5. A Sucessão na Empresa Familiar 31

Parte 3
Procura-se um Novo Presidente! 61

   Capítulo 6. Quando Morre um Presidente! 61
   Capítulo 7. Desgaste Excessivo no Cargo 67
   Capítulo 8. Missão Cumprida! 77
   Capítulo 9. Transformações Profundas: Hora de Mudar 85

Parte 4
A Jornada do Líder 91

Capítulo 10. Formando Líderes... 91
Capítulo 11. A Gestão de Diferentes Gerações na Empresa..................... 115
Capítulo 12. O CEO e Seu Papel 123
Capítulo 13. Os Dilemas do CEO que Deixa a Organização...................... 139
Capítulo 14. Os Dilemas da Ascensão à Posição de CEO 149
Capítulo 15. Exemplos Reais 159

Parte 5
O Processo de Sucessão: Antes, Durante e Depois 175

Capítulo 16. A Sucessão e Suas Muitas Variáveis....................................175
Capítulo 17. O Alto Executivo: Exercício do Cargo.................................. 185
Capítulo 18. Turbulências na Sucessão 195
Capítulo 19. A Sucessão e o Conselho de Administração 217
Capítulo 20. Do Day-to-Day ao Day-After.. 225

Parte 6
Gestão do Capital Humano na Empresa 245

Capítulo 21. Gestão do Capital Humano 245
Capítulo 22. Ferramentas para a Gestão do Capital Humano................. 265
Capítulo 23. Uma Proposta Metodológica para
a Gestão do Capital Humano.. 283
Capítulo 24. Desenvolvimento de Executivos.. 299

Conclusão... 321
Bibliografia Consultada 323
Índice 339

PREFÁCIO

por Jaime Benchimol

Sucessões de líderes de sucesso são momentos delicados de grande importância e risco para eles próprios e suas organizações. Neste texto extraordinário, Rosa Bernhoeft, descreve, analisa e sintetiza todas as etapas relevantes do processo de sucessão tanto do ponto de vista do sucedido como do sucessor. Trata-se de uma das obras mais completas que conheço sobre o assunto, especialmente se considerarmos os exemplos e comentários sobre casos brasileiros. Destaco a seguir alguns aspectos que mais me impressionaram e que acredito interessarão ao leitor.

O texto destaca que transições para gerações mais jovens são imperativos em todas as organizações empresariais, políticas, religiosas, militares, filantrópicas etc. e descreve as tensões psicológicas e frequentes conflitos entre sucedidos e sucessores que se defrontam com o dilema entre preservar o legado que recebem e imprimir a sua própria marca e o seu próprio estilo.

Há também preciosos comentários acerca da influência dos pais sobre os filhos, especialmente o primogênito, a busca da preservação da reputação e prestígio do sucedido, e um capítulo excepcional escrito por Renata Bernhoeft e Wagner Teixeira sobre os fundamentos e as estruturas recomendadas para empresas familiares. Nele, há instigantes e profundas perguntas que fundadores e sucessores de famílias empresárias precisam enfrentar.

O livro traz uma rica e rara discussão sobre as principais funções dos executivos, o relacionamento entre múltiplas gerações e os desgastes comuns entre líderes e presidentes com conselhos e estruturas de supervisão das organizações, no que diz respeito a estratégia, ética, responsabilidade e erros.

O processo de sucessão é analisado em toda a sua complexidade desde a escolha, integração e exercício do cargo com os desafios das competições internas e de como lidar com a cultura organizacional. Do ponto de vista do sucedido, o texto traz uma lista de preciosas recomendações e alternativas para os líderes adotarem em suas novas vidas e carreiras quando deixam a liderança. Sugere, especialmente, como o líder que se retira pode usar o tempo a seu favor para manter-se relevante e útil no mundo empresarial após passar o bastão.

Finalmente, Rosa Bernhoeft analisa com serenidade e brilho a importância do capital humano sob impacto das novas tecnologias apresentando as ferramentas disponíveis, inclusive o Sistema de Excelência Executiva (SEE), um mecanismo proprietário avançado usado para avaliar a eficácia do uso do capital humano no mundo atual.

Aprendi muito com o texto e recomendo com entusiasmo a leitura.

Jaime Benchimol, 62, é empresário amazonense, sócio e presidente da Sociedade Fogás Ltda, sócio e ex-presidente da Benchimol, Irmão e Cia Ltda (Lojas Bemol).

• • •

INTRODUÇÃO

Tenho refletido muito sobre o tema da *sucessão* nos dias mais recentes: o que esse termo significa; que origem tem; por que cada vez mais fazemos uso dele; e que dimensões mais importantes compõem a sua problemática nas organizações atualmente. O que me move a escrever este livro é estar convicta de que devo explorar como se realizam os processos de sucessão nas organizações em geral e nas empresas em particular. Há ao menos duas fortes razões que mostram a pertinência de produzir esta obra.

Uma delas é a certeza de que os processos de sucessão são fundamentais para a perenização das organizações. Todos já vimos o triste espetáculo de organizações fortes e competitivas que implodem por si mesmas após um mau passo dado em um processo de sucessão.

A outra razão para essa iniciativa é acreditar que todos temos uma missão neste mundo, que é ajudar a torná-lo um lugar melhor para se viver. Nos últimos trinta anos, tive o privilégio de conduzir processos de sucessão em organizações que fazem ou fizeram alguma diferença no cenário empresarial brasileiro e internacional. Assim, este livro é a minha missão. O fruto do meu desejo em compartilhar com você, leitor(a), minhas experiências como consultora de organizações.

Passo em seguida, portanto, a expor minhas ideias a respeito desse tema tão importante.

A fim de facilitar sua leitura, este livro é composto de 24 capítulos distribuídos em 6 partes. Cada parte inclui de 2 a 5 capítulos e cada um aborda um subtema bem específico dentro do espectro mais amplo do tema central: a sucessão dos altos executivos nas empresas. Os subtemas examinados em cada parte são:

- **Parte 1** — Fala da sucessão enquanto conceito.
- **Parte 2** — Examina casos e especificidades da sucessão em empresas com características especiais — as empresas estatais e as empresas familiares.
- **Parte 3** — Mostra e discute as razões que levam a um processo de sucessão em uma empresa.

- **Parte 4** — Fala do alto executivo, que participa ativamente do processo de sucessão, seja ele (ou ela) aquele que deixa o cargo ou o que chega para ocupá-lo.
- **Parte 5** — Cobre todas as demais questões que envolvem a sucessão. Este é o bloco de capítulos que descreverá todo o processo de sucessão.
- **Parte 6** — Finalmente, essa parte complementa tudo o que foi dito anteriormente, ao tratar das ferramentas, instrumentos e práticas para a Gestão do Capital Humano, sem os quais nenhum processo de sucessão pode acontecer em uma organização.

Quando escrevemos um livro, inevitavelmente tentamos adivinhar quais serão as pessoas que se disporão a investir o seu tempo em sua leitura. Nunca saberemos por quais olhos e mentes a obra que produzimos passará. No entanto, sempre imaginei que este volume poderia ser de grande valia para todos os líderes, executivos, gestores de recursos humanos, empresários, conselheiros de administração e acionistas que, inevitavelmente, em algum momento são colocados diante da necessidade de escolher um sucessor para dar continuidade à sua gestão, às suas crenças ou mesmo para garantir a sobrevivência da organização da qual são os detentores.

Os exemplos que trago nas páginas seguintes, a descrição de casos de sucesso (e de outros nem tão felizes assim), e algumas das minhas reflexões sobre os caminhos que facilitam a marcha das organizações à procura da sua perenidade acrescentarão, espero, mais instrumentos para auxiliar a todos os envolvidos que hoje investem sua energia em um processo de sucessão. E àqueles executivos e CEOs que ainda não colocaram esse processo em sua lista de ações, este livro tem a pretensão de alertá-los para a urgência de se planejarem, desde o primeiro dia de atuação em suas posições, e assim saber como devem atuar para que a sua saída de um cargo garanta um legado que faça justiça ao seu passado e, ao mesmo tempo, prepare o palco para que nele se apresentem novos atores com liberdade para atuar, criar e tornar ainda melhor a sua obra. Afinal, o show não pode parar.

Rosa Bernhoeft
São Paulo, dezembro de 2018

PARTE 1
Entendendo a Sucessão

Capítulo 1

A Sucessão como Processo

ENTENDENDO AS ORIGENS DO TERMO

Comecemos por lembrar que esse termo — sucessão — é originário do latim, mais especificamente do verbo *cedere*, que é acrescido do prefixo *sub*: *sub+cedere* (que, com o tempo, acabou sendo modificado para *succedere*). Isso quer simplesmente dizer: "vir depois".

Ou seja, o conceito de sucessão, em qualquer situação em que seja empregado, remete-nos ao que "vem depois", a algo que será de algum modo diferente daquilo que "existia antes": algo acontece e altera a situação que antes vigorava.

SUCESSÃO NÃO É EVENTO, MAS PROCESSO

Uma *sucessão* não pode ser vista de modo tão estreito quanto é a descrição de um fato: "Fulano deixou o cargo, e Sicrano assumiu" é um relato pobre demais para descrever o que é relevante em uma sucessão. Esta sempre começa (por vezes imperceptivelmente) muito antes de ser identificado um fato concreto e específico que a possa descrever; e prossegue, adiante no tempo, muito além desse fato concreto, sem esgotar-se nele.

Ou seja, na verdade Fulano começou a deixar o cargo que ocupava *muito antes* de ter saído dele de forma definitiva; e Sicrano começou a ingressar nessa posição, anteriormente ocupada por Fulano, *muito antes* de a substituição em si ter acontecido e sido anunciada. Além disso, as repercussões e as consequências dessa troca serão sentidas até muito tempo depois de o fato ter se realizado.

Tomemos como exemplo o caso brasileiro da substituição da presidente Dilma Rousseff pelo seu vice, Michel Temer. Em dado momento desse processo, o Congresso Nacional votou e aprovou o *impeachment* da presidente, e isso, de acordo com a Constituição Brasileira, automaticamente transformou o vice-presidente Temer no novo presidente — empossado em seguida.

Esse é o fato, mas ele é insuficiente para descrever tudo o que é importante no processo: muitos fatos ocorreram antes da votação do *impeachment* da presidente (e durante o próprio processo), assim como depois de o vice-presidente ter sido empossado como presidente. Descrever essa sucessão apenas mencionando o fato concreto é apresentar dela uma versão sumária, sintética — e incompleta.

O QUE É UM PROCESSO?

Um *processo* é uma marcha, um *work in progress*, um encadeamento de eventos, no qual cada um leva ao evento seguinte.

Nos tempos em que orientava executivos, frequentemente conduzia exercícios de aquecimento em seminários e *workshops* usando uma dinâmica em que pedia aos participantes para, em uma folha de papel, traçar uma linha representando sua vida e, sobre ela, demarcar alguns pontos sinalizando acontecimentos importantes que viveram. Eles então escreviam sobre a linha fatos como: "completei meu curso universitário", "arranjei meu primeiro emprego", "me casei", "nasceu meu primeiro filho", "comprei minha casa", "me divorciei", "morte de Fulano" etc. É o processo da vida...

Em todas as cadeias naturais está presente um processo de sucessão: as gerações se sucedem; os fatos históricos se superpõem e se encadeiam; os ambientes vão sendo transformados durante o processo. Para nossa conveniência, e assim podermos melhor entender e trabalhar esses processos, geralmente determinamos um ponto de partida e um de chegada, destacando apenas aquela porção do processo que mais nos interessa.

NOS PROCESSOS, ALGO MUDA E ALGO PERMANECE

As teorias de gestão hoje costumam dedicar uma atenção especial às mudanças, dado que, nas últimas décadas, elas têm sido particularmente frequentes e, ademais, radicais ou "disruptivas", como se costuma dizer. Mas sempre é preciso entender bem o que os teóricos estão querendo dizer quando usam o termo *mudança*: por vezes, eles estão se referindo às iniciativas dos dirigentes da empresa, que se veem obrigados a agir estrategicamente para fazer frente àquilo que se alterou no ambiente externo à organização; e, por vezes, estão falando dessas transformações havidas no ambiente interno da empresa e que são capazes de impactá-la e vindo a exigir dela ações importantes para redefinir-se ou reinventar-se. Em ambos os casos, o termo *mudança* pode ser usado com propriedade.

Um processo é, portanto, uma sucessão de mudanças produzidas por ação de algo ou de alguma pessoa ou decorrentes da dinâmica dos eventos no processo. "Não podemos banhar-nos duas vezes no mesmo rio..." é uma famosa frase do filósofo Heráclito de Éfeso, que a completa assim: "... pois, na segunda vez, nem o rio é o mesmo nem nós os somos!"

No entanto, se há *sempre* mudanças na dinâmica dos eventos no processo, ao mesmo tempo também há *permanências*. *Permanência* é conservação, continuidade ou constância; enfim, é a ausência de alteração. Ou seja, em um processo, além de *mudanças* verificam-se também *permanências*.

Mudança e permanência, portanto, não são conceitos opostos entre si, mas que se completam. Em qualquer processo, de uma etapa para outra há mudanças e permanências, estas são reconhecidas claramente como algo que já existia antes. Ao folhear um antigo álbum de fotografias, você poderá deparar-se com fotos de seus filhos, hoje adultos, quando eram crianças. Se examinar essas fotos com maior atenção, verá profundas mudanças na aparência deles; mas saberá identificar traços que mostrarão serem seus filhos — os mesmos de sempre! Mudança e permanência convivem, portanto, na dinâmica de qualquer processo.

PROCESSOS DEVEM SER COERENTES...

Voltemos à questão inicial que nos trouxe aqui: a sucessão de pessoas em uma organização empresarial. Esses processos de sucessão obviamente não são naturais, mas criados e administrados por alguma pessoa. Eles solicitam (mais que isso, eles exigem!) que haja alguma intervenção humana; requerem a iniciativa das pessoas que estão (ainda que parcialmente) no comando do processo; exigem que elas tomem decisões e ajam. Assim os episódios, eventos ou fenômenos que vão se sucedendo, caracterizando um processo de sucessão de um dirigente em uma organização, precisam ser avaliados a partir da necessidade, consciente ou não, que impulsionou as ações executadas fazendo o processo avançar.

Essas ações precisam mostrar algum grau de *coerência* — isto é, alguma conexão, algum nexo ou lógica capaz de ligar entre si os vários momentos que compõem esse processo, bem como as mudanças e as permanências que nele estão implicadas. Coerência quer dizer: conexão inteligível entre fenômenos, ligação harmônica entre eles. É a qualidade daquilo que apresenta alguma forma reconhecível de coesão, de uniformidade entre seus diversos aspectos. Para que haja coerência em um processo, tudo o que é mais importante nele precisa subordinar-se a um sentido geral e lógico a quem o observa. O processo não pode trazer contradições ou dúvidas ao observador.

Fica talvez mais fácil perceber a importância da coerência em um processo se pensarmos na sua ausência. Um processo é *incoerente* quando não se observa lógica em seus acontecimentos, quando nenhum princípio ou liame está claro entre os momentos que se sucedem e/ou entre as mudanças e as permanências que o caracterizam. Se esses estados encadeados entre si não puderem ser identificados como pertencentes a um mesmo processo, faltará coerência.

Essa busca de coerência entre os momentos, os fatos, os atos, as mudanças e as permanências é, na verdade, uma característica da mente humana. Angustiamo-nos quando não entendemos o porquê dos acontecimentos ou quando não conseguimos explicar as razões pelas quais um dado evento vem após o outro. Para entendermos melhor, os atos que observamos de uma pessoa no passado servirão como claras pistas sobre quais atos ela poderá praticar no futuro. Esperamos de um delinquente que cometa novos delitos; de um mentiroso, que minta outra vez.

... E CONGRUENTES

Outra questão a ser pensada nos processos é a *congruência* entre as palavras e os atos das pessoas envolvidas — a harmonia entre o que se diz e o que se faz.

Discursos e ações precisam coincidir, do contrário sobrevém o que se chama *dissonância cognitiva*, conceito desenvolvido nos anos 1950 pelo professor Leon Festinger, psicólogo de Nova York. Festinger mostrou que temos a necessidade de achar congruência entre nossas cognições (conhecimentos, opiniões, crenças) e atitudes, comportamentos e escolhas. Quando não "batem", ocorre a dissonância, um conflito interno.

Dissonâncias cognitivas fazem muito mal à gestão. Por exemplo, quando um gestor se apresenta como um defensor da participação dos subordinados nas decisões, mas não dá oportunidade aos seus próprios colaboradores de envolverem-se nas suas decisões; ou quando um presidente afirma querer preparar um sucessor para substituí-lo, mas sistematicamente posterga as decisões que precisa tomar para esse evento.

Por vezes a incongruência não ocorre por má-fé ou por defesa intencional dos interesses da pessoa — pode ser que ela nem sequer note que suas afirmações e seus atos não concordam entre si.

Ou seja, a óbvia incongruência que reside na afirmação "faça o que eu digo, mas não faça o que eu faço" é bem mais comum do que parece. No fundo, todos nós, com maior ou menor frequência, e de modo mais ou menos grave, mostramos algum grau de incongruência entre nossas palavras e ações. Ainda assim, todos poderemos também nos analisar munidos de certo grau de isenção, usar de uma razoável autocrítica e, percebendo tais incongruências, tratar de corrigi-las. Mais do que apenas tentar, temos a obrigação de *fazer*.

Há o caso de uma jovem consultora que visitou uma empresa tentando vender aos dirigentes desta um evento educativo que ela havia criado, destinado a pessoas que têm medo de voar. A consultora prometia ajudá-las a resolver essa dificuldade pessoal que, afinal de contas, não é tão incomum.

Essa jovem compareceu à reunião, em que apresentaria seu programa aos gestores da empresa, com uma parafernália de objetos pessoais — os quais revelavam quase instantaneamente ser ela uma pessoa marcada por uma notável quantidade de diferentes medos. Talvez ela não tivesse medo de voar (caso em que a incongruência seria muito maior!), mas, por certo, mostrava ter medo de ficar doente, pois trazia a bolsa repleta de remédios; e ter medo de se entediar, pois trazia várias distrações para entreter-se, caso ficasse sem ter o que fazer por alguns minutos.

Nessa reunião uma pessoa perguntou à jovem consultora por que carregava tantas coisas naquela enorme sacola. Ela respondeu que ali estavam as coisas que ela acreditava serem necessárias para "defender-se do mundo" (traduzindo, em última análise, sua necessidade de aquietar-se em relação aos seus diversos medos). Havia, portanto, uma profunda incongruência entre o objetivo do evento educativo que essa profissional tentava vender e o que ela pessoalmente praticava. Mas não se podia acusá-la de estar mal-intencionada, pois, na verdade, ela nem sequer percebia sua incongruência entre o que dizia aos gestores sobre o medo de voar e o modo como se apresentava.

Fato parecido pode acontecer com o presidente e primeiro acionista de uma empresa familiar quando está em vias de passar o principal cargo de direção da empresa a um dos seus filhos. Seus atos no processo de promover essa transição poderão ser coerentes entre si e, ao mesmo tempo, ser postos em prática com grande sacrifício de sua parte, como se agisse contrariado, não desejasse entregar seu posto de comando, o qual talvez fosse o principal meio de ele se identificar perante a sociedade, servindo como forma de representação pessoal em sua vida.

TUDO O QUE FAZEMOS TEM UMA MOTIVAÇÃO

Outro ingrediente importante em um processo é a motivação que existe por trás do que as pessoas fazem. Quando agem, elas o fazem atendendo a alguma necessidade ou interesse pessoal ou coletivo. Algum propósito precisa ser preenchido; algum objetivo, alcançado. Esses interesses, necessidades ou objetivos estabelecem as premissas para a ocorrência de um processo.

AS MOTIVAÇÕES VÊM DE PARADIGMAS

Por sua vez, essas motivações por trás dos fatos não explicam tudo. Por trás delas existem... paradigmas, habituais padrões de pensamento e de conduta, costumeiros modelos de perceber as coisas e de comportar-se. Se uma pessoa se sente impelida a querer mais e mais poder, por exemplo, é porque está acostumada a isso, já tem entranhado em si mesma esse paradigma.

Podemos nos acostumar com praticamente tudo, por mais perturbador que possa nos parecer a princípio. É assim que policiais se acostumam com a crueldade dos crimes que combatem; que médicos em prontos-socorros não se impressionam mais com as horríveis mutilações de acidentados graves; e que legistas conseguem digerir tranquilamente um sanduíche de presunto depois de ter feito uma autópsia. Com o passar do tempo e a frequência com que os presenciamos, casos realmente escabrosos para as demais pessoas tornam-se banais e corriqueiros em nossa mente.

Usamos aqui o termo *paradigma* para nos referir a esses estados mentais costumeiros que desenvolvemos com a repetição dos acontecimentos. Nossa mente gera paradigmas — modos padronizados de perceber a realidade e de agir em relação a ela —, que vão nos servir de referência para a avaliação de cada novo acontecimento semelhante com que nos deparamos. As motivações que temos e que nos fazem agir, portanto, não surgem do nada, mas são orientadas por esses paradigmas, que as legitimam e dão existência àquelas mesmas motivações anteriores.

Por exemplo, qualquer presidente que lidere uma empresa por vários anos seguidos acabará estabelecendo para isso um *modus operandi*, um jeito pessoal de conduzir sua organização. Ele desenvolve, por assim dizer, uma rotina de trabalho; acostuma-se a fazer seu trabalho de determinadas maneiras. Assim, mesmo quando o contexto em que sua empresa opera aconselha que ele mude seu modo de agir — por exemplo, que saia da rotina para tomar algumas decisões novas, ousadas e urgentes —, ele terá dificuldade para deixar seu paradigma anterior ou padrão de conduta.

O paradigma é, ao mesmo tempo, um modo tanto de pensar quanto de agir (o que nos anos mais recentes vem sendo chamado de *mindset* — algo que pode ser traduzido como "disposição mental"). Um bombeiro tem seu *mindset*. Ele é, em última análise, um apagador de incêndios e deve estar sempre de prontidão, aguardando o próximo incidente a ser combatido. É sua rotina diária e, portanto, o padrão de conduta ao qual se acostumou, o paradigma, que determina esse *mindset*. Caso uma nova situação apareça e, nesta, aquela forma costumeira de conduta não venha a funcionar bem, o bombeiro precisará mudar seu modo de agir — e isso exigirá dele que mude também seu modo de pensar. Fazer isso pode ser bastante complicado!

É bom advertir o leitor: não estamos divagando, filosofando ao léu. De fato, essas reflexões encerram pontos importantes com os quais teremos de lidar mais adiante, ao examinar e discutir o processo de sucessão nas organizações.

RESUMINDO...

Façamos uma síntese do que tratamos até agora para fechar este capítulo introdutório, antes de seguir para os próximos capítulos.

Falamos do processo de sucessão, no qual fatos aparecem como representativos — pontuais a princípio, têm um começo e um fim perceptíveis, mas realmente são gestados antes desse começo e prosseguem até depois desse fim aparente. Aquilo que comumente vemos como vários fatos separados entre si compõe, na verdade, um processo.

Processos são postos em marcha, nas organizações, pelas pessoas — que atuam impelidas por motivações, interesses, objetivos pessoais ou coletivos. E, por trás desses interesses e motivações existem paradigmas e *mindsets*, ou seja, modelos de pensar e de agir que se reforçam entre si: quanto mais se age de um dado modo, mais se confirma que é correto pensar daquela forma — e vice-versa.

Se uma pessoa ocupa uma posição de liderança em uma organização e está em vias de ser substituída por outra, que tomará seu lugar (não importa se isso decorre de sua própria iniciativa ou se é uma imposição da situação ou de quem nela exerça poder para tanto), frequentemente é o atual líder da posição quem deseja que a pessoa que o substituirá venha a ter as mesmas crenças que ele e que faça tudo mais ou menos do seu jeito. Enfim, geralmente queremos que nosso sucessor siga o nosso paradigma.

Há casos especiais em que o atual líder reconhece que seu modo de pensar e agir não é o melhor para sua organização. Nesse caso, o atual detentor da posição talvez pretenda (e talvez até mesmo seja isso que esteja levando à sua substituição) que seu substituto pense e aja de modo *diferente* do dele, isto é, adote um novo paradigma.

Mas, convenhamos, essa atitude é mais incomum. Quase sempre o sucedido deseja acreditar que está certo no que pensa e faz, e que seu paradigma deve seguir vigorando após sua saída do cargo. Caso outro líder o venha substituir adotando as mesmas crenças e condutas, isso deverá ser, afinal de contas, um atestado de que o antecessor estava certo!

Ou seja, em um processo de sucessão, frequentemente aqueles que estão deixando o comando desejam que haja *continuidade*; que os que chegam para o lugar sigam agindo do mesmo modo — obviamente porque lhes parece correto o que faziam. Isso pode representar um grande perigo, porque, inevitavelmente, "o novo sempre vem", como diz Belchior, na canção "Como nossos pais", imortalizada por Elis Regina! Sim, em qualquer época da história até os dias atuais, o "novo" sempre vem! Em qualquer época, o processo de sucessão sempre exigiu alguma mudança, embora tenha propiciado também algum nível de permanência. E, se isso tem sido verdadeiro por todo este tempo anterior, com mais razão o será daqui por diante, quando as transformações no mundo são especialmente rápidas e "disruptivas".

Ou seja, pode-se afirmar com grande certeza que a pior circunstância que se pode esperar em um processo de sucessão é a permanência do *status quo*, sem mudança alguma; isto é, que o novo candidato simplesmente repita *ipsis literis* tudo o que o líder anterior fez. A manutenção da atual circunstância, qualquer que seja, em um processo de sucessão é, em última análise, a perfeita receita para o... fracasso! Porque, quase invariavelmente, sucessão requer novas ideias e novas ações — a adoção de novos e distintos paradigmas e novas motivações — por vezes radicalmente novos e radicalmente distintos dos anteriores.

A troca de líderes, todos sabem, não se dá apenas dentro das empresas. É um imperativo da nossa finita condição humana. No próximo capítulo, será mostrado como em toda a nossa história a sucessão esteve presente. Ela se dá em todos os sistemas em que nos movimentamos: políticos, religiosos, familiares, no trabalho, nas equipes de futebol, no condomínio do prédio... Apesar de milenares, alguns hábitos ainda persistem no momento da passagem do bastão de comando. É o caso da continuidade do poder da primogenitura, ou seja, considerar o primeiro filho (homem) como herdeiro natural dos bens. Nas sucessões monárquicas, e ainda nos negócios familiares, o primogênito exerce um papel preponderante, particularidade que também será tratada mais adiante no livro. Nas organizações controladas por famílias, esse processo desemboca em momentos de grande expectativa e, muitas vezes, períodos de tensão.

Capítulo 2

A Sucessão Está em Todos os Lugares

A Igreja Católica teve 266 papas, desde o pontificado inicial de São Pedro Apóstolo, entre 33 e 64 d.C., até o de Francisco, iniciado em março de 2013. Os nove últimos papas anteriores a Francisco foram: Pio X (1903–1914), Bento XV (1914–1922), Pio XI (1922–1939), Pio XII (1939–1958), João XXIII (1958–1963), Paulo VI (1963–1978), João Paulo I (1978), João Paulo II (1978–2005) e Bento XVI (2005–2013).

O Brasil, da República Velha até a ditadura getulista, teve 14 presidentes, a saber: Deodoro da Fonseca, Floriano Peixoto, Prudente de Morais, Campos Sales, Rodrigues Alves, Afonso Pena, Nilo Peçanha, Hermes da Fonseca, Wenceslau Brás, Delfim Moreira, Epitácio Pessoa, Arthur Bernardes, Washington Luís e Júlio Prestes, que não tomou posse, deposto antes pela revolução de Getúlio Vargas.

A sucessão, portanto, é um fenômeno comum e absolutamente esperado, que existe desde sempre e está em todos os ambientes, nos governos, na vida política, nas empresas, na vida religiosa, nas famílias. Em todos os lugares e épocas, há um momento em que a investidura de alguém em um dado cargo termina e essa pessoa dá lugar a outra.

AS DINASTIAS

Nas monarquias, muito antes de a sucessão acontecer, o sucessor do atual monarca já era predeterminado pelo direito de sucessão. As dinastias (sequências de governantes oriundos da mesma família) quase sempre se estabeleciam em descendência direta. Por exemplo, a dinastia Yamato do Japão é a mais longa existente, tendo sido fundada no ano 600 a.C.

As dinastias instauram-se porque, nas monarquias, os reis são escolhidos com base no chamado "direito divino". O monarca é visto como um representante direto (por vezes como a própria reencarnação) de Deus, e é em Seu nome que ele, o monarca, passa a ter o direito de exercer plenamente sua vontade sobre os súditos.

No mundo ocidental, essa doutrina, que é ao mesmo tempo política e religiosa, desenvolveu-se a partir do Império Bizantino (a continuação do Império Romano no final da Antiguidade na Idade Média), onde era profunda a íntima relação entre Estado e Igreja; e consolidou-se especialmente na França, nos reinados absolutistas do *Ancien Régime*, nos séculos 16 a 18. A doutrina ainda persiste, aliás, nos Estados teocráticos, como é o caso do Irã ou os califados do mundo árabe. Também no Japão, ainda hoje, o imperador é visto como um descendente da deusa xintoísta do Sol, Amaterasu.

Segundo esse princípio, em nenhum momento se contestou, quando da Independência do Brasil, em 1822, caberia a Pedro I ser o imperador da nova nação, sendo ele o filho de D. João VI; ou quando, em 1831, Pedro I abdicou do trono, seu sucessor seria seu próprio filho Pedro II, embora este tivesse, então, apenas 5 anos de idade.

Entretanto, mesmo em regimes não monárquicos, essa visão do posto de governante máximo da nação como um lugar "sagrado", que somente os "descendentes de Deus" merecem ocupar, ainda persiste, embora de forma camuflada ou disfarçada por diversos argumentos políticos. Nos regimes ditatoriais, o governante comumente tenta perpetuar sua própria família no poder — o que não é possível fazer quando o país é uma democracia.

O caso de Cuba, em que Raúl Castro sucedeu ao seu irmão mais velho, Fidel, não é o exemplo mais emblemático. Outro, ainda mais autoevidente, é o caso da Coreia do Norte, em que o atual governante Kim Jong-un assumiu o poder em 2011 com 28 anos, sucedendo ao pai, Kim Jong-il — que havia, por sua vez, em 1994, sucedido ao pai dele, Kim Il-sung.

Políticos frequentemente recorrem às esposas como continuadoras de sua liderança. Os primeiros exemplos que facilmente nos vêm à mente são os da Argentina, onde Isabel "Isabelita" Perón, ocupou a presidência entre 1974 e 1976, depois da morte do marido, Juan Domingo Perón, do qual era vice.

No Brasil, o caso mais conhecido é o da família de radialistas Anthony e Rosinha Garotinho. Ele foi governador do Rio de Janeiro entre 1999 e 2002, tendo-se afastado do cargo para concorrer à presidência da República. Rosinha sucedeu à então vice-governadora no exercício do cargo de governadora, Benedita da Silva, tendo sido eleita para o período de 2003 a 2007.

O DIREITO DO PRIMOGÊNITO

Na cultura judaica do Antigo Testamento havia um princípio que garantia ao filho mais velho primazias e privilégios em relação aos demais filhos. Esse princípio fez parte da história dos judeus, segundo se sabe, desde o início dos tempos; mas está presente, em maior ou menor grau, na maioria das sociedades. Entre povos primitivos do passado, geralmente a propriedade era mantida em comum, no clã, na fratria ou na tribo, sob controle do patriarca, sucedido na morte ou incapacitação pelo seu filho mais velho, a quem todos passariam então a dever obediência.

O termo *varão* (que deu também o nome do título nobiliárquico *barão*) e o adjetivo derivado *varonil* (= forte, vigoroso, heroico) eram usados antigamente para designar esse primogênito. O primeiro filho do sexo masculino, herdeiro direto do pai e capaz de dar prosseguimento e de perpetuar a raça e a nobreza da família, pela linha paterna.

O clássico *Ancient Law*, de 1861, obra do famoso jurista britânico sir Henry James Sumner Maine (1822–1888), embora tenha originalmente a intenção de formular uma teoria sobre os diversos estágios no desenvolvimento do Direito, vai além disso, inaugurando um ramo novo no estudo das sociedades — a antropologia jurídica. No que nos diz respeito, o livro formula também uma tese importante sobre essa descendência patrilinear nas sociedades em geral.

Maine mostra que o Direito evolui em três estágios. No primeiro, atribui-se a este uma origem divina; no segundo, mais adiantado, o Direito evolui do costume; e, por fim, no terceiro estágio, vamos encontrar o Direito identificado com a lei, que é imposta por uma autoridade. De acordo com essa mesma concepção, Maine conclui que, nas sociedades primitivas, igualmente o primeiro filho sucede ao pai por um direito *divino*; e, nas sociedades mais desenvolvidas, em razão do *costume*. E, finalmente, em sociedades mais evoluídas, com instituições estabelecidas e em que impera a lei, o primeiro filho poderá ou não suceder ao pai, dependendo do que diz a lei.[1] É nesse terceiro nível que a sociedade passa a fazer o uso do testamento (uma invenção romana), como instrumento de distribuição, entre os descendentes, dos bens deixados pelo patriarca.

Nas casas reais europeias, esse "direito divino" do primogênito ao trono sempre foi um fator predominante na escolha do sucessor da coroa, tendo sido responsável por guerras, assassinatos e disputas acirradas, não só entre irmãos, mas envolvendo igualmente primos e mesmo parentes mais distantes. Não precisamos ir muito longe para encontrar exemplos concretos. Entre nós, quando D. Pedro I abdicou da coroa brasileira em favor de seu filho de 5 anos, também chamado Pedro, ele o fez, entre outras razões, para ir reivindicar em Portugal seu legítimo direito, como primogênito, ao trono de Lisboa, pelo qual teve de lutar com seu irmão, o usurpador D. Miguel. D. Pedro assumiu a coroa de Portugal com o nome de Pedro IV.

O PRIMOGÊNITO COMO SUCESSOR NAS EMPRESAS FAMILIARES

Em muitos casos se encontra ainda, contemporaneamente, esse mesmo princípio da primazia do filho mais velho em vigência nas empresas e negócios de origem familiar. Nesses, a sucessão do patriarca (ou do atual detentor da posição de liderança) costuma ser objeto de grande atenção.

Examinemos o caso da família Guinle, no Rio de Janeiro, proprietária, entre outros empreendimentos, do famoso hotel Copacabana Palace. O patriarca da família foi Eduardo Palassim Guinle, nascido em Porto Alegre-RS, em 1846. Eduardo Palassim viveu boa parte de sua juventude como um simples caixeiro-viajante, porém, sua vida mudaria radicalmente quando se tornou amigo de Cândido Graffé, gaúcho de Bagé, um verdadeiro gênio das finanças que, aos 17 anos de idade, já havia obtido um extraordinário sucesso comercial.

Os dois acabaram estabelecendo-se como sócios no Rio de Janeiro, local onde abriram um armarinho na região central da cidade, no início da década de 1870 e, com muito senso de oportunidade, foram ampliando paulatinamente seus domínios. Compraram terras baratas e distantes do centro, plantaram café e chegaram, depois de alguns anos, a iniciar a construção de uma estrada de ferro. E deram um salto de proporções incomensuráveis ao construir o porto de Santos.

Os cinco primeiros filhos de Eduardo Palassim Guinle, com pouca diferença de idade entre si, eram todos homens: Eduardo, Guilherme, Carlos, Arnaldo e Otávio — e todos pareciam ter herdado do pai certo tino para os negócios. Mas foi ao primogênito, Eduardo Guinle, escolhido de maneira irrefutável como sucessor pelo pai, que coube a primazia de prever o grande potencial do nascente setor imobiliário carioca. Sua família lucraria, praticamente por todo o século 20, com sua decisão de adquirir, em 1902, diversos terrenos na nova artéria que estava sendo aberta no centro do Rio de Janeiro, a avenida Central, atual Rio Branco.

Quem primeiro fez os Guinle serem celebrados entre os nobres europeus e milionários norte-americanos foi também Eduardo Guinle. Portanto, anos mais tarde, quando seus irmãos, e depois alguns sobrinhos, começaram a transitar no exclusivo mundo do jet set, o sobrenome da família já era conhecido. Foi com a construção de sua mansão no bairro de Laranjeiras — hoje residência oficial do governador do Estado —, uma década antes da inauguração do Copacabana Palace, que a fama de bom gosto e requinte dos Guinle se espalhou.[2]

Tomemos outro exemplo: Quem conheceu o Banco Bamerindus, com sede em Curitiba e que acabou sendo vendido ao HSBC em 1994 (em um caso rumoroso de liquidação, que nunca ficou totalmente explicado para a opinião pública), pode achar que o caso não confirma a tese da "primazia do primogênito". Afinal, o controlador do banco quando de sua venda, José Eduardo Andrade Vieira, não era o primogênito do fundador, mas sim um de seus filhos mais novos. Todavia, a história revela que José Eduardo somente assumiu a presidência do banco por força das circunstâncias.

Avelino Andrade Vieira (1905–1974) fundou o banco em Tomazina, no interior do Paraná, e o fez crescer. Nos anos 1970, o Bamerindus era um dos maiores estabelecimentos bancários do País. Seu filho mais velho, Cláudio Enoch, não quis ser apontado como sucessor, embora viesse a participar do Conselho de Administração. E, quando Avelino faleceu, em 1974, quem assumiu a presidência foi o segundo filho, Tomás Edison.

Todavia, em 1981, Tomás Edison e Cláudio Enoch morreram em um acidente aéreo, deixando o banco acéfalo. Por sua vez, o filho mais novo de Avelino, Luís Antonio, também faleceu no mesmo ano, mas de um ataque cardíaco, com apenas 36 anos de idade. Sobraram quatro filhas e um único filho, José Eduardo, que então assumiu a presidência.

RESUMINDO...

A ideia da sucessão está presente em todos os sistemas humanos, políticos, religiosos, familiares. É isso que este capítulo pretende mostrar, ao fazer uma espécie de tour por diferentes instâncias da vida social. Vemos a sucessão acontecer seguidamente nas dinastias que governam reinos e impérios, nas empresas...

Damos uma atenção especial à importância do primogênito, como sucessor do patriarca. Essa sempre foi uma marca registrada das monarquias, também assumida como uma verdade para as famílias em geral e que se transferiu para as empresas de propriedade familiar, nas quais ainda hoje quase sempre se espera que o filho primogênito seja do sexo masculino e suceda ao pai, na direção, quando chegar o momento de fazê-lo.

Na Parte 2 do livro, abordaremos as especificidades de liderança e sucessão em empresas estatais e familiares. Apresentaremos exemplos para melhor ilustrarmos a discussão para você.

PARTE 2
Dois Tipos Especiais de Sucessão

Capítulo 3

A Empresa Estatal

Dois casos muito especiais precisam ser destacados, se queremos falar adequadamente de Liderança e Sucessão: as empresas de controle estatal e as empresas de controle familiar.

E por que são tão especiais? Simplesmente porque em cada caso os processos de sucessão se dão em condições muito peculiares — e completamente distintos.

A Parte 2 é composta pelos três próximos capítulos. O Capítulo 3 (este que você lê) foca as empresas estatais, e os Capítulos 4 e 5, as empresas de origem e controle familiar.

Situaremos as empresas estatais em seu contexto apropriado.

QUE É A ECONOMIA POLÍTICA?

Empresas estatais existem na intersecção entre a economia e a política, não pertencendo a qualquer uma das duas áreas de modo exclusivo, mas tangenciando ambas — e sempre assumindo condutas e administrando questões que suscitam uma grande dose de ambiguidade.

Genericamente falando, a expressão *economia política* designa a inserção e a utilização dos conceitos e práticas da ciência econômica nas ações políticas dos governos. Dentro desse quadro, entretanto, essa expressão comporta dois significados, que apresentam uma leve distinção entre si.

De um lado, a economia política pode ser vista genericamente como o estudo de todos os fenômenos econômicos associados às ações e aos fatos concretos da política: a economia política, então, buscará explicações e formular leis que ajudarão a entender e a teorizar sobre o modo como a atividade econômica se insere no contexto do poder público, contribuindo para aperfeiçoar a ação política de modo geral.

Nessa acepção, a economia política é, por conseguinte, um dos vários ramos componentes da ciência econômica, entre os quais podem estar: a microeconomia, a macroeconomia etc. A expressão mais usada em inglês para traduzir essa acepção do termo "economia política" é justamente sua tradução literal: *political economy*.

Por outro lado, também podemos chamar de economia política a forma particular pela qual um dado sistema político compreende e aplica as ideias e as ferramentas econômicas. Cada contexto político, neste caso, tende a organizar e aplicar sua própria versão de economia política, uma vez que os agentes governamentais que atuam nesse contexto têm suas formas particulares de entender e explicar as situações políticas que se apresentam a eles, ou as decisões políticas que tomam, ou ainda os objetivos que tentam atingir com tais medidas. A expressão inglesa mais apropriada para traduzir "economia política" nessa acepção, é *public choice* (escolha pública).

Estado e mercado estão, portanto, interagindo intensamente quando se apresenta o conceito de economia política. As nações mais avançadas da história são justamente aquelas que conseguiram construir uma relação salutar entre essas duas instituições, no sentido de terem produzido um diálogo entre elas capaz de beneficiar e aperfeiçoar ambas: o moderno Estado nacional e a máquina de produção de mercado capitalista.

"O moderno Estado nacional, a maior e mais poderosa organização inventada pelo ser humano, caracteriza-se pela generalização dos direitos sociais, civis e políticos, isto é, a conquista da verdadeira cidadania pela população, que passa a ser fonte última de poder, com o Estado ao seu serviço." Porém, "com representação política falha, sem verdadeiros partidos políticos, com leis e Justiça que valem para alguns, e não para outros, com burocracia que não sabe o que é interesse público e nacional e sem controle efetivo da sociedade sobre aqueles que controlam o aparelho do Estado e que agem com arbitrariedade para defender interesses escusos (como infelizmente tem acontecido no Brasil nos anos mais recentes), a construção de um Estado nacional moderno é... um longo caminho a ser percorrido. E sem um moderno Estado nacional não é possível construir uma eficiente e competitiva máquina de produção capitalista nem mercados eficientes."[1]

A economia e a sociedade precisam ambas de um Estado nacional que seja moderno; mas também precisam de um funcionamento exemplar da economia de mercado. A experiência da recessão global de 2008 trouxe muitas lições sobre o que não se deve fazer na relação entre ambos os setores. Por exemplo, trouxe (ao menos para alguns que se mantiveram mais alerta) a compreensão de que a economia de mercado pode às vezes dar muito errado; e que, em tais casos, cabe ao Estado exercer seu poder de intervir, assim como a responsabilidade de impedir que os erros se repitam.[2]

Mas outra questão fundamental é que a sociedade também necessita de que o Estado não extrapole suas verdadeiras funções essenciais, intervindo quando não lhe cabe fazê-lo. O Estado precisa fazer tão somente aquelas coisas que os mercados não são capazes de executar com eficiência ou equidade. Isso reserva ao Estado, por exemplo, atividades em áreas, tais como a saúde, a educação, a segurança e o apoio aos desempregados e aos pobres. O Estado não pode deixar de exercer a liderança nesses setores.[3]

Entretanto, no imaginário neoliberal, o mercado é um outro espaço bem diferente: aquele da interação entre agentes que não controlam os processos de troca visando impor seus fins aos demais agentes (ou seja, o Estado deve ficar *fora* do mercado). Nesta visão, "cabe ao governo apenas cuidar de preservar certas condições que permitam ao mercado operar por si mesmo".[4]

Como regra geral, o Estado deve ficar fora das questões de mercado, intervindo um pouco mais ou um pouco menos, conforme as circunstâncias que se apresentam. Nos Estados Unidos, nos anos 1930, após a grave crise trazida pelo estouro da Bolsa em 1929, o governo americano de fato interveio, com seu bem-sucedido projeto chamado New Deal, no qual as ideias de Keynes foram aplicadas. Mas não havia na proposta de Keynes inclinações ideológicas favoráveis nem à estatização nem à privatização da atividade econômica. O que Keynes reconheceu naquela ocasião foi, de fato, a enorme importância de o país contar com um sistema financeiro sadio e eficiente, como instituição imprescindível ao bom funcionamento do sistema produtivo.

Ao contrário, em uma orientação completamente diferente dessa, nos anos do governo de George W. Bush, estimulados pela guerra no Iraque, pelos gastos elevados com a segurança interna e pela destruição trazida pelo furacão Katrina (mas também por uma filosofia que encorajava a terceirização de praticamente todas as funções do governo), os contratos federais de terceirização de serviços explodiram nos Estados Unidos, passando de US$400 bilhões em 2006, contra US$207 bilhões que eram em 2000.[5]

E, no entanto, isso deu-se sendo Bush um presidente eleito pelo partido Republicano, mesmo que a filosofia de retirar o governo das ações econômicas fosse mais claramente defendida pela administração democrata de Bill Clinton (1983–2000), que cortou os quadros do funcionalismo federal ao seu menor patamar desde 1960 e enxugou os métodos de concessão de contratos.[6]

A questão da intervenção momentaneamente maior ou menor do Estado na economia deve ser ditada, portanto, exclusivamente por necessidades e urgências do momento, não se subordinando a ideologias. É uma questão, por assim dizer, de grau, e se o governo vier a ultrapassar os limites adequados de intervenção, seja para um lado, seja para o outro, certamente o país começará a sofrer mais do que precisa.

No mundo ocidental, nos anos 1980, uma verdadeira revolução pela não intervenção estatal, liderada por Ronald Reagan nos EUA e Margaret Thatcher no Reino Unido, reduziu drasticamente a interferência do Estado na economia nesses dois países, robustecendo a liberdade individual. Naquele momento, essa correção de rumo parecia ser muito necessária aos agentes governamentais. Mesmo assim, para muitos outros ela foi longe demais e, pelo menos no que concerne aos Estados Unidos, teria aprisionado o país a uma ideologia neoliberal excessiva.[7]

LIDERANÇA E SUCESSÃO NA EMPRESA ESTATAL

Wilson Ferreira Jr., ex-presidente da CPFL, assumiu, em fins de 2016, uma missão de extraordinária dificuldade, mesmo para um gestor que já havia demonstrado sua enorme competência em postos de liderança que ocupou na iniciativa privada. Ele foi convidado pelo Governo Federal para a presidência da Eletrobras e aceitou o desafio.

Alguns meses depois, em uma entrevista, Ferreira Jr. disse estar feliz em suas novas funções. Estaria mesmo? Ou sua fala seria apenas uma dessas evasivas utilizadas pelos altos executivos para não deixar transparecer seu incômodo com as dificuldades sabidamente enormes do cargo?

"Brinco nas minhas palestras, dizendo que [a posição que ocupo hoje] é como um trem fantasma", conta o presidente da Eletrobras, "em cada esquina encontro um esqueleto e um susto!". Brincando ou não com isso, de fato os esqueletos estão espalhados por lá. A empresa tem contabilizado, nos últimos tempos, prejuízos bilionários, quedas consecutivas de receita, dívidas gigantescas (a dívida líquida é de nove vezes o Ebitda!), problemas sérios de governança, contratos investigados pela Operação Lava Jato[8] e, como se não bastasse, um quadro de pessoal inchado de empregados com salários elevadíssimos e desempenho pífio, segundo o próprio presidente declarou em outra ocasião.[9]

E isso, mesmo considerando que o requisito da impessoalidade é especialmente exigido na administração pública, incluído que está na própria Constituição Federal, artigo 37: "A administração pública direta e indireta de qualquer dos Poderes da União, dos Estados, do Distrito Federal e dos Municípios obedecerá aos princípios de legalidade, impessoalidade, moralidade, publicidade e eficiência." "É o ethos burocrático, típico do Estado moderno, refletido claramente no texto constitucional", adverte o jornalista Rolf Kuntz.[10]

Os princípios de *legalidade, impessoalidade, moralidade, publicidade* (significando transparência, provavelmente) e *eficiência*, citados acima, devem estar presentes também na gestão da empresa privada. Porém, essa coincidência não é suficiente para que os dois sistemas se afinem. O grande problema da empresa estatal é que ela acaba sendo — pelo menos no Brasil — vista e administrada muito mais como "estatal" do que como "empresa"! A gestão da política e a dos negócios têm objetivos e valores distintos, difíceis de conciliar, privilegiando o conjunto de valores que serve a uma dessas duas bandas. Dificilmente se consegue atender também ao conjunto de valores que serve à outra.

O escritor venezuelano e membro do Carnegie Endowment em Washington, D.C. (EUA), Moisés Naím, vê uma grande distância entre os dois sistemas. "Dirigir uma grande empresa *não* ensina ninguém a governar", adverte ele, ao fazer, em uma entrevista, uma crítica ao governo norte-americano de Donald Trump. Apesar disso, diz: "Há muita gente que acredita no contrário disso, o que não passa de uma 'ideia zumbi', que já supúnhamos estar morta e enterrada, mas que de vez em quando renasce!"[11]

"'Sou muito rico', 'sou ótimo negociador', 'criei muitos empregos' são algumas das frases que Trump repete e que, segundo ele, garantem seu sucesso como presidente", diz Naím. "Porém, como já foi suficientemente provado por outros (como Silvio Berlusconi), as habilidades e o temperamento que conduzem ao sucesso no setor privado não garantem que se fará uma boa gestão pública. O caos e a inépcia que até agora caracterizaram o governo de Trump somente são superados por seus desastres em negociações que manteve dentro e fora dos EUA. Da próxima vez que um empresário pretender governar um país, terá de aprender a lição que Trump nos deixará: o talento empresarial não se dá bem no setor público."[12]

Voltando especificamente às empresas controladas pelo Estado, nestas a permanência ou a substituição do presidente e dos executivos, em geral, quase invariavelmente obedece a critérios estritamente políticos, pouco tendo a ver com o desempenho, as competências ou as realizações anteriores desses profissionais. Poucos são os presidentes de estatais escolhidos com base em seu histórico de alta performance, como é o caso de Wilson Ferreira Jr.

NOMEAÇÕES POLÍTICAS NA EMPRESA ESTATAL: O CASO PETROBRAS

Nas empresas controladas pelo Estado, a permanência ou substituição do presidente obedece a critérios políticos, pouco tendo a ver com seu desempenho ou realizações. Para exemplificar o que é dito acima, nada melhor que tomar um caso concreto. E escolhemos como tal a Petrobras, empresa controlada pelo Governo Federal brasileiro.

Fundada em outubro de 1953, nestes 65 anos de vida, a empresa teve 37 presidentes antes do atual, Roberto Castello Branco, que assumiu em janeiro de 2019. Ou seja, em média, a Petrobras troca de presidente mais ou menos a cada 21 meses!

Embora nominalmente seja o Conselho de Administração o responsável por colocar e retirar o presidente da Petrobras, sendo o Governo Federal seu acionista majoritário, resulta que, de fato, é o presidente da República quem o faz. E, nestes 62 anos anteriores à presidência de Michel Temer, o Brasil teve 15 presidentes, de Getúlio a Dilma, o que indica que cada presidente da República nomeou, em média, 2 presidentes para a Petrobras.

Curiosamente, pode-se traçar a história das crises políticas e econômicas brasileiras pela própria quantidade de substituições de presidentes da Petrobras em cada mandato presidencial, pois tudo indica que, quanto mais longa ou intensa for a crise, maior é o número de presidentes que passam pela Estatal. Por exemplo, nos mandatos dos presidentes Juscelino e Castelo Branco, manteve-se a média de dois presidentes para a Petrobras; porém, em cada um dos períodos presidenciais de João Goulart (bem turbulento, de crise institucional) e Fernando Henrique Cardoso (tempo de séria crise econômica internacional), a Estatal teve nada menos que quatro presidentes. E, nos períodos presidenciais de José Sarney e Fernando Collor de Melo (ambos marcados por severas crises econômicas e, neste segundo caso, por impeachment do presidente), simplesmente seis presidentes passaram pela Petrobras em cada caso!

O presidente da Petrobras mais longevo foi Sérgio Gabrielli, que se manteve no cargo executivo mais alto da Estatal por seis anos e sete meses durante os governos Lula e Dilma. O segundo mais longevo foi Shigeaki Ueki, que permaneceu por cinco anos e cinco meses durante o governo Geisel. O próprio Geisel foi presidente da Petrobras por 41 meses, durante o governo Médici.

Por outro lado, 9 ou 10 dos 36 presidentes que a Petrobras teve ficaram no cargo apenas uns poucos meses. Os que menos esquentaram a cadeira foram Osvino Ferreira Alves, que ficou pouco mais de dois meses à frente da companhia no governo Goulart; Orlando Galvão Filho, que ocupou o posto por menos de dois meses no governo Sarney; e José Coutinho Barbosa, que ficou apenas 16 dias na presidência da empresa, em março de 1999, logo no início do segundo mandato de Fernando Henrique Cardoso.

Nos três casos citados de meteórica passagem pela presidência da Petrobras, a destituição do incumbente do cargo teve óbvias motivações políticas. No primeiro caso, o general Osvino era um oficial destacado e fiel ao governo João Goulart. Nomeado para a Petrobras no início de 1964, caiu e teve os direitos políticos cassados em abril desse ano, quando o golpe militar derrubou Goulart.

No segundo caso, Orlando Galvão Filho era funcionário de carreira da Petrobras, tendo ascendido por mérito até chegar à presidência. Lá, não conseguiu contornar uma indicação política (do Ministro das Minas e Energia, que insistiu em preencher um cargo executivo técnico com um afilhado político) e acabou sendo demitido pelo presidente Sarney.

Quanto ao terceiro caso, parece claro que José Coutinho Barbosa ficou na presidência por apenas 16 dias porque estava temporariamente cobrindo uma lacuna. Geólogo de formação, Coutinho é um especialista em petróleo, fez carreira na empresa e foi elogiado pelo presidente FHC. Fez, por sua vez, elogios ao presidente da empresa que assumiu em seguida, Henri Philippe Reichstul, tendo Coutinho passado ao cargo de diretor da importante área de Exploração e Produção.

Assim, o exemplo da Petrobras mostra que, nas empresas estatais e paraestatais, quase invariavelmente a troca de presidentes se dá por motivação política, raramente outra.

RESUMINDO...

Neste capítulo tratamos especificamente da empresa estatal. Começamos especificando que esse tipo de empresa é bastante peculiar em si mesma, seguindo ditames próprios tanto na escolha de seus líderes quanto na condução de seus processos internos de sucessão.

Antes de examinar esse assunto, entretanto, discorremos um pouco sobre a economia política como campo teórico de análise, analisando a empresa estatal como a interface por excelência entre ambas as áreas que se encontram nessa área de estudo: a economia e a política.

Em seguida, após defender que a intervenção governamental nos mercados deve ser evitada ao máximo e, quando ocorre, precisa ser minimamente inteligente e sobretudo parcimoniosa, mantendo-se em vigor pelo tempo estritamente necessário. Relatamos brevemente sobre a formação das empresas estatais especificamente no Brasil; e examinamos mais detidamente o caso da Petrobras, no que diz respeito à sucessão da presidência nessa companhia estatal.

A Petrobras é, aliás, um excelente exemplo de como a sucessão se dá nas empresas estatais, segundo parâmetros de contorno praticamente políticos, que frequentemente turvam a devida compreensão das finalidades com que um líder deveria tomar as decisões estratégicas cabíveis nesse tipo de empresa.

Se entre todos os tipos de empresa, as estatais parecem ser as que mais sofrem interferências de caráter subjetivo, como são as influências e pressões políticas, as organizações de origem familiar também podem ter sua trajetória perturbada por fatores que escapam da objetividade estratégica dos critérios econômicos e meritocráticos. Nelas, sobretudo nos processos de sucessão, os sentimentos de propriedade e pertencimento costumam se sobrepor à visão de que a empresa, como as demais no mercado, são um ativo produtivo capaz de gerar riqueza para todos os stakeholders.

Capítulo 4

A Empresa Familiar

Assim como acontece nas empresas estatais, também as empresas de controle familiar devem ser consideradas um universo à parte; e, dadas as suas peculiaridades, tomaremos este capítulo e também o próximo para comentar devidamente este fenômeno tão importante no cenário empresarial.

A PRESERVAÇÃO DE "DIREITOS" NA EMPRESA FAMILIAR

Nas empresas familiares, quase invariavelmente o patriarca é alguém cujo posto e autoridade são inquestionáveis. Ele ficará na presidência pelo tempo que quiser, só deixando o cargo em quatro circunstâncias: (a) morte; (b) algum motivo de força maior (doença, imposições da família, problemas legais); (c) vontade própria; ou (d) venda do controle acionário. Exemplifiquemos com alguns casos bem conhecidos:

Antônio Ermírio de Moraes, um dos filhos do já grande empresário José Ermírio de Moraes, amadureceu como empresário primeiro à sombra do pai. Mas, depois, alçou voo próprio e fundou a Companhia Brasileira de Alumínio, em 1955, expandindo essa empresa até formar a partir dela um grupo empresarial invejável, atuando em diversas áreas, tais como: cimento, papel e celulose, zinco, níquel, aço e outras. Antônio Ermírio morreu em 2014, aos 86 anos, ainda à frente do grupo empresarial que dirigiu por quase seis décadas.

Sebastião Camargo, empresário paulista do interior (Jaú), homem pouco estudado, mas com grande capacidade intuitiva e enorme disposição para o trabalho, fundou com um sócio a construtora Camargo Correia em 1939, quando tinha apenas 30 anos. Dirigiu a empresa por cinco décadas e meia, fazendo-a crescer e tornando-a uma potência da construção civil nacional. Somente deixou de presidi-la ao morrer, em 1994, aos 85 anos de idade.

O empresário cearense Francisco Ivens de Sá Dias Branco, um dos homens mais ricos do mundo segundo a revista *Forbes*, assumiu a direção da empresa M. Dias Branco em 1953. A empresa fora fundada por seu pai em 1936, mas era, no início, apenas uma padaria. Ivens Branco a transformou em uma das maiores companhias de alimentos do Brasil, produtora de biscoitos, massas, bolos, lanches, farinhas, margarinas e gorduras vegetais, com 14 fábricas e 13 distribuidoras, empregando mais de 16 mil pessoas. O empresário somente deixou a direção da empresa em 2016, ao morrer, aos 81 anos de idade, depois de ficar por mais de seis décadas à sua frente.

Outra grande empresa que nasceu como uma padaria foi o Grupo Pão de Açúcar, dirigido por Abílio Diniz. A chamada Doceira Pão de Açúcar nasceu em 1948, inaugurada pelo imigrante português Valentim dos Santos Diniz, pai de Abílio. Em 1981, já em uma trajetória de franca expansão, a empresa transformou-se na Companhia Brasileira de Distribuição (CBD), criada a partir da fusão de várias empresas de varejo. Em 1990, passou por um processo de reestruturação orquestrado por Abílio. Sob a inspiração do slogan "Corte, concentre e simplifique", o grupo vendeu tudo o que não se relacionava ao varejo e cresceu neste segmento, tornando-se a segunda rede do país no ramo e fechando o ano com 262 lojas.

Em 2003, Abílio entregou a presidência a um gestor profissional e passou ao Conselho de Administração, mas manteve as decisões estratégicas sob seu controle. Dois anos depois, compôs-se com o grupo francês Casino, com quem dividiu o controle acionário, mas conservando sua influência direta sobre a gestão. Em abril de 2012, o Casino assumiu o controle da empresa e Abílio Diniz retirou-se, passando a dirigir outros negócios.[1]

Ou seja, Valentim dos Santos Diniz, que morreu em 2008 aos 95 anos de idade, dirigiu o negócio desde sua fundação, em 1948, até entregá-lo ao filho mais velho, Abílio, em 1990. Ficou na direção, portanto, por 42 anos. Quanto a Abílio, somando-se seu período como presidente executivo e como presidente do Conselho de Administração, dirigiu a empresa de 1990 a 2012, portanto por 22 anos, quando a entregou à Casino.

Olavo Setúbal, engenheiro, em 1953, com 30 anos, foi ajudar um tio na administração do Banco Federal de Crédito, que se encontrava em dificuldades financeiras, e acabou ficando. Em 1964, comprou o Banco Itaú, cujo forte eram os clientes da zona rural. Nos anos 1970, após sucessivas aquisições, já era o segundo maior banqueiro do país. No período militar, foi prefeito de São Paulo entre 1975 e 1979 e Ministro das Relações Exteriores por quase um ano, entre 1986 e 1987. Nessas ocasiões, licenciou-se da presidência do banco, que não voltou a ocupar depois disso.[2] Setúbal, portanto, dirigiu o Banco Itaú durante pelo menos 11 anos ininterruptos, somente deixando a posição executiva por ter se encantado pela vida pública.

Esses casos emblemáticos são suficientes para mostrar que, também no caso das empresas familiares, a sucessão do patriarca não obedece necessariamente a critérios inteiramente profissionais — a prioridade tende a ser manter o comando no seio da família. Essa prioridade não exclui, evidentemente, a intenção, sempre que um patriarca passa o bastão de comando a um de seus descendentes, de procurar fazê-lo mediante a adoção de critérios meritocráticos: ou o patriarca insistirá em uma efetiva preparação educacional e profissional do herdeiro já presumido para a posição; ou escolherá, entre vários herdeiros disponíveis, o melhor candidato para essa posição. Em qualquer caso, um outro critério para a escolha de um sucessor estará se impondo: se no caso das empresas de controle estatal esse critério é o interesse político, no caso das empresas familiares é o interesse de preservar o comando dentro da família.

"DIREITOS" DO "PRÍNCIPE HERDEIRO"

Em algumas empresas, certas práticas culturais privilegiam (ou mesmo impõem) certos processos de sucessão, isto é, antes de a vaga estar aberta, já existe um profissional à espera dela, alguém que é visto como o "príncipe herdeiro" do cargo. Isso é bastante comum em empresas familiares, nas quais, desde muitos anos antes, um filho vai sendo preparado pelo pai para sucedê-lo no comando. Como as empresas familiares têm como uma de suas características mais especiais a forte valorização dos laços afetivos no seio da família, isso tende a influenciar diretamente os processos de sucessão, frequentemente deixando em segundo plano as exigências de eficácia e capacidade para a ocupação do cargo.[3]

A preparação de um herdeiro para assumir o cargo de presidente no lugar do pai pode tomar pelo menos três formas ou, comumente, uma combinação de pelo menos duas delas. Talvez a mais comum seja investir em uma formação de primeira linha para preparar o futuro sucessor para a posição. Não se pouparão recursos para lhe dar acesso às melhores escolas de educação formal e, no tempo certo, enviá-lo aos cursos de excelência, no país e no exterior, voltados para negócios. Há também os casos em que o herdeiro propositalmente vai fazer uma carreira em outras empresas, a fim de ganhar experiência antes de ingressar na empresa da família e iniciar sua trajetória rumo ao comando desta; e há ainda aqueles casos em que o futuro sucessor começa a trabalhar desde cedo na própria empresa da família, acostumando-se com ela e familiarizando-se com as peculiaridades do negócio.

Qual dessas formas (ou combinação delas) será usada em cada caso é algo que depende daquilo que pais e filhos acham válido para um melhor processo de sucessão. Seja qual for essa forma de se preparar, fazê-lo é essencial, não apenas para que a família leve adiante o negócio, como também para evitar críticas bastante comuns, de que o sujeito somente veio a ocupar a posição por ser "filho do dono".

Na Casas Bahia, segundo dizem, o fundador Samuel Klein já havia decidido quando do nascimento de seu filho mais velho, Michael, em 1951, que seria este o seu sucessor. Samuel teve três filhos (os outros dois, mais novos, são Saul e Eva); mas, pelo que se sabe, aquela decisão do pai jamais foi contestada pelos irmãos de Michael. Em 2011, quando era o Diretor Administrativo da empresa, Michael disse, aliás, em um depoimento: "Sucessão é um assunto que não se discute em nossa família. O jeito de escolher quem vai suceder ao pai está na Bíblia e se baseia na primogenitura." E, de fato, Eva nunca trabalhou no grupo. Quanto a Saul, este sim, mas mesmo assim não parece ter dado nenhum sinal de que poderia questionar a decisão do pai em favor de seu irmão mais velho.[4]

Ironicamente, porém, o que o patriarca havia previsto não aconteceu exatamente desse modo. Samuel Klein morreu aos 91 anos, em novembro de 2014; mas, em 2009 já havia sido anunciado um acordo de fusão entre o Grupo Pão de Açúcar e Casas Bahia, visando a integração dos vários negócios de ambos os lados no setor de varejo e em comércio eletrônico. A associação resultante uniu as operações do Ponto Frio (Globex), da Casas Bahia e do Extra Eletro (Grupo Pão de Açúcar) em uma só empresa, um gigante de 1.582 lojas situadas em 337 municípios de 18 estados e o Distrito Federal, incluindo super e hipermercados, com um faturamento anualizado ao redor de R$40 bilhões. Mas Michael Klein não se tornou o CEO do novo grupo...![5]

O grupo Martins é o maior atacadista do Brasil, com 5.300 funcionários, 1.100 caminhões, tecnologia de ponta em gestão de estoques, sistema de transporte, televendas etc., distribuindo 17 mil itens diferentes de 600 fornecedores a 400 mil varejistas de todos os municípios brasileiros, com quase R$5 bilhões de faturamento anual (dados de 2014). O grupo foi fundado por Alair Martins do Nascimento, notavelmente um homem criado na roça, sem educação formal, que conseguiu, mesmo assim, montar esse gigante da distribuição.[6]

Alair Martins escolheu seu filho mais velho, Juscelino, para ser seu sucessor. Ao contrário do pai, Juscelino teve acesso à educação da mais alta qualidade: frequentou a universidade e fez curso de pós-graduação em Harvard, em uma classe especial para donos de empresas. Retornando ao Brasil como detentor dessa bagagem, começou a implementar modernas técnicas de gestão no Martins. Mas, em pouco tempo, passou a enfrentar as resistências de um grupo acostumado ao estilo do pai. O resultado foi que funcionários importantes começaram a abandonar a empresa e Alair resolveu retomar as rédeas do negócio.[4]

Na Rodonaves, grupo de empresas que se dedica à coleta e entrega de encomendas e que faturou R$1 bilhão em 2016, a forma de preparação do herdeiro foi diferente. A Rodonaves foi fundada em 1980 por João Braz Naves, a partir de um boxe de dez metros quadrados na estação rodoviária de Ribeirão Preto-SP. Como Alair

Martins, também João Naves veio de família pobre e trabalhou na roça, ajudando os pais, desde muito cedo. Construiu sua empresa passo a passo, com muito trabalho e grande sacrifício, tendo por vezes de enfrentar reveses que facilmente desestruturariam outros indivíduos menos calejados pela vida.

"Quando tinham 12, 13 anos, meus filhos já trabalhavam comigo. Mais tarde, entraram na universidade", contou João Braz Naves, em uma entrevista. "Mas, hoje, nenhum dos três trabalha no negócio principal. Quando procuramos a Fundação Dom Cabral pela primeira vez, há alguns anos, tive a consciência de que precisava afastá-los da transportadora para que pudessem se preparar profissionalmente. Eles entenderam que aqui poderiam ser poupados de certas cobranças. O meio-termo foi entregar a cada um deles uma das empresas menores do grupo para administrar. Esses são ambientes de testes controlados, digamos. A crise permitiu que eles caíssem e se levantassem sozinhos."[7]

Também no Grupo Folha, Luiz Frias de Oliveira foi preparado desde muito cedo pelo pai, Otávio Frias de Oliveira, para assumir a direção do jornal "Folha de São Paulo", do qual era um dos herdeiros. Luizinho, como o chamavam na redação, era o filho caçula do patriarca, e a primeira incumbência que recebeu, em 1984, foi a de reestruturar o departamento comercial do periódico. A tarefa não era fácil: a "Folha" tinha de superar a resistência do mercado publicitário, que via no concorrente mais direto, o jornal "O Estado de São Paulo", um veículo eficiente e confiável, apesar da ascensão da circulação do jornal da família Frias. Em especial, o mercado de anunciantes particulares (classificados) acreditava muito na eficiência do líder (o Estadão) e parecia não ter a menor disposição para testar outro veículo. Mas Luizinho encarou o desafio com grande seriedade e capacidade, montando uma equipe de qualidade e contratando uma campanha publicitária para introduzir a "Folha" como opção.[8]

Assim, preparar-se adequadamente para atuar no negócio da família é um dos requisitos para ser bem-sucedido ao assumi-lo. Mas há pelo menos mais três outros requisitos a cumprir. Um deles é o herdeiro demonstrar, por suas atitudes e comportamentos, que tem real interesse em participar ativamente dos negócios da família. Muitos herdeiros não têm esse desejo, e sua forma de conduzir-se mostra isso. O banqueiro Walther Moreira Salles, também empresário, diplomata e advogado, fundador do Banco Moreira Salles (que depois se transformou no Unibanco e, finalmente, uniu-se ao Itaú), teve quatro filhos: Pedro, Walter, João e Fernando. Dos quatro, apenas Pedro Moreira Salles tornou-se executivo na empresa, ocupando atualmente o cargo de presidente do Conselho de Administração do Itaú-Unibanco. Os demais seguiram outras carreiras: Walter é cineasta, João também (mais especificamente, um documentarista) e Fernando, um editor.[9]

Um segundo requisito adicional é estar decidido a trabalhar para uma maior harmonia e sinergia entre os membros da família e para a separação adequada entre os dois ambientes: o familiar e o empresarial. Dado o poder que adquire e a responsabilidade que assume, o novo presidente quase sempre tem efetivas condições, pela sua posição, de contribuir não apenas para que sua empresa seja melhor, mas para que também a família proprietária se torne melhor. Aliás, mais do que apenas ter condições para fazê-lo, ele tem até a missão de contribuir nesse sentido, tratando de ajudar a manter as finanças da família e da empresa devidamente protegidas e de estimular a união entre irmãos, primos e outros parentes que atuam ou não no negócio.

Finalmente, um terceiro requisito esperado do membro da família proprietária que assume a presidência é que este contribua para a profissionalização da empresa — introduzindo uma competência profissional nela, pela sua própria aprendizagem e pelas suas práticas no trabalho. Quanto mais profissional for o sucessor, maiores serão as chances de uma administração racional e despida de apegos afetivos inadequados e que leve a empresa adiante em boas condições de operação.

RESUMINDO...

Uma vez que o próximo capítulo trará as reflexões de dois especialistas, exatamente sobre a sucessão nas empresas familiares, decidimos fazer deste quarto capítulo um texto mais enxuto e sucinto. Assim, nele procuramos mostrar tão somente que é muito forte nas empresas familiares a tradicional percepção da *herdade* (ou seja, a grande propriedade da família, que simboliza o poder desta e do qual todos seus membros devem se orgulhar) sobre aquela de comportar-se como um player econômico no mercado, postura bem mais afinada com o espírito do capitalismo.

Em outras palavras, quando se trata de uma empresa familiar, tão logo se avizinha a perspectiva de uma sucessão no comando, sua característica de bem que é propriedade de uma família sobrepõe-se totalmente àquela outra imagem, de um ativo produtivo a gerar riqueza e valor para a sociedade. A sucessão no topo da empresa familiar é, portanto, uma questão essencial no estudo da Governança Corporativa.

Capítulo 5

A Sucessão na Empresa Familiar[1]

(INSERÇÃO ESPECIAL)*
*por Renata Bernhoeft & Wagner Teixeira,
Höft — Transição de Gerações*

Ao tratar da sucessão nas empresas familiares, não é suficiente abordar a sucessão do patriarca ou mesmo de altos executivos da empresa. De fato, há outras instâncias a considerar, tão importantes quanto esta. Assim, o enfoque a ser adotado precisa ser, por assim dizer, "tridimensional" — abrangendo as três frentes que precisam ser examinadas e tratadas de forma harmônica: *família* e *patrimônio*, além da *empresa* propriamente dita.

Trocando em miúdos, neste tipo de sucessão é preciso que o sucessor:

a) seja um executivo competente, capaz de continuar conduzindo a empresa em uma trajetória saudável e bem-sucedida;
b) esteja em condições de contribuir efetivamente para manter em vigência e valorizar a cultura da(s) família(s) proprietária(s); e, finalmente,
c) possa ao menos proteger, quando não fizer crescer, o patrimônio dos sócios.

Frequentemente duas dessas dimensões não são levadas em conta: muitas vezes, na sucessão em empresas familiares, os responsáveis fixam-se exclusivamente na figura de um novo executivo para a empresa, levando em conta as necessidades e perspectivas do negócio, que acaba sendo a única questão seriamente debatida ou

---

* Este capítulo foi escrito a partir da experiência de seus autores como consultores e também se baseia nas seguintes referências: Édio Passos, Renata Bernhoeft, Renato Bernhoeft e Wagner Teixeira. *Família, Família, Negócios à Parte*: como fortalecer laços e desatar nós na empresa familiar. São Paulo: Editora Gente, 2006 e *Revista Gerações*: sucessão e continuidade das famílias empresárias. Publicação da empresa Höft — transição de gerações. Periodicidade anual — edições 1 a 10 (2010 a 2019).

examinada. Porém, nas empresas familiares, esse lado do problema é apenas o que se poderia chamar de lado "visível", ou "evidente", da sucessão. Os dois outros lados também precisam ser levados em conta, se quisermos garantir o sucesso dessa complexa operação de substituição do executivo principal.

O lado visível da sucessão é, certamente, o mais fácil de resolver. Não que não seja complexo e intrincado, pois ele o é. Mas, de fato, este pode ser visto como o lado mais fácil de tratar, pelo fato de já existirem parâmetros ou métricas adequados para a avaliação do sucesso dessa substituição. Quanto a esta dimensão, a sucessão na empresa, o processo de sucessão se parece bastante com a sucessão que ocorre em qualquer outra empresa que não seja de natureza familiar. As outras duas dimensões da sucessão é que fazem a grande diferença.

Um primeiro aspecto em que, na empresa familiar, a sucessão do executivo principal é distinta e especial reside no fato de, nesta categoria de empresa, o executivo sucedido não "sair de cena" totalmente: de fato, ele não "deixa a empresa", por assim dizer; ele não desaparece sem deixar vestígios, como frequentemente se dá com o ex-presidente de uma multinacional ou de uma empresa de capital aberto ou estatal.

Na empresa familiar, o sucedido — que frequentemente é o próprio fundador da empresa, bem como seu presidente, durante os primeiros tempos de vida desta, de algum modo permanece na empresa, certamente em espírito, quando não de corpo presente — continua sendo membro da família e, quase certamente, prossegue sendo um sócio; e, frequentemente, assume outro papel, como participante (e inclusive como presidente) do Conselho de Administração ou de Direção, ou ostentando um título honorífico, como "presidente de Honra".

Até mesmo nos casos em que a sucessão se dá por falecimento do sucedido, sua imagem permanece simbolicamente na organização e na memória das pessoas que trabalharam com ele, sendo lembrada pelas instalações em que a empresa opera, pelos objetos que compartilhou, pelos seus produtos... como um personagem ainda muito importante, frequentemente tomado como referência sempre que algo significativo ocorre na empresa. Em muitas empresas familiares, as crenças e valores do fundador, e mesmo seus modos peculiares de se comportar, de falar, de vestir-se, seus hábitos e até suas idiossincrasias e excentricidades continuam pairando no ar.

Dito de forma resumida, ainda que tenha de atender aos ditames do mercado em que a empresa opera, a sucessão, neste caso, precisa igualmente levar em conta as necessidades da família proprietária — que necessita, portanto, ter uma participação ativa na escolha do sucessor, venha ele de dentro da própria família ou do mercado externo. E nesse processo de escolha do novo CEO, como veremos mais adiante, existe uma parte do processo que é perceptível, tangível; e outra parte que é velada, intangível.

CONSELHO DE FAMÍLIA E AS CARREIRAS DOS HERDEIROS

Comecemos refletindo sobre a sucessão enquanto fenômeno de importância para a(s) família(s) proprietária(s) da empresa. O que temos feito, como consultores desses empresários, é motivar as famílias envolvidas para que participem ativamente do processo como um todo, nas três instâncias citadas anteriormente, debatendo e tomando decisões sobre as questões pertinentes.

Para tanto, nossa sugestão é que se constitua uma espécie de grupo de trabalho permanente, que poderá se chamar Conselho de Família, Comitê de Família, Conselho de Sócios, Conselho Familiar-societário, ou o nome que escolher. Para nosso uso neste texto, chamaremos esse grupo, daqui por diante, de Conselho de Família.

Esse conselho se reunirá periodicamente com a finalidade de examinar aquelas questões mencionadas anteriormente e fazer escolhas importantes a respeito, estas deverão fazer avançar e levar a bom termo o processo de sucessão, nos três âmbitos citados: o da família, o do patrimônio e o da empresa.

Uma tarefa essencial do Conselho consistirá em monitorar as carreiras profissionais dos membros da(s) família(s) proprietária(s), dentro ou mesmo fora da organização. Preferencialmente, o Conselho não estará dando atenção apenas à sucessão do executivo principal ou ao preenchimento de posições estratégicas na empresa por membros das famílias; ele deverá, de fato, ajudar a planejar, realizar e fazer o acompanhamento das carreiras profissionais dos familiares que estejam, de algum modo, direta ou indiretamente, relacionados à vida da empresa, sejam eles candidatos potenciais à posição de presidente ou quaisquer outras.

Mas, por que razão esse monitoramento deveria ser feito por um Conselho de Família, se a empresa já tem um órgão interno de RH, cuja função, entre outras, consiste em acompanhar e desenvolver os executivos e outros profissionais que trabalham na organização?

Acontece que, por mais competentes que possam ser os profissionais de RH da empresa, e por mais maduro que possa ser esse órgão, quando se trata da empresa familiar é praticamente impossível evitar um viés que invariavelmente contamina suas escolhas e orientações acerca dos membros da família proprietária que trabalham ou desejam trabalhar na empresa: por pertencerem à família, estas pessoas tendem a ser olhadas de forma suspeita, ou seja, elas poderão ser vistas como não sendo merecedoras de ocupar uma posição na empresa, estando ali unicamente por serem favorecidas, uma vez que pertencem à família.

Como corolário dessa visão, é comum que os membros da família sejam olhados, de forma preconcebida, como pouco competentes. Em outras palavras, como se costuma dizer, o ambiente da empresa é o pior lugar para avaliar e dar um feedback honesto a um membro da família proprietária!

Nas famílias em geral, comumente são os membros da geração mais velha — pais ou tios — os que mais se preocupam com as carreiras dos mais jovens e com a forma como suas carreiras impactarão a continuidade da empresa. Quando se constitui um Conselho Familiar, esta preocupação é delegada a esse Conselho, que passa a ser, de fato e de direito, um típico órgão de governança das questões da família.

Assim, entre outros aspectos, o Conselho estará preocupado com o desenvolvimento dos herdeiros; em algumas famílias, ele se ocupa, não apenas dos herdeiros que pretendem trabalhar na empresa, mas de todos, mesmo os que não farão carreira internamente; em outras famílias, o Conselho atua monitorando unicamente as carreiras dos herdeiros que estão (ou estarão) fazendo parte do negócio da família.

O Conselho terá um trabalho redobrado, quando cuida das carreiras não apenas dos herdeiros que aspiram a trabalhar na empresa, mas igualmente dos demais, que pretendem seguir outras carreiras. Mas, de qualquer forma, mesmos estes precisarão ser preparados para atuarem como... herdeiros! Como tal, todos eles têm um papel a cumprir, como futuros acionistas e influenciadores (de alguma forma e em algum grau) da vida da empresa.

Assim, o Conselho de Família deverá estar interessado em identificar aptidões e aspirações profissionais de todos eles, bem como aconselhá-los. Cada jovem membro da família precisa ser acompanhado e monitorado desde seus primeiros passos no estudo e no trabalho, bem como advertido sobre os desafios que, quer estando dentro, quer fora da empresa, terá pela frente em relação à empresa da família. Cabe ao Conselho de Família promover essa ação de desenvolvimento e acompanhamento.

OUTRAS FUNÇÕES IMPORTANTES DO CONSELHO DE FAMÍLIA

O Conselho precisará funcionar autonomamente, sem nenhuma subordinação ou ligação obrigatória com o Conselho de Administração da empresa. Eventualmente, é claro, os dois conselhos dialogam entre si: consultar o Conselho de Administração pode ser necessário, por exemplo, quando o Conselho de Família precisa certificar-se de que os perfis profissionais, as escolhas de carreira e o desenvolvimento dos membros da família estão de acordo com as demandas da empresa.

Em princípio, o Conselho de Família deve ser diversificado, composto de pessoas com diferentes visões e especialidades, de modo a poder cobrir todo o espectro de temas relevantes a tratar. Assim, ele precisará abrigar pessoas que são membros da família e outros participantes que vêm da empresa, ligadas à cúpula desta e com bom conhecimento do mercado. Pode estar igualmente presente um conselheiro independente, como um especialista em carreiras, por exemplo, um profissional de RH não ligado à empresa.

É preciso que o Conselho reproduza também a diversidade que se verifica na família, em termos de gênero, faixas etárias e núcleos familiares. Poderão estar presentes membros da família que atuam na empresa e a conhecem bem, assim como outros que nunca trabalharam ali. O acompanhamento da trajetória dos herdeiros no Conselho deve ser feito com cuidado e visão de longo prazo. Ilustremos isso com um exemplo:

Em um caso bem conhecido, uma das herdeiras de uma empresa familiar já vinha trabalhando nesta há dez anos, como gerente da área de Logística, quando a família proprietária decidiu instalar o Conselho de Família. Quando se constatou que essa herdeira poderia ser uma boa candidata à sucessão do fundador, deu-se início à sua preparação para o cargo, contratando-se um especialista em RH para atendê-la como *coach*; e a herdeira passou a apresentar mensalmente ao Conselho de Família reportes sobre suas iniciativas de desenvolvimento sob orientação do *coach*: começou relatando os resumos de leituras que fazia, dos projetos que desenvolvia fora da organização e outras iniciativas contempladas em seu plano de desenvolvimento individual.

A empresa seguia crescendo e, quando ficou evidente uma preocupação estratégica desta com seu sistema de informações gerenciais e de mercado, decidiu-se estudar a implantação de um sistema de gerenciamento de dados mais complexo e sofisticado. Por recomendação dos consultores que orientavam o Conselho de Família, então, a gerente de Logística foi designada para comandar um grupo de trabalho que faria esse estudo e exploraria as opções de sistemas de ERP disponíveis no mercado.

Assim, ela começou a visitar fornecedores especializados e a se reunir com áreas-chave da empresa, a fim de compreender em todos os seus aspectos as necessidades que o novo sistema de ERP supriria. Com isso, foi paulatinamente delegando as atividades de Logística; e, quando o projeto foi concluído, com a implantação de um novo sistema fornecido pela SAP, ela passou a gerenciá-lo, ascendendo na organização.

Essa foi, portanto, uma excelente oportunidade para que a herdeira ganhasse experiência e musculatura estratégica, necessárias para a ocupação do cargo principal na empresa. Ressalte-se ainda um subproduto importante da experiência: envolvida no projeto, ela passou, quase naturalmente, a exercer um papel de educadora junto a outros membros da família, que ainda tinham uma visão excessivamente conservadora dos negócios.

Com sua atuação, conseguiu persuadir também os membros do Conselho de Administração da empresa a aderirem ao novo projeto. Esse foi, por conseguinte, o item-chave na oferta, a essa herdeira, da sua mais importante oportunidade de crescimento profissional, além de permitir que a empresa ganhasse uma executiva de excelente nível. Não fosse a existência do Conselho de Família, ela possivelmente teria permanecido onde já vinha trabalhando, de forma relativamente apagada, perdendo a empresa a oportunidade de uma sucessão de alto nível.

Outro papel importante desempenhado pelo Conselho de Família é a chance de oferecer uma salutar convivência entre duas ou mais gerações da família, que talvez não fosse tão facilmente conseguida de outra forma. Propositadamente incluindo também os mais jovens, o Conselho pode dar voz a membros da família que geralmente não têm outras chances de manifestar seus pontos de vista; e que, em outras circunstâncias, talvez viessem a sentir-se intimidados pelos mais velhos e incapazes de contribuir, podendo até mesmo desenvolver, por causa disso, uma autoimagem menos apreciativa e até desfavorável. A presença dos mais jovens no Conselho de Família leva, assim, a uma clara elevação da autoestima aos membros das novas gerações da família, pelo exercício de participação em importantes decisões do Conselho e pelo reconhecimento, consideração e credibilidade que esses jovens têm chance de conquistar junto aos mais velhos.

Pela participação no Conselho, esses jovens da família vão recebendo contínuo e precioso feedback sobre sua atuação e suas formas de pensar, podendo amadurecer mais rapidamente e em um ambiente seguro, como pessoas e como profissionais. Eles têm, dessa forma, também a chance de perceber e tentar corrigir mais realisticamente suas lacunas de competências e conhecimento, bem como esclarecer melhor seus propósitos pessoais quanto ao próprio desenvolvimento.

Há pelo menos um outro elemento a mais a contribuir para a complexidade que é inerente a um Conselho de Família: a relação de parentesco entre seus componentes, pois misturam-se aí pessoas que são parentes consanguíneos entre si com outras que são parentes entre si por adoção. Além disso, enteados, cônjuges de segundo casamento e pessoas com outras qualificações acrescentam complexidade ao grupo formado.

Essas peculiaridades do Conselho de Família exigem que desde logo se estabeleça entre todos um diálogo verdadeiramente aberto, que independa do papel de cada um na família, na empresa ou na composição societária. Quando o Conselho se reúne, seus propósitos devem transcender a tudo isso. E, para que essas reuniões sejam produtivas, o Conselho precisa ser visto por todos como uma instância necessária e importante, na qual todos devem verbalizar seus pensamentos e o respeito recíproco deve imperar. Isso precisa ser insistentemente trabalhado pela consultoria que orienta o Conselho, assim como exercitado e monitorado o tempo todo, pois não é algo que aconteça automaticamente.

O Conselho de Família é, na verdade, um órgão de governança da família e, como tal, um ambiente criado para se falar... da família — nisso se diferenciando do Conselho de Administração, que se origina na empresa, dirige-se unicamente para ela e fala fundamentalmente de suas questões societárias e estratégicas. Já o Conselho de Família, embora seja também deliberativo, é um órgão essencialmente educativo: educa a família, acostumando-a, e seus membros individuais, a dialogar e a refletir sobre seus temas pertinentes e, até mesmo, se preciso, sobre temas que são tabu, ocultos ou "invisíveis", tais como: dinheiro, sexo, conflito, ética, morte etc.

Bem, pode ser que tais temas não venham a ser diretamente debatidos nas reuniões do Conselho de Família. Porém, caso *tenham* de ser tratados, o Conselho de Família deve ser capaz de encaminhar sua discussão e tratamento nas instâncias apropriadas, por exemplo, sessões de aconselhamento, psicoterapia ou consultorias especializadas.

A propósito, uma advertência: a questão das relações afetivas entre os membros da família precisa ser examinada com extremo cuidado, pois com frequência envolve problemas emocionais ou de comunicação interpessoal que podem ser bastante sérios. Não é nada incomum encontrarem-se famílias cujos membros têm comportamentos belicosos ou arredios entre si, deixando claro desde logo que a cooperação (ou até mesmo uma trégua) entre essas pessoas é difícil de se obter. Nesses casos, as posições antagônicas dos membros da família, uns em relação aos outros, poderão simplesmente inviabilizar por completo o processo de sucessão que se tenta construir.

Em tais situações, pode ser aconselhável chamar as pessoas em litígio declarado ou latente (e mesmo outros membros que aparentemente não estariam envolvidos) para se submeterem a um processo psicoterapêutico: a consultoria que atende ao Conselho de Família deve ser enfática no seu aconselhamento de que um tal processo psicoterapêutico seja efetivamente iniciado, uma vez que é mais do que necessário mostrar à família que o problema interpessoal que ali se desenrola de fato não nasceu na empresa nem é, a rigor, recente, mesmo que sua eclosão tenha acontecido agora.

Na grande maioria dos casos, o problema das relações afetivas pode ser de fato antigo, tendo se originado talvez até na infância daquelas pessoas e agora sendo meramente reproduzidos sob novos pretextos. Não raro, estas dificuldades pedem o comparecimento de irmãos, pais e filhos, casais ou mesmo o conjunto todo dos familiares a sessões especializadas de psicoterapia.

E mais: há casos em que, rejeitando-se o envolvimento dos familiares no processo terapêutico, o próprio processo de sucessão na empresa estará sendo dificultado, quando não totalmente inviabilizado.

Por vezes um processo psicoterapêutico pode ser iniciado e correr paralelo às sessões do Conselho; outras vezes, dada a gravidade e a urgência da situação, pode ser necessário até mesmo sustar temporariamente as atividades do Conselho, até que a questão interpessoal fique resolvida ou tenha sido pelo menos satisfatoriamente equacionada.

No trabalho com o Conselho de Família, a consultoria deve fazer um levantamento do que chamamos aqui de "heranças invisíveis" da família: à parte os ativos e passivos materiais e financeiros, e demais itens tangíveis que a família possui, ela carrega consigo, ainda, outros ativos e passivos de natureza simbólica, heranças psicológicas decorrentes de sua história, que não são prontamente observáveis, mas que existem e interferem no dia a dia dos relacionamentos. Não são questões fáceis de identificar, qualificar e muito menos avaliar com objetividade, uma vez que conformam aquilo que se poderia chamar de uma verdadeira "mitologia da família". Mas esses ativos e passivos de natureza simbólica são reais e pesam muito, depositados que estão nas histórias, personagens, objetos, lugares, situações e episódios reais pelos quais a família, ou membros específicos dela, passou alguma vez.

Um pai omisso no passado; um divórcio lamentado por todos; um apego excessivo dos avós ao dinheiro; uma atitude autoritária do patriarca iniciador da empresa; uma falência que custou muito emocionalmente a todos no passado; um episódio traumático da infância de um ou mais membros da família; o vício de jogo ou drogas ou álcool de alguém muito significativo no ambiente familiar; uma morte inesperada... Muitos podem ser os episódios disparadores de histórias, crenças, percepções e sentimentos profundos que passarão a partir de então a servir de referência para a vida em comum e os comportamentos dos membros da família nos anos seguintes. Essas são as positivas e negativas "heranças invisíveis" que nenhuma família pode ignorar, se desejar mesmo "limpar o terreno" para realizar uma sucessão de qualidade. Abordá-las, discuti-las, passá-las em revista francamente são ações necessárias para se decidir o que, dessas heranças, é digno de prosseguir na memória coletiva da família e o que deve ser descartado, esquecido, enterrado, superado.

Essas "heranças invisíveis" operam sobre as três instâncias que estamos discutindo aqui: a da família, a do patrimônio e a da empresa ou negócio. É preciso, em primeiro lugar, reconhecer que essas heranças existem, são reais, para então se decidir o que a família deve fazer a respeito das culpas, das mágoas, dos ressentimentos, dos medos e receios, das exacerbações emocionais que ficaram e se manifestam no presente, como resquícios concretos desses ativos e passivos.

Aliás, tais "heranças invisíveis" de modo algum são uma prerrogativa das famílias empresárias, mas ocorrem em quaisquer famílias, ricas ou pobres, grandes ou reduzidas, cujos membros convivem ou não diariamente entre si. No caso da família empresária, entretanto, essas heranças funcionam como um inevitável pano de fundo que contextualiza grande parte das atuais relações emocionais entre os membros, atravancando, quase sempre, os processos aos quais a família e a empresa precisam dar andamento.

Um caso emblemático é o de uma empresa na qual o levantamento dessas "heranças invisíveis", em sessões do Conselho de Família, revelou que a matriarca, viúva do fundador da empresa, embora não tivesse atuação direta nas decisões estratégicas sobre o negócio, tinha uma forte influência indireta sobre a vida na empresa, dada sua capacidade de fomentar discórdia e conflito entre os membros da geração seguinte da família, em particular seus filhos atuando como executivos da empresa. Parecia claro, nesse caso, que essa senhora estava, no fundo, interessada no desenvolvimento de cada um de seus filhos, o que era intrinsecamente algo bom. Todavia, sua maneira de agir para estimular esse desenvolvimento era tóxica, pois gerava situações de alta ansiedade que punham os filhos em confronto direto um com o outro — como se a confrontação e a competição tivessem de ser necessárias para o desenvolvimento pessoal e profissional de cada um, e só se pudesse crescer derrotando, derrubando ou superando o irmão.

Nas sessões do Conselho de Família, eles todos finalmente se deram conta desse processo não tão facilmente visível, tratando de adotar mecanismos pessoais e interpessoais para neutralizá-lo. Com isso fortaleceram-se individualmente, assim como fortaleceram as relações no âmbito da família, vindo a adotar estratégias mais saudáveis de comprometimento interpessoal.

Está claro para nós que famílias que não identificam tais processos, quando existem, e não planejam sua correção, acabam, quase sempre, por conta da manutenção do status quo, desvalorizando seu patrimônio e tomando decisões estratégicas ruins nos negócios. Em alguns casos, o problema é tão arraigado e seus efeitos são tão danosos que parece não ter jeito. Frequentemente, nesses casos, a venda do negócio a terceiros pode ser uma solução — o melhor "final feliz" que se é capaz de conseguir, uma vez que o "pomo da discórdia" é, bem ou mal, eliminado.

Os personagens litigantes podem, então, afastar-se uns dos outros, uma vez que, na vida real, já não existe o patrimônio comum que vinha alimentando a animosidade entre eles. E, por vezes, a venda da empresa, passado o primeiro momento de perplexidade e confusão que pode seguir-se, acaba sendo um episódio que permite a melhor reflexão por parte de cada um, levando a relação entre irmãos e outros parentes a um novo e melhor patamar.

Finalmente, um outro item importante para o funcionamento do Conselho de Família é a elaboração de um Código de Ética para o Conselho. Deve haver, governando a atuação do Conselho e as relações entre seus membros, um documento que oriente sobre as "regras do jogo", do qual todos tenham conhecimento e com o qual todos tenham previamente concordado. Esse Código de Ética será invocado sempre que necessário, para se definir que "este assunto pertence/não pertence a esta instância", ou que "esta forma de agir é/não é adequada de acordo com o que o Conselho definiu como sendo um procedimento aceitável".

Por exemplo, esse Código de Ética pode estabelecer que "todos os membros do Conselho serão igualmente ouvidos, independentemente da geração de que fazem parte, de sua participação acionária na empresa, do gênero ou da influência pessoal que possa ter na família". Quando uma regra dessas é estipulada, ela por si só transforma o Conselho de Família em um ambiente igualitário, cujas reuniões têm adicionalmente a função de educar cada membro para a vida em comum, mais participativa e mais democrática. E quando alguém presente no Conselho desrespeita essa regra, é possível chamar a sua atenção para isso e lembrá-lo de que concordou e assinou embaixo, quando essa regra foi proposta.

Como estamos insistindo bastante na importância do Conselho de Família, pode-se, a esta altura, imaginar que alguns leitores deste texto estejam pensando que perdemos de vista a finalidade principal pela qual este capítulo foi introduzido neste livro: a questão básica, primária, de que uma empresa familiar é, fundamentalmente, uma... empresa! E que, como tal, o que interessa nela, em última análise, é que seja regida pelos parâmetros do mercado; que os reais temas a discutir dentro dela sejam seus produtos e serviços, seus processos internos, sua sustentabilidade, sua sobrevivência e expansão, seu lucro, mudanças do mercado, concorrência, clientes, cidadania corporativa...

Mas, de modo algum, essa ênfase que insistimos em colocar na questão familiar substituirá ou deixará de lado essas questões empresariais centrais. O que ocorre é bastante simples de explicar: nas empresas familiares, ignorar os problemas relativos à família é um caminho sem volta para o tratamento inadequado dessas questões — na empresa controlada por uma ou mais famílias, não há chance de um tratamento exemplar da empresa, sem que haja um tratamento exemplar da família!

A SUCESSÃO PATRIMONIAL

A sucessão patrimonial é, em linhas gerais, o que deverá acontecer com o patrimônio da família, à medida que acontecimentos venham a impor a ausência deste ou daquele membro. Essa sucessão patrimonial também pode ser objeto de discussão e análise no Conselho de Família, mas não é necessariamente tratada nessa instância. Neste caso, a família deve inventariar os bens disponíveis, diferenciando claramente o que, entre esses bens, é de propriedade da empresa e o que é de propriedade dos familiares, coletiva e individualmente. Embora os bens pertencentes à empresa e aos familiares possam estar conectados entre si (por exemplo, a empresa pode estar funcionando em dependências que pertencem a familiares), eles não devem ser confundidos.

Na verdade, a sucessão patrimonial exige que a família tenha para si um projeto societário e outro tributário. Um projeto societário poderá englobar a eventual constituição de uma holding familiar, para reunir e proteger os bens da família, assim como um acordo de acionistas que especificará o modo de gestão desses bens. Eventualmente, esse projeto também ajudará na administração do patrimônio pessoal dos membros da família, direcionando-se para o que popularmente se chama "administração de fortunas".

Comumente o patrimônio de que se trata nesta sucessão patrimonial é imobiliário e financeiro. O patrimônio imobiliário poderá arrolar casas e apartamentos, fazendas, imóveis comerciais e industriais, inclusive imóveis utilizados pela(s) empresa(s) da família. Quanto ao patrimônio financeiro, deverá envolver investimentos e aplicações diversas, inclusive em bens.

Sobretudo no que diz respeito ao patrimônio individual dos membros da família, questões bastante corriqueiras poderão ter de ser tratadas. É comum, por exemplo, que haja imóveis não totalmente regularizados, com escrituras por completar, por vezes até com impostos (como o IPTU) atrasados e dívidas condominiais. Não é nada incomum, além disso, encontrarem-se terras de fazenda invadidas por posseiros, imóveis não regularizados e ainda pertencentes a um espólio, bem como partilhas de bens não totalmente efetuadas em casos de divórcio.

Se essas questões não forem tratadas adequadamente, é fácil perceber que repercutirão negativamente na empresa, principalmente se o funcionamento desta depender da utilização de imóveis e outros bens que são de propriedade particular dos membros da família.

Um recurso interessante, e que ajuda muito no esclarecimento da questão patrimonial da família (sendo, também, em geral bastante impactante para seus membros) é uma reunião para simular "o que acontece quando alguém morre". Nessa reunião, uma vez esclarecido o que pertence a quem no patrimônio disponível, procede-se a uma série de simulações sobre o que aconteceria se algum dos membros da família viesse a faltar. Como o patrimônio familiar se desloca quando uma fatalidade acontece com um ou mais membros dessa família?

O ponto de partida para essa reunião é a árvore genealógica envolvendo os membros da família e o patrimônio pertencente a cada um. Sistematicamente cobrem-se as várias possibilidades, inquirindo-se:

"O que acontece com o patrimônio, caso o patriarca morra?"

"O que acontece, caso morra a matriarca?"
"E caso morram ambos?"
"E se houver a morte do primogênito?"
... e assim por diante.

Atualmente as famílias vão ganhando cada vez maior complexidade, e não apenas porque a quantidade de seus membros tende a aumentar ou diminuir de uma para outra geração. Acontece também um aumento de diversidade, na medida em que há, atualmente, famílias de diferentes configurações com novos casamentos ou uniões estáveis nas quais convivem filhos só de um dos cônjuges e filhos de ambos. É preciso levar em conta que a configuração do patrimônio familiar muda, ou transforma-se, ao se caminhar de uma geração para a outra. Ao longo dos anos, à medida que o tempo passa, a família vai se modificando, por vezes de modo bastante rápido: pessoas morrem, casam-se, separam-se, casam-se novamente, têm filhos...

Nessas circunstâncias, a distribuição patrimonial vai se modificando, tomando conformações distintas, uma vez que porções desse patrimônio são herdadas por uns e outros membros. Por vezes, por exemplo, com a morte do patriarca, membros da família que há anos se dedicam à empresa podem de uma hora para outra tornar-se reféns de parentes que herdam o patrimônio, mas nada entendem dos negócios nem têm qualquer experiência neles.

Um planejamento acurado é necessário, portanto, não somente para prever o que pode acontecer (e a reunião para simular "o que acontece quando alguém morre" é um recurso importante para essa previsão), mas também para se definirem ações facilitadoras da gestão patrimonial, envolvendo doações com ou sem usufruto, testamentos, venda intrafamiliar de ativos e assim por diante.

Uma constatação importante — e bastante impressionante, aliás — é a de que frequentemente a maioria dos membros da família não tem conhecimento do que estabelece o Estatuto ou Contrato Social da empresa, em termos dos direitos e obrigações de cada sócio ou das questões sucessórias envolvidas. Muitas vezes, esse Contrato Social foi redigido por um contador, sob a orientação do fundador da empresa, em uma época muito anterior, quando a empresa era ainda pequena e o fundador era ainda bastante jovem, não sendo possível prever, então, o que aconteceria na trajetória dessa empresa ou aonde ela chegaria.

Assim, uma das primeiras tarefas que se propõem nas reuniões do Conselho de Família é que os participantes tratem de ler e conhecer o teor desse Contrato Social. Todos os membros da família precisam entendê-lo. E não raro, ao fazê-lo, essas pessoas têm surpresas com o que está escrito ali. Por exemplo, o que prevê o Contrato Social, quanto à possibilidade de falecimento de um dos sócios? Na maioria das empresas familiares, ninguém terá se preocupado em estudar essa questão, ou mesmo em saber que implicações atuais tem aquilo que foi um dia redigido nesse esquecido Contrato Social!

Obviamente, o conhecimento das leis que regem esse patrimônio e sua distribuição e sucessão tem um papel essencial na gestão patrimonial. Assim, a consulta a advogados especializados (em Direito Societário, Tributário, Civil, Familiar) pode ser importante. De fato, pode ser imprescindível examinar todas essas frentes, porque a melhor solução quanto a uma delas pode não ser a melhor solução quanto à outra. O que parece ser uma boa solução tributária para a família, por exemplo, poderá se revelar inadequada, quando examinada do ponto de vista da harmonia entre os membros desta.

É raro que nos deparemos com uma família que já tenha examinado e discutido espontaneamente todas essas questões. Se ela existir, entretanto, é de se supor que ela ou já resolveu seus principais problemas de sucessão, ou então se encontra em vias de fazê-lo.

Mas, na maior parte das vezes, mesmo quando isso de fato já ocorreu, terá acontecido provavelmente apenas no âmbito da primeira geração, quando muito na passagem da primeira para a segunda geração de membros da família; dificilmente se encontrará uma empresa familiar em que se incluam pais, filhos e netos, em que a questão da sucessão patrimonial tenha sido discutida em termos do que é apropriado para todas as três gerações. No entanto, é o que aconselhamos: é muito mais prudente olhar a questão patrimonial em termos de três gerações à frente!

Um caso típico é o de uma empresa que parecia muito bem estruturada nessa área, na qual a matriarca, viúva do fundador, convivia com um casal de filhos, estando apenas o filho à frente da empresa. Entretanto, em apenas três meses, se tanto, faleceram a matriarca e seu filho, ficando a empresa nas mãos da filha e de seu marido, o genro da matriarca recém-falecida. Nenhum dos dois estava minimamente preparado para essa circunstância; e eles, pegos de surpresa, simplesmente não sabiam como iriam resolver o problema da sucessão. A empresa não tinha planejado absolutamente nada; e ninguém havia cogitado sequer da possibilidade de algo dessa ordem vir a ocorrer.

Estudar a questão da sucessão patrimonial é, portanto, mandatório, prevendo-se todas as possibilidades, mesmo as mais remotas. Recomendamos também que os membros da família tratem de conhecer melhor as noções de Direito que digam respeito ao seu caso; que entendam bem o que diz a lei acerca de regimes de casamento (comunhão, separação, comunhão parcial de bens) e suas peculiaridades; que saibam o que é um testamento, o que este significa e em que circunstância pode e deve ser feito — tudo isso, enfim, para que as opções disponíveis sejam devidamente exploradas, e de forma consciente.

No que concerne ao testamento, é importante dar orientações adequadas desde logo, porque se trata de um recurso frequentemente mal compreendido. Os advogados costumam explicar às famílias que a feitura de um testamento é uma liberalidade, ou seja, algo feito por generosidade, e não necessariamente obrigatório; e que, além disso, há pessoas que fazem um testamento, mas não revelam aos membros da família que o fizeram, deixando-os boquiabertos com as surpresas surgidas quando a pessoa falece e esse testamento é conhecido.

Passado o susto inicial, a iniciativa do patriarca de ocultar o testamento pode ser até compreendida e mesmo parcialmente justificada. Por exemplo, vemos empresários ricos que desejam fazer um truste no exterior, constituir uma offshore, fazer investimentos em outros países — e que nem sempre acham ser conveniente que outras pessoas saibam disso, até mesmo os parentes.

Em outros casos, pode haver sérios problemas legais com a origem do dinheiro, não contabilizado oficialmente ou oriundo de fontes de receita suspeitas... Nesses casos, é frequente que a pessoa raciocine que manter a esposa e os filhos ignorantes em relação a esse dinheiro poderá vir a poupá-los de dissabores futuros. No entanto, essas percepções podem ser inteiramente falsas, comumente resultando em surpresas desagradáveis quando o assunto surgir; familiares poderão, então, reagir mal, expressando um sentimento desconfortável, de terem sido traídos e injustiçados pelos ascendentes. Isso quando não ocorre a sumária perda do dinheiro por confisco da Receita ou até mesmo por bloqueio em um banco estrangeiro pelo fato de a senha de acesso ter se perdido! Quem acha que esse tipo de "teatro do absurdo" é algo raro de acontecer pode ficar certo de que é bem o contrário: trata-se de algo até bastante frequente. Assim, recomendamos que na família tudo seja feito às claras.

Obviamente, a abordagem dessa temática na reunião do Conselho de Família de modo algum é fácil. Pelo contrário, trata-se de um assunto ao mesmo tempo complexo e desagradável, especialmente quando envolve relações parentais já deterioradas. Por exemplo, um sujeito pode descobrir, em um testamento cuja existência até então desconhecia, que seu filho menor tem direito a uma parte substancial da herança, mas desde que permaneça até completar 21 anos de idade sob a custódia da mãe, ex-esposa do executivo. Como reagirá esse homem ao saber disso?! Ou então, imagine-se um caso em que a segunda esposa do patriarca, de casamento relativamente recente, não seja bem-aceita, com seu filho de 2 anos de idade, pelos filhos adultos do casamento anterior, mas tenha de ser tolerada, após a morte do patriarca, como acionista majoritária da empresa da família! Como se sentirão os filhos do casamento anterior do patriarca, nessas circunstâncias?

Como já foi dito, tais questões não se resumem às famílias empresárias, mas ocorrem em famílias de qualquer tipo, mesmo as de classe média, ou média baixa, com poucos bens deixados por um chefe de família. Frequentemente, um viúvo ou viúva com dois ou três filhos morre e deixa um apartamento que terá de ser compartilhado ou vendido com renda dividida entre os filhos, o que já pode ser suficiente para desencadear uma enorme discórdia entre eles!

Não é necessário, portanto, que se esteja tratando de um patrimônio elevado. Também o novo Código Civil alterou recentemente vários dispositivos que interessam às famílias e, frequentemente, estas não se atualizam a respeito, imaginando que as coisas ainda se passam como eram no passado.

Por vezes, não apenas a situação é complexa, como também não se consegue um real entendimento entre os membros da família sobre como resolver as pendências patrimoniais. Em tais casos, uma ajuda especializada externa pode ser aconselhável — por exemplo, o recurso a uma câmara arbitral ou outro sistema de mediação entre os membros da família. A consultoria que atende ao Conselho de Família deve ser capaz de recomendar esse tipo de medida, quando necessário. Todavia, até para chegar à conclusão de que é preciso tomar essa providência deve-se exercer, dentro do Conselho, um processo de reflexão e discussão do tema, a fim de que a decisão seja tomada preferencialmente por todos os seus membros.

De qualquer forma, é importante evitar que a solução de impasses entre membros da família ou entre sócios de famílias distintas, tenha de chegar ao nível da justiça comum, como muitas vezes infelizmente acontece: por vezes, a gravidade da situação leva um dos litigantes a denunciar judicialmente um outro, levando o caso para os tribunais. Esse caminho raramente é o melhor e, por vezes, cabe à consultoria insistir com os membros do Conselho de Família que não façam uso de medidas dessa natureza, antes de esgotarem todos os recursos alternativos capazes de levar a uma conciliação entre as partes.

A CONTRIBUIÇÃO DA FAMÍLIA PARA A SUCESSÃO NA EMPRESA

Dificilmente se encontra uma empresa na qual o controle acionário esteja nas mãos de uma, duas ou três famílias específicas, mas na qual nenhum membro de tais famílias esteja trabalhando. Essa circunstância tende a ser até mais rara quando o fundador da empresa ainda está vivo, embora em tese ele possa em algum momento passar ao Conselho de Administração a atribuição da escolha de um gestor vindo do mercado para comandar a empresa. Ou seja, o fato de uma empresa ser propriedade de uma ou mais famílias tende a ser, por si só, um poderoso atrativo para os membros dessas famílias, entre os quais pelo menos alguns certamente manifestarão o desejo de trabalhar ali.

Na maioria das vezes, as famílias acreditam que isso é perfeitamente aceitável ou até legítimo. Sendo a empresa um patrimônio *da família*, nada parece mais "natural" do que vir ela a abrigar os membros dessa família. Essa visão tão comum constitui, entretanto, uma séria distorção da verdadeira finalidade da empresa.

Chega-se até mesmo, por vezes, à situação em que se pensa ter, trabalhando na empresa, um representante de cada núcleo familiar identificado, a fim de que haja "equilíbrio". Digamos que o patriarca fundador da empresa tenha tido quatro filhos, todos prosseguindo como acionistas e tendo ou não postos de direção na empresa. É comum que, em tais circunstâncias, também os filhos desses filhos, netos do patriarca falecido, desejem ir trabalhar ali. Então, para que não haja uma "inflação" de familiares ocupando cargos na empresa, os quatro irmãos decidem estabelecer uma quota de presenças: para cada núcleo familiar, duas vagas na empresa!

Nada mais inadequado e perigoso do que essa política de quotas! De modo algum a empresa pode ser vista como se fosse um "cabide de empregos" para a família! Mesmo sendo familiar, ela tem motivações e finalidades claramente capitalistas, devendo produzir, inovar, concorrer e conquistar mercados, dar lucro, crescer... Essa é sua finalidade essencial e, nesse sentido, o fato de ser uma empresa familiar é uma mera circunstância. Cabe ao Conselho de Família deixar claro a inconveniência desse tipo de orientação. A empresa deve responder aos ditames do mercado, não da família, não sendo, portanto, adequado que ela disponha de certo número de "vagas disponíveis" para abrigar os familiares.

Assim, no exemplo hipotético anterior, pode ser que um dos núcleos familiares tenha mais de um representante trabalhando na empresa, ao passo que outro núcleo pode simplesmente não ter nenhum. Porém, para encontrar para a empresa uma política apropriada contemplando a família, muito trabalho de reunir os familiares e mediar suas discussões terá de ser realizado.

Da mesma forma, não é apropriado que um membro da família seja automaticamente promovido a uma posição de direção ou mesmo de liderança intermediária, pelo simples fato de trabalhar há vários anos na empresa. Antiguidade ou tempo de trabalho na casa não é uma credencial para que alguém ascenda na hierarquia em empresa alguma, não sendo credencial, portanto, quando a empresa é familiar. Mas fica muito mais fácil conversar sobre essas questões em uma empresa em que o diálogo já esteja ao menos razoavelmente estabelecido entre os membros da família e entre os sócios.

Há ainda a questão de qual dos filhos poderia vir a substituir o pai na condução da empresa. A tendência inicial é desde logo no primogênito. Nas sociedades ocidentais, até o início do século 20, essa regra era bastante clara, encarando-se o filho mais velho como o substituto natural do pai, tanto na chefia da família quanto, por extensão, na chefia da empresa. Em certas culturas, o primogênito chegava a ter, inclusive, prerrogativas especiais na distribuição da herança paterna entre os filhos.

Em muitas nações, essa regra ainda vigora, muito embora possa ter se enfraquecido bastante pelo avanço de influências culturais externas, da modernidade, do desenvolvimento das tecnologias e da urbanização. Mas a preferência pelo filho mais velho na sucessão ainda se observa em várias famílias empresárias.

Independentemente da questão cultural, entretanto, pode haver também uma motivação objetiva para essa escolha: o fato de o primogênito estar mais próximo do pai em termos de idade e, portanto, mais identificado com este quanto ao modo de pensar. O processo de sucessão pode, nesse caso, dar-se mais rapidamente e com menos turbulência se o substituto do pai for o primogênito.

Entretanto, em outros casos, o preferido pode ser o caçula. Biológica e culturalmente, o filho mais novo tende a estar mais distante do pai a ser substituído, e isso pode significar uma vantagem para o processo, pelo menos do ponto de vista do sucedido: mais distante do fundador, o caçula precisará de mais tempo para preparar-se e, por conseguinte, incomodará menos — tem ainda "muito chão" a percorrer até chegar lá! Fundadores de empresas familiares podem fazer a opção, portanto, pelo caçula, ao invés do primogênito. Mas não acreditamos que essa escolha, quando acontece, se deva a algum propósito do patriarca de prolongar sua permanência na direção, podendo ser decorrente apenas de uma intuição não totalmente consciente.

Provavelmente, mais importante do que a escolha entre um primogênito e um caçula, na mente do fundador, a prioridade é realmente a da escolha de um filho em vez de uma filha. O patriarca, neste caso, quase invariavelmente tende a escolher o homem. Essa tendência é tão forte que se pode apostar que, se o fundador tiver quatro filhos, sendo três mulheres e um homem, provavelmente será este último o escolhido, não importando se se trata ou não do primogênito.

Mas, certamente há alguns fundadores especialmente lúcidos e de mente mais aberta. Já realizamos trabalhos com fundadores com 40 e poucos anos de idade apenas, com filhas na faixa de 20 e poucos anos, que começaram já nessa idade a estruturar um trabalho de sucessão que as envolvia, para completar-se daí a alguns anos. E também já trabalhamos com patriarcas que, esclarecidamente, consideram em um mesmo nível para sua sucessão, filhos *e* sobrinhos, igualmente.

A CULTURA DA FAMÍLIA

Precisamos voltar a mencionar a família proprietária a fim de tratar ainda de uma outra questão: o "espírito" dessa família. Toda família tem uma cultura própria, que permeia seus membros, mas também os ultrapassa, sendo maior que cada um deles. Algumas famílias são muito religiosas; outras são apegadas a dinheiro; há as famílias cujos membros adotam uma dada profissão (médico, advogado, arquiteto, jornalista); e há as famílias com um sobrenome tradicional; outras, ainda, são verdadeiras dinastias de políticos; e assim por diante.

Frequentemente essa cultura familiar, qualquer que seja, terá se iniciado ou ganhado força por obra de alguém no passado, um patriarca — e, em muitas dessas famílias, seus membros têm histórias para contar, envolvendo esse personagem. Pela reafirmação dessa cultura, ao longo de décadas e através de mais de uma geração, frequentemente a família terá desenvolvido formas de conduta, atitudes, valores, estilos de vida, datas comemorativas, hábitos, ditos expressivos, locais reverenciados, histórias, mitos, rituais que representam essa cultura, e que são mantidos na memória dos seus membros, passando de geração para geração.

Mesmo quando o patriarca e inspirador dessa cultura já não mais está vivo, o espírito dessa cultura segue pairando sobre a família, sendo rememorado em episódios e situações que reafirmam sua presença simbólica. A figura do patriarca morto comumente continua funcionando na família como uma espécie de "cola", unindo os membros vivos da família em torno do espírito desta. Em outros casos, mais frequentes, talvez, essa "cola" que o patriarca representa não seja assim tão forte — e, quando o patriarca se vai, a família já inicia um processo de dispersão, como se um ciclo na história da família tivesse sido encerrado.

Um dos temas que comumente propomos para discussão dos membros do Conselho de Família é justamente esse: o espírito da família e o que esta pretende fazer a respeito. Como os membros da família preservarão sua cultura? E mais: esta *deve*, de qualquer modo, ser preservada? Por quê? Caso não deva sê-lo na sua totalidade, pelo menos algum aspecto dessa cultura mereceria ser mantido? Com que finalidade?

Um exercício válido, que pode ser conduzido com os membros da família para esclarecer esse espírito, justificando, portanto, uma "escavação arqueológica" da cultura familiar, é lhes perguntar qual é o propósito desta família, que valores seus componentes compartilham, que visão comum de futuro eles têm. Frequentemente, não há uma resposta unânime para essas perguntas, porque a cultura é sempre multifacetada, podendo ser encarada de formas distintas, a partir de ângulos distintos de visão, por membros distintos da família.

Comumente ouvimos objeções ao levantamento dessa cultura, sob a alegação de que ela já é preservada na empresa, que de alguma forma espelha o modo de ser da família. Portanto, não seria necessário que os familiares se preocupassem com isso. Entretanto, não é bem assim: a cultura e os valores da empresa são uma coisa; e a cultura e os valores da família, uma outra, bem diferente. Como instituição, também a família deve ter seu espírito ao menos parcialmente preservado, uma vez que se trata de outra entidade: empresa e família não se superpõem, a não ser parcialmente. Há muito de cultura, em uma empresa familiar, que transcende a família proprietária; e vice-versa.

Uma família é um contexto do qual participam outros membros não presentes na empresa; e a integração e a convivência harmônica desses membros da família, incluindo profissionais que estão na empresa, sócios que, entretanto, não participam dela, além de outros familiares, é algo que precisa ser buscado em si mesmo.

Nesta "sociedade líquida" de que Zygmunt Bauman nos falava até há pouco, atualmente, esse espírito de uma família tende a ser algo cada vez mais volátil e menos permanente e difícil de capturar e manter. No passado, as culturas familiares estavam fortemente sedimentadas nos objetos que a família possuía: sua casa de moradia, em que também moraram os filhos e onde também cresceram os netos; os móveis de anos atrás, como a escrivaninha do avô ou a cristaleira da avó; as fotos nos álbuns guardados no fundo da cômoda da sala; a porcelana chinesa que se punha na mesa nas refeições mais solenes e nas ocasiões festivas; as cartas manuscritas que foram trocadas pelos membros da família, ainda guardadas em caixas de sapatos nos armários.

Esses objetos tinham um valor simbólico e, nesse caso, descartá-los ou não significava tomar uma decisão de preservar ou não parte da cultura. Nos dias de hoje, entretanto, grande parte dessa cultura material evaporou-se, perdeu o sentido. O que restou tornou-se intangível, virtual: agora as fotos estão postadas no Facebook; os móveis são comumente jogados fora ou vendidos para lojas de usados, trocados por móveis novos de estilo, que durarão quatro ou cinco anos; mora-se hoje de aluguel (não vale a pena comprar um imóvel), em várias diferentes residências ao longo do tempo, do nascimento ao final da vida; as cartas e os telegramas não mais existem, foram substituídos primeiro pelos e-mails e mais recentemente pelas mensagens no WhatsApp... E os membros mais jovens da família nasceram e cresceram sem se habituar àquele apego que seus avós e mesmo seus pais tinham pela cultura material da família. Enfim, os apoios tangíveis à cultura estão acabando e, nessas circunstâncias, é muito, muito fácil perder-se de vez essa cultura familiar.

Por isso, pode ser oportuno e interessante adotar outros recursos para preservá-la e ter essa cultura ainda como referência para se continuar dando significado às coisas da família. Pode-se recorrer, para isso, a um acervo de objetos antigos, a um livro narrando a história da família (e/ou da empresa), à elaboração gráfica da árvore genealógica ou do brasão da família, à montagem de um museu interno.

Há famílias que aderem a essas propostas: organizam museus, contratam a produção de um livro. Há aquelas que até mesmo fazem uso da sua história (ou da história de como seus produtos iniciais foram criados), para fins publicitários. Com frequência essas histórias familiares revelam a origem de políticas, procedimentos e formas de atuar da empresa que seria impossível entender sem fazer essa "escavação". Nossa consultoria coleciona essas histórias de empresas e de famílias empresárias; mantemos muitas delas registradas, algumas relatadas em exemplares de nossa revista.

Para alguns membros, escrever a história da família pode até mesmo funcionar como um processo semiterapêutico. Mesmo no caso do patriarca da família, uma experiência memorialística como essa pode ajudar a revelar ou resgatar aspectos significativos de sua história pessoal, que valeria a pena identificar, analisar e publicar.

Por essas razões sempre incentivamos a família a realizar esse tipo de pesquisa antropológica sobre si mesma, tentando dessa forma responder às perguntas: De onde viemos? Como aconteceu tudo isto? O que é fundamental em nossa história? Quais são as nossas raízes?

Nem sempre todos os membros da família são receptivos a esse tipo de proposta, entretanto, isso depende muito de cada agrupamento familiar. Todavia, quando seus membros começam a se mostrar mais maduros e tolerantes entre si, geralmente tendem a enxergar mais valor nesse resgate — e aderem! Famílias menos trabalhadas em reuniões entre seus membros, como as do Conselho de Família, tendem a mostrar-se mais refratárias. E também se encontra maior resistência dos familiares quando as coisas entre eles estão relativamente tensas e difíceis, especialmente nas épocas em que a empresa enfrenta dificuldades econômicas, ou em que o relacionamento entre os membros da família está esgarçado. Então, os familiares poderão não se interessar pela cultura de sua família e alegar ter outras prioridades.

Seja como for, em uma empresa familiar, um novo CEO oriundo da própria família proprietária precisa ser capaz de tomar para si, entre outras responsabilidades, a de preservar a cultura e os valores da família, ao lado da cultura e dos valores de sua empresa.

Quando os negócios passam a evoluir, geralmente o ambiente interno se distende e desanuvia, e a receptividade ao resgate de cultura tende a ser maior. Os membros da família também tendem a mostrar-se mais dispostos a refletir sobre o futuro da empresa e a pensar em maneiras de prepará-la para as próximas gerações.

Entretanto, pode não ser assim. Em uma empresa familiar que pudemos atender, dois dos sócios fundadores, já idosos, estavam bastante doentes havia mais de um ano, e suas prioridades não incluíam o resgate da cultura familiar, o que, na situação, era algo bem compreensível. Nós os incentivamos a realizar esse estudo, e chegamos até mesmo a lhes oferecer de presente esse serviço, mas sem sucesso: em ambos, infelizmente, a atitude seguiu sendo a de desinteresse!

É preciso dizer ainda que valorizar a história da empresa frequentemente significa valorizar igualmente pessoas marcantes nessa história, e, por vezes, são justamente essas pessoas que estão agora colocando obstáculos ao que querem os atuais dirigentes dela! Nessas circunstâncias, é compreensível que os membros da família atuantes na empresa não tenham vontade de revolver aqueles episódios antigos representativos da organização. Por outro lado, se se dispusessem a fazê-lo, olhando criticamente para esse histórico da empresa, talvez viessem a compreender melhor que os conflitos de hoje vêm de fato de épocas passadas. Todavia, fazer esse tipo de reconhecimento requer bastante maturidade.

Outra questão importante, quando se trata da sucessão na empresa familiar, precisa ser ressaltada: ao se pensar em uma troca de gestores, especialmente ao nível da presidência, acredita-se, em princípio, que o presidente que sai será substituído por um outro que ingressará com poder equivalente ao do sucedido.

Essa percepção, entretanto, está bastante distante da verdade: haverá, sim, uma troca de pessoas, porém, os patamares ocupados por quem sai e quem entra em uma empresa familiar não são iguais. O CEO da próxima geração quase nunca conta com o mesmo nível de poder que o CEO anterior detinha.

É bastante fácil demonstrar que é assim: em primeiro lugar, o novo CEO quase nunca tem a mesma participação acionária que o sucedido. Provavelmente, ele será herdeiro de apenas uma parcela do patrimônio que seu pai ou avô (ou quem quer que tenha construído e gerido a empresa até então) possuía nessa sociedade, e que usava como um trunfo em suas decisões estratégicas. Ou seja, o novo CEO terá sócios que seu antecessor não tinha, aos quais terá de prestar contas. E, mesmo nos raros casos em que o antecessor também possuía sócios, o fato é que ele provavelmente podia agir, na posição de CEO, a partir de uma "cultura de dono", o que o novo CEO não tem condições de fazer de forma cabal.

Como se não bastasse, se estivermos falando da sucessão de um fundador, teremos de levar em conta que este terá exercido, até deixar a presidência da empresa, uma tríplice liderança à frente do sistema: ele terá sido, em seu período de comando, ao mesmo tempo o patriarca da família, o dono do negócio e o presidente da empresa.

Por conseguinte, seu nível de poder jamais será igualado por seu sucessor, uma vez que este, seja seu filho, seja seu neto, seja outra pessoa pertencente ou não à família, não contará com as mesmas prerrogativas. A partir do sucessor da primeira geração da empresa, portanto, nenhum CEO, ainda que ocupando a mesma cadeira, terá a "estatura" do fundador.

Além disso, caso siga *ipsis literis* o modelo deixado por seu antecessor, o novo líder da empresa aumentará seriamente as chances de tornar-se um fracasso! Por quê? Porque quase invariavelmente o modelo antigo não funcionará no novo contexto que terá se estabelecido. O novo dirigente não conseguirá igualar seu antecessor, seja este seu pai, seja seu avô, seja outrem. Se o novo líder pretender repetir a forma de atuar de seu pai, seus irmãos e primos simplesmente não o aceitarão, assim como os próprios diretores não membros da família e até mesmo, talvez, a própria matriarca. Enfim, em uma sucessão em empresa familiar não se retira simplesmente uma peça da engrenagem, colocando-se uma outra equivalente no lugar. Não é assim que funciona.

Exemplifiquemos: vamos imaginar que o fundador e presidente, membro da primeira geração da família, teve quatro filhos, sendo um homem e três mulheres. Digamos que o filho seja escolhido para seu sucessor. Como novo presidente, presume-se que ele tenha autonomia para as devidas decisões e escolhas estratégicas. Porém, ele jamais a terá no nível do seu pai, pois este detinha o controle acionário da empresa. Ao falecer, terá deixado, em condições normais, 50% das ações para sua esposa, a matriarca, distribuindo os outros 50% entre os quatro filhos, cada qual recebendo 12,5% das ações da empresa. O novo presidente, assim, será dono de 12,5% da empresa, enquanto seu pai atuava na presidência como detentor de 100% do patrimônio.

A diferença é abissal! Ao menor espirro, à menor insatisfação que o novo presidente venha a causar, sua própria mãe poderia, sozinha, destituí-lo do cargo, assim como o poderiam igualmente duas de suas três irmãs que fizessem uma aliança. Mesmo que as relações entre todos esses personagens sejam de absoluta confiança, a simples existência dessa possibilidade já altera sobretudo o modo pelo qual o novo presidente tenderá a encarar seu papel, comparativamente ao presidente anterior, seu pai. A sucessão patrimonial tem, portanto, um impacto fortíssimo na sucessão empresarial.

O que deve fazer um herdeiro que tenha pretensões de ocupar um cargo importante ou mesmo que queira vir a ser algum dia o presidente da empresa de sua família? A recomendação principal é, claramente, a de que este herdeiro deve preparar-se para assumir essa posição, da mesma forma que se prepararia para ocupar uma posição equivalente em qualquer outra empresa. O melhor ocupante de uma posição de direção na empresa da família é, em suma, aquele profissional que seria o melhor para ocupá-la em qualquer outra empresa do mercado.

Mas é importante que esse herdeiro tenha também um projeto estratégico que faça sentido para a empresa, caso tenha pretensões de vir a dirigi-la. E é essencial que esse projeto seja apresentado e aceito pelo Conselho de Administração, para que seja devidamente legitimado. Não o sendo, ou havendo suspeitas sobre a qualidade desse projeto, ou não havendo um projeto estratégico definido, o que sobraria para justificar a ocupação dessa posição por um herdeiro? Tão somente sua condição de membro da família! É muito pouco. Já dissemos anteriormente que essa é a pior credencial que alguém poderia apresentar para pretender introduzir-se na empresa.

As famílias proprietárias geralmente não gostam de falar disso: algumas mães e pais, que certamente desejam o melhor para seus filhos, podem reagir a esse argumento até mesmo com indignação: "Só porque meu filho é da família, ele não pode trabalhar aqui?" Quando acontece uma reação dessas, por parte de um pai ou de uma mãe, ela deve funcionar como um sinal de alerta, pois mostra, por si só, que não será fácil obter para essa empresa uma sucessão realmente profissional.

Certamente, muitos pais que dirigem a empresa da família entendem que este é um bom ambiente para a formação profissional e o ganho de experiência de seus filhos: que eles comecem trabalhando ali, ganhem em profissionalismo e em conhecimento do negócio, e passem naturalmente a ascender pelos escalões da organização até atingirem ao topo.

Esse caminho é possível, e frequentemente muito procurado — mas certamente não é o melhor. O jovem membro da família que tenta ganhar experiência profissional dentro da empresa está, de fato, optando por um trajeto ascensional mais difícil e espinhoso, a começar pelo fato de que seu amadurecimento profissional demandará muito mais tempo do que se ele se desenvolvesse fora da empresa da família.

O mercado lá fora tende a desafiá-lo e a desenvolvê-lo muito mais rapidamente. Definitivamente, o jovem herdeiro deve procurar outras oportunidades de emprego, antes de se voltar para a empresa que algum dia será (ainda que parcialmente) dele. Ele deve ir para o mercado em busca de oportunidades mais exigentes e desafiadoras possível. Se tiver oportunidade, que saia do país! Vá para Nova York, Londres, Paris, Cingapura... O "mercado" não é necessariamente aqui, na sua cidade apenas, ou sequer no seu país. Quanto mais ampla for a sua visão do que é o "mercado", o âmbito que ele pode abranger, tanto melhor.

E há uma outra questão-chave, uma advertência séria a ser feita às empresas familiares: uma família empresária não pode se transformar na figura de um patriarca onipotente e onipresente com a missão de proteger e garantir a família toda abaixo dele. Não é assim que se entende nem uma verdadeira família, como não é assim que se entende uma família empresária. Ao contrário, o ideal é que, o mais cedo possível, cada pessoa de cada geração posterior à desse patriarca vá em busca de seus ideais e de sua realização pessoal e profissional — com o apoio financeiro, moral e emocional de seus ascendentes, mas por conta própria, desafiando-se, arriscando-se por si e tomando suas próprias decisões.

O ideal para uma família empresária é que ela venha, o mais cedo possível, a dispor de um estoque de seus membros que sejam, ao mesmo tempo, pessoas maduras e responsáveis e profissionais experientes e competentes em suas respectivas áreas de trabalho, podendo concorrer de igual para igual com outros tantos candidatos vindos do mercado. Uma das funções primárias da empresa familiar consiste justamente de desenvolvimento da capacidade empreendedora de seus membros, através das gerações. Assim, esse estoque de talentos deve ser renovado continuamente, à medida que a empresa evolui e se pereniza. Um tal estoque de talentos, que idealmente poderia ser capaz de preencher postos-chave na empresa, funcionará como mais uma (e apenas mais uma) fonte de recrutamento para a empresa familiar. É essa a ideia que deveria ser disseminada em toda empresa que pertence a uma ou mais famílias.

Ademais, toda empresa tem seu ciclo de vida. Assim como tecnologias, produtos e serviços, também negócios surgem, desenvolvem-se, chegam a um apogeu, declinam e desaparecem.

Assim, levar em conta esse ciclo é essencial para se pensar adequadamente a empresa familiar. Muitas vezes a saída do fundador, ou do atual gestor principal, coincide com o encerramento de um ciclo da empresa, exigindo que seu sucessor também inicie um novo ciclo, levando a empresa para outra direção, adotando uma outra estratégia. Outras vezes não é assim: o sucessor deve dar continuidade a um ciclo que está em andamento e não se encerrará com a troca do comando. Um patriarca, seu sucessor, os gestores estratégicos da empresa e os membros da família mais ligados ao negócio devem estar habilitados para entender esse importante processo e ser capazes de avaliá-lo quanto ao andamento de sua própria empresa!

Haverá, como já foi dito, membros da família que são herdeiros e serão sócios acionistas, mas não são nem serão gestores ou profissionais técnicos trabalhando na empresa. Nada de anormal há nessa circunstância. Entretanto, convém ressaltar mais uma vez algo também já tocado anteriormente neste texto: ser apenas um sócio do negócio não significa adotar uma posição passiva perante a empresa, da mesma forma que não deve ser passiva a postura de quem tem dinheiro aplicado em ações na Bolsa de Valores ou em um fundo de investimentos.

Ser um acionista não dá a ninguém o direito de acomodar-se — muito ao contrário: o acionista tem de aprender a sê-lo de modo ativo e constante. É preciso que este personagem — o acionista — se reconheça ligado ao negócio, conheça este negócio o máximo possível e acompanhe as decisões estratégicas que nele são tomadas pelos gestores.

De fato, acionistas e investidores em negócios vocacionados para o que fazem estão o tempo todo estudando os mercados e as reações das empresas às transformações neles. Warren Buffett é um exímio estudioso do que acontece nos negócios ao seu redor, tanto aqueles de que participa quanto aqueles de que pode vir a participar (isto é, todos os outros).

Da mesma forma, o sócio da empresa familiar, minoritário que seja, deve proceder da mesma forma: estudar sua empresa, saber tudo o que puder sobre ela. Não lhe cabe simplesmente ignorá-la e delegar passivamente tudo o que diga respeito a ela aos gestores da mesma, ainda que sejam seus parentes e por mais que confie neles.

Em qualquer empresa, a sucessão geralmente não é um processo rápido, mas leva anos. E isso não é diferente nas empresas familiares. Pode-se esperar que no mínimo três ou quatro anos sejam necessários para que se defina realmente quem sucederá ao atual gestor principal, seja este o patriarca, seja o fundador, seja outro.

Mesmo assim, esse é um tempo otimista; em geral, pode ser necessário um tempo maior — cinco anos poderiam ser tomados como um período razoável — até que se organize um adequado Conselho de Família; que este esteja funcionando com propriedade; que os familiares estejam preparados para enfrentar o processo da sucessão; que um perfil para um novo CEO tenha sido traçado e seja aceito por todos; que os candidatos internos possam começar a ser reconhecidos e avaliados; que se dê a eles o tempo necessário para se prepararem para o desafio; e que, finalmente, a seleção do novo CEO possa ser iniciada.

Por vezes, a consultoria que orienta a família sugere que se considere a sucessão dentro de uma mesma geração: um irmão ou primo substitui o patriarca, se necessário. Outras vezes, o gestor principal que prepara sua sucessão tem filhos em faixas etárias distintas — um ou mais ao redor dos 50 anos de idade, outros em torno dos 30 anos.

Em tais casos, ele precisa ponderar acerca da conveniência de levar em conta essas faixas etárias no processo de sucessão. Pode ser arriscado demais um CEO que esteja na faixa dos 70 ou 75 anos dar seu lugar a um jovem de 30 ou 35. Em tais casos, talvez seja adequado estabelecer um processo intermediário, criando-se um ambiente mais suave para a transição, na qual alguém mais maduro assuma a posição por alguns anos, para somente mais tarde dar o lugar a alguém que ainda é jovem demais. Em alguns casos, pode-se recorrer ao expediente de convocar para CEO um executivo não pertencente à família que venha preencher a posição nesse período intermediário: um executivo competente vindo do mercado, um atual diretor da empresa, um ex-presidente, um conselheiro, um amigo de confiança da família...

Em outros casos, isso poderá até não ser necessário: em certas circunstâncias, pode-se constatar que não haverá propriamente uma mudança drástica demais, caso um novo CEO bem mais jovem venha a substituir o patriarca. Cada caso é realmente um caso, quando se trata dessa temática.

Finalmente, é preciso considerar ainda, na sucessão, o que acontecerá com o sucedido — o atual incumbente do cargo. Por vezes, o que se dá com ele é apenas uma mudança de papel: o ex-CEO não sai de cena, mas vai para o Conselho de Administração da empresa, ou assume nela alguma posição privilegiada como consultor ou assessor do novo presidente, ou torna-se um negociador que somente atuará em contatos especiais com determinados clientes estratégicos.

Recomenda-se, de qualquer forma, que se for esse o caminho escolhido, uma vez definido esse papel, a descrição das responsabilidades específicas do ex-CEO seja clara e explicada em detalhes. É muito inadequado haver dúvidas sobre os limites de suas atribuições e alçada, em tais casos. A continuidade de sua presença na empresa não poderá trazer dificuldades ou gerar obstáculos à atuação do novo CEO, o que é muito fácil de acontecer, dados hábitos há muito tempo formados de parte do ex-CEO e de parte de todos aqueles que com ele trabalharam e trabalham agora com o novo CEO.

É importante que o sucedido, ao deixar a cadeira executiva, não continue frequentando com a assiduidade de antes o ambiente profissional em que trabalhou, para se evitar que haja a perpetuação de comportamentos anteriores e para facilitar a adoção, por parte de todos, do novo estilo de conduta imprimido à empresa pelo novo CEO.

Para evitar transtornos desnecessários dessa ordem, recomenda-se inclusive que se façam mudanças físicas no espaço ocupado: de preferência, a sala de reuniões do Conselho de Administração não deve ser a mesma em que se reúnem os diretores executivos para as deliberações do dia a dia. Igualmente a sala em que se reúne o Conselho de Família deve ser outra. Mudar de sala, de andar, de prédio, de cidade até, pode ser bastante útil...

Quanto ao sucedido, é preciso também levar em conta que, normalmente, essa é uma mudança de grande impacto em sua vida. Essa mudança o desafiará em seus pensamentos e emoções mais íntimos. Frequentemente ele a experimentará como uma perda — por vezes importante e difícil de ser recuperada. O sucedido precisará, portanto, ser capaz de preparar-se para essa transição (outra importante incumbência da consultoria que orienta o Conselho de Família), redefinindo-se em termos pessoais e profissionais. Caso contrário, é possível que enfrente dificuldades emocionais e até mesmo de saúde física.

Não raro, o sucedido fica de olho no desempenho de seu sucessor (por vezes seu filho ou sobrinho, por vezes um executivo vindo do mercado). E não é incomum que, saudoso dos "velhos tempos", ele se poste silenciosamente à espreita dos erros de seu sucessor — e, à primeira dificuldade deste, tenha ímpetos de achar que tudo está "dando errado" para dessa forma justificar um retumbante retorno aos seus "dias de glória"!

Há na literatura especializada suficientes casos de ex-presidentes de empresas familiares que reassumiram o cargo, sucedendo ao seu sucessor. E nem sempre terá sido um desempenho realmente desastroso desse sucessor a verdadeira causa para essa reviravolta na situação. Aliás, a crise de 2008 mostrou essa manobra com muito realismo: logo em seguida a ela, muitos Conselhos de Administração foram sumariamente dissolvidos e muitos CEOs demitidos. Em muitos casos desses houve reversões, que vieram acompanhadas de acusações indignadas de inoperância dos CEOs defenestrados!

A MULHER SUCESSORA

Outro capítulo interessante na sucessão em empresas familiares envolve a figura das herdeiras, as mulheres potencialmente sucessoras. Esse é hoje um tema em alta, principalmente devido ao fato de a figura da mulher vir, há vários anos, ganhando destaque nos ambientes executivos e na sociedade de modo geral.

É preciso lembrar que as empresas, familiares ou não, ainda são ambientes marcados por cultura tradicionalmente androcêntrica (isto é, que privilegia a masculinidade), o que, por si só, já é um fator a tornar mais difícil a ascensão de uma herdeira ao posto de CEO ou equivalente na empresa familiar, principalmente se ela tiver irmãos (homens).

Não é preciso entrar em grandes detalhes sobre o tema, mas é bom lembrar que, tradicionalmente, na sociedade brasileira, crianças do sexo masculino e feminino são criadas de formas diferentes, para virem no futuro a se tornar homens e mulheres reconhecíveis em sua identidade de gênero, frequentando sem ambiguidades todos os ambientes sociais. O esperado, nas famílias em geral, é, portanto, que os meninos ganhem de presente bolas, carrinhos e roupas de super-heróis, enquanto as meninas são presenteadas com casinhas de brinquedo, bonecas e adereços tipicamente femininos. Os adjetivos com que mais se descrevem meninos são: "inteligente", "forte", "corajoso"; ao passo que os adjetivos preferidos para as meninas são: "linda", "graciosa", "delicada".

Portanto, não é de se admirar que em uma família empresária, quando se aproxima o momento de escolher e nomear entre os filhos um sucessor para o pai (uma vez que raramente é a mãe quem comanda a empresa), a escolha recaia em um dos filhos homens, excluindo-se as filhas do processo. Embora em grande parte das famílias os filhos homens e mulheres sejam incentivados a estudar no mínimo até o fim da graduação e a construir suas carreiras, as expectativas quanto a levar à frente os negócios familiares ainda recaem nos filhos homens.

Assim, as herdeiras de empresas familiares comumente se queixam de que pouco são convidadas a participar da vida da empresa, jamais se tendo cogitado que poderiam ser as sucessoras de seus pais. Há casos em que as filhas sequer foram algum dia convidadas a *visitar* a empresa, apenas estando ali ocasionalmente, por alguma razão excepcional.

Desse modo, quando um fundador resolve escolher uma filha para sucedê-lo (em vez de um filho) isso representa, sem dúvida, uma grande quebra de paradigma. Mas com satisfação, já observamos esse fenômeno acontecendo em algumas empresas. Há pelo menos um caso emblemático em que atuamos como consultores, em que a empresa está na segunda geração e no qual o patriarca deixou quatro filhos, sendo três homens e uma mulher — e a escolhida para dirigir a empresa foi justamente essa filha, não estando os três filhos homens trabalhando ali.

Isso ocorreu em uma empresa de transporte urbano, negócio que tende a gerar pela natureza do serviço prestado um ambiente fortemente masculinizado. Trata-se, portanto, de um caso pouco comum, fora dos padrões usuais. O normal, entretanto, não é isso: em geral uma mulher precisará fazer um esforço muito grande para suplantar os problemas que enfrentará para chegar à posição de liderança na empresa, sem contar que ela quase certamente será bastante discriminada.

Genros tendem também a ser (ainda que de forma velada) discriminados nas famílias empresárias, como personagens "intrusos" e "inconvenientes". Frequentemente são olhados com desconfiança e, em casos mais sérios, encarados como "aproveitadores mal-intencionados", querendo dar o "golpe do baú"! Sem dúvida, existem famílias proprietárias que apenas suportam genros, não os encarando como "membros da família" — especialmente aqueles casados com filhas já divorciadas de um matrimônio anterior. Em alguns casos, analogamente, também as noras (cônjuges do sexo feminino dos filhos homens) poderão sofrer certa discriminação velada a partir da segunda geração da família, geralmente ganhando maior aceitação no seio da família quando geram filhos para seus esposos e, portanto, netos para o patriarca e a esposa.

As questões de gênero e sexo mais polêmicas, que começam a ser (tumultuadamente) discutidas em sociedade — temas como transgênero ou relações homoafetivas, por exemplo —, geralmente passam ao largo das empresas familiares. Como em outras categorias de empresas, em geral já se aceitam sem dificuldades empregados declaradamente homossexuais, mas normalmente a abertura não vai além disso.

Apesar disso, já se verifica, em um caso ou outro, no Brasil, algo que até bem pouco tempo atrás não existia: um genograma — ou seja, uma representação em forma de gráfico da família indicando os padrões de relacionamento existentes entre os diversos membros — de empresa familiar registrando um casamento homossexual. Já se conhecem pelo menos três casos de matrimônios ou uniões estáveis desse tipo reconhecidos pelas famílias proprietárias. Mas, de fato, algumas pessoas das respectivas famílias ainda não aceitam o caso com naturalidade.

Para finalizar, algo que recomendamos enfaticamente é que não seja o fundador ou o sucedido quem dê a palavra final na escolha de seu sucessor. De preferência, essa escolha deve ser feita pelo grupo familiar representado no Conselho de Família. Essa deve constituir, aliás, uma das três primeiras perguntas a serem formuladas ao Conselho, quanto ao processo de sucessão do patriarca:

1. O sucessor deverá vir necessariamente da família proprietária?
2. Caso sim, todos poderão concorrer ou somente membros da segunda geração serão considerados?
3. Podemos estabelecer que seja o Conselho de Família, e não o sucedido, quem escolherá o sucessor?

Um caso exemplar é o do grupo Randon, sediado no Rio Grande do Sul. O patriarca, o senhor Raul Randon, deixou muito claro que queria que seu sucessor no comando da empresa fosse membro da família, mas preferiu não fazer ele próprio a escolha: "Vocês da família reúnam-se e decidam", disse.

Acertou! Sim, porque a escolha feita pelo patriarca quase sempre terá um componente afetivo, emocional, o qual, ainda que possa ser apenas uma parte das razões para a escolha, sempre contribuirá para sua subjetividade. Além disso, a escolha feita diretamente pelo patriarca poderá deflagrar rivalidades latentes entre irmãos! Quando é o grupo familiar que faz a escolha, esses empecilhos tendem a ser minimizados.

Nessa empresa, o grupo familiar decidiu criar um perfil ideal para o novo CEO, por meio do qual os membros da família considerados possíveis sucessores foram avaliados, tendo-se verificado que nenhum deles se enquadrava rigorosamente no perfil. O Conselho de Família perguntou-se, então, quais destes candidatos estariam mais próximos desse perfil, e se esses membros da família estariam dispostos a "correr a maratona" na disputa do posto de presidente.

Talvez aquele que por fim foi escolhido tenha sido o mesmo que, em segredo, o patriarca Raul Randon havia pensado que deveria ser seu sucessor. Mas ele não revelou o que pensava. E foi muito importante que não tenha sido dele próprio a decisão de declarar aquele parente o seu sucessor!

RESUMINDO...

Este capítulo foi especialmente elaborado por dois profundos conhecedores da Sucessão nas Empresas Familiares, Renata Bernhoeft e Wagner Teixeira, sócios-diretores da consultoria especializada nessa área Höft — Transição de Gerações. Renata e Wagner nos dão aqui uma aula sobre como olhar, como entender e o que fazer a respeito, quando chega o momento da troca de comando em uma empresa de propriedade e gestão familiar.

O capítulo começa falando da absoluta necessidade de que a família empresária constitua um Conselho de Família, atraindo para este seus membros das várias gerações vivas, a fim de poder gerir adequadamente o patrimônio envolvido. Entre as diversas e importantes funções desse Conselho de Família destaca-se — o que é amplamente discutido aqui — a questão da preparação dos herdeiros da geração seguinte àquela que atualmente dirige a empresa, para que venham estes a participar da vida da empresa como colaboradores, com alguma função específica dentro dela; ou venham a se relacionar com ela apenas na qualidade de acionistas, sem trabalhar na organização. Sugestões oportunas são oferecidas pelos autores deste capítulo aos membros da família, em ambas as hipóteses.

Outra questão fundamental, que frequentemente não é considerada quando da sucessão na empresa familiar, é a sucessão patrimonial. Comumente, preocupados com o que é mais obviamente visível no processo de sucessão (qual seja, a substituição do patriarca por alguém — membro da família ou não — no comando da empresa), os envolvidos costumam não se dar conta de que têm uma nuvem ameaçadora pairando todo o tempo sobre suas cabeças, na forma das várias questões ainda não tratadas (ou, se tratadas, ainda mal resolvidas ou não resolvidas) quanto à sucessão patrimonial — questões que envolvem decidir quem passa a ser proprietário do quê, caso algum dos membros da família venha a faltar. São conhecidos vários casos de grande turbulência no seio das famílias proprietárias em tais circunstâncias. Eles poderiam ter sido evitados, mas aconteceram exatamente porque as pessoas envolvidas adiaram *ad aeternum* e não providenciaram oportunamente a necessária discussão acerca dessa questão tão relevante.

A influência da cultura típica da família no processo de sucessão é também abordada neste capítulo. Porém, o terceiro e último ponto mais importante examinado é a ideia de que, em vez de um sucessor, a empresa poderia perfeitamente estar considerando a figura de uma sucessora! A entrega do comando da empresa a uma mulher é ainda cercada de preocupações pouco justificadas, alimentadas por preconceitos e falsas premissas. Os autores deste capítulo mostram que, ao contrário do que a prática mostra, as empresas familiares fariam muito bem em considerar as herdeiras no mesmo patamar que os herdeiros, quando se trata de pensar em quem será o substituto do patriarca!

Quando tratamos da substituição do patriarca, é impossível deixarmos de pensar na eventualidade da sua morte e do impacto que isso pode causar, tanto em termos emocionais, como sobre os negócios. No próximo capítulo, que inicia a Parte 3 deste livro, o assunto será abordado com mais vagar e profundidade remetendo, inclusive, ao estudo de três casos de falecimento de líderes-fundadores bem conhecidos.

PARTE 3
Procura-se um Novo Presidente!

Capítulo 6
Quando Morre um Presidente!

Há, nas empresas, muitas situações em que a sucessão simplesmente se impõe — a sucessão do gerente, do diretor, do presidente. As razões podem ser as mais variadas; e, na Parte 3 do livro, procuramos elencar e discutir as principais entre elas.

Concentraremos nossa análise especialmente na figura do presidente ou CEO, por ser esse o cargo no qual a necessidade urgente de uma sucessão se apresenta de forma inevitável. Mas a maior parte do que expusermos aqui, relativamente à sucessão do presidente, pode ser considerada também para a sucessão de outros executivos da empresa, em particular aqueles que fazem parte do chamado *C-Level* (veja esse conceito mais adiante).

Comecemos, neste capítulo, com a situação em que a sucessão do presidente é inevitável em razão de doença grave ou falecimento. Exemplifiquemos com casos reais e bem conhecidos, por terem sido amplamente divulgados nos últimos anos.

A SUCESSÃO DE STEVE JOBS, NA APPLE

Steve Jobs, o lendário CEO da Apple, idolatrado pelos consumidores dos seus produtos e por boa parte dos funcionários da empresa, morreu em outubro de 2011, aos 56 anos. Diagnosticado com câncer em 2004, permaneceu no cargo durante praticamente todo o tempo, enquanto se tratava da doença. Afastou-se somente 42 dias antes de morrer[1], quando entregou o cargo a Tim Cook, até então COO (Diretor de Operações) da Apple.

Cook trabalhou na IBM e na Compaq, antes de se juntar à Apple e ali tornar-se homem de confiança de Steve Jobs. Discreto e calculista, Cook sempre foi visto dentro da Apple como "o homem dos negócios", focado nas estratégias da companhia. Nas apresentações sobre novos produtos para grandes públicos (uma boa quantidade de fotos publicadas de Steve Jobs mostra-o nessas ocasiões), Tim Cook mantinha-se centrado nos detalhes sobre esses produtos, ficando sempre nos bastidores e deixando o palco para Steve, que gostava de comandar o show.

Em 2004, quando descobriu que tinha um tumor maligno no pâncreas, Steve chamou Tim à sua casa e lhe revelou o fato. Disse-lhe que não sabia se sobreviveria ao câncer, mas queria Cook como seu sucessor. Foi nessa ocasião, portanto, que Tim Cook começou a se preparar para, em algum momento futuro, vir a ocupar o posto de Steve. Não houve, por conseguinte, uma preparação formal do sucessor para seu novo papel, do ponto de vista educacional ou profissional. Tim Cook já era um executivo experiente, tinha seu estilo próprio, completamente diferente daquele de Steve Jobs, e foi escolhido diretamente por este, sem concorrer com ninguém mais. Durante bom tempo, como tinham combinado, os dois mantiveram segredo sobre essa escolha.[2]

Quando Tim Cook assumiu o posto de CEO, em agosto de 2011, foi publicamente parabenizado por sua atuação na Apple até então e visto por todos, dentro e fora da companhia, como um executivo perfeitamente capaz de ocupar aquela posição. Mas, claramente, ninguém via nele uma cópia de Steve Jobs: havia sido escolhido um novo presidente que era completamente diferente de seu antecessor. Jan Dawson, analista da Jackdaw Research, ofereceu sua opinião, na ocasião: "Tim Cook é um sujeito que se ocupa do operacional. É muito bom para formar uma rede de fornecedores e para fazer a operação acontecer. E ele conhece suas limitações", acrescentou Dawson. "Sabe que não é um líder carismático, um novo Steve Jobs."[3]

A SUCESSÃO DE ROBERTO GOIZUETA, NA COCA-COLA

Roberto Goizueta (1931–1997), nascido em Cuba, foi *chairman* e CEO da Coca-Cola por 17 anos, de 1980 até sua morte. Fumava bastante e, infelizmente, morreu de câncer no pulmão, provavelmente devido a isso. Embora durante sua estada no cargo a Coca-Cola tenha sido o êxito que foi, cometeu seu maior erro estratégico da história da companhia, o infeliz lançamento da "new Coke", em 1985. Goizueta é considerado, ainda assim, quase unanimemente, um dos maiores, se não o maior, CEO dessa centenária empresa.[4]

Roberto Goizueta deixou um impressionante legado em termos de crescimento do valor econômico da companhia. Quando assumiu, em 1981, a Coca-Cola valia no mercado US$4,3 bilhões; quando morreu, esse valor tinha crescido 3.500%. Muitos pequenos acionistas da Coca-Cola ficaram milionários com a gestão de Roberto Goizueta à frente da empresa.

O caso da "new Coke", em 1985, é bem conhecido: enfrentando séria queda nas vendas e a concorrência cada vez mais feroz da Pepsi no mercado americano, a Coca-Cola decidiu mudar radicalmente o produto que oferecia, abandonando sua consagrada fórmula (que vigorava já por 99 anos) e introduzindo um novo refrigerante, a "new Coke". A ação imediatamente se revelou um absoluto fracasso e, apenas 79 dias depois, a Coca-Cola retomou seu produto original e retirou a "new Coke" do mercado.

O desfecho da doença de Goizueta foi muito rápido, pegando a todos de surpresa: seu câncer foi diagnosticado em setembro de 1997 e ele faleceu pouco mais de um mês depois. Três dias antes de sua morte houve sua primeira e única falta a uma reunião do Conselho de Administração da companhia, em 16 anos.

À época, Douglas Ivester, então CFO da companhia, já era apontado como provável sucessor de Goizueta, como CEO e como *chairman*, mas ninguém imaginava que isso pudesse vir a ocorrer tão cedo. Ivester tinha ingressado na Coca-Cola em 1979 e, dois anos depois, quando Goizueta tornou-se o CEO, já ocupava uma vice-presidência, com apenas 34 anos. Era, então, o mais jovem executivo a chegar a esse nível em toda a história da empresa.[5]

Douglas Ivester era, portanto, uma espécie de "garoto prodígio" da Coca-Cola, um desses raros executivos que todos costumam olhar e, de imediato, apontar como o futuro presidente. E foi exatamente o que aconteceu. Sem qualquer dúvida, os longos anos que passou trabalhando sob as ordens de Roberto Goizueta foram de frutífera aprendizagem. As lições que seu mentor lhe transmitia somente somaram à sua inteligência, intuição e talento. Ele aprendia a cada dia como deveria agir ao se tornar o CEO quando chegasse a sua vez. Portanto, quando de sua nomeação para o lugar, não houve seleção, não aconteceram disputas entre pretendentes ao cargo, nenhum questionamento político foi feito a respeito. A despeito do enorme carisma de Roberto Goizueta, sua sucessão acabou se resumindo em um caso concreto do tipo "rei morto, rei posto".

Mas a sucessão deu certo? Talvez nem tanto, a julgar pelo que aconteceu depois: a passagem de Ivester pela presidência da Coca-Cola foi surpreendentemente curta: ele deixou a companhia em 2000, tendo permanecido no cargo por cerca de dois anos apenas.[6] Por quê? As razões disso não são sabidas — as notícias a respeito são inconclusivas. De fato, é muito difícil entender as situações desse tipo, quando não as vive no próprio ambiente e no momento em que ocorrem. Pode ser que o enorme carisma e o fabuloso sucesso de Goizueta tenham sido uma sombra impossível de afastar, sobre a cabeça de seu sucessor... Quem sabe?

A ESTRANHA DEMORA NA SUCESSÃO DE IWATA, NA NINTENDO

Em 12 de julho de 2015, a Nintendo anunciou o falecimento, aos 55 anos, de seu presidente executivo Satoru Iwata, devido a um câncer no aparelho digestivo. Iwata estava com a saúde fragilizada pela doença, descoberta dois anos antes, quando passou por uma cirurgia. Profissionalmente, o presidente tinha começado na Nintendo como um competente programador de games; fez carreira ascensional na companhia e tornou-se diretor em 2000. Menos de dois anos depois, em maio de 2002, assumiu a presidência.[7]

À época da notícia de sua morte, o prestigiado comentarista do mercado de games Michael Pachter opinou que provavelmente o substituto de Iwata seria um executivo com experiência comprovada nesse setor de negócios — e que seria, também, um japonês. Pachter confessou, porém, não saber se a Nintendo escolheria alguém de dentro da empresa ou traria um profissional do mercado.[8]

Sendo Pachter um profundo conhecedor desse ramo, sua opinião era baseada em muita experiência. E, de acordo com ela, muito provavelmente não seria guindado à presidência mundial da Nintendo seu executivo mais conhecido, Reggie Fils-Aime, CEO/COO da sucursal americana. Fils-Aime ficou famoso no mundo dos gamers por sua atitude teatral na primeira apresentação que fez, na E3 (Electronic Entertainment Expo) de Los Angeles em 2004, a maior e mais importante feira mundial anual de games. Executivo altamente energético e oriundo da área de vendas, Fils-Aime tinha, nessa ocasião, poucos meses na Nintendo. Começou sua palestra na E3 2004 bradando para a imensa plateia: "My name is Reggie! I'm about kickin' ass! I'm about takin' names! And we're about makin' games!" (frase cuja tradução, em um tom publicável, seria algo como: "Meu nome é Reggie! Vim para quebrar! Vim para aparecer! E viemos para fazer games!"). A plateia literalmente veio abaixo em gargalhadas e aplausos!

Sete anos mais tarde, em 2011, aquela introdução de Reggie Fils-Aime ainda estava na memória das pessoas. E, em um depoimento a *The Wall Street Journal*, perguntado sobre o episódio ele explicou: "Era o meu primeiro encontro com esse público, ninguém me conhecia! Ninguém sabia do meu trabalho como um cara altamente competitivo, atuando em reposicionamento de marcas e querendo acima de tudo projetar a empresa no mercado. Felizmente, nós tínhamos produto para isso!"[9]

E, no contexto em que foi feita, aquela abertura bombástica de imediato causou enorme impacto e conquistou corações e mentes dos jovens fãs dos games, que estavam ávidos por algo diferente. A Nintendo, tradicionalmente, fazia apresentações demasiado sóbrias, sempre ensaiadas, sem brilho algum. Frequentemente eram falas tediosas, que davam sono. Além disso, os fãs da Nintendo depositavam uma grande esperança no novo console lançado pela empresa, o GameCube, que estava disputando posição no mercado com o Xbox da Microsoft e o PlayStation2 da Sony. Nessas circunstâncias, a fala de Reggie simplesmente arrasou! E os fãs imediatamente o adotaram como "a nova cara da Nintendo"!

Em 2015, quando Iwata morreu, Reggie Fils-Aime foi imediatamente lembrado para a sucessão — mas não ganhou a posição, provavelmente porque, como sua fala havia revelado, ele era "americano demais" para uma empresa que, apesar de atuar em um mercado contemporâneo, ultradigitalizado e extremamente competitivo, paradoxalmente ainda mostrava persistentes traços de um Japão de tempos muito antigos!

Como previra Pachter, quem ganhou a presidência mundial da companhia foi Tatsumi Kimishima, um executivo japonês com 65 anos na época (em 2015, Reggie, bem mais novo, tinha 54 anos). Sintomaticamente, Kimishima tinha ocupado justamente a posição de CEO nos EUA, antes de Reggie, mas havia deixado a companhia para se tornar um empresário, pondo no mercado sua própria empresa. Agora, convidado, voltava à Nintendo.

Assim, ironicamente, o novo presidente mundial da companhia acabou vindo ao mesmo tempo de dentro da Nintendo e de fora dela. Kimishima aceitou sair dos seus negócios para ocupar o posto deixado vago pela morte de Iwata. Quanto a Reggie Fils-Aime, o executivo americano continuou dirigindo a sucursal da Nintendo nos EUA.[10]

A maneira como a Nintendo lidou com a sucessão de Iwata foi muito peculiar. Para entendê-la, é preciso entender um pouco a arraigada cultura da companhia japonesa, decorrente de sua história. Fundada em 1889 por Fusajiro Yamauchi, a Nintendo era originalmente uma empresa fabricante de cartas de jogar, e começou a ganhar maior projeção no Japão quando inventou um novo jogo de cartas, para jogar e para colecionar, chamado Hanafuda, que rapidamente se popularizou no país.

Fusajiro Yamauchi dirigiu a Nintendo Koppai (como se chamava originalmente a empresa) desde sua fundação no final do século 19 até 1940, portanto, por 51 anos. Durante a década de 1940 o fundador tentou afastar-se, entregando a companhia a filhos e outros parentes, que, entretanto, não souberam atuar juntos de forma harmônica, entrando em sérios conflitos, em uma época de muita turbulência na empresa familiar que a Nintendo Koppai ainda era.

Em 1949, um dos netos do fundador, Hiroshi Yamauchi, que tinha profundas desavenças com o próprio pai (um dos filhos de Fusajiro) e tinha emigrado para os Estados Unidos, foi chamado ao Japão para assumir a empresa e pacificar o ambiente familiar. Hiroshi aceitou, retornou e assim se tornou o novo presidente da empresa, tendo a dirigido também por mais de cinco décadas, como fizera seu avô, vindo a morrer aos 85 anos em 2002.

Nesse longo tempo à frente da empresa, entre diversas outras decisões estratégicas, Hiroshi mudou o nome para apenas Nintendo e redirecionou a empresa para seu atual ramo de negócios, os games. Foi o grande modernizador dos negócios da companhia; porém, ao que tudo indica, paradoxalmente deixou intocada sua cultura organizacional.

Satoru Iwata, que se destacara desde seu ingresso na companhia nos anos 1980, substituiu Hiroshi e deu à empresa um cunho mais profissional, tendo sido seu quarto presidente e o primeiro não pertencente à família Yamauchi. Aparentemente, Iwata teve o mérito de conseguir uma harmonização entre dois mundos tão diferentes: o universo dos games e a milenar cultura do Japão! Não é pouco!

Explica-se dessa forma o porquê de a Nintendo não ter tido o cuidado de preparar com suficiente antecedência a sucessão de seu presidente Satoru Iwata, quando dois anos antes já se sabia que ele era portador de uma grave doença e tinha a saúde fragilizada. Explica-se dessa forma, também, por que um executivo tão tipicamente "americano" como Reggie Fils-Aime, apesar de toda a sua popularidade e do inegável brilhantismo com que dirige a sucursal da empresa nos EUA, acabou sendo preterido para a posição.

A comparação entre os casos descritos anteriormente ajuda a revelar como as empresas acabam, sem se darem conta disso, escancarando à vista de todos a sua cultura corporativa mais arraigada, quando se oferece para tal uma situação que não esteja muito sujeita ao controle de seus dirigentes. E os casos são instrutivos também em um outro sentido: ao mostrarem que situações em que seu presidente adoece e, eventualmente, vem a falecer, são típicas oportunidades para essa revelação de uma cultura mais profundamente presente. Nessas situações, a cultura corporativa mostra sua verdadeira "cara", para muito além das tentativas de encobri-la com declarações formais, programas de relações públicas ou milionárias campanhas de marketing. E todos percebem, então, como a cultura acaba exercendo um papel preponderante na maneira como a empresa lida com a sucessão do executivo principal que está perdendo.

RESUMINDO...

Neste capítulo, voltamo-nos para uma questão crucial, um fato que, quando ocorre, inevitavelmente faz da sucessão uma medida inevitável e urgente, sem alternativa: a eventual doença e morte do principal executivo.

A fim de explorar o tema, abordamos três casos bem conhecidos, relativamente recentes e amplamente divulgados pela mídia quando ocorreram. Referimo-nos às mortes de Steve Jobs (da Apple), Roberto Goizueta (da Coca-Cola) e Satoru Iwata (da Nintendo).

Em todos eles pudemos examinar, com base em extensa documentação publicada pela mídia, como a empresa lidou com a morte de seu líder maior: como ela reagiu à necessidade imperiosa de o substituir; que repercussões o fato e o processo que se seguiu a ele tiveram dentro da organização; como a cultura corporativa da organização veio a contribuir ou a complicar o tratamento adequado da situação.

Estamos ingressando agora, mais profundamente, na discussão sobre o processo de sucessão propriamente dito, em particular nas múltiplas outras razões, além da morte ou doença grave, pelas quais o executivo principal da empresa pode vir a deixá-la. Nos três capítulos seguintes essas várias razões serão abordadas.

Capítulo 7

Desgaste Excessivo no Cargo

QUANDO O PRESIDENTE DECIDE DEIXAR A EMPRESA

O presidente poderá também, é óbvio, pedir demissão do cargo, simplesmente saindo da empresa para ir trabalhar em outro lugar. Isso é, na verdade, bastante comum — a chamada "troca de cadeiras" no mercado executivo: os headhunters estão acostumados com essa movimentação. Os exemplos desse tipo são facilmente encontrados nos jornais e revistas. Tomemos um deles, escolhido ao acaso, para servir de exemplo:

Em janeiro de 2016, o Walmart Brasil anunciou que Flávio Cotini, então vice-presidente de Finanças, foi promovido a presidente e CEO da operação no país. O então presidente, Guilherme Loureiro, deixou o cargo para assumir a liderança do Walmart no México e América Central, depois de ter sido presidente da empresa no Brasil desde 2013.[1]

Loureiro, que tinha 46 anos quando assumiu a presidência do Walmart Brasil, já possuía experiência internacional, tendo trabalhado na Unilever em vários países (Chile, México, Reino Unido e Estados Unidos, na condição de expatriado). Certamente sua ida para a unidade do Walmart no México e América Central resultou de uma comunhão de interesses da companhia (que devia estar precisando por lá de um executivo experiente e conhecedor da região geográfica) e da visão pessoal do executivo sobre qual deveria ser seu próximo passo na carreira.

Aos executivos talentosos não faltam oportunidades de emprego em outras companhias. Por diversas vias, como headhunters ou a indicação nominal de colegas, esses executivos estão constantemente sendo contatados por empresas com uma posição equivalente em aberto (ou em vias de abrir-se), visando tê-los como candidatos à vaga.

Considere a carreira exitosa de Fábio Barbosa, executivo brasileiro de 64 anos atualmente, tal como é relatada na enciclopédia digital Wikipédia: graduado em

Administração de Empresas, fez MBA no IMD (Suíça) e foi professor de Mercado Futuro e Derivativos. Iniciou sua carreira na Nestlé, tendo trabalhado na Suíça e nos EUA em finanças e controladoria e no Citibank, em planejamento e tesouraria. Tornou-se CEO da LTCB Latin America (subsidiária local de um banco japonês); em 1993 passou ao banco holandês ABN Amro, onde se tornou presidente em 1996, assumiu a presidência do Banco Real em 1998, adquirido pelo ABN; e, em 2006, passou a ser responsável pelas operações do ABN em toda a América Latina. Em 2007 assumiu a presidência da Febraban (primeiro presidente de um banco estrangeiro a presidir a entidade) e, quando da venda do ABN para o consórcio Royal Bank of Scotland/Santander/Banco Fortis, assumiu, em 2008, a presidência do Grupo Santander Brasil. Foi também membro do Conselho de Administração da Petrobras entre 2003 e 2011; e, em agosto de 2011, assumiu a presidência executiva da Abril S.A., deixando a empresa em março de 2015. Atualmente trabalha como conselheiro de várias empresas (Itaú Unibanco, Natura, OSESP).[2]

SUCESSÃO POR "DESGASTE" DO PRESIDENTE

O CEO pode também ser obrigado a deixar o posto, por ter perdido força para atuar, em função de acontecimentos havidos enquanto exerce a posição. O cargo de presidente é arriscado: qualquer revés durante sua gestão poderá colocá-lo em situação incômoda, junto aos acionistas ou ao Conselho de Administração.

Por vezes esse desgaste se dá por divergências entre o presidente e o Conselho, sobre medidas estratégicas que a empresa tome ou pretenda tomar: o presidente poderá ir por um caminho com o qual o Conselho não concorde; ou o Conselho entende que certas diretrizes estratégicas são válidas, mas o presidente não pensa assim. Divergência nesse nível de gestão nas grandes empresas são comuns, aliás. Todavia, na maioria dos casos, elas tendem a ser dirimidas antes que se deteriorem, chegando-se a um acordo a respeito. O desgaste pode dar-se quando as partes se aferram às suas convicções e o acordo não é alcançado.

Desde abril de 2016, a AES Tietê e a AES Eletropaulo têm novos presidentes. Britaldo Pedrosa Soares, que vinha sendo, desde 2007, o diretor-presidente do Grupo AES no Brasil, e cujo mandato venceria em agosto de 2018, passou ao Conselho de Administração do grupo norte-americano, sendo substituído por Julian Nebreda, executivo venezuelano que comandava os negócios da AES na Europa. Além disso, Ítalo Tadeu de Carvalho Freitas Filho foi guindado à presidência da AES Tietê, e Charles Lenzi, à da AES Eletropaulo.[1]

Jornalistas de negócios estranharam o deslocamento do presidente para o Conselho e especularam que o grupo AES talvez estivesse pretendendo se desfazer de seus ativos no Brasil. Segundo fontes, a saída de Soares se deveria ao seu desgaste junto à matriz, dados os resultados mais recentes do grupo estarem abaixo do esperado. Esses modestos resultados se explicariam pelo fato de as distribuidoras de energia terem tido a rentabilidade achatada nos últimos anos, dada a revisão tarifária empreendida pela Aneel. Também a demanda em queda teria contribuído para a redução no fluxo de caixa das concessionárias, com consequente diminuição das margens, exigência de mais investimentos e elevação dos custos de capital, além de outras questões econômicas que teriam feito crescer as despesas.

Para culminar, teria havido também discordâncias quanto à conveniência ou não da venda de alguns ativos — daí o desgaste na relação entre o presidente e os controladores do grupo.[3] Essas especulações dos jornalistas corresponderiam à verdade? De fato, isso não importa muito para nosso objetivo aqui: nossa intenção é tão somente registrar exemplos concretos de situações em que se verificam desgastes no relacionamento entre o CEO e o Conselho de Administração da empresa ou seus acionistas controladores, que possam levar estes últimos a achar conveniente a saída do seu presidente.

Por vezes o desgaste do presidente se dá em razão de alguma ocorrência danosa para as finanças e/ou a imagem da empresa que ele não conseguiu prever a tempo de evitar ou não conseguiu controlar depois de ter acontecido.

Um exemplo chocante disso é o caso da Samarco, conhecido como "o desastre de Mariana" e conhecido de todos os brasileiros: em 5 de novembro de 2015 rompeu-se a barragem do Fundão, construída com rejeitos de mineração e localizada no subdistrito de Bento Rodrigues, a 35km do centro de Mariana, em Minas Gerais, destruindo Bento Rodrigues, onde moravam 600 pessoas; e causando 19 mortes; despejando 62 milhões de metros cúbicos de lama tóxica no rio Doce; e levando danos a 230 municípios que se abasteciam de água a jusante do rio, nos estados de Minas Gerais e Espírito Santo. Em decorrência, houve trágicos danos à flora e à fauna locais, além de prejuízos a monumentos históricos. "O desastre de Mariana" é considerado a maior catástrofe ambiental na história do Brasil e a maior do mundo envolvendo barragens de rejeitos.[4]

A Samarco Mineração S.A. é um empreendimento conjunto da brasileira Vale S.A. e da empresa anglo-australiana BHP Billiton. Evidentemente, as três empresas tiveram de responder pelo acontecido e, no vaivém de indiciamentos, processos, recursos e outros procedimentos legais, a Samarco passou a ser investigada pela Polícia Federal, Polícia Civil, Ministério Público Federal e Ministério Público Estadual. O diretor-presidente Ricardo Vescovi afastou-se do cargo (por iniciativa própria, para poder melhor defender-se, segundo comunicado da empresa), decisão que foi referendada pelo Conselho de Administração. O cargo foi interinamente assumido pelo diretor comercial Roberto Carvalho.[5]

É difícil dizer, em casos como estes (Grupo AES ou Samarco Mineração), se a informação de que a saída do presidente aconteceu por sua própria iniciativa ou por iniciativa do Conselho de Administração. Frequentemente há uma composição de duas atitudes, de uma e da outra parte, que se alimentam entre si: quase sempre o Conselho dá mostras de não estar satisfeito com o modo como o presidente se conduziu na situação; o presidente, que também não se sente totalmente satisfeito com o modo como agiu (ou deixou de agir), percebe a reação do Conselho e reage a essa reação... Em questão de semanas, ou mesmo dias, o relacionamento esgarça-se, quando não se deteriora totalmente — e sobrevém uma conversa sobre a saída do presidente, iniciada por qualquer das partes.

O que é dito aos jornais e revistas especializadas a respeito da saída do presidente acaba sendo uma informação codificada por termos genéricos e indefinidos: "Deixou a companhia para perseguir novos desafios" ou "Ele e a companhia chegaram à conclusão de que o projeto estava concluído", algo assim. Não é considerado salutar, nem para um lado nem para o outro, usar termos como "demissão", "incompatibilidade", "conflito", "divergência inconciliável" ou outro dessa ordem.

A despeito dessa usual norma na etiqueta da saída de altos executivos, a imprensa especializada e a comunidade dos dirigentes de negócios adoram saber "a verdade". Por causa disso, frequentemente aparecem nos jornais e revistas matérias com títulos tais como: "Ex-presidente da Funai diz que foi demitido por barrar indicações políticas" (por Gustavo Garcia, site G1, 5/5/2017); "Insatisfeito, presidente da Uber pede demissão da empresa" (por Redação, Canaltech, 20/3/2017); "Cemig vai trocar comando nesta semana" (por "Valor", 18/12/2016); "CEO mundial da Ford, Mark Fields, foi demitido, segundo a *Forbes*" (por Gustavo Henrique Ruffo, site Carplace, 22/5/2017).

O artigo de Ram Charan & Geoffrey Colvin em uma edição de 1999 da revista *Fortune*, já citado anteriormente aqui, traz uma lista de 38 "CEOs ineficazes", entre aqueles das 500+ da revista, naquele ano.[6] Outra publicação de 2004, sobre CEOs europeus, também faz referências explícitas a presidentes que foram demitidos porque "não entregaram os resultados esperados pelos acionistas".[7]

O PRESIDENTE ENVOLVIDO EM PROBLEMAS LEGAIS

Um presidente com comportamento delituoso (ou acusado disso, mesmo que depois tudo se revele um lamentável engano) inevitavelmente fere fundo a reputação da empresa que dirige. O presidente tem uma posição vulnerável, do ponto de vista legal, porque tudo o que seus colaboradores possam fazer de errado poderá repercutir em cadeia nos escalões superiores, acabando por ressoar na sala privativa da presidência.

O presidente é, de fato, o único que não tem o direito de dizer: "Eu não sabia", pois os fatos não o perdoam: se ele não sabia, devia saber! E, se devia saber e não soube a tempo, terá de tentar reparar sua ignorância deixando cair pesadamente sua mão de ferro sobre os responsáveis pelo delito, imediatamente após saber da existência do malfeito. Essa atitude, de punir com severidade (e com urgência) quem quer que seja, é a única saída que lhe resta para minorar os efeitos danosos da ignorância sobre sua reputação pessoal e profissional.

Somente a punição ostensiva dos responsáveis pode ajudar a aplacar as pesadas suspeitas que inevitavelmente pesarão sobre o CEO, quando algo tiver acontecido à revelia dele e de sua autoridade. E, mesmo assim, a recuperação de sua imagem não está assegurada: só o tempo e suas atitudes posteriores em relação à empresa poderão confirmar sua retomada da reputação anterior. A rigor, um único passo em falso pode destruir uma reputação; mas, para recuperá-la, dez novos passos corretos poderão não ser suficientes!

Nessas circunstâncias, pode ser inevitável que o presidente seja afastado do cargo pelos acionistas ou pelo Conselho de Administração, conforme o caso, quando "pisa na bola", ou quando, digamos assim, "pisam na bola em seu nome"! Aliás, na maioria dos países, inclusive no Brasil, em alguns casos esse afastamento não é apenas conveniente — mas até determinado por lei: a empresa torna-se obrigada a defenestrar o presidente!

O Caso Samsung

A coreana Samsung é uma das maiores empresas do mundo e o maior *chaebol* da Coreia do Sul. *Chaebol* é a denominação que se dá, nesse país, a um conglomerado de empresas que se forma em torno de uma corporação-mãe controlada por uma tradicional família coreana. Além da Samsung, também Hyundai e LG são corporações desse tipo — existem hoje 63 grandes *chaebols* na Coreia do Sul.

A cultura do *chaebol* baseia-se em valores tradicionais do confucionismo, que privilegiam o trabalho, a lealdade e o amor filial (ainda que isso não impeça acirradas disputas por poder). Sobretudo, trabalhar sem tréguas é uma questão de honra. A fama de workaholics dos coreanos é tamanha que causa admiração até mesmo no Japão, país conhecido pela cultura do trabalho intenso (e que tem até um termo próprio para designar a morte por excesso de trabalho: *karoshi*). Na Coreia, é considerado emblemático o exemplo de Ju Yung Chung, o lendário fundador da Hyundai, morto em 2001, que obrigava seus filhos, todos presidentes da empresa desse *chaebol*, a chegar ao trabalho às 4h50 da manhã!

Mas, o *chaebol* é o "coração" da economia do país, sendo um dos pilares que retirou a Coreia do Sul da pobreza e em poucas décadas lhe deu a pujança que o país hoje demonstra. Curiosamente, embora estejam na vanguarda do desenvolvimento tecnológico, de fato a maioria dos *chaebols* ainda é administrada como uma espécie de feudo, comandado pelo patriarca ou seu sucessor na liderança da organização-mãe, tendo os filhos e genros como CEOs das empresas filiadas. Essa estrutura, sem similar no Ocidente, é um aspecto importante para se entender o caso da Samsung que estamos relatando.

Os *chaebols* tiveram origem em uma iniciativa dos ditadores coreanos da década de 1950, quando 30 famílias foram escolhidas para liderarem o desenvolvimento do país e receberam maciço apoio do governo, na forma de financiamentos especiais, subsídios e reservas de mercado. Em razão disso, essas famílias ficaram riquíssimas e passaram a gerar milhares e milhares de empregos, garantindo o crescimento econômico do país, muito embora algumas delas tenham, ao longo do tempo, desviado dinheiro público para beneficiar-se com especulação financeira.

Na década de 1970, os dez maiores *chaebols* do país cresceram à taxa impressionante de quase 30% ao ano, 3,5 vezes mais rápido que o próprio país, que avançava a uma média anual de 7,9%, das mais altas do mundo. Consequentemente, a transformação dos *chaebols* foi espantosa. Por exemplo, o Hyundai Group (que foi por décadas o maior *chaebol*, até ser desmembrado por seu gigantismo), tinha nascido em 1937 como uma pequena loja de arroz![8]

Quanto ao Samsung Group, o *chaebol* surgiu em 1938 como uma pequena loja e tem hoje 81 empresas afiliadas. Somente para citar alguns dados, em 2009 a empresa havia alcançado vendas de US$116,8 bilhões, com lucro líquido de US$8,4 bilhões. Segundo a agência Bloomberg, isso equivale à soma do que conseguiram amealhar as 15 maiores do setor no mundo e o dobro do que a Samsung havia registrado no exercício anterior. Para 2010, se o crescimento mantivesse o mesmo ritmo, a previsão era de um lucro recorde de US$10 bilhões, com vendas globais de US$130 bilhões, o que confirmaria a liderança da Samsung sobre a HP, como maior empresa de tecnologia do mundo. Só em exportações, a divisão de eletrônicos movimentou US$61,8 bilhões nos primeiros meses de 2010.[9] Apenas no primeiro trimestre de 2018, como já dito anteriormente, a empresa alcançou um faturamento de US$14,6 bilhões.

O líder responsável por esses êxitos foi Lee Kun-hee, um homem enérgico, na época com 68 anos de idade (hoje, em 2019, ele tem 77 anos), de estilo fortemente autocrático e um interminável mau humor, por melhor que se apresentasse o desempenho do grupo. Não por acaso, Lee tem, dentro da empresa, o apelido de "Imperador". Assumiu a presidência do Conselho da Samsung em 1987, e, em 20 anos, já havia transformado o conglomerado no maior grupo empresarial sul-coreano, responsável por 20% das exportações do país. Lee é o terceiro filho do fundador, Lee Byung-chull. Com uma fortuna líquida estimada em US$10,8 bilhões, ele e a sua família estão na lista das pessoas mais ricas no mundo da revista *Forbes*.[10]

Mas, apesar de sua origem e dos excelentes resultados do grupo, Lee e outros executivos da Samsung foram indiciados pela Justiça da Coreia do Sul em abril de 2008, por evasão fiscal e abuso de confiança, depois de três meses de investigações sobre corrupção no grupo. Constatou-se que a corporação mantinha um fundo com cerca de US$200 milhões para subornar funcionários do governo, promotores e juízes. Além disso, a empresa foi acusada de esconder mais de US$4 bilhões em bens, criando um esquema que visava transferir o controle do grupo ao filho de Lee, por meio de práticas contábeis ilícitas. Durante seu interrogatório, o presidente negou as acusações, mas assumiu pessoalmente a responsabilidade pelos problemas da empresa.

Apesar de formalmente indiciado, ele não foi preso, sendo-lhe permitido responder ao julgamento em liberdade. Lee pagou também uma multa de US$90 milhões por evasão de impostos. Porém, a promotoria designada para o caso decidiu não efetuar sua prisão, por entender que isso poderia "causar um enorme transtorno nos negócios da Samsung", com "repercussões negativas para o país, em um momento crucial para sua economia"![11]

Mesmo assim, em virtude do escândalo havido, em abril de 2008 o presidente Lee Kun-hee viu-se obrigado a se afastar do cargo, sendo acompanhado pelo *vice-chairman* Lee Hak-soo e pelo presidente executivo Kim In-joo. Desde então, o ex-presidente manteve uma postura *low-profile*, evitando declarações e exposições, enquanto tentava costurar nos bastidores o resgate de sua imagem.[10]

Durante o tempo em que esteve fora da presidência, Lee foi substituído por Lee Myung-bak, que já havia atuado como alto executivo da Hyundai.[12] Em março de 2010, depois que a Justiça coreana suspendeu as sentenças que ainda pesavam sobre ele e os outros dois executivos da Samsung, Lee Kun-hee retomou seu posto.[10] Homem de poucas palavras, escolheu o Twitter para fazer uma comunicação aos funcionários das 64 empresas do conglomerado controlado pela Samsung, dizendo: "A crise é real. Empresas globais de primeira classe estão em colapso. Ninguém sabe o que será da Samsung nesses tempos em que a maioria dos negócios e dos produtos se tornarão obsoletos em dez anos."[9] Nem uma palavra, porém, sobre o caso que o afastou por dois anos e quatro meses da presidência do Conselho.

O Caso VW

Já falamos alguns capítulos atrás dos problemas enfrentados pela Volkswagen quando da falsificação de dados relativos à poluição provocada por seus veículos. Mas como se trata de um caso exemplar, vale a pena aprofundar um pouco mais sobre ele. A Volkswagen mundial meteu-se algum tempo atrás em uma enrascada de grandes proporções, relacionada a problemas de poluição ambiental e de saúde pública, quando se descobriu que a empresa falsificava, com a ajuda de um programa de computador, os resultados das emissões de poluentes em seus motores a diesel. A montadora acabou tendo de admitir publicamente que havia burlado as inspeções em cerca de 11 milhões de veículos fabricados por ela, em todo o mundo.

O escândalo veio à tona em setembro de 2015 nos Estados Unidos, mas suspeitas já haviam sido levantadas muitos meses antes.[13] Quinze meses depois da revelação, a Volkswagen aceitou sua culpa e concordou em pagar US$4,3 bilhões em indenizações, a fim de encerrar as investigações sobre o caso no Departamento de Justiça dos EUA.[14]

Além de outros executivos, o presidente da VW, Martin Winterkorn, foi pessoalmente denunciado pela fraude e, em consequência, acabou renunciando ao cargo em setembro de 2015. Foi imediatamente substituído por Matthias Müller, que atuara, até então, no cargo de diretor-geral da Porsche, empresa pertencente ao grupo. Winterkorn, um engenheiro alemão, havia assumido a presidência da VW em 2006.[15]

Após ter sua reputação abalada por esses fatos, a VW redobrou seus esforços na elaboração e implantação de um programa de compliance mais rigoroso, incluindo um código de conduta para os empregados e uma lista de princípios anticorrupção. Para os que não estão familiarizados com esse termo, *compliance* tem origem no verbo em inglês *to comply*, que significa agir de acordo com as regras, instruções, normas estabelecidas —, isto é, fazer as coisas sempre em consonância com o que manda a lei.

A Declaração de Compliance do Grupo Volkswagen afirma a disposição da empresa de total aderência às exigências legais, às políticas corporativas internas, aos princípios éticos e aos valores estabelecidos pela própria companhia para a proteção de seus negócios e suas marcas. "Em longo prazo, a companhia somente pode ter sucesso se agir com integridade, atender às disposições estatutárias e pautar-se pela ética em seus empreendimentos, mesmo quando essa decisão pareça ser a mais difícil de tomar", declara a empresa em seu site. "Permanecemos comprometidos com esse princípio — especialmente à luz das condutas impróprias descobertas no ano financeiro de 2015, que contrariaram todos os valores que a Volkswagen professa. Compliance deve ser a segunda natureza de todos os empregados do grupo", completa a declaração. A empresa ainda explica que 380 mil empregados receberam treinamento para aderir a estas políticas e grupos internos de Auditoria e Segurança fizeram checagens sistemáticas em toda a companhia para garantir que elas estão sendo seguidas.[16]

Outras empresas que também deram maus passos foram descobertas e obrigadas a retratar-se e a pagar multas pesadas por suas ações, também aprofundaram suas medidas de compliance e controle da conduta de seus executivos e empregados. No Brasil, um grande número dessas empresas tem sido sistematicamente investigado pela Polícia Federal.

O grande problema é que essas organizações frequentemente "colocam a tranca" somente depois de "ter a casa arrombada", isto é, somente acordam para o problema quando a corrupção já aconteceu e foi descoberta. Na verdade, muitas delas já possuíam anteriormente programas de compliance estabelecidos, que, entretanto, não funcionaram e de nada valeram para prevenir o aparecimento do problema.

Por exemplo, no Brasil, a VW não apenas já tinha um programa estabelecido de compliance, como havia recebido prêmio pela excelência do mesmo: em novembro de 2013 (portanto apenas alguns meses antes do caso dos motores a diesel poluentes vir a público), uma matéria disponibilizada no site da VW tinha o título: "Volkswagen do Brasil conquista o Prêmio Ética nos Negócios e fortalece a cultura de compliance junto aos seus empregados!"[17]

Casos em Abundância no Brasil!

A questão da ética nos negócios está sendo focalizada no Brasil de hoje "como nunca antes na história deste país", para usar (com ironia, é claro) a expressão popularizada pelo presidente Lula! A Operação Lava Jato e seus desdobramentos estão ajudando a, literalmente, "passar a limpo" o Brasil: a cada dia um novo escândalo envolvendo políticos e empresas, em atos explícitos de corrupção ativa e passiva, lavagem de dinheiro, formação de quadrilha, falsidade ideológica, prevaricação e outros crimes mais de colarinho branco, têm sido identificados e postos a nu.

O problema da corrupção no Brasil, segundo tem se verificado, não é ocasional, mas continuado; não é geograficamente localizado, mas disseminado por todo o país; não é pontual, mas sistêmico.[18]

O próprio Sérgio Moro declara sua perplexidade frente à extensão da corrupção no país. Perguntado sobre o que mais o chocou na Operação Lava Jato, respondeu: "A própria dimensão dos fatos. Considerando os casos já julgados aqui, o que nós vimos foi a corrupção como uma espécie de regra do jogo. O que mais me chamou a atenção talvez tenha sido uma quase naturalização da prática da corrupção. Empresários pagavam como uma prática habitual e agentes públicos recebiam como se fosse algo também natural. Isso foi bastante perturbador."[19] Esperemos sinceramente que esse doloroso processo de exposição das piores mazelas éticas do país se mostre suficiente para finalmente purgá-las e fazer emergir delas um país melhor para os brasileiros...!

Voltemos à questão da permanência ou não do presidente em seu cargo, quando acontecem problemas éticos graves, como estes que estamos citando: em tais casos, a permanência do presidente quase sempre é insustentável. No Grupo Odebrecht, o presidente Marcelo Odebrecht, neto do fundador, teve de deixar o cargo, o que fez em dezembro de 2010, quando já se encontrava preso. Para seu lugar, o Conselho de Administração da companhia aprovou o nome do executivo Newton de Souza.[20]

Também na JBS, outra gigante brasileira seriamente implicada em casos de corrupção, envolvendo a inacreditável quantidade de 1.829 candidatos a cargos eletivos, de 28 partidos políticos, o juiz Vallisney de Souza Oliveira, do Distrito Federal, determinou o afastamento da presidência do Conselho de Administração do principal acionista da empresa, Joesley Batista.[21] Para seu lugar, interinamente, a JBS elegeu seu irmão mais velho, José Batista Júnior.[22]

RESUMINDO...

Neste capítulo, e nos dois próximos, como prometido, abordamos outras razões menos trágicas do que a morte ou uma moléstia inviabilizadora da sua continuação no cargo, para que o presidente da empresa eventualmente venha a deixá-lo. Neste capítulo específico, abordamos três dessas possibilidades, deixando outras tantas para tratarmos nos dois capítulos seguintes. Aqui falamos da saída do presidente ou CEO por:

- escolha própria;
- desgaste no cargo; e
- envolvimento em questões legais que o impeçam de prosseguir.

Neste terceiro ponto, citamos, em especial, os exemplos da empresa coreana Samsung e da alemã Volkswagen.

Capítulo 8

Missão Cumprida!

A SAÍDA POR TÉRMINO DE MANDATO

Há outros casos em que, independentemente da saúde financeira da empresa, o contrato que o CEO tem com seus controladores já estabelece um tempo de duração determinado, após o qual ou o contrato será renovado ou o incumbente deixará o cargo.

Um mandato é a atribuição conferida a alguém por quem tem autoridade para tanto, para que essa pessoa cumpra determinada missão ou exerça determinada atividade. Nos cargos públicos eletivos, o mandato é conferido pelo voto popular.

De modo geral, no serviço público, servidores concursados estão garantidos no cargo até a aposentadoria, não podendo ser demitidos, exceto quando condenados depois de complicados e longos inquéritos administrativos. Isso, entre outros benefícios, torna a carreira pública no Brasil especialmente atraente para muitos. No preenchimento de cargos de confiança, o mandato que é conferido ao ocupante geralmente não tem uma duração determinada, de modo que, a qualquer momento, o presidente da República pode exonerar um ministro; ou o governador, exonerar um secretário.

Entretanto, há certos casos especiais em que, uma vez atribuído o mandato, quem nomeou não pode desfazer o ato à sua vontade, isto é, uma vez no cargo, a pessoa não pode mais ser retirada dele por quem a pôs ali. No Poder Judiciário, por exemplo, um ministro do STF deve ser indicado pelo presidente da República e, uma vez referendado pelo Congresso, sua permanência no cargo está garantida até sua aposentadoria, atualmente aos 70 anos.

Coisa parecida ocorre em relação a alguns outros cargos especiais. Nas universidades públicas, por exemplo, o reitor é escolhido pelo Poder Executivo (pelo governador, no caso das universidades estaduais) a partir de uma lista tríplice obtida mediante consulta interna feita aos professores, alunos e funcionários técnicos. Uma vez indicado, o reitor tem mandato de quatro anos.

Um caso interessante, bem recente aliás, é o da presidência da EBC — Empresa Brasil de Comunicação, um conglomerado de mídia criado em 2007 pelo Governo Lula e que engloba a Agência Brasil e as TVs NBR e Brasil. Vinculado à Secretaria de Comunicação Social da Presidência, a EBC tem o presidente nomeado pelo presidente da República, com mandato de quatro anos. O jornalista Ricardo Melo, nomeado para o cargo pela presidente Dilma Rousseff foi destituído pelo presidente Michel Temer logo que este assumiu, tendo sido substituído pelo jornalista Laerte Rímoli. Todavia, Ricardo Melo não aceitou a destituição e recorreu dessa decisão, conseguindo retornar ao cargo após uma decisão liminar (provisória) do STF. A base dessa liminar foi a legislação em vigor, que previa mandato de quatro anos para o cargo. Agora o Governo Federal trata de fazer aprovar uma medida provisória, visando a derrubar a liminar.

Nas empresas privadas, essas coisas geralmente não existem: quem tem poder são aqueles que controlam a empresa — os proprietários, os acionistas. E esse poder é exercido plenamente, podendo tanto atribuir mandatos quanto destituir seus delegados quando bem lhe aprouver. No entanto, ainda assim há casos especiais, por exemplo o do *ombudsman*: algumas empresas atribuem um mandato a alguém, para que venha, por certo tempo, funcionar como uma espécie de elo entre os consumidores ou usuários de seus produtos e serviços e a direção (o termo "*ombudsman*", de origem sueca, quer dizer "representante").

Evidentemente o cargo de *ombudsman* somente tem algum valor quando está livre de quaisquer injunções superiores dentro da empresa, isto é, quando seu ocupante tem liberdade para criticar a empresa, quando achar necessário, quanto às ações desta em relação aos seus usuários.

A SUCESSÃO POR DETERMINAÇÃO NORMATIVA DA EMPRESA

A mais comum determinação normativa de uma empresa, pela qual o presidente é compulsoriamente retirado de sua posição é aquela que define uma idade limite para ocupação do cargo. Em muitas empresas, muito especialmente empresas não familiares e não estatais, essa norma existe e a idade limite mais comum é de 60 anos.

Em vários casos, essa norma não está de fato escrita, mas é regularmente seguida pela organização, provavelmente porque um costume se estabeleceu, em geral por cópia de outras empresas expressivas que tenham adotado a norma. Frequentemente as empresas seguem as práticas umas das outras, copiando-as quando já deram certo em outro lugar, especialmente se em empresas consideradas admiráveis.

A norma dos 60 anos parece ter operado no caso da troca do CEO da Tiffany & Co, em abril de 2015. Trabalhando há mais de 30 anos para a maior joalheria do mundo, 15 deles como CEO e 11 como presidente do Conselho, Michael Kowalski (nascido em 1952, portanto com 63 anos na ocasião) anunciou que se aposentaria, prosseguindo, entretanto, como um "presidente não executivo" do Conselho de Administração. A companhia nomeou para a presidência executiva Frédéric Cumenal. [1] Entretanto, para surpresa do mercado, Cumenal não durou muito: aparentemente devido a maus resultados financeiros da companhia, foi retirado do cargo em fevereiro de 2017, sendo substituído, interinamente, por... Michael Kowalski, que retornou ao posto![2]

Outra notícia dá conta de que o *chairman* do Conselho de Administração da Nestlé, Peter Brabeck-Letmathe, nascido em 1944 e, portanto, com 74 anos de idade, iria se aposentar em 2018. "Já é mais do que na hora, não?", comenta o jornalista que apresenta a notícia. Por que "já é mais do que na hora?". Um executivo não poderia apresentar o vigor e a inteligência necessários para ocupar uma posição dessa importância se estivesse com idade acima dos 70 anos?[3]

De certa forma, as próprias pessoas que chegam aos 60 anos ou mais são tão fortemente instadas a se acreditar "fora do jogo", que passam mesmo a agir como se não tivessem mais condições de prosseguir. Em dezembro de 2015, Sônia Hess (filha dos fundadores da empresa) deixou o comando da Dudalina, após 12 anos à frente da empresa (que havia sido vendida em 2013 para o Grupo Restoque, dono também das marcas Les Lis Blanc, Bo.Bô., John John e Rosa Chá). Ao sair, Sônia declarou: "Tenho muita vontade de ajudar outras pessoas, mas *zero vontade de montar um outro negócio*" (grifo nosso). E complementou sua observação dizendo: "Eu *estava* presidente, não sou eterna!"[4]

QUESTIONANDO A NORMA DA IDADE LIMITE

A nosso ver, cabe uma discussão importante sobre essa insistência das empresas na ideia de que, ao redor dos 60 anos de idade, um executivo deva deixar o cargo e entregá-lo a um sucessor. Isso parecia justificável no passado, quando essa idade demarcava com clareza a chegada da "terceira idade". Atualmente, porém, isso já não faz sentido, embora a regra continue em vigência. Vejamos alguns exemplos:

Em novembro de 2016, o Grupo Itaú-Unibanco anunciou Candido Bracher como sucessor de Roberto Setubal na presidência. A informação dizia que, depois de 23 anos no posto, Setubal passaria à copresidência do Conselho de Administração, compartilhando o cargo com Pedro Moreira Salles. Setubal atingiu em 2016 a idade limite para ficar à frente do banco: 62 anos.

A mesma notícia diz que o processo de sucessão no banco tinha sido planejado quatro anos antes, quando o Itaú anunciou o aumento da idade limite (anteriormente de 60 anos) para o exercício da presidência do banco. Pedro Moreira Salles, o presidente do Conselho de Administração declarou na ocasião que não haveria novo aumento nessa idade limite, uma vez que "é importante manter a idade para abrir espaços e dar oportunidades".[5]

Outro caso: A Ouro Verde, uma administradora de serviços (frotas de veículos e outros itens da logística) com 900 empregados, com sede em Curitiba-PR e estabelecida nos anos 1970, foi dirigida até 2012 pelo próprio fundador, Celso Frares. Às vésperas de completar 60 anos, Frares decidiu que dentro de algum tempo deixaria a presidência e nomearia um sucessor. E fez o que prometeu: em poucos anos mais, contratou um executivo do mercado, Karlis Kruklis. Em tempo: os dois filhos de Celso Frares, na época com 32 e 30 anos de idade, não mostraram interesse em participar da gestão do negócio.

"Há uns quatro anos eu vinha pensando em minha sucessão", declarou o fundador quando entregou o comando a Kruklis. "Vejo como sendo a minha missão perpetuar esta empresa — tenho esse compromisso com os nossos colaboradores. Eu posso passar, mas a empresa tem de ficar", completou.

Mas Celso Frares não se aposentou! Pelo contrário, foi buscar um novo desafio: comprou uma empresa de operação de contêineres no porto de Paranaguá, a 80 quilômetros da sede da Ouro Verde, e passou a se dedicar quase integralmente ao novo negócio. "Decidi me afastar para não interferir demais na nova gestão", justificou. Quanto a Kruklis, desde que assumiu, dobrou o faturamento para R$500 milhões, graças ao investimento que a Ouro Verde fez em locação de automóveis, tratores e colheitadeiras para cana-de-açúcar — um mercado que até sua chegada não era prioritário, mas que atualmente representa 80% das receitas.[6]

Pensemos em mais um caso de sucessão referindo-se à idade do titular: em um depoimento em 2006, Miguel Krigsner, empresário boliviano de origem e fundador e CEO de O Boticário, revelou que preparava sua própria sucessão para 2010, quando completaria 60 anos de idade. Iria, então, para o Conselho de Administração da empresa e entregaria a presidência ao cunhado, Artur Grynbaum, então vice-presidente e também acionista. Krigsner ponderou, na época, que queria chegar ao final de sua vida "com a missão cumprida de ter feito diferença em meu planeta". E, justificando a decisão de se afastar do cargo executivo, disse ainda em tom de brincadeira: "Dentro do meu planejamento estratégico, não pretendo enfartar antes dos 65 anos!"[7]

Krigsner comandou O Boticário por 31 anos, transformando-o na maior franqueadora brasileira. Por alguma razão não revelada, realmente entregou a presidência a Grynbaum; e o fez em 2008, dois anos antes de completar 60 anos, como tinha previsto.[8]

E deu muito certo! Com Grynbaum à frente, a empresa continuou sendo a líder mundial em franquias de cosméticos, manteve suas mais de 3.600 lojas espalhadas pelo Brasil, e faturou R$6,6 bilhões em 2012 — 20% mais do que no ano anterior. Em 2011 também colocou em prática um ambicioso plano de expansão, criando três novas marcas (inclusive a Eudora) e lançando 1.500 produtos — um recorde em 35 anos, o triplo de sua média histórica. E, em 2012, criou ainda três novas unidades: a Skingen, que faz cosméticos antienvelhecimento; a rede Quem Disse, Berenice?, que vende maquiagem com cores mais vibrantes; e The Beauty Box, rede de varejo multimarcas vendendo perfumes e cosméticos de grife. Lançou também inovações em cremes e sabonetes (com aromas de bebidas, como mojito e piña colada); começou a construir seu centro de P&D, que abrigará 200 pesquisadores; e investiu R$380 milhões em uma nova fábrica e outros R$155 milhões em novo centro de distribuição, ambos na Bahia.[9]

Ponderemos: o que levaria tantos empresários a continuar insistindo na ideia de que um executivo deve retirar-se de suas atividades profissionais aos 60 anos de idade, até mesmo quando são eles próprios os envolvidos, como mostram essas histórias citadas? De onde vem esse mito, e de que forma é ele perpetuado mesmo quando as evidências mostram claramente sua obsolescência?

Na verdade, a trajetória até os 60 anos de idade, que para alguém dessa idade parece ter sido rápida demais, parecerá, por sua vez, extremamente distante para um jovem, ao ponto de este não conseguir sequer imaginar-se tão "velho" assim. O adorado piloto de corrida brasileiro Ayrton Senna, que morreu em 1994 aos 34 anos, achava que seus 60 anos (ele teria essa idade em 2020) estavam distantes demais para preocupá-lo. Esta frase é dele: "Eu sou feliz. Serei plenamente feliz, talvez se chegar com sabedoria aos 60 anos. De qualquer forma, ainda tenho muita vida pela frente."

A verdade é que a imagem que as pessoas têm dessa faixa etária tende a ser ruim: é a imagem de que o indivíduo já está decrépito, decadente, de que, enfim, a velhice já terá tomado conta dele. O filósofo francês Paul Lafargue, autor do famoso "Elogio à preguiça" e genro de Karl Marx, matou-se em 1911, na companhia da esposa Laura, aos 55 anos de idade. No bilhete que deixou, Lafargue deu sua explicação para seu gesto: "Estando são de corpo e espírito, deixo a vida antes que a velhice imperdoável me arrebate, um após outro, os prazeres e as alegrias da existência e que me despoje também das forças físicas e intelectuais; antes que paralise a minha energia, que quebre a minha vontade e que me converta em uma carga para mim e para os demais."

Objetivamente, é provável que essa imagem tão negativa dos 60 anos de idade se fundamente em três principais razões. A primeira delas é que, nessa idade, a aparência revela claramente algum grau de decadência do corpo: os cabelos já terão embranquecido (embora talvez não totalmente); as rugas já serão visíveis, a mobilidade tende a estar claramente mais limitada. Como as pessoas olharão para a pessoa e perceber isso, elas tenderão a comunicar não verbalmente essa impressão ao sujeito. Os neurônios-espelho deste completarão o serviço, levando-o a também se perceber assim.

Uma segunda razão tem a ver com a autoimagem do sujeito, no que diz respeito à sua lealdade à família. A noção de família é tão fundamental para a coesão da sociedade, que não se concebe que alguém possa não ver a "célula mater da sociedade" como sua prioridade A. Nesse caso, a constatação de que estamos ficando realmente velhos vem com a revelação de que seremos avós. Por um lado, é "proibido" não exultar de alegria quando se recebe essa notícia. Por outro, ela fisga nosso total sentimento de impotência: ao ficar sabendo que será avô ou avó (o que geralmente acontece pela primeira vez pelos 50 ou 60 anos de idade), a pessoa constata que essa condição não é em absoluto uma escolha pessoal, mas uma em que foi colocado(a) independentemente de sua vontade: ninguém *decide* ser avô ou avó, os filhos é que o decidem por nós.

Uma terceira razão pode estar no projeto de vida da pessoa. Comumente, aos 60, um indivíduo já terá trabalhado por 40 anos ou mais, o que lhe dá uma bagagem profissional apreciável, mas pode igualmente fixá-lo demais no caminho que escolheu trilhar. Depois de 40 anos atuando como médico, engenheiro, advogado, executivo, químico, operário, vendedor, ou seja lá qual for a carreira que tenha seguido, pode ser difícil para esse sujeito transferir-se para outra área que seja radicalmente diferente, em que possa sentir-se renovado e estimulado a aceitar novos desafios.

Quanto a esse aspecto, para a cabeça de um sujeito de 60 anos de idade, pode ser até melhor que ele ou ela tenha mudado várias vezes de profissão, de carreira, de cidade, de país etc., durante a vida adulta pregressa, do que tenha se mantido sempre no mesmo ambiente social, no mesmo círculo de relações ou na mesma ocupação profissional.

Provavelmente haverá importantes mudanças conceituais a respeito de tudo isso ao longo dos próximos anos, uma vez que será inevitável a generalização da ideia de que a associação entre a idade de 60 anos e a noção de velhice inexorável já não faz sentido.

RESUMINDO...

Prosseguindo na análise dos variados motivos pelos quais o presidente ou CEO de uma empresa pode vir a deixar seu cargo, abordamos neste capítulo mais dois desses motivos:

Primeiro, a saída do presidente por razões contratuais, pelo término do seu mandato; e a sua saída por determinação normativa da empresa.

No segundo caso estabelecemos uma discussão à qual vale a pena prestar atenção: acerca da questão do limite de idade do alto executivo. Comumente, as empresas que não são de propriedade familiar criaram uma norma segundo a qual a idade de 60 anos é um fator determinante para a não continuidade do presidente (ou de outros executivos do *C-Level*) no cargo ocupado. Debatemos as razões desta determinação, que, embora tão comum, parece-nos ultrapassada e mesmo sem fundamento.

Há, ainda, outras razões que determinam a troca de comando à frente de uma organização. São as chamadas mudanças ambientais, quando o meio em que a empresa está inserida transforma-se exigindo que novas expertises sejam agregadas à sua gestão. Trata-se de transformações de natureza tecnológica ou econômicas e que costumam afligir com maior força empresas que até então dominavam em profundidade determinada situação tecnológica, ou aquelas que por má gestão ou má sorte têm a sua saúde econômica comprometida. Esses são os assuntos do próximo capítulo.

Capítulo 9

Transformações Profundas: Hora de Mudar

TRANSFORMAÇÕES INTERNAS OU EXTERNAS DEMANDANDO A SUCESSÃO

A deterioração do contexto em que a empresa opera pode também levar à exigência de sucessão do atual presidente, escolhendo-se outro dirigente com perfil mais adequado para a nova fase. Situações potencialmente capazes de exigir uma medida dessas incluem transformações ocorrendo no âmbito da própria empresa ou no ambiente externo a ela; ou, então, no quadro dos controladores da empresa, quando se altera e os novos donos decidem trocar o comando da mesma.

Em tais casos, as transformações citadas podem ser de variados tipos. Há empresas que, entre outros eventos:

- mudam de ramo;
- substituem a atual tecnologia por outra mais avançada;
- fundem-se com outras empresas; e
- crescem, mudando de porte e de patamar.

Em todos esses casos dá-se um reposicionamento estratégico da empresa, possivelmente pedindo um novo estilo de gestão, que o atual presidente poderá não estar pessoalmente interessado ou mesmo capacitado a assumir. Alguns exemplos concretos poderão nos mostrar essas típicas situações.

Uma empresa que já mudou de ramo radicalmente foi a Nintendo, citada anteriormente: originalmente criada como uma fabricante de cartas de jogar tipicamente japonesa, ela é hoje uma empresa produtora de games e equipamentos para games, atuando em âmbito mundial. No caso da Nintendo, o próprio dirigente máximo da organização promoveu a mudança em seu *core-business*.

Uma das mais recentes grandes transformações que se deram no ambiente em que operam as empresas é o fato de que, expostas à internet (e em seguida também às mídias sociais), elas compulsoriamente se tornaram mais vulneráveis, sofrendo impactos mais diretos e tornando os negócios mais arriscados. Pete Martinez, diretor mundial de consultoria da IBM Global Services, alerta para o fato de que "a internet traz a gestão da empresa para um campo aberto: ela põe uma lente sobre a organização e a expõe, inclusive em suas dificuldades internas". "As empresas são obrigadas a permitir que seus clientes e fornecedores venham para 'dentro da máquina'", diz Peter Martin, o Diretor Editorial da ft.com.[1]

O Caso Tectoy

Nesse contexto de grande vulnerabilidade, o caso da empresa brasileira TecToy é exemplar, e pode mostrar como as mudanças no ambiente externo levam a mudanças nas linhas de produtos da empresa, enquanto ambas as coisas afetam diretamente a ocupação do posto de presidente. Além disso, mostra igualmente que o oposto pode ser verdadeiro: também a troca da pessoa que passa a gerir a empresa pode ser o ponto de partida para profundas mudanças na linha de produtos ou serviços da empresa, em resposta às solicitações que vêm do ambiente externo.

A Tectoy é atualmente uma empresa que fabrica e comercializa equipamentos eletrônicos de consumo, mas é mais conhecida por sua produção e comercialização de consoles e jogos eletrônicos. Ela foi fundada em 1987 por Daniel Dazcal (que fora um VP da Sharp) com a missão de fabricar brinquedos eletrônicos de alta tecnologia, um mercado até então pouco explorado no Brasil. Foi o que fez nos primeiros anos, principalmente em parceria com a japonesa Sega. A TecToy, então, popularizou-se e cresceu muito rapidamente na esteira dos consoles Master System e MegaDrive, tendo conquistado 75% do mercado de jogos eletrônicos no Brasil e faturando US$115 milhões em 1994.

Em maio desse mesmo ano, entretanto, o fundador e seu principal dirigente faleceu, e a presidência da Tectoy passou a ser ocupada por Stefano Arnhold. Com o novo presidente, a empresa se lançou no mercado com novas propostas, bem diferentes daquela original. A partir de 1995, com o aumento na quantidade de usuários de internet comercial no Brasil, a Tectoy se dedicou ao acesso à rede e à produção de conteúdo digital, trazendo para o país uma versão nacional do provedor CompuServe, que era então o segundo maior dos EUA em número de assinantes. Esses serviços eram, de fato, parte de uma estratégia de diversificação, pela qual a Tectoy pretendia escapar à sazonalidade do mercado de brinquedos.

Mas as coisas não saíram exatamente como havia sido pensado, e começou a haver um desaquecimento das vendas. Com o aumento da inadimplência no país, redes de lojas importantes, como Mappin e Mesbla, fecharam ou entraram em concordata, reduzindo o número de distribuidores da Tectoy e trazendo a estas dificuldades para receber por vendas já efetuadas. Também o Clube de Compras TecToy (que fazia vendas diretas ao consumidor) entrou em colapso, agravando mais ainda a situação da companhia. E, como se não bastasse, a crise asiática de 1997 afetou enormemente as taxas de juros, atingindo diretamente os compromissos financeiros da empresa. A situação complicou-se demais, e a Tectoy acabou entrando em concordata em dezembro desse mesmo ano. Stefano Arnhold deixou a posição executiva e foi para a presidência do Conselho, tendo Lourival Kiçula (ex-presidente da Sanyo no Brasil) ocupado a posição durante o período de concordata.

Renegociaram-se as dívidas com credores e houve cortes drásticos no efetivo da empresa, reduzido de 1.000 para apenas 100 empregados. Finalmente, o processo de concordata encerrou-se em outubro de 2000, e a Tectoy anunciou um novo posicionamento no mercado: deixaria de ser uma empresa focada em brinquedos e jogos eletrônicos e passaria a ser uma companhia com uma missão mais ampla, voltada para o "entretenimento". Ela introduziria, assim, novas linhas de produtos mais rentáveis e menos sazonais, como reprodutores de DVD e aparelhos de videokê.

E, em 2006, a empresa entrou também no mercado de jogos para dispositivos móveis, em parceria com a Level Up! Games, responsável por jogos como o MMORPG Ragnarök. E, em maio de 2007, um novo presidente, Fernando Fischer, assumiu a empresa. Sua missão: reverter o prejuízo de R$3 milhões do ano anterior e aumentar a receita dos então R$45 milhões.[2]

Um outro exemplo, mais recente, é o da Ibema: em 2016, com a entrada da Suzano como sócia desta empresa e a aquisição, pela nova empresa criada, da fábrica de papel cartão que a Suzano já mantinha em Embu das Artes/SP, a Ibema sentiu que precisava de um novo presidente. Trouxe do mercado, então, Giuseppe Musella, um executivo com larga experiência no ramo. Musella substituiu Nei Senter Martins, até então o presidente executivo da Ibema.[3]

No site da Ibema, o presidente do Conselho de Administração fez publicar uma nota, agradecendo ao presidente que estava deixando o cargo: "Agradecemos ao senhor Nei Senter Martins pelos seis anos de dedicação como presidente e pelo brilhante trabalho desempenhado, que definitivamente mudou nossa história. Martins continuará colaborando para o contínuo crescimento da companhia, mas se dedicará a assuntos mais estratégicos como membro do Conselho de Administração."[4]

O Impressionante Caso da Xerox

Em outros casos, os controladores da empresa exigem a troca do comando, porque o atual simplesmente não está dando certo. Como exemplo, vejamos o caso da Xerox mundial: nesta empresa, no final de 2001, o Conselho de Administração houve por bem retirar do cargo o então principal executivo, Paul Allaire e entregar a posição a Anne Mulcahy. A empresa, sabidamente, ia muito mal: com um modelo de negócios baseado no aluguel de copiadoras em preto e branco, estava envelhecida no universo agressivamente digital da virada do milênio; sua dívida beirava os US$19 bilhões e havia miseráveis US$100 milhões em caixa. Pior ainda: logo tornou-se público que a SEC (a versão norte-americana da CVM) estava investigando a Xerox por práticas contábeis irregulares, e a companhia teve sua reputação profundamente afetada.

Anne chamou Ursula Burns para ser seu braço direito e lhe deu carta branca para recuperar a empresa. Ursula, então, renegociou contratos com os sindicatos; liderou um severo programa de corte de custos que economizou cerca de US$2,5 bilhões; reduziu o corpo de funcionários da companhia de 110 mil para 58 mil; e criou uma nova linha de produtos, lançando impressionantes 100 novos produtos em apenas três anos! A partir de 2005, dois terços das receitas com vendas de equipamentos da companhia já provinham desses novos produtos recém-lançados.

Através de Burns, Mulcahy de fato reinventou o modelo de negócios da corporação: a Xerox deixou de ser uma fabricante de copiadoras e tornou-se uma empresa de serviços, com foco em impressão em cores e em digitalização e processamento de documentos dentro das empresas clientes. O resultado operacional mais do que dobrou entre 2001 e 2007 (de US$800 milhões para US$1,7 bilhão), e o valor de mercado da companhia cresceu de US$7,57 bilhões para US$14,85 bilhões. A dívida, embora ainda pesada, estava substancialmente reduzida em fins de 2007, para US$8 bilhões, tendo recuado mais de US$10 bilhões em seis anos.

Dado o sucesso na recuperação da companhia, a dupla feminina da Xerox (Mulcahy — Burns) passou a ser reverenciada no mundo dos negócios, e Anne Mulcahy foi eleita CEO do ano de 2008 pela revista *Chief Executive*, rompendo, pela primeira vez na história dessa premiação, a hegemonia masculina.[5]

TURNAROUND CHAMPIONS

Há também os casos em que o atual presidente tem mandato apenas temporário: foi contratado para liderar uma reestruturação da empresa em dificuldades e está previsto que, dentro de algum tempo mais, entregue o bastão de comando a outra pessoa. Esses presidentes são os chamados *turnaround champions*, especialistas em retirar empresas de uma situação pré-falimentar, ou quase isso: mediante a assinatura de um contrato de trabalho por tempo determinado, que deve especificar em detalhe que ações poderão ser exercidas por ele sem consulta prévia aos controladores, esse profissional terá o tempo julgado necessário para "sanear" a empresa.

A expressão *turnaround champion* pode ser traduzida, em português, basicamente, por: "Campeão em recuperação de empresas". Um dos mais conhecidos consultores brasileiros especializados em *turnaround* é Claudio Galeazzi, que se tornou referência no tema da reestruturação de empresas. Um depoimento de Galeazzi a respeito pode ser encontrado no programa HSM Experience, no site da HSM com esse nome, que apresenta vídeos, artigos e podcasts de líderes empresariais de sucesso.[6]

Galeazzi foi executivo e presidente de multinacionais antes de abrir sua consultoria de reestruturação de empresas, há mais de 20 anos. Ganhou o apelido de "Mãos de Tesoura" depois de trabalhar no *turnaround* do Grupo Pão de Açúcar, em 2008, quando a varejista cortou grande quantidade de postos de trabalho como parte de sua reestruturação. Durante um tempo, Galeazzi comandou também a BRF (fusão entre Perdigão e Sadia), uma gigante do setor de alimentos; e recuperou ou reergueu várias outras empresas em dificuldades, tais como: Vila Romana, Cecrisa, Artex, Mococa, Lojas Americanas, Vulcabrás-Azaleia, DASA, Sendas.[7]

É bastante frequente que, como parte de seu trabalho, um consultor de recuperação de empresas tenha também a incumbência de preparar seu sucessor. Nesse caso, o que ele faz geralmente é manter durante um tempo trabalhando sob sua orientação, em uma espécie de permanente atividade de *coaching* e *mentoring*, a pessoa que foi escolhida para sucedê-lo no posto, indicada pelos controladores da empresa e referendada pelo consultor.

Um *turnaround champion* sempre poderá, é claro, ser afastado pelos seus contratantes, caso estes não se sintam satisfeitos com os resultados que vêm sendo obtidos ou com as medidas que vêm sendo tomadas. Se isso vier a ocorrer, porém, será uma indicação clara de uma má decisão tomada por esses controladores da empresa na contratação do consultor, que poderá ser vista como mais um mau passo a se somar aos anteriores, que puseram a empresa em dificuldades! Em tais casos (que, diga-se, tendem a só ocorrer quando a contratação foi politicamente mal gerenciada no âmbito da direção da empresa, como também acontece com um técnico de futebol quando a diretoria do clube já não confia em suas escalações), o afastamento do consultor provavelmente requererá o pagamento de pesada multa pela empresa.

RESUMINDO...

Neste capítulo, finalizamos o estudo das razões pelas quais um CEO ou outro ocupante de cargo em *C-Level* poderia vir a deixar a empresa e ser substituído. No Capítulo 6, vimos a circunstância em que o executivo em questão precisa ser substituído em razão de sua morte ou doença grave; e, nos Capítulos 7 e 8, enumeramos outras razões mais para se proceder a essa troca de comando. Agora, neste capítulo, expomos ainda outras razões para essa troca de comando:

Em primeiro lugar, discorremos sobre a troca de comando motivada por mudanças havidas no meio ambiente da empresa, de qualquer natureza: tecnológica, econômica ou outra. Situam-se nesta categoria, principalmente, as empresas que estão sendo submetidas a graves provações, a partir de profundas transformações havidas no seu entorno. Citamos aqui os casos específicos de duas delas que viveram essa situação — a brasileira TecToy e a americana Xerox.

Finalmente, a última razão mostrada aqui para a troca de comando da empresa refere-se à possibilidade de esta precisar ser reestruturada por ameaças à sua sobrevivência, pelo fato de sua economia estar mal. Não raro, aliás, empresas como estas já terão solicitado legalmente uma recuperação judicial. Em tais casos, é comum que a empresa seja temporariamente entregue a um *"turnaround champion"*, isto é, um especialista em recuperação de negócios, que assume o comando da empresa por um período de tempo necessário e suficiente para a devolver mais saudável ao mercado, agora em condições de seguir competindo. Geralmente, como parte de sua missão, esses recuperadores de empresas treinam e colocam em seu lugar um novo CEO ou presidente, capacitado a tocar em frente a empresa já devidamente saneada.

Tratadas aqui das várias razões, positivas e outras talvez nem tanto, que levam um CEO a deixar uma organização. É hora de abordarmos, na Parte 4, a jornada dos altos executivos. Trataremos da construção da carreira do líder, falaremos do papel fundamental do CEO em uma empresa e discutiremos os dilemas do CEO que deixará seu posto e do futuro CEO que ocupará esta importantíssima posição, além de apresentarmos alguns exemplos reais de sucessão de executivos.

PARTE 4
A Jornada do Líder

Capítulo 10

Formando Líderes

A CONSTRUÇÃO DA CARREIRA EXECUTIVA

Admirador do presidente norte-americano John Kennedy, assassinado em 1963, o político baiano José Mendonça, que foi prefeito de Ipiaú, em seu Estado, lembrou, em uma crônica em seu blog em 2009, algo importante sobre a saga da família Kennedy: o desejo do patriarca Joseph Kennedy de ver um dos seus filhos na presidência dos Estados Unidos. Nas palavras de Mendonça:

"O empresário Joseph Kennedy preparou o filho que tinha o seu nome para ser presidente dos Estados Unidos; mas o mesmo deixou o mundo na guerra de 1945. Joseph passou a pensar no segundo filho, John, que também esteve na guerra [e ele chegou à presidência, mas foi assassinado]. (...) Robert Kennedy, o terceiro filho, foi Secretário da Justiça no governo de seu irmão. Foi também assassinado quando era candidato a presidente, em um hall de hotel — e era o favorito. (...) Edward Kennedy, senador, [também] foi pré-candidato a presidente. Se candidato, com certeza, teria sido eleito. Impressionante! Joseph, John, Robert e Edward, todos da mesma geração e capacitados para serem presidentes!"[1]

Não só na política, mas também nos ambientes empresariais, é comum que pais aspirem ver seus filhos chegarem ao ápice de uma carreira, por exemplo, o posto de presidente de uma grande empresa. Nas empresas familiares constata-se essa aspiração com frequência, inclusive porque empresários bem-sucedidos, que construíram grandes organizações empresariais, comumente desejam que um de seus filhos assuma seu posto. Aliás, é possivelmente genética a inclinação de um pai de querer ver seu filho como continuador de sua saga pessoal.

Falando em termos mais genéricos, também é provavelmente genético que pais em geral, mesmo não tendo construído um patrimônio do porte de uma grande empresa, queiram ver o sucesso de seus filhos ao se tornarem adultos: desejam vê-los como profissionais qualificados e realizados em suas áreas de trabalho, entre as quais pode estar, certamente, a direção de uma grande empresa. Imaginemos, então, qual seria a trajetória presumivelmente seguida por uma pessoa, estimulada por seus pais, desde quando era criança e assistia às aulas das primeiras séries escolares, até finalmente chegar, como adulto, a uma posição de direção em uma grande empresa.

PLANEJANDO A CARREIRA DESDE A INFÂNCIA

Imaginemos o exemplo de um menino ou menina que seja filho(a) de altos executivos, e que seus pais queiram proporcionar para ele(a), desde cedo, uma sólida formação para que tenha condições de, no futuro, desenvolver uma carreira promissora também como executivo, se assim for de sua vontade. Nesse caso, como primeira providência, desde a tenra infância, os pais tenderão a matricular a criança em um colégio excelente, cujo ensino seja indiscutivelmente de alta qualidade, em que essa criança fará todo o curso fundamental 1, o fundamental 2 e o curso médio. Se possível, inclusive, a criança será matriculada em uma escola com duplo currículo, cujo diploma valha não só no Brasil, mas seja aceito igualmente em outros países de desenvolvimento avançado, tais como EUA, Reino Unido ou Suíça.

Provavelmente, os pais também matricularão a criança, concomitantemente, em um bom curso de inglês, para que ela vá aprendendo a falar esse idioma, essencial para sua futura carreira profissional. Mais tarde, após concluir o ensino médio, esse(a) jovem poderá, antes de ingressar na faculdade, fazer um intercâmbio cultural, indo passar alguns meses em um país como EUA, Reino Unido, Canadá ou Austrália, para começar a ganhar alguma experiência internacional, ter contato com outras culturas, consolidar sua fluência no idioma inglês e, inclusive, tornar-se mais independente em relação à família de origem.

Virá em seguida a matrícula em uma faculdade. Neste momento, o jovem poderá ser estimulado a matricular-se no curso de Engenharia, uma vez que, pelas estatísticas, suas chances de vir a ser no futuro um CEO serão quase duas vezes maiores do que se fizer o curso de Administração (e quatro a cinco vezes maiores do que se se formar em Economia; e mais de 12 vezes maiores do que se cursar Direito)!

Qualquer que seja a sua preferência, entretanto, certamente esse jovem pesquisará cuidadosamente os cursos disponíveis no mercado da educação superior, tratando de escolher uma escola "de ponta" para cursar (se for em Engenharia, talvez seja, em São Paulo, a Poli-USP ou o ITA), não sendo afastada a hipótese de ele escolher uma faculdade de alto nível em outro país.

Durante o curso, é provável ainda que esse jovem procure fazer estágios em boas e grandes empresas, uma vez que muitos CEOs começaram dessa forma sua trajetória profissional.

E, se estiver atento ao que dizem os fatos a respeito, esse jovem, tendo ingressado na faculdade, digamos, aos 18 anos de idade, entrará no programa de estágios da companhia que vier a escolher, aí pelos 21 ou 22 anos, quando já estiver cursando o penúltimo ou o último ano do curso universitário. Ele preferirá talvez uma empresa internacional. E ele estará também psicologicamente preparado para seguir na carreira em uma mesma companhia ou trabalhando em mais de uma empresa por cerca de duas décadas, galgando posições sucessivamente mais altas até chegar à posição de CEO.

O jovem interessado se esforçará também para passar a trainee da empresa ao concluir seu curso universitário, uma vez que ser aceito no programa de trainees de uma grande empresa é um claro indício de que esse recém-formado está sendo visto como um provável talento — o que é decisivo para quem deseja ser, mais tarde, um CEO.

Como estagiário e como trainee, o estudante ou recém-formado deve ser capaz de "mostrar serviço", isto é, de destacar-se e não ter medo de trabalhar duro e aprender. Um exemplo de "atrevimento saudável" de um recém-formado em um programa de trainees é narrado por Fábio Venturelli, CEO do Grupo São Martinho, em uma entrevista em que fala de sua carreira e, especificamente, de quando era ainda um trainee na Dow Química:

"Lembro que em uma reunião acabei sendo escolhido, com mais dois colegas, para representar os funcionários do Brasil no programa de desenvolvimento de novos talentos da companhia, que acontecia nos Estados Unidos. Havia 20 participantes e, na época, o presidente da América Latina ia ao programa e fazia uma palestra. Nessa ocasião, ele pediu que cada um de nós escrevesse seu objetivo em um papel e lhe entregasse. Eu escrevi: 'CEO'. E, dos 20, ele separou um só papel, justamente o meu! Ele leu e me deu um conselho que sempre trago comigo: disse-me que era aquele tipo de resposta que estava esperando."[2]

O interessado deverá, também, cumprir um programa de MBA em uma excelente escola de negócios, o que é também um requisito importante em sua trajetória. Idealmente, essa complementação de sua formação será cumprida em uma Business School "de ponta", preferencialmente no exterior.

Seguir estudando e aprendendo, e ficar atento às trilhas de carreiras internas nas empresas são também medidas importantes que o candidato a presidente certamente tomará. Ele se manterá antenado para as posições executivas que eventualmente se abrirão dentro das empresas em que trabalhará e, dentro de poucos anos, já saberá se sua trajetória ascensional nelas está ou não acontecendo de modo satisfatório. Pelos 35 a 40 anos, ele provavelmente fará um balanço de sua vida na empresa em que estiver perguntando-se algo como: "Onde estou? Aonde consegui chegar até agora?" E, dependendo da resposta, ele poderá concluir que ainda tem (ou não mais tem) chances de chegar à presidência dessa companhia.

Caso a resposta seja negativa, e ele sinta que suas chances de progresso na direção da presidência são ali menores que o razoável, provavelmente pensará em outras vias para a presidência, buscando nova oportunidade de trabalho em outra organização. Ainda atento ao que geralmente acontece nas carreiras executivas, ele também estará ciente de que, mudando de empresa, terá de ingressar na outra companhia em uma posição de direção, capaz de claramente direcioná-lo para a presidência, uma vez que lhe será impossível chegar lá, caso aceite um cargo menor.

Mudando de empresa ou permanecendo naquela em que já trabalha há um bom tempo, em especial quando se trata de uma companhia internacional presente em todos os continentes, esse executivo terá de pensar em expatriação como uma etapa fundamental no seu desenvolvimento para chegar à presidência: dificilmente alguém chega a ocupar essa posição sem passar um tempo trabalhando em outros países — por vezes dois ou mais anos. A experiência como expatriado é, quase sempre, mais do que apenas necessária, imprescindível para se atingir o posto de CEO em uma grande empresa internacional.

ETAPAS NA CONSTRUÇÃO DA CARREIRA

Preocupamo-nos de modo especial com a trajetória de vida e carreira das pessoas em geral e dos executivos em particular. Damos especial atenção às experiências de estudo e de trabalho vividas por eles, e à maior ou menor probabilidade que sua trajetória profissional os venha a catapultar, em uma maior ou menor quantidade de anos de carreira, à presidência de uma empresa.

Nossa visão dessa trajetória é apresentada na ilustração a seguir. Ela compreende cinco estágios (com um estágio intermediário entre o quarto e o quinto), denominados conforme mostra a ilustração

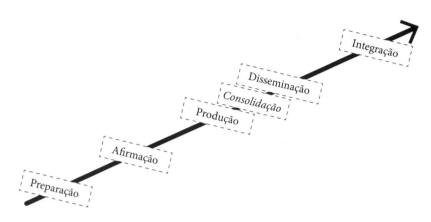

Figura 1: Estágios na vida profissional de um indivíduo. **Fonte:** Elaboração da própria autora.

Comentemos cada um desses estágios ou etapas na vida profissional das pessoas:

Preparação

Em algum momento, comumente na fase intermediária da adolescência, o indivíduo começa a ter experiências que o dirigirão de alguma forma para uma carreira profissional futura. Esta etapa de *preparação para o trabalho* começa, portanto, cedo. Nela, não há muita seletividade ou escolha consciente: a menos que tenha à sua disposição, já a partir da pré-adolescência, algum processo de mentoria, o indivíduo simplesmente experimenta situações que lhe surgem pela frente. Ele as vai vivenciando.

No passado não muito distante, essa fase estendia-se para além da adolescência, por vezes até os 20 ou 21 anos. Nos dias de hoje (e a cada década mais acentuadamente) a fase de Preparação para o trabalho tende a iniciar-se e a encerrar-se mais cedo. Os jovens estão vivendo cada vez mais cedo algumas experiências importantes típicas da adolescência, enquanto ao mesmo tempo se lançam gradativamente com menos idade para dentro da vida adulta. Por exemplo, meninos e meninas hoje têm iniciação sexual cada vez mais cedo; e suas chances de contato com outras realidades culturais ou de participar de projetos científicos ou de atividades políticas, que eram inacessíveis aos seus pais antes da vida adulta, estão atualmente disponíveis para muitos jovens recém-saídos da infância.

Além disso, é notório que garotos e garotas ainda pré-adolescentes comumente manejam com facilidade, muitíssimo maior do que aquela de seus pais, os gadgets que os mantêm em permanente contato com os ambientes virtuais e também dominam mais cedo o inglês.

Essa fase da vida é especialmente importante, dado o enorme investimento que, já a partir da pré-adolescência, os jovens fazem na aquisição de capital intelectual, emocional e afetivo.

Normalmente, o sujeito ainda não é capaz, nesta fase, de dizer se realmente será no futuro um médico, um executivo ou um artista. (As respostas que terá dado na infância, quando lhe perguntaram: "O que você vai ser quando crescer?", terão sido muito mais aspiracionais do que baseadas em alguma fundamentação digna de crédito.) Portanto, nessa etapa, não se trata ainda de verdadeiras escolhas que o indivíduo faça, mas apenas de sua preparação para vir a fazer tais escolhas mais tarde.

Esse período é também marcado pela aquisição ou consolidação de algumas qualidades que lhe serão de grande utilidade, mais tarde, na vida profissional. Por causa disso, frequentemente nos referimos de modo coloquial a essa fase da vida como sendo o "estágio da esponja". A disciplina pessoal, a disposição para aprender, a resiliência, a responsabilidade perante os compromissos assumidos, a aceitação de riscos calculados e outras qualidades estão entre aquelas mais perceptivelmente adquiridas nessa fase, em que tais qualidades são experimentadas, testadas e, em geral, mais bem definidas. Fixam-se, a propósito delas, certos padrões de conduta que, no futuro, muito provavelmente serão aplicados à vida profissional do sujeito. Mais tarde, ele ou ela assumirá essas qualidades como requisitos práticos que modelarão o modo como se comportará na vida profissional, quer venha a se tornar um médico, quer um executivo ou um artista.

Afirmação

Na fase seguinte, da Afirmação, o indivíduo... afirma-se! Neste ponto de sua trajetória de vida e carreira, ele ou ela já terá identificado seu tema pessoal (ou seja, sua área principal de interesse), bem como terá começado a depositar ali as suas "fichas" intelectuais e emocionais. Isso quer dizer que o sujeito, a essa altura, já identificou um dado contexto como sendo seu, como aquele em que investirá seus esforços — e poderá começar, então, a construir algo para si nesse território.

Tendo avaliado, ao menos razoavelmente, o que o mundo está lhe oferecendo em termos de oportunidades e de riscos, ele agora já terá uma maior clareza de percepção sobre o que deseja da vida — e poderá passar a investir nessa direção. Poderá mudar de rumo mais tarde, mas o mais provável é que já não o faça com tanta facilidade.

O sujeito, enfim, agora, afirma-se em relação a tudo: seus conhecimentos, afetos, apegos, relacionamentos, conceitos sobre as coisas, valores... Dedica-se a tudo o que seja capaz de lhe dar a sensação clara de que se encontra "em casa", em "terreno familiar". Ele já terá, então, talvez 23, 24 anos ou um pouco mais. Quase certamente já terá se formado em uma faculdade.

É nessa fase que, mais legitimamente, se pode dizer que o indivíduo já está fazendo a "gestão" de sua carreira.

Produção

Chega, então, a terceira etapa nesse trajeto, a Produção. Aos 30 anos, talvez um pouco mais ou menos, a ordem é trabalhar e trabalhar, dedicar-se a algo, ser o protagonista de uma autêntica carreira; enfim, "ralar" muito, como se diz popularmente!

O termo "Produção" é bom para designar essa fase, pois nela o mais importante é que o indivíduo terá a sensação de estar produzindo, realizando, concluindo projetos e gerando resultados. Os produtos de seu trabalho pessoal estão entre as coisas mais valiosas que ele tem na vida; são aquilo que pode medir seu desempenho e que ele pode apresentar ao mundo como um atestado de seu inegável valor.

A fase de Produção é, de fato, a "etapa de ouro" na vida profissional, a fase em que o sujeito tem a chance de capitalizar sobre tudo o que aprendeu até então e de aprender ainda mais com isso, transformando esforço e conhecimento em dinheiro! Nessa fase é que ele enriquece principalmente. É nela que acumula os bens dos quais espera vir a desfrutar no futuro. É comum ouvir de pessoas que se encontram nessa etapa da vida, frases tais como: "Neste ritmo, em mais dez anos me aposento!"

A aposentadoria nesse caso significa, no imaginário da maioria das pessoas, poder se dar ao luxo de ficar no *dolce far niente*, sem novos programas de trabalho, sem novos planos para o futuro e somente desfrutando do que amealhou. Mas esse desejo é uma espécie de autoengano: simplesmente a pessoa, nessa altura da vida, não sabe avaliar claramente se conseguirá mesmo deixar de trabalhar algum dia. Afinal, nesta etapa, é só o que ela faz!

Consolidação

O que chamamos de Consolidação, na ilustração dada no início, é na verdade uma curta etapa de transição entre aquelas da Produção (que está se encerrando) e da Disseminação (que marca, certamente, o início de um declínio na vida profissional).

A Consolidação ocorre em um momento de nossa existência em que os filhos, já iniciando sua própria vida adulta, possivelmente já estão saindo da casa dos pais para constituir suas próprias famílias e fazer suas próprias vidas. Já não produzimos tendo em mente o investimento em nossos filhos. O que estamos fazendo nessa fase é mais ou menos questionar nossa própria maneira de trabalhar e, mais do que a ela, questionar o próprio sentido de nosso trabalho. Nós nos perguntamos: A que fim ele serve? Para que colocamos nele nossos melhores esforços?

Nesta etapa intermediária, já temos consciência do que de fato ocorreu com nossos sonhos da juventude, iniciados na fase de Preparação e referendados na de Afirmação, se os realizamos ou não; se eram sábios ou tolos; se os seguimos ou os abandonamos em meio ao caminho que percorremos.

A Consolidação é uma fase de grandes reflexões em nossa vida profissional.

Disseminação

Nesta fase, o sujeito é capaz de desfrutar do que construiu — seu papel já não é tanto o de acumular capitais (financeiro, intelectual, social, político), e sim o de passar a usar aquilo que reuniu, disseminar o que conseguiu amealhar. Ele (ou ela) estará agora na faixa dos 50 aos 60 anos e estará naquela meia-idade, na qual já se tem uma narrativa sobre a vida profissional para contar aos outros. Em grande parte, é desta forma que se dá essa dita Disseminação que denomina tal fase: mediante o relato, aos demais e especialmente aos mais jovens, sobre a vida como ela é, e sobre como ela deve ser vivida, relato esse feito a partir das experiências individuais da própria pessoa.

Na verdade, a fase da Disseminação é também de questionamentos, em que nos perguntamos se os nossos vinte ou vinte e tantos anos anteriores de vida profissional e trabalho terão sido ou não bem vividos, se valeram a pena ou não. Por vezes, quando a resposta for negativa (com maior ou menor ênfase), esta quarta fase, de Disseminação, poderá assumir outras características bastante distintas do descrito anteriormente: ela poderá significar, ao contrário, uma retomada ou renascimento profissional, uma renovação pessoal a partir de um novo desafio proposto pela pessoa a si mesma.

No passado, essa possibilidade era bastante remota, dado que as possibilidades de mudança ocupacional eram reduzidas; a expectativa de vida menor; o reencaminhamento de um trajeto profissional anterior muito árduo; e as demandas vindas do ambiente externo bem pouco amigáveis. Hoje em dia tudo é bastante diferente disso. Há novas oportunidades, radicalmente distintas das anteriores, que estão continuamente surgindo à nossa frente e nos desafiando, como que nos chamando para empreender em novas áreas, desenvolver novas ideias e inaugurar novos projetos.

Nesse novo contexto, portanto, disseminar pode ser altamente prazeroso e recompensador em todos os sentidos. É como se rejuvenescêssemos, retomando a antiga fase da Afirmação, que acreditávamos ter ficado para trás!

Mas também há pessoas cuja trajetória é bem a oposta desta que acabamos de descrever: pessoas que se aferram à etapa anterior da Produção e nela permanecem até uma idade bem mais avançada do que é o comum, prosseguindo no mesmo trabalho anterior, nas condições e com as premissas pessoais, os métodos e os processos anteriores inalterados.

Integração

Sobrevém, então, a fase final desta trajetória: a da Integração. Aqui, somos capazes de reunir em uma narrativa pessoal coerente tudo o que fomos e fizemos nas etapas anteriores — e é por isso que essa fase tem este nome: *Integração*. Temos necessidade de nos sentirmos inteiros, harmonicamente identificados com tudo o que nos aconteceu e com tudo o que fizemos a partir daquilo que nos aconteceu.

Podemos encontrar momentos cronológicos bem definidos demarcando cada uma dessas etapas, mas não é necessariamente assim: por vezes vemos que é mais adequado nos referirmos a tais etapas como tendo ocorrido em determinadas "épocas" de nossa vida, e não em momentos específicos, ou relativamente a certos fatos específicos dentro dela.

Esse processo todo de cinco (seis, se considerarmos separadamente a etapa da Consolidação) fases, foi bem mais lento no passado não muito distante e sofre atualmente uma aceleração. Essa aceleração traz a todos nós maiores indefinições e incertezas do que no passado; e, por conseguinte, também maiores erros de percepção e decisão, resultando em maiores ansiedades e angústias.

Atualmente, quase nada mais nos acontece em alguma idade específica. Poderemos ter essas fases descritas anteriormente na sequência que foi dada a elas; mas o ciclo, como um todo, certamente está se comprimindo, com as etapas tornando-se mais curtas e se atropelando entre si.

O PIPELINE DE LIDERANÇA, DE RAM CHARAN

Um conceito importante em gestão da carreira executiva, bastante comentado na literatura especializada ao longo dos últimos anos, é o "pipeline de liderança", proposto por Ram Charan, Stephen J. Drotter e Jim Noel. Esses autores desenvolveram um modelo de evolução para a carreira de um gestor na grande empresa, que denominaram *Pipeline de Liderança*.[3] Composto de seis etapas, que os autores chamam de "passagens", o modelo pretende ajudar a identificar futuros líderes, avaliar suas competências e capacidades, planejar seu desenvolvimento e medir os resultados que conseguem. Além disso, o modelo ajuda a planejar as carreiras dos executivos e a formular um Plano de Sucessão para as principais posições executivas da empresa.

Charan e seus colaboradores basearam esse modelo em um antigo estudo, desenvolvido nos anos 1970 pelo então consultor especializado em Administração por Objetivos, Walter Mahler, *Critical Careers Crossroads*, que chegou a ser aplicado em mais de 80 companhias norte-americanas.

Em inglês, *pipeline* é o nome que se dá a um duto usado para o transporte de água, petróleo, gases ou outro produto líquido ou gasoso. Ao longo de um pipeline, dispositivos de controle situados em pontos estratégicos podem ser acionados a qualquer momento, tanto para fechar quanto para abrir a passagem ao líquido ou gás transportado, ou para aumentar ou reduzir seu fluxo.

A ideia de um "pipeline" de liderança é uma metáfora inteligente: sugere que a estrutura organizacional funciona como se fosse uma rede de dutos capazes de conduzir os executivos de um para outro cargo gerencial, geralmente das posições menores para as maiores na hierarquia, de tal sorte que duas funções sejam plenamente atendidas: (1) que a empresa esteja sempre suprida dos talentos necessários à sua gestão estratégica; e (2) que a maior parte dos talentos disponíveis na organização possa ser aproveitada.

Segundo o modelo de Charan e seus colegas, os trajetos para o desenvolvimento de um autêntico líder dentro de uma grande organização precisam submetê-lo a variadas e importantes experiências profissionais, que estão resumidas nesse modelo em seis pontos de controle (ou "passagens", como foram denominados). Cada passagem coloca o gestor em um novo contexto, no qual ele é desafiado por novas demandas e precisa aprender a exercer novas habilidades. Novos conhecimentos, novas formas de pensar a organização, novos métodos de agir e até mesmo novos valores para o trabalho acompanham a travessia de cada uma dessas passagens pelo gestor. Nesse sentido, o aprendizado que o executivo adquire em cada transição dessas vai se somando ao que ele já adquiriu nas passagens anteriores, transformando-o, ao término dessa jornada, em um CEO altamente eficiente para uma grande corporação. É uma proposta ambiciosa e fascinante.

As seis passagens propostas pelo pipeline são:

- P1 — da autogerência à gerência de outras pessoas;
- P2 — da gerência de pessoas à gerência de gerentes;
- P3 — da gerência de gerentes à gerência de funções;
- P4 — da gerência de funções à gerência de negócios;
- P5 — da gerência de negócios à gerência de grupo de negócios;
- P6 — da gerência de grupo de negócios à gerência da empresa.

A própria indicação dessas seis passagens já embute, obviamente, os sete níveis hierárquicos envolvidos, quais sejam:

- autogerência, ou gerência de si mesmo;
- gerência de outras pessoas;
- gerência de gerentes;
- gerência de função;
- gerência de negócios;
- gerência de grupo de negócios e
- gerência da empresa.

Expliquemos brevemente cada um desses sete níveis propostos:

Autogerência, ou gerência de si mesmo, é requerida quando o indivíduo ainda não ocupa posição gerencial; ele é um executor de tarefas ou atividades, um colaborador individual chefiado por alguém, trabalhando em vendas, contabilidade, engenharia, marketing, recursos humanos ou outra área. É um profissional que se destacará, se isso vier a ocorrer, por suas competências técnicas, seu alto desempenho na execução do trabalho que lhe cabe, cumprindo suas metas e obtendo os resultados que lhe foram designados. À medida que aprimora e amplia suas habilidades individuais, ele poderá ir dando contribuições mais elaboradas, podendo ser, então, considerado para uma promoção à gerência de primeira linha.

A *gerência de outras pessoas* é o primeiro nível, de baixo para cima, na hierarquia de qualquer organização. Neste caso, a tarefa do indivíduo consiste em chefiar um grupo de pessoas que são executoras de tarefas, como foi ele próprio anteriormente. Esse novo gerente de primeira linha precisa, antes de mais nada, conscientizar-se de seu importante papel, que consiste em obter alto desempenho da parte dos que trabalham sob sua orientação ou comando.

Na *gerência de gerentes*, o sujeito se torna um gestor de gestores de executores. Neste estágio, o indivíduo precisa ser capaz de enxergar um pouco além de sua jurisdição específica, entendendo como aquilo que é realizado em seu âmbito específico se insere e participa das questões mais amplas e estratégicas que afetam os negócios da empresa. Neste estágio, o gestor começa, portanto, a preparar-se para entender os movimentos estratégicos da empresa.

Na *gerência de função*, estágio seguinte, as preocupações do gestor já estão bastante distantes daquelas que movem o corpo de empregados executores de tarefas práticas, uma vez que existem dois gerentes intermediários de permeio. O gerente de função precisa desenvolver novas habilidades de comunicação, está agora definidamente envolvido com a estratégia e tem maior proximidade com as questões de mercado, competição e consumidores; precisa, portanto, ser capaz de pensar mais amplamente na companhia como um todo. Inovação, futuro e missão da empresa são temas que já se apresentam no seu horizonte. Além disso, um gerente de função trabalha em equipe com outros de seu nível, os gerentes de outras funções. Isso significa que os temas e níveis das conversações que ele tem são diferentes, mais ligadas à necessidade de entender a companhia no contexto mais amplo e de pensar em como ela busca resultados e se pereniza.

O *gerente de negócio*, por sua vez, é o responsável por todas as funções inerentes ao desempenho e aos resultados que são conseguidos por uma linha de produtos da empresa. Ele é, de fato, um "mini CEO" desse negócio. Aliás, muitos CEOs que ascenderam a esse cargo promovidos de dentro da companhia (principalmente aquelas companhias focadas em duas ou três principais divisões de negócios) foram gestores de alguma dessas divisões. Assim, o gerente de negócio é o responsável por todos os resultados que são obtidos por esse negócio. Normalmente tem elevado nível de autonomia para decisões estratégias referentes ao mesmo, precisa ser capaz de entender como esse negócio se insere nas políticas e estratégias mais amplas da companhia e saber como ele contribui para os resultados gerais da corporação.

O nível seguinte é o do *gerente de grupo de negócios*. Enquanto o gerente de um negócio põe todo o seu esforço e conhecimento no gerenciamento *desse* negócio, o gerente de um grupo de negócios não se dedica com a mesma ênfase a cada um desses negócios e, portanto, não se desdobra em três ou quatro competidores de si mesmo. Seu papel é, agora, o de conduzir gerentes de negócios para que, individualmente, dediquem-se fortemente, cada qual pelo *seu* negócio, enquanto ajudam seu superior a pensar no conjunto. É sobretudo um papel de coordenação e aglutinação de esforços e interesses envolvidos nos vários negócios, simultaneamente.

O último estágio do pipeline, *gerente da empresa*, corresponde ao que Charan considera o típico CEO da grande corporação internacional. Neste nível, o gestor deve ser capaz de guiar a corporação como um todo na direção de sua perenização, sua competitividade e sua lucratividade, tanto em curto quanto em longo prazo. Charan e seus colegas entendem que um CEO toma talvez três ou quatro decisões de grande impacto por ano e deve ser capaz de aceitar essa realidade como um parâmetro para avaliar a si próprio nesse papel. Neste nível, ele deve ser capaz de reunir um time de colaboradores diretos que sejam ambiciosos e altamente realizadores; e de mantê-los atuando no máximo de seu potencial, mesmo sabendo que alguns deles aspiram a ocupar o *seu* posto. Esse desejo desses colaboradores não deve ser empecilho para que o CEO os contrate; ao contrário, aliás: pode ser um requisito que o estimule a fazê-lo!

AS CARREIRAS EM Y

O Pipeline de Liderança de Charan não leva em conta, entretanto, as chamadas "carreiras duplas", "carreiras em Y" ou "carreiras paralelas" que surgiram nas grandes organizações americanas no período do pós-guerra, tendo-se consolidado nas décadas de 1970 e 1980. Esse modelo alternativo de evolução na hierarquia das empresas foi impulsionado pela contratação de cientistas e o robustecimento das atividades de Pesquisa & Desenvolvimento nas empresas americanas e europeias. Em anos posteriores, o desenvolvimento das tecnologias da automação, da informação e da computação somente fizeram crescer a importância atribuída às "carreiras paralelas".

Tanto as áreas de P&D quanto as de TI costumam empregar cientistas e profissionais técnicos de alto nível, dedicados ao desenvolvimento de inovações e à criação de produtos de alto valor agregado. Vocacionados para carreiras técnicas e científicas e com a mente frequentemente voltada para a carreira acadêmica, comumente esses profissionais não se interessam pelas atividades de gestão, que muitos consideram um verdadeiro fardo, quando são obrigados a assumir.

Ao invés, preferem trabalhar em laboratórios ou em atividades de campo, quando podem fazer cálculos, pesquisar, investigar fenômenos naturais e produzir novos conceitos científicos, interagindo com colegas que pensam do mesmo modo que eles e detêm as mesmas expertises. Muitos físicos, matemáticos, biólogos, médicos pesquisadores, químicos, botânicos, geólogos, engenheiros de várias especialidades, cientistas da computação, neurocientistas, ciberneticistas e profissionais de campos análogos enquadram-se nessa categoria.

O grande problema é que as estruturas organizacionais tradicionais encaram a ocupação de cargos gerenciais como uma questão resolvida nas carreiras ascensionais dos indivíduos mais brilhantes: quem se destaca por seu desempenho e suas qualidades pessoais tende a subir na hierarquia; e subir na hierarquia quase inevitavelmente significa passar a ocupar um cargo de gerência ou direção.

Foi essa a questão que, em algum momento no pós-guerra, acabou sendo levantada em algumas empresas norte-americanas: qual opção de carreira poderia existir para manter trabalhando para a empresa um profissional que fosse detentor de excepcionais conhecimentos científicos e técnicos, muito necessários à organização, sem que esta tivesse de obrigá-lo a assumir uma posição gerencial, em que ele teria de gerenciar pessoas, cumprir metas, atender à burocracia e perseguir resultados financeiros em curto prazo — tudo, enfim, que esse tipo de profissional detesta fazer?

De fato, há muitas grandes empresas nas quais especialistas de alto nível, por absoluta falta de opção, tiveram de aceitar posições gerenciais nas quais não se sentiam à vontade, mas encararam, para poderem progredir profissionalmente. A literatura especializada sobre gestão já divulgou muitas histórias desse tipo, reforçando a ideia de que, por vezes, a promoção de um profissional especializado de alta competência levava a empresa a literalmente perder um grande talento da área científica, sem obter em retorno um grande talento gerencial, uma vez que, em posição de comando, aquele profissional se tornara, de fato, medíocre. A criativa solução encontrada para casos dessa ordem foi inventar a "carreira em Y", cujo desenho é representado na figura a seguir.[4]

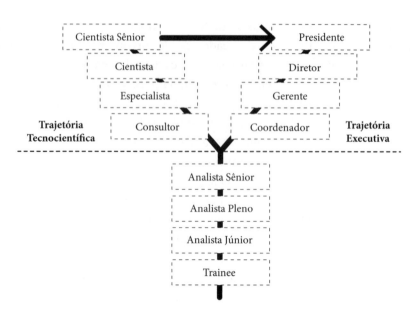

Figura 2: Estrutura da carreira em Y. **Fonte:** Figura adaptada pela autora do original. Disponível no site da empresa itigo: https://www.itigocloud.com/about-us-career (conteúdo em inglês).

Nessa figura vemos que a forma de um Y se ajusta perfeitamente à ideia de duas carreiras que se desenvolvem paralelamente, a partir de um ponto no organograma: abaixo da linha estão cargos sem conteúdo gerencial, em que o profissional executa trabalhos técnicos ou especializados, sem tomar decisões que afetem a gestão da organização. Naturalmente, os títulos dos cargos em ambos os braços e as denominações Trajetória Tecnocientífica e Trajetória Executiva podem variar conforme os hábitos e interesses da empresa.

A linha horizontal corresponde à passagem P1 no pipeline de liderança de Charan. Acima dela estão, paralelas entre si, duas carreiras: uma gerencial (à direita), que permite a ascensão do profissional ao longo de cargos gerenciais progressivamente de maior responsabilidade e autoridade, como é usual nas empresas em geral; e outra, à esquerda, de natureza eminentemente técnica ou especializada, em que o profissional não assume conteúdos gerenciais, mas vai, progressivamente, ganhando maiores responsabilidades e maior autonomia na execução de projetos de natureza tecnológica ou científica.

Frequentemente é difícil para um profissional de empresa pensar de antemão em se orientar por uma carreira tecnocientífica, em vez de uma carreira gerencial, seja porque essa opção é pouco divulgada e, portanto, pouco conhecida, seja porque todo o sistema capitalista reforça a ideia de sucesso associada ao alcance das posições gerenciais de topo nas organizações empresariais.

Assim, devemos tomar com reservas as conclusões do tipo desta descrita a seguir, por pesquisadores americanos, segundo os quais estudantes do Massachusetts Institute of Technology, nos EUA, pareciam mais interessados em carreiras tecnocientíficas do que em carreira gerenciais. De fato, segundo relatam Thomas J. Allen e Ralph Ketz, em um estudo realizado em 1989 com 2.157 estudantes do MIT, 56% deles mostraram que queriam fazer carreira em empresas, sendo que 33% desses se viam em uma carreira tipicamente tecnocientífica e somente 23% em uma carreira gerencial. O grupo restante preferiu fixar-se na ideia de que era mais importante trabalhar em algo motivador, desafiador, e que fizesse real sentido, do que imaginar-se especificamente ou como cientista-pesquisador ou como gestor.[5]

A General Electric Co. foi uma pioneira na criação das carreiras em Y, embora não tivesse usado esse nome para designar essa forma de planejar carreiras. Nos tempos de Ralph Cordiner (CEO da empresa entre 1950 e 1958), uma das mais marcantes inovações introduzidas nas práticas de gestão da corporação foi justamente a adoção desse formato. A GE chamava de *individual contributors* (*contribuintes individuais*) aqueles membros do seu staff de alto nível que faziam carreira como técnicos e cientistas, sem assumir funções gerenciais.

Em uma entrevista em 1958 a uma revista técnica americana, um dos gerentes da GE menciona o termo. Perguntado sobre se a empresa podia mesmo ser considerada uma organização que privilegiava os jovens, o gerente de Treinamento de Vendas Earl G. Abbott respondeu: "Definitivamente sim. A maioria de nossos supervisores, gerentes e excelentes *contribuintes individuais* (*individual contributors*) trabalhando em funções de engenharia têm menos de 40 anos. (...) Na GE, vários trajetos profissionais podem levar a posições mais altas de grande reconhecimento e prestígio. Cada profissional deve se sentir essencialmente livre para escolher o curso que melhor se ajuste às suas capacidades e aos seus interesses."[6]

Mais recentemente, entretanto, alguma coisa vem se transformando na gestão das organizações, ao ponto de colocar em xeque o próprio conceito de carreira em Y. As mudanças vêm se acelerando, e a gestão estratégica tem de se adaptar a isso. O ambiente dos negócios, globalizado e cada vez mais competitivo, veio exigindo que as empresas refizessem seus planos estratégicos a intervalos cada vez mais curtos, o que significa, na prática, a realização de projetos adicionais cada vez mais frequentes de reformulação da estratégia. Cedo as duas atividades passaram praticamente a se confundir, tornando-se o "planejamento estratégico" de muitas empresas literalmente um "planejamento de projetos estratégicos", por assim dizer.

Houve, de fato, uma aceleração das transformações às quais as empresas precisavam responder, com um sensível encurtamento da vida útil dos planos estratégicos das mesmas. Um sintoma disso é a mudança da noção que hoje temos do que significa "longo prazo": trinta anos atrás, "longo prazo" significava um horizonte de cinco anos à frente — as empresas faziam previsões, em seus planos estratégicos, para períodos dessa ordem temporal. Com as transformações nos mercados e nas empresas tornando-se mais e mais acentuadas, o tempo de cinco anos começou a dar a impressão de ser um horizonte longínquo demais — novas e importantes situações provavelmente impactariam as empresas bem antes disso, de modo que estas precisariam estar em permanente estado de alerta para essa possibilidade.

Em função desse fenômeno, o que ganhou crescente importância nas empresas foi a... *gestão de projetos*: muitas empresas passaram a encarar projetos de lançamento de produtos, de aquisição de novas tecnologias, de desenvolvimento de inovações e outros, primeiro como complementos da gestão estratégica e, depois, praticamente como substitutos dos próprios planos estratégicos. Literalmente, as empresas passaram a encarar cada grande decisão estratégica como sendo um projeto em si.

Esclareçamos o que é um projeto: trata-se de qualquer conjunto de atividades *temporárias* realizadas em grupo e destinadas a produzir um bem, um serviço ou um resultado específico. O projeto é temporário, no sentido de que tem um início e um fim definidos no tempo, além de um escopo claro e recursos bem especificados a ele alocados. O projeto é algo único, no sentido de não ser uma operação rotineira, mas um conjunto de operações, escolhidas para se atingir um objetivo em particular. Por sua vez, uma equipe de projeto pode incluir pessoas que não trabalham juntas cotidianamente e até, algumas vezes, pertencem a diferentes áreas da organização, ou mesmo a diferentes organizações.[7]

A gestão estratégica das empresas passou a ser cada vez mais facilmente confundida com gestão de projetos estratégicos. As estruturas organizacionais também se modificaram, tornando-se mais móveis, mais instáveis e sujeitas a frequentes mudanças, inclusive com significativa redução na quantidade de níveis hierárquicos nos organogramas. Consequentemente, também os formatos de carreiras ascensionais ao longo dos escalões hierárquicos, com as anteriores promoções verticais e transversais (ou diagonais), fragilizaram-se, sugerindo, especialmente para as posições executivas, novas propostas de cargos e de relacionamentos formais no trabalho, indicadas por nomes tais como:

- organização matricial;
- superposição de cargos (um incumbente ocupando dois ou mais cargos simultaneamente);
- postos de trabalho compartilhados (as copresidências, por exemplo);
- decisões colegiadas (nas quais todos os membros de uma junta tomam a decisão, em vez de um só executivo responsabilizar-se diretamente por ela).

Além de desarrumar as carreiras gerenciais, essas instabilidades crescentes nas organizações tornaram também menos vantajosas ou interessantes as carreiras duais (em Y).

"Trabalhamos com a carreira em Y há quase 30 anos, mas recentemente percebemos que, em alguns pontos, ela ficava obscura. Nossos líderes de projeto, por exemplo, não se sentiam enquadrados nem na categoria de gestores nem na de técnicos especializados", conta Daniele Krassuski Fonseca, diretora de Recursos Humanos da Embraco.

Após essa constatação, a empresa fez uma completa revisão em sua estrutura de cargos e de trilhas de carreira. "Agora, os primeiros movimentos na carreira (qualquer carreira) são dados dentro de um chamado 'pool de talentos', no qual os analistas e os especialistas seguem uma trajetória comum — avançam de um cargo a outro segundo suas competências, podendo participar de processos de recrutamento interno e tendo a chance de integrar programas de job rotation", explica Daniele. "Quando atingem o nível de especialista 3 é que chega a hora de escolherem uma entre três vertentes: a carreira de gestor, a carreira de pesquisador ou — a mais nova opção — a carreira de gestor de projetos!"

Daniele está afirmando, portanto, que um gestor de projetos não se enquadra exatamente nem na categoria de típico gestor nem na de um típico "contribuinte individual". De fato, diz ela, "de um gestor de projetos demandam-se competências que vão mesclar habilidades administrativas com muito conhecimento técnico". Por razões óbvias, a Embraco chamava esse novo sistema "triádico" de... "carreira em W"![8]

Na verdade, também esse nome não é novo. Nascido ainda na década de 1980 como uma "evolução" das carreiras em Y e adotado especialmente por empresas de tecnologia, as "carreiras em W" durante um bom tempo não passaram, na maioria das empresas, de uma ideia solta, sem correspondência efetiva com a realidade organizacional, especialmente dada a sua dificuldade de implementação. O principal problema, no caso, consiste em caracterizar objetivamente as trilhas ascensionais na empresa que venham a revelar com clareza essas três "pernas" do W, apresentando cargos com igual nível de equivalência.

"O fator crucial é o horizonte de complexidade dessas muitas posições que estão presentes em cada trilha de carreira", diz o professor Joel Dutra, da FIA. "É comum que uma empresa tenha claros os vários níveis gerenciais que conduzem ao topo na 'perna' gerencial do W; mas não é tão fácil identificá-los nas duas outras 'pernas'".[9]

Na Promon Engenharia, que emprega cerca de 700 engenheiros, ao que parece, existe a estrutura das carreiras em W: "Tomamos a 'perna' técnica da carreira em Y, que já praticávamos no passado, e a abrimos em duas vertentes, implementando, na realidade, um sistema com uma carreira gerencial e duas técnicas", revela Andrea Beatriz Flores, a gerente de Relações Humanas da empresa.

Uma dessas carreiras técnicas é a de "técnico especialista", que abrange profissionais com conhecimentos muito aprofundados sobre temas técnicos bem específicos, tais como: infraestrutura ou geotécnica. A outra "perna" é a dos profissionais que assumem trabalhos "técnico-gerenciais": aqueles que entendem de como gerir uma área técnica mais abrangente, como as de engenharia civil ou engenharia elétrica. "Temos gerentes nesta segunda trilha técnica", aceita Andrea, "mas costumamos dizer que eles são de fato gerentes de assuntos, não gerentes de pessoas." A terceira "perna" é a mais tradicional das gerências que são multidisciplinares, em que os profissionais são confrontados com técnicas e práticas gerenciais propriamente ditas.

No Hospital Sírio-Libanês, as carreiras em W também existem, pelo fato de haver um braço da organização, descentralizado, fortemente voltado para a educação profissional na área médica. Nesse caso, os profissionais de saúde, como médicos, enfermeiros, fisioterapeutas e outros, podem crescer na carreira como gestores, especialistas ou educadores: gestores podem chegar até o cargo de gerência ou superintendência, enquanto especialistas e educadores podem subir até atingir o nível de coordenação. Dos 2.500 profissionais elegíveis como participantes do sistema em W, cerca de 180 estão na carreira gerencial e 40 nas outras duas "pernas".[9]

REFLETINDO SOBRE O PIPELINE DE LIDERANÇA DE CHARAN

O Pipeline de Liderança de Charan deve ser tomado como um modelo "genérico" para se pensar nas carreiras de gestão dentro de uma organização. Contém, sem dúvida, o necessário "princípio ativo", mas este precisa ser dosado adequadamente, conforme as circunstâncias.

Em outras palavras, o pipeline deve ser adaptado às condições de cada empresa para a qual venha a ser pensado. Tal como é descrito no livro de Charan e seus colegas, o pipeline se aplicaria, sem modificações, talvez apenas a grandes corporações multidivisionais e multiculturais, atuando em âmbito global, empresas que são hoje a exceção, e não a regra, nos cenários nacionais e mundial. A grande maioria das empresas não se enquadra nessa categoria.

No Brasil, em especial, precisamos de um pipeline que seja mais flexível e possa ser adaptado a típicas condições locais, que incluem, sem dúvida, uma grande quantidade de organizações de grande porte, mas também muitas que são de médio e mesmo de pequeno porte, embora tenham suficiente complexidade para comportar o uso de um título como CEO ou presidente para designar seu dirigente executivo principal.

Assim como Charan e seus colegas partiram do modelo original de Walt Mahler para criar seu próprio pipeline, é possível (mais que isso, é necessário, conforme sugerido anteriormente), desenvolver novas variações no modelo proposto por Charan, se se desejar atender adequadamente a cada mercado local específico.

Atentos às demandas de nossos clientes, tivemos a oportunidade de estudar detidamente o modelo de Charan como um ponto de partida especialmente inteligente e potencialmente contributivo para a criação de uma estrutura referencial apropriada para o planejamento de carreiras e de sucessão nas organizações brasileiras. E, obviamente, constatamos que havia a necessidade de efetuar diversas adaptações e alterações naquele modelo, a fim de poder transformá-lo no instrumento desejado.

Com o tempo e as experiências tidas com a aplicação local do modelo, de fato foi se demonstrando a conveniência de diversas transformações que o alteraram bastante ao ponto de reduzirem significativamente sua identificação conceitual com aquele modelo do qual se originou. Assim, podemos afirmar com segurança que, atualmente, o Modelo Evolutivo de Liderança que recomendamos (e descrevemos a seguir) pode ser olhado e aplicado sem a necessidade de fazer referência ao Pipeline de Liderança de Charan.

Mas o que é o Modelo Evolutivo de Liderança?

NOSSO MODELO EVOLUTIVO DE LIDERANÇA

Em primeiro lugar precisamos nos remeter às etapas na construção da carreira que apresentamos e discutimos anteriormente: Preparação, Afirmação, Produção, Disseminação e Integração (com a etapa intermediária Consolidação entre a terceira e a quarta etapas). Parece óbvio que, sendo o nosso um Modelo Evolutivo de Liderança, somente cabe aplicá-lo em uma etapa da construção de carreira na qual a liderança possa ser exercida pelo sujeito. Isso praticamente exclui do nosso rol de preocupações a etapa da Preparação e, em muitos casos, também a etapa seguinte, de Afirmação. Nosso Modelo Evolutivo de Liderança, portanto, tende a ser mais útil para orientar a carreira de profissionais que já adentraram (ou estão pelo menos adentrando) a etapa da Produção, na sequência de estágios dada anteriormente.

Posto isso, o Modelo Evolutivo de Liderança é composto de três eixos que se intercruzam, determinando posições específicas representadas por suas intersecções. Em quaisquer dessas intersecções pode estar o foco mais interessante a explorar, na avaliação e no desenvolvimento dos gestores de uma empresa, quer se esteja pensando em planejamento de carreira, quer em movimentação interna de pessoal, quer em *Assessment*, quer em um projeto de sucessão.

Os três eixos considerados são:

- *níveis de liderança* na estrutura de organização;
- *capacidades*; e
- *dimensões subjetivas* a desenvolver.

A melhor figura geométrica para representar visualmente as intersecções entre esses três eixos é, obviamente, o cubo (figura a seguir).

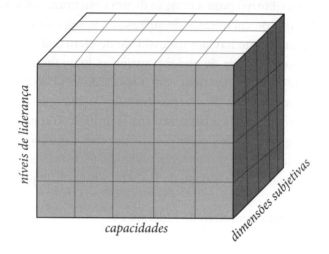

Figura 3: Esquema visual de um cubo. **Fonte:** Elaboração da própria autora.

As próprias linhas traçadas sobre o cubo já denotam que estamos considerando:

- 4 níveis de liderança;
- 5 capacidades; e
- 5 dimensões subjetivas para desenvolvimento.

Seguem-se as explicações e a decomposição em casos específicos de cada um desses eixos.

Níveis de Liderança

São eles:

Nosso pipeline do Modelo Evolutivo de Liderança inclui, portanto, quatro níveis de liderança, que se tornam, de baixo para cima, gradativamente mais complexos.

O *Líder de Equipes* gerencia diretamente um grupo de profissionais, podendo tratar-se de uma equipe de projeto ou mesmo de um time virtual, liderado remotamente. Entre os muitos desafios encontrados pelo líder, neste primeiro nível, estão:

- obter eficácia individual e da equipe como um todo;
- atribuir responsabilidades;
- selecionar pessoas;
- avaliar o trabalho feito;
- orientar o desenvolvimento dos membros da equipe;
- identificar líderes potenciais;
- gerar resultados em curto prazo na área de atuação; e
- assumir o papel de modelador e inspirador dos valores a serem infundidos nas pessoas.

No nível imediatamente acima, o *Líder de Líderes*, por sua vez, gerencia um grupo de pessoas que são, elas próprias, líderes de profissionais executores. Entre os seus principais desafios estão:

- obter eficácia das pessoas indiretamente, por intermédio de outros gestores;
- gerenciar as interfaces;
- formar outros líderes; e
- estimular o empoderamento (*empowerment*).

No nível seguinte, o *Líder de Macroprocessos* gerencia processos que englobam e se estendem por diferentes áreas da organização, desembocando em resultados significativos para esta. Desafios típicos são:

- conduzir negócios parciais;
- promover a eficácia do sistema como um todo;
- assumir decisões que têm impacto nos negócios;
- liderar pela influência;
- incorporar perspectivas de gestão; e
- assumir o papel de articulador junto a stakeholders.

Finalmente, no ápice do pipeline, está o *Líder de Negócios*, que gere a empresa, ou um conjunto significativo de negócios dela. Seus principais desafios são:

- desenvolver uma visão de futuro para a empresa;
- direcionar a organização de acordo com essa visão;
- moldar a cultura corporativa;
- garantir a entrega de resultados totais; e
- atuar como representante, porta-voz e figura de proa da empresa.

Capacidades e Dimensões Subjetivas

Nosso modelo pressupõe que um líder deva estar habilitado em um conjunto específico de Elementos para *cada uma* das cinco Capacidades apresentadas abaixo:

- Capacidade Operacional;
- Capacidade Técnica;
- Capacidade de Entrega de Resultados;
- Capacidade Relacional; e
- Capacidade de Visionário.

Entretanto, cada conjunto de Elementos está associado a uma das Dimensões Subjetivas dadas abaixo:

- Dimensão Pessoal;
- Dimensão Mental;
- Dimensão Ambiental;
- Dimensão Ética; e
- Dimensão Espiritual.

Assim, por exemplo, existe um conjunto específico de Elementos a desenvolver na Dimensão Pessoal da Capacidade Operacional; outro na Dimensão Mental da mesma Capacidade; outro ainda, na Dimensão Ambiental da mesma Capacidade; e assim por diante. São, por conseguinte, $5 \times 5 = 25$ conjuntos de Elementos que é preciso desenvolver, uma vez que consideremos todas as cinco Dimensões Subjetivas para todas as cinco Capacidades.

Seria talvez longo e tedioso, nesta altura, apresentar aqui todos os 25 conjuntos de Elementos a desenvolver, relativos a cada Dimensão Subjetiva de cada Capacidade. A seguir, para livrar o leitor dessa listagem tão grande de itens, decidimos mostrar apenas o conjunto de Elementos relativos às Dimensões Subjetivas da Capacidade Operacional.

Capacidade Operacional

- Dimensão Pessoal
  Nível de energização;
  Atenção / Presença;
  Lidar com barreiras;
  Motivação; e
  Cuidado consigo mesmo.

- Dimensão Mental
  Questiona;
  Raciocina / Analisa;
  Cria / Inova;
  Conceitua;
  Ensina; e
  Transmite.

- Dimensão Ambiental
  Percebe / Integra;
  Posiciona;
  Dirige;
  Constrói; e
  Realiza.

- Dimensão Ética
  Integridade / Congruência;
  Aderência / Apropriação de valores e crenças;
  Prática de valores; e
  Sustentabilidade.

- Dimensão Espiritual
  Consciência do coletivo;
  Visão e propósito;
  Construção de legado; e
  Transformação.

Conjuntos similares são dados também para as cinco Dimensões Subjetivas de cada uma das outras Capacidades (Técnica, de Entrega de Resultados, Relacional e de Visionário).

Além disso, para cada conjunto de Elementos dentro de uma Dimensão Subjetiva (em cada uma das Capacidades), desenvolvemos uma listagem de Evidências a verificar, que são passíveis de mostrar se aquele conjunto de Elementos está ou não está sendo apresentado pelo líder que está sob avaliação.

Vejamos, por exemplo, quais são as Evidências capazes de revelar que um líder atende aos Elementos relativos à Dimensão Pessoal na Capacidade Operacional:

Capacidade: Operacional — Dimensão: Pessoal

- Estabilidade emocional para lidar e se recompor diante de barreiras, dificuldades, imprevistos e impasses.
- Está disponível e coloca-se por inteiro no que faz.
- Conhece suas forças e limites e cuida de si mesmo de forma integrada.
- Autoconfiança e concentração na execução das atividades.

- Faz o que é necessário no prazo e com qualidade.
- Mobilidade e energia física.
- Absorção de novas e múltiplas tarefas.

Conjuntos de Evidências como este são utilizados para avaliar se os Elementos de cada Dimensão Subjetiva estão sendo devidamente atendidos.

Nos últimos anos, uma crença vem se fortalecendo na sociedade em geral e gerando um debate em diferentes instâncias nas quais se discutem as características e necessidades de formação de futuros líderes. Trata-se da convicção de que diferentes gerações de indivíduos professam opiniões diversas, antagônicas, de como devem se envolver e se comprometer com as exigências do trabalho corporativo. Muitos profissionais maduros consideram que os mais jovens não têm o comprometimento, a resiliência e o apetite necessários para assumir posições de comando nas organizações.

Do outro lado, essas gerações de menos idade queixam-se de que as empresas são excessivamente tradicionais e engessadas e, por isso, incapazes de se movimentar com agilidade em um mundo em que a velocidade e o dinamismo exigidos pelo ambiente de negócios são cada vez maiores. E mais, a grande maioria dos jovens não estão dispostos a sacrificar a sua liberdade, seu bem-estar e a felicidade em um trabalho que não os realize e no qual eles não vejam sentido, ainda que sejam muito bem remunerados. A maneira como a convivência de diferentes gerações se desenvolve nas organizações é o tema do próximo capítulo.

RESUMINDO...

O presente capítulo apresenta o modelo que usamos para descrever a evolução da Liderança nas organizações.

Ele discute o conhecido modelo do Pipeline de Liderança de Ram Charan, que serviu de inspiração, em um primeiro momento, para a montagem de nosso modelo de Desenvolvimento de Liderança. Em seguida, é analisada a também conhecida tese das "carreiras em Y", defendida e praticada em algumas empresas, muito especialmente naquelas em cujas operações a tecnologia é intensiva em alto grau.

Capítulo 11
A Gestão de Diferentes Gerações na Empresa

Afirmar que a sociedade vem passando nos últimos anos por aceleradas e profundas transformações já se tornou uma trivialidade. Não há quem não tenha se sentido perplexo e inseguro ao ser colocado diante da urgência de se adaptar a essas realidades supermovediças. Muitas vezes, simplesmente não sabemos como agir em um mundo em que há poucas certezas e muitos desafios.

Grande parte da responsabilidade disso está no acelerado desenvolvimento tecnológico, sobretudo das novas tecnologias da comunicação e informação, e da complexidade alcançada pelas cadeias produtivas globais, que imprimiram um novo ritmo de competição e dinamismo ao ambiente de negócios.

Mas indo além dos smartphones, LinkedIn, WhatsApp, Skype, ferramentas e aplicativos de produtividade para melhorar o trabalho em equipe, um outro fenômeno, também relativamente recente, vem produzindo impacto nas organizações: o aumento da longevidade. Essa é uma boa notícia, não é mesmo? As pessoas estão vivendo mais tempo, com mais vigor e disposição, e tornaram-se capazes de permanecer por mais tempo ativas no mercado de trabalho. Quem não concordaria que isso é algo positivo?

Porém, essa boa surpresa trouxe um outro fato inédito, diante do qual nem todos os líderes sabem como atuar. O que ocorre é que em uma mesma empresa diferentes gerações, ou seja, pessoas de idades bem distintas, ocupam cada vez mais posições nos mesmos níveis hierárquicos. Tal fenômeno tem levado a mudanças em práticas tradicionais de gestão de pessoas, por exemplo, era tradicional no passado os mais velhos sempre ocuparem as posições mais elevadas na organização e os jovens estarem sob o seu comando, muito por conta do tempo de serviço e da crença de que só indivíduos mais velhos teriam a sabedoria e a experiência necessárias para assumir cargos de elevada responsabilidade.

Pessoas de faixas etárias diversas ocupando posições nos mesmos níveis hierárquicos é um fato que tem importante repercussão sobre o processo de sucessão nas empresas. Por quê? Porque essa nova realidade obriga que os critérios a serem aplicados na escolha de um possível sucessor se tornem mais assertivos e elaborados, dando maior ênfase às qualidades profissionais e interpessoais dos futuros candidatos do que ao burocrático e ultrapassado "tempo de casa" ou "de estrada", se preferirmos.

Além disso, um outro fenômeno veio colocar ainda mais em evidência a questão etária no panorama corporativo. O tempo de vida das empresas encurtou. Desafiadas a todo o tempo pelas constantes transformações nos seus modos de produção, gerenciamento e entregas para os clientes, elas fecham as portas ou se transformam em outros negócios em um prazo muito mais curto do que no passado. Isso faz com que cada vez haja menos profissionais que atravessam anos e anos trabalhando na mesma empresa, muitas vezes na mesma função. Dessa maneira, nas organizações que estão se tornando cada vez mais jovens, as diferentes gerações se veem compelidas a atuarem juntas em um mesmo ambiente funcional.

QUATRO COORTES

Mas antes de detalharmos um pouco mais a relação existente entre essa realidade e o processo de sucessão de líderes, é preciso deixar claro que, sim, diferentes gerações têm características próprias, crenças, gostos e idiossincrasias que podem ser compartilhadas por grande parte dessas, para usar um termo técnico, coortes específicas. Na demografia, há o consenso de que podemos dividir aqueles nascidos a partir de 1945 em pelo menos quatro coortes:

- a *geração baby boomer*, dos indivíduos nascidos após a 2ª Guerra Mundial, entre 1945 e 1965;
- a *geração X*, dos nascidos nos 15 anos seguintes, após 1965 e até 1980;
- a *geração Y*, daqueles nascidos nos outros 15 anos seguintes, após 1980, até 1995; e
- a *geração Z* (ou *Millennials*), dos indivíduos nascidos após 1995.

Na verdade, essa divisão em faixas etárias não é inteiramente confiável, variando bastante de autor para autor. Isso se deve principalmente ao fato de terem essas denominações sido criadas a princípio nos Estados Unidos, não sendo totalmente aplicáveis ao contexto histórico brasileiro. Em virtude disso, têm sido propostas algumas modificações nessas categorias ou gerações, especialmente deslocando-se as faixas etárias para alguns anos antes ou depois. Para complicar um pouco mais o quadro, alguns autores chegam a sugerir ainda "faixas de transição" entre as gerações — falando, por exemplo, em "gerações" intermediárias XY ou YZ.

Alguns autores apontam a internet e o telefone celular como grandes divisores de águas entre indivíduos de umas e outras dessas gerações. Porém, se olharmos com atenção as épocas dadas como sendo de início e final de cada geração, veremos que esses *breakthroughs* (ou mudanças "disruptivas" mais significativas) precisariam ser mais bem ajustados. De fato, para uma maior precisão, podem-se apontar os seguintes fenômenos como sendo capazes de demarcar as transformações tecnológicas mais decisivas para caracterizar cada geração:

- no caso da *geração baby boomer* (1945–1965), as grandes transformações que a determinaram foram o *"milagre econômico" brasileiro* e o processamento de dados em birôs terceirizados, na forma de *time sharing*;
- no caso da *geração X* (1965–1980), o divisor de águas foi o surgimento do *computador pessoal* e do consequente processamento distribuído de informações;
- no caso da *geração Y* (1980–1995), certamente foi a disseminação da *internet*; e
- no caso da *geração Z* (ou *Millennials*) (1995 em diante), o grande ponto de inflexão foi o aparecimento dos *smartphones*, com todas as suas funcionalidades.

O que essa divisão tem a ver com o processo de sucessão nas empresas?

Antes é preciso, para entendermos o que será respondido a seguir, explicar que podemos classificar as lideranças empresariais, em três categorias:

- Há a *liderança histórica*, que é guardiã da cultura daquela organização e percebida, pelo mercado e internamente, como uma referência à personalidade corporativa daquele empreendimento, ou seja, "a cara" daquela empresa.
- A *liderança por conhecimento* é formada por aquele ou por aqueles que têm autoridade dentro daquele grupo, pela expertise e conhecimento que possuem. Eles respondem pelo desempenho técnico da organização. São, por isso, extremamente valorizados pela empresa.
- O terceiro tipo de liderança é integrado pelas *lideranças agitadoras*, personagens que estão sempre inquietos na medida que percebem coisas e fenômenos novos acontecendo e querem integrar toda a empresa nessas novas ideias e formas de fazer. São os agitadores que oxigenam a organização.

E aqui entra o tema da sucessão. É preciso, primeiro, negar o que está escrito nos dois parágrafos anteriores, no qual as gerações estão listadas de maneira rígida, na dependência das suas datas de nascimento. No lugar disso, devemos absorver o conceito de que esses três tipos de liderança — histórica, por conhecimento e agitadoras — são imprescindíveis para o sucesso de qualquer organização. É isso o que de fato importa e deve ser buscado nas pessoas que farão parte da organização e, em algum momento, poderão almejar postos mais elevados de gestão. É necessário que elas tenham os conhecimentos desejáveis, e não a idade "certa".

De maneira curta e rápida: é um erro de gestão dividir os integrantes de uma empresa entre jovens e velhos, mesmo que essa distinção etária não seja abertamente explicitada, mas continue presente de maneira subliminar na visão do *C-Level*, do Conselho de Administração ou da área de Recursos Humanos. É um erro porque essa atitude impede que todas as possíveis contribuições dos integrantes venham à tona.

MECANISMOS DE INTEGRAÇÃO

Organizações precisam de alguém que represente sua cultura, acredite nos seus valores e os aplique no trabalho. Tal pessoa pode muito bem ser jovem, que tenha absorvido de maneira correta e rápida esses ativos. É provável que sempre surja alguém assim na empresa, caso ela disponha de mecanismos capazes de executar um bom plano de integração por meio de projetos e programas que o possibilitem de se integrar rapidamente ao grupo.

Há empresas que têm bem desenvolvidas iniciativas assim e, por exemplo, promovem de maneira constante e eficaz o contato dos seus integrantes com uma bem organizada lista de valores e procedimentos corporativos, e assim criam um líder histórico, não importando se ele está na casa dos 30, 40 ou mesmo 20 anos. Ou seja, nestas companhias o colaborador vive uma cultura que é genuína e coerente: há um pleno alinhamento e sintonia do discurso com a prática. Não existe o "faça aquilo que eu digo" e "não aquilo que eu faço".

Em uma empresa cuja cultura pouco considere, ou mesmo não leve absolutamente em conta, o critério de idade no desenvolvimento de líderes elegíveis para futuras posições mais elevadas, existe uma boa chance de um líder agitador ser identificado, em um homem ou uma mulher que tenha, por exemplo, 50 anos de idade. Ora, uma liderança de agitação é aquela que está inquieta, deseja inovar, está sempre pronta para observar experiências novas e, eventualmente, trazê-las para promover uma saudável quebra de paradigmas internos. Onde está escrito que pessoas assim devem ter no máximo 25 anos de idade?

Igualmente, uma cultura organizacional, conforme falamos no parágrafo anterior, pode ser capaz de captar um jovem que se tornará um líder histórico. Para que a empresa possa não só identificar esses perfis de lideranças, independentemente de idade, desenvolvê-las e prepará-las para a sucessão, ela precisará contar com um mecanismo de retenção desses talentos. Um programa capaz de mergulhá-los na cultura da organização e fazer com que esses talentos entendam os mecanismos decisórios ali existentes rapidamente, uma vez que isso é imperativo para que eles possam ser considerados candidatos em um processo de sucessão, seja nos próximos anos, ou mesmo uma década mais tarde.

Uma inesperada experiência vivida por mim ilustra como esse conceito tradicional sobre distâncias intransponíveis entre as gerações é discutível. Convidada a integrar um ciclo de palestras, eu já me preparava para me retirar, após já ter realizado três apresentações, quando fui chamada à parte pelo organizador do evento. Ele estava nervoso. É que a pessoa que deveria ter a fala principal na mais concorrida palestra do dia acabara de avisar que não poderia honrar o compromisso.

VIRGINDADE DE MARIA

"Você poderia nos ajudar, e apresentar-se no lugar dessa pessoa que faltou?", perguntou ele. Assim que foi informada sobre o assunto da palestra, eu não pude disfarçar minha surpresa nem deixar de me divertir com o tema inusitado: "A sexualidade na velhice"! Ministrei a palestra e com boa recepção do público, entre o qual estavam vários jovens na faixa dos 20 anos que se interessaram vivamente pelo que eu disse, fazendo-me várias perguntas. Se eu me identificasse com essa caracterização baby-boomers versus Geração Y, ou qualquer outra forma de divisão rígida entre a idade das pessoas, sobre o que eu poderia falar naquele momento? Discutir a virgindade de Nossa Senhora? Havia ali mais de 40 jovens interessados no tema, o que mostra que é possível criar trocas e interações que não estão associados exclusivamente à idade.

Os critérios para um processo de empoderamento que desemboque em um processo de sucessão de um CEO ou alta liderança devem estar, portanto, associados à maturidade das pessoas, ao conhecimento do qual elas dispõem, as suas competências e as aspirações delas. Ou seja, são qualidades que não têm idade. É por essa razão que é possível encontrar um líder histórico em um jovem de 25 anos que, suponhamos, inicie sua carreira em uma empresa tradicional como a Coca-Cola ou a Pepsi-Cola. Pelo fato de sentir-se atraído desde criança por um desses refrigerantes e ter uma forte aderência à marca, ele tende a ser um defensor de seus valores. Dessa maneira, mesmo sendo um jovem adulto ele conta com os elementos necessários para se tornar um guardião dessa cultura.

Mas o mercado nem sempre encara as diferenças de geração com toda essa leveza e proatividade. O que muitas organizações fazem é fatiar, por idade, o seu corpo dos integrantes: jovens, meia-idade, velhos... cada um em sua fatia. Sem mecanismos internos que tenham foco em absorver e aumentar as potencialidades da sua equipe para atender às necessidades do negócio, elas mantêm uma abordagem tradicional e pouco ousada no manejo dos seus próprios talentos. O resultado dessa visão não é positivo, pois a organização subaproveitará as capacidades de seus colaboradores.

Mesmo que a companhia necessite desesperadamente de inovação, de mentes disruptivas, ela não tem uma dinâmica interna que estimule a curiosidade de seus quadros ou que permita aos seus empregados desenvolver uma visão crítica tanto do negócio quanto do que ocorre para além da fachada da empresa. Esse padrão de comportamento mantém divisões internas e impede a integração e as boas trocas de ideias, conhecimentos e aprendizados entre as pessoas.

Não se pode dizer que, por exemplo, um garoto de 18 anos que crie um aplicativo revolucionário que poderá ser vendido por vários milhões de reais seja melhor ou pior do que alguém de 50 anos de idade que está igualmente inquieto e ansioso por criar novidades na organização. Se os dois trabalham na mesma empresa, mas se o empregado de 50 anos talvez não tenha o conhecimento ou a familiaridade tecnológica para também criar um aplicativo de sucesso, ele estará alegremente disposto a monitorar, incentivar e criar contextos para que pessoas, como o jovem de 18 anos, concebam produtos inovadores. Incentivar a integração dessa dupla de agitadores no lugar de separá-la, por haver entre eles uma diferença de mais de 30 anos, significa criar um contexto que aprofundará e qualificar essa parceria. É isso que fazem as empresas de sucesso.

Ninguém mais no mundo corporativo, que seja minimamente informado, ignora que hoje exista essa transição demográfica que permite aos empregados permanecerem por mais tempo no mercado, do que há algumas décadas atrás. Os estudiosos da área até mesmo criaram um novo termo — "envelhescência" — que, utilizando o mesmo sufixo "ência" de "adolescência", designa uma fase da vida em que as pessoas também tendem a procurar novos caminhos e formas de se expressarem, pessoal e profissionalmente. Envelhescentes, portanto, podem ser altamente inovadores e trazer para as empresas um fluxo de energia inovador que, até então, imaginava-se ser um privilégio restrito aos muito jovens.

ESPAÇOS DE LAZER E BEM-ESTAR NO ESCRITÓRIO

Mesmo tendo dito tudo isso, um grande número de pessoas entre nós ainda está impregnado com essa visão de que senioridade profissional é algo determinado principalmente pela idade do indivíduo. Como isso cada vez corresponde menos à realidade, é comum surgirem desencontros, incompreensões e má vontade de lado a lado, até mesmo resvalando para provocações. Um exemplo emblemático disso é a polêmica que costuma envolver a transformação do espaço de trabalho que, pretensamente, se deu para acomodar os hábitos e desejos das Gerações Y e Z. Cada vez mais se instalam nos ambientes internos das empresas espaços para lazer e bem-estar, como salas e almofadas para meditação, mesas de sinuca e lugares para se jogar games. Nesses locais é possível que as pessoas deitem e tirem uma soneca a qualquer hora do dia.

Essa mudança que, devemos admitir, seria impensável há menos de uma década, é frequentemente apontada pelos empregados mais velhos, ou menos adeptos a transformações no ambiente corporativo, como uma mostra de "vagabundagem" e descompromisso com o trabalho por parte dos jovens empregados. Mas talvez essa atenção que é dada a esses detalhes seja indevida. Mesmo que existam pessoas que não suportem a ideia de existir uma mesa de bilhar em seu ambiente de trabalho, o que de fato importa é que esses empregados, de um lado, vestidos de camiseta e jeans, de outro, com suas calças e camisas sociais, devem se perguntar por qual razão, afinal, eles estão ali, naquela empresa.

"Você que joga um game na empresa em um momento para espairecer e eu com a minha gravata somos importantes para o quê? Estamos produzindo que tipo de coisa aqui?" Enfim, enquanto se olhar apenas para os sinais exteriores dessa convivência de gerações e estilos, não se alcançará o fundamental que é entender a importância do sentimento de pertencimento à função que exercem naquela organização.

E mais: os colaboradores devem ser detentores de uma autoridade, alcançada a partir do conhecimento, competências e capacidade de agregar valor ao negócio. Esses integrantes, que parecem tão diferentes, devem ser responsáveis e avaliados pelo impacto de suas decisões e ações perante sua equipe, a organização como um todo e os demais stakeholders. É o que em inglês é chamado de *accountability*, ou seja, cabe a elas responderem de maneira transparente pelos seus atos e resultados alcançados com eles. Não importa a idade dessas pessoas ou de onde vieram. Elas estão unidas pelo papel que desempenham e pela obrigatoriedade de responderem pelo que fazem.

No próximo capítulo, analisamos o papel do CEO. Em outras palavras, o que se espera dele e quais são (ou deveriam ser) suas responsabilidades e atitudes enquanto líder que zela pela execução das estratégias e missão da empresa.

Capítulo 12

O CEO e Seu Papel

O CEO E O C-LEVEL

O CEO (*Chief Executive Officer*) é, notoriamente, o mais conhecido dos diversos gestores de um seleto grupo que se convencionou chamar de executivos do *C-Level*. A expressão passou a ser usada de alguns anos para cá para designar os executivos que têm funções definidamente estratégica em uma organização: os *Chief "Something" Officers*. Sempre que se deseja dizer que um dado executivo (qualquer que seja sua área de ação, sua jurisdição ou a especialidade técnica do setor que dirige) deve ter alto poder decisório e elevado nível de influência sobre os destinos da organização, dá-se ao seu cargo um título marcado por essas letras: C*O.

Entre os C*Os encontram-se (além, é claro, do CEO), outras tantas denominações, tais como:

- CCO (Chief Compliance Officer)
- CCO (Chief Communications Officer)
- CCO (Chief Culture Officer)
- CCO (Chief Creative Officer)
- CDO (Chief Design Officer)
- CDO (Chief Data Officer)
- CFO (Chief Financial Officer)
- CHRO (Chief Human Resources Officer)
- CIO (Chief Information Officer)
- CKO (Chief Knowledge Officer)
- CMO (Chief Marketing Officer)
- COO (Chief Operations Officer)
- CSO (Chief Security Officer)
- CRMO (Chief Risk Management Officer)
- CTO (Chief Technology Officer)

Imaginamos que, no início de sua trajetória profissional, a maioria das pessoas ainda não tem ideia de que poderá vir a ocupar um desses cargos em uma empresa, ou mesmo que poderá vir a atingir o nível de CEO em uma delas. A pessoa poderá, sem dúvida, aspirar a isso ou almejar um posto como esse, desejá-lo. Porém, dado que uma grande parcela dos desafios que ela terá de enfrentar para chegar lá ainda estão por se definir e apresentar, tal aspiração poderá, no início, ser ainda pouco realista — muita água ainda terá de passar por baixo da ponte, antes que essa oportunidade se concretize! À medida que o tempo passa, entretanto, e que suas experiências de vida e trabalho vão se acumulando, vai se tornando mais e mais provável que o indivíduo vá gradativamente formando uma opinião mais clara sobre se terá ou não a chance de tornar-se um CEO.

O CEO DEVE SABER O QUE FARÁ ADIANTE NO TEMPO

Comentemos o que se espera do CEO, tão logo passe a ocupar o cargo. Promovido dos próprios quadros executivos da empresa ou vindo do mercado, todo novo CEO precisa em primeiro lugar pensar em atender a duas questões-chave, se quiser ter sucesso em seu novo cargo. A primeira delas é ter uma visão clara sobre o que essa empresa deverá ser e representar no amanhã. A segunda consiste em desenvolver um projeto concreto para ela, que conferirá identidade à sua gestão e dará um tom efetivo ao enorme investimento em inteligência, em emoção e em esforço que esse CEO e sua equipe terão de alocar à empresa. Essas duas ações complementam-se mutuamente.

Quanto aos dias que estão por vir, é muito importante que o CEO tenha uma visão de futuro para a empresa — uma ideia bastante boa de como aquilo que hoje acontece em seu entorno se desdobrará nos dias vindouros. Entretanto, é preciso cuidado com os limites dessa expressão "dias vindouros". Ela quer dizer apenas "o amanhã previsível" e jamais "um futuro a perder de vista".

O "futuro" estende-se, sim, "a perder de vista" pelos tempos à frente e isso o torna traiçoeiro como uma espécie de canto de sereia. Se o CEO e sua equipe não tomarem um grande cuidado em delimitar temporalmente isso que chamamos de "futuro", e se deixarem fascinar pela possibilidade de "explorar um pouco mais à frente", poderão acabar tendo nas mãos uma peça informativa que estará longe de constituir um verdadeiro relatório de planejamento estratégico, parecendo-se mais como uma novela de ficção científica.

Alguns dirão que esta advertência é ociosa e nem precisaria ser feita, mas não é bem assim. Na verdade, gestores, consultores e acadêmicos dedicados ao estudo da Administração tendem a se sentir por demais fascinados pelo que está por vir, ainda mais nestes tempos de tão grandes transformações, sobretudo tecnológicas.

Por exemplo, temos sabido, ocasionalmente, de seminários e reuniões, ou artigos e outras publicações, sobre o futuro da tecnologia, da economia etc., que fazem projeções nessas áreas para 50 e até 100 anos à frente! Para que servem essas projeções, se não para nos aguçar a curiosidade e nos estimular a imaginação? Tudo bem quanto a isso, mas elas não podem ser tomadas a sério como meios para um efetivo planejamento estratégico da empresa, pois não levam em conta inúmeras variáveis que surgirão, tornando-as obsoletas e desacreditadas em pouquíssimo tempo.

O fascínio por tais projeções de longuíssimo prazo está no fato de que nos encantam, de fato, as empresas longevas. Vemos como um indicador inequívoco de sucesso de uma empresa o fato de ela perdurar por muitas décadas, sobrevivendo a toda sorte de dificuldades e crises.

De fato, para funcionar bem como CEO, o executivo guindado a essa posição precisa ser capaz de traçar planos pensando efetivamente no amanhã de sua empresa. Ele (ou ela) deve ser capaz de afirmar coisas concretas que poderão acontecer, impactando a empresa: "Caso tais e tais coisas sigam neste ritmo, o que se passará conosco nos próximos três anos, ou cinco anos, ou (vá lá!) dez anos, será isto e mais isto." Seu olhar deve ser voltado, portanto, para consequências bastante prováveis daquilo que ele decidir fazer ou decidir não fazer. Quando uma empresa escolhe um novo CEO, ela deve querer saber dele se tem uma visão clara do amanhã para esta empresa, significando esse "amanhã" algo concreto em um horizonte temporal plausível.

A segunda questão-chave que mencionamos refere-se ao projeto concreto para a empresa, que o novo CEO deve ter. Um novo CEO não está sendo colocado no lugar do anterior apenas para substituí-lo e tocar as coisas do jeito como vinham sendo tocadas por este. Isso não atende à mudança que está sendo feita: é preciso que o novo CEO traga novas propostas, ideias factíveis, transformáveis em projetos claros, que alavanquem a empresa. Não se muda o CEO para que a empresa permaneça a mesma!

É claro que isso não significa que a substituição do CEO automaticamente condena as crenças e valores, as ideias, os métodos e as práticas do CEO anterior, que deixa a empresa. Claro que não é assim: o CEO sucedido pode ser alguém enormemente talentoso e capaz — não se trata de julgá-lo ou duvidar de sua competência.

Porém, é verdade também que o novo incumbente da posição traz ares novos, outras visões — simplesmente pelo fato de ser alguém diferente e por estar chegando. O novo CEO automaticamente questiona as rotinas, os hábitos, as coisas já estabelecidas — e isso é muito bom!

Tomemos um exemplo bem evidente, o de José Galló, principal executivo da Lojas Renner, na empresa há 26 anos. Em 1991, quando ingressou como superintendente, Galló encontrou uma empresa com 8 lojas, 800 colaboradores e valor de mercado inferior a US$1 milhão. Hoje, a companhia é a maior varejista de moda do Brasil, está avaliada em US$6 bilhões e tem 19 mil colaboradores, distribuídos em mais de 480 unidades no país.

Em seu livro, *O poder do encantamento* (Ed. Planeta), Galló revela sua crença inabalável no encantamento do cliente, conceito que implantou na empresa por volta de 1994, pensando na importância de diferenciar-se da concorrência. Era essencial, para isso, ir além de apenas satisfazer as necessidades dos clientes, ele explicou.[1]

AS SEIS REGRAS QUE O CEO DEVE ATENDER, SEGUNDO DRUCKER

Tomemos a insuspeita opinião do mais ilustre dos pensadores da Administração de todos os tempos: Peter Drucker. Que diz o mestre sobre a missão de um CEO, diretor-geral, principal executivo ou presidente (qualquer que seja o nome que se lhe dê), em uma empresa? Para Drucker, esse personagem-chave da vida empresarial tem seis regras a atender:[2]

1. O CEO decide o que precisa ser feito:

A primeira dessas regras é *decidir o que precisa ser feito*. Não se trata de definir o que o CEO *quer* fazer, adverte Drucker, mas de definir o que realmente *tem de* ser realizado naquela empresa, naquele específico momento da vida desta. Peter Drucker argumenta que, de qualquer modo, essa escolha tem de ser exequível, pois seria no mínimo tolo e no máximo letal apostar em uma coisa impossível de ser realizada. Mas, ao mesmo tempo, é normal e esperado que ela seja uma ação controversa, isto é, que a escolha não seja assim tão fácil e óbvia.

Na verdade, Drucker não está se referindo apenas àquele momento específico em que um novo CEO passa a dirigir a empresa: de fato, ele se refere a um modelo de conduta por parte do principal gestor da empresa que deve ter caráter permanente. Seja ele um recém-chegado ou tenha dez ou vinte anos de "janela", o CEO precisa estar sempre elegendo prioridades, decidindo quais ações específicas devem merecer seu máximo esforço a cada momento dado na vida da empresa. Estabelecer prioridades é, portanto, uma atribuição fundamental desse personagem. Nos seus primeiros cem dias de gestão, é provável que uma dada ação de harmonização ou redirecionamento da estratégia seja essa prioridade; mas, depois de certo período de tempo, essa ação poderá (deverá) dar lugar a uma outra; e esta, posteriormente, a uma terceira... e assim por diante.

A propósito desta regra geral — o estabelecimento de prioridades —, reflitamos sobre o relato que Elcio Aníbal de Lucca faz sobre sua chegada à presidência da Serasa, em 1991. Pelo depoimento do dirigente, pode-se depreender que, ao assumir o cargo, o novo CEO da empresa estava muito bem familiarizado com o andamento dos negócios dela e se sentia seguro em relação ao que mereceria seu esforço prioritário naquele primeiro momento da empresa sob sua responsabilidade:

"Assumi como Diretor de Marketing da Serasa em 1989. (...) Quando o presidente Max Sender se aposentou, em 1991, fui eleito para substituí-lo. (...) Ao assumir a presidência, a empresa não tinha disponibilidade financeira para investir. A Serasa estava equilibrada, mas não era grande. Eu precisava de máquinas copiadoras modernas, precisava dar um salto. Pedi emprestada uma máquina e disse ter certeza de que, no fim do ano, teria condições de comprar duas. Argumentei que a empresa tinha de confiar em nós, em nosso crescimento. Recebi como resposta um 'vamos conversar'. Com o mesmo argumento fui à Xerox, que topou na hora e forneceu uma máquina sem cobrar nada. No fim do ano, como eu tinha previsto, eu paguei a máquina que tomei emprestada e comprei outra. Sou cliente deles até hoje. Assim foram feitos outros negócios."[3]

2. O CEO concentra-se no que faz:

A segunda regra sugerida por Peter Drucker é: *Concentre-se, não se divida*. Ou seja, uma vez feita a escolha sobre o que é prioritário e deve ser feito antes de mais nada na empresa, a nova atitude do CEO deve ser a de colocar "todas as suas fichas" nisso, isto é, investir o máximo de esforço nessa direção, sem se desviar, para que a prioridade seja efetivamente atendida.

Tomemos um exemplo bastante claro e muito recente: a BM&FBovespa (que resultou da fusão, em 2008, entre a Bolsa de Mercados & Futuros e a Bolsa de Valores de São Paulo), fundiu-se em 2017 com a Cetip (Central de Custódia e Liquidação Financeira de Títulos), companhia de capital aberto que atua, por meio de soluções de tecnologia e infraestrutura, como integradora do mercado financeiro, oferecendo serviços de registro, central depositária, negociação e liquidação de ativos e títulos. A organização resultante, denominada B3, é uma empresa de nada menos que R$40 bilhões em valor de mercado.

Na reestruturação decorrente, o presidente da BM&FBovespa, Edemir Pinto, que teve uma exitosa trajetória de 30 anos, primeiro na Bovespa e depois na BM&FBovespa, cuja fusão coordenou, entendeu que sua missão ali havia terminado e decidiu dar um novo rumo à sua vida profissional. "Agora vou empreender na economia real, em *startups*", revelou ele em uma entrevista a um jornal de São Paulo. "Não busco nada voltado para o mercado financeiro; quero virar a página e dar minha contribuição [em outra área]."

Na direção da nova empresa, por sua vez, assume o ex-presidente da Cetip, Gilson Finkelsztain, que, como recomenda Peter Drucker, não só tem de decidir qual é sua prioridade A (a primeira regra dada acima), mas deve igualmente concentrar o máximo dos seus esforços nessa ação prioritária (a segunda regra proposta por Drucker). E qual deve ser essa ação tão crucial? É evidente que somente quem está direta e profundamente envolvido na situação seria capaz de responder com propriedade a essa pergunta. Porém, é bem provável que o que vem ocupando a mente de Gilson Finkelsztain nesse momento seja a necessidade de aplicar-se essencialmente à tarefa de conduzir a recém-criada empresa em um grande processo de integração organizacional e cultural, envolvendo as duas companhias anteriores cuja fusão produziu a B3.[4]

Drucker adverte, porém, que fazer essa escolha e dirigir para ela os seus melhores esforços sempre implica certo grau de risco: e se não for essa a melhor escolha? E se houver outras providências ainda mais importantes e/ou urgentes a tomar? Por exemplo, no caso da B3, a matéria jornalística que fala do assunto aponta como uma das prioridades do novo presidente, igualmente, "a melhoria do processo de inovação da empresa", com a finalidade de "potencializar as sinergias de receitas e controlar os custos", o que quer que isso signifique.[4]

Seja como for, o novo presidente terá de assumir o risco de fazer uma escolha entre prioridades, para o que lhe cabe, essencialmente, estudar muito bem o que está acontecendo na empresa e em seu contexto a fim de decidir. Porém, uma vez tendo feito essa escolha, ele somente conseguirá se desincumbir cabalmente de sua missão se colocar seu máximo esforço na ação que escolheu como prioritária.

É preciso fazer mais uma advertência sobre essa recomendação de Drucker: "Colocar seu máximo esforço" refere-se, de fato, não apenas ao esforço, ao tempo e à dedicação pessoal do próprio presidente a essa atividade. Drucker fala, a rigor, da mobilização de toda a organização nesse sentido: as mentes, corações e braços de toda empresa devem ser postos a serviço dessa empreitada prioritária, sendo muito importante que não se disperse energia na busca também de alvos secundários e menos importantes.

Jeffrey Joerres, o diretor-presidente da ManpowerInc., afirma que, quanto a esse propósito, as organizações devem ser comparadas mais com as orquestras do que com os exércitos: elas devem reunir indivíduos não só criativos, mas também altamente competentes no que fazem e, ao mesmo tempo, bem coordenados entre si, de sorte que suas contribuições, dadas em conjunto, produzam uma bela e refinada execução musical. Uma orquestra, nesse caso, é como um organismo coeso, capaz de centrar toda a sua capacidade em um único projeto de cada vez (a música que toca). A ação da orquestra em um concerto é, portanto, muito diferente da ação de um exército em uma guerra, em que diferentes divisões e batalhões poderão estar ao mesmo tempo atuando de forma dividida e isolada e, diversas frentes, contra inimigos com poderio e capacidade de combate próprios.[5]

3. O CEO não aposta em uma coisa como sendo certa:

Um dos grandes talentos de Peter Drucker consistia em conseguir mostrar, muitas vezes em uma única e simples frase, as complexidades do trabalho de gestão. Na terceira regra que oferece sobre o trabalho do presidente ele mais uma vez revela essa sua qualidade, ao dizer que o presidente *jamais deve apostar em uma coisa como sendo certa*, ou seja, ele não deve tomar qualquer fenômeno, situação, como sendo definitivo ou absolutamente verdadeiro.

E, se isso era verdadeiro em meados do século 20, imagine-se quão real é atualmente. Inúmeros presidentes de empresa deram-se mal por empreender ações de forma definitiva, sem considerar que as coisas poderiam mudar e tomar rumos até então inesperados.

Jagdish N. Sheth, o consultor e professor de Marketing da Goizueta Business School, da Emory University de Atlanta, Georgia (EUA), é um especialista em apontar esse tipo de erro estratégico: o das empresas que simplesmente se inviabilizam porque não previram mudanças essenciais, especialmente na área das inovações tecnológicas, capazes de destruí-las em pouquíssimo tempo.

Em seu livro *Os maus hábitos das boas empresas — e como fugir deles* (originalmente publicado pela Wharton School Publishing), Sheth aponta o exemplo, nesse sentido, da Timex (anteriormente Waterbury Clock Co.), empresa norte-americana fabricante de relógios, fundada em 1854. Nos anos 1950 (portanto cem anos depois de fundada), a Timex liderou um movimento realmente inovador nas sociedades ocidentais, ao apostar (corretamente) em uma grande transformação ou modernização de hábitos das pessoas nas grandes cidades, com a chegada e a popularização dos relógios de pulso e sua disseminação.

Os velhos relógios de bolso folheados a ouro, relíquias que os vovôs traziam guardadas na algibeira e eram presos por uma correntinha a um botão do colete, estavam em extinção, com as algibeiras, as correntinhas e os próprios coletes. Agora, o relógio passava a ser ostentado no pulso e servia não mais para ser exibido como uma joia (embora ainda continuassem existindo, como tal, os Patek Philippe e os Rolex), mas para... mostrar efetivamente as horas! A Timex experimentou um grande crescimento e uma enorme popularização de sua marca em função dessa mudança.

Todavia, a companhia não soube enfrentar as novas transformações havidas poucas décadas depois, com a chegada dos relógios movidos a bateria, os relógios digitais e, mais tarde, os celulares com função de marcar as horas. "A Timex foi brilhante ao destruir a noção do 'relógio para toda a vida'", conta Jagdish N. Sheth, "mas não levou em conta a ideia revolucionária de que o relógio podia estar se tornando descartável."[6]

Tomemos agora um outro caso, bem diferente desse, em que o gestor, em vez de se mostrar cego às mudanças que virão e impactarão sua organização, "enxerga" algo no mercado externo que talvez não esteja realmente acontecendo! Um caso conhecido é o da teimosia do investidor norte-americano Bill Ackman, controlador da Pershing Square (gestora com uma carteira de investimentos de mais de US$12 bilhões) em tentar convencer seus investidores de que a Herbalife (empresa de suplementos nutricionais) seria um fraudulento esquema de pirâmide financeira e uma empresa fadada à falência.

Essa insistência de Ackman sobre a Herbalife começou em dezembro de 2012, quando ele fez uma apresentação de três horas com 334 slides para investidores, tentando provar que o negócio da Herbalife deveria ser classificado como "esquema de pirâmide" e que por essa razão a empresa estaria fadada à falência.

Ackman começou sua aposta contra a Herbalife não só fazendo propaganda contra, mas agindo no mercado também: tomando ações da Herbalife por empréstimo e as vendendo no mercado com o objetivo de recomprá-las depois a um valor mais baixo, portanto fazendo lucro. Mas não tem dado certo. Ao contrário do esperado, as ações daquela companhia passaram a subir, registrando altas históricas. Até 2014, quando o megainvestidor ainda estava convicto de que "viraria esse jogo", elas já tinham se valorizado nada menos que 192%.[7]

A questão das surpresas na trajetória de uma empresa é, atualmente, um problema que comumente tira o sono do presidente e demais gestores de topo. Um estudioso nessa área é Nassim Nicholas Taleb, ensaísta, estatístico e analista de risco norte-americano de origem libanesa, que foi alçado à condição de celebridade como um quase profeta, quando teve início a crise dos subprimes, em 2008. A crise, que surgiu de repente e pegou de surpresa as maiores cabeças do establishment econômico, imediatamente fez com que todas as atenções se voltassem para o livro que Taleb havia escrito no ano anterior, chamado *A lógica do cisne negro*.

Que lógica é essa? O título do livro é uma metáfora: um "cisne negro" é um acontecimento absolutamente imprevisível, que ninguém é capaz de prever até que aconteça, deixando todo mundo sem reação — exatamente como foi a crise de 2008. O uso do cisne negro como referência refere-se ao fato de que, até que os cisnes negros aparecessem no mundo, flagrados na Austrália por um navegador holandês em 1697, o mundo europeu não tinha ideia de que eles pudessem existir: todos os cisnes conhecidos até então eram brancos.

A ideia que Taleb nos traz em seu livro é a de que, por mais que planejemos e façamos previsões sobre como será o futuro, é impossível prever todos os acontecimentos. O novo virá, inevitavelmente, sem que estejamos preparados para enfrentá-lo. Seria, então, inútil o planejamento? — perguntariam alguns? A melhor estratégia seria, então, não ter estratégia alguma, uma vez que sempre haverá imprevistos?

Decididamente, a resposta é não, muito pelo contrário: planejando, conseguimos prever a maior parte das mudanças que nos interessam e nos preparamos para enfrentá-las. Mas devemos também nos preparar para o imprevisível: precisamos ser capazes de nos manter em um estado de prontidão, para enfrentar também aquilo contra o que não pudemos nos planejar! Estar pronto a lidar com a surpresa, entretanto, não é fácil — é preciso ter uma atitude determinada e assertiva em relação ao meio ambiente da empresa.[8]

A propósito, muito antes de Taleb, um dos grandes teóricos da gestão estratégica, H. Igor Ansoff (1918–2002), cunhou a expressão "surpresa estratégica" para referir-se aos tais "cisnes negros" na vida de uma empresa. "Como acontece em um sistema de observação através de radar", comenta Ansoff, "a despeito dos melhores esforços desenvolvidos, alguns fenômenos sempre escaparão aos observadores do ambiente, tornando-se *surpresas estratégicas.*"

Para Ansoff, quatro características descrevem uma surpresa estratégica:

- O fenômeno chega *inesperadamente*, sem que se pudesse prevê-lo.
- Ele coloca *novos problemas*, nos quais a empresa tem pouca experiência anterior.
- Se a empresa não *responder adequadamente*, incorrerá em grandes perdas financeiras ou na perda de alguma grande oportunidade.
- Embora urgente, a resposta não pode ser dada prontamente, pelas políticas e procedimentos usuais da empresa, mas requer a criação de um novo SARE — Sistema de Análise e Resposta Estratégica, que investigará o contexto em que a empresa opera.

As mudanças em tecnologia oferecem-nos inúmeros exemplos de "cisnes negros" ou "surpresas estratégicas" que as organizações e profissões tradicionais são obrigadas a encarar de frente: a Uber "foi um cisne negro" para os taxistas; o Airbnb, um "cisne negro" para a hotelaria; a Netflix, um "cisne negro" para os canais de TV abertos e a cabo e para o cinema; o e-book, um "cisne negro" para as editoras de livros impressos; as fintechs, um "cisne negro" para os bancos tradicionais. No futuro próximo, outros "cisnes negros" já estão à vista: o carro autônomo, assombrando os motoristas de ônibus, caminhões e táxis; os chatbots, assombrando os cuidadores, secretárias, babás e assistentes; os algoritmos de investimentos assombrando os assessores financeiros.[9]

4. O CEO não perde tempo com detalhes:

A quarta regra de Drucker é que um presidente não perde tempo administrando detalhes. Essa regra vale especialmente, é claro, para as grandes empresas — lembremos que Drucker sempre atuou dando consultoria e aconselhamento principalmente para as corporações internacionais, basicamente não figurando em seu radar as pequenas e médias organizações. Nestas, ao contrário do que deve acontecer nas grandes corporações, muitas vezes o principal dirigente precisa se ocupar também de algumas funções táticas e até mesmo operacionais, além de focar a estratégia empresarial propriamente dita.

Depreende-se isso facilmente pelo que diz Drucker em seguida acerca desta regra: "Os presidentes estão muito distantes da ação", são suas palavras. "Os presidentes dependem demais daquilo que outras pessoas lhes dizem; e estão por demais ocupados com as grandes questões para pôr-se a analisar miudezas ou gerenciar detalhes."[3]

No entanto, esta quarta regra de Drucker pode ser considerada bastante polêmica, pois, como diz o senso comum, "Deus está nos detalhes"! Isto é, frequentemente, por não ter dado atenção a uma questão que parece menor, podem-se desencadear consequências de enormes proporções; por exemplo, um mero fio desencapado pode ser a causa de um grande incêndio. Ou, como adverte o consultor israelense que criou a Teoria das Restrições, Eliyahu M. Goldratt, "uma única operação malfeita comumente inviabiliza o processo inteiro de que ela faz parte".

Talvez fosse por acreditar nisso que o lendário empresário Antônio Ermírio de Moraes, incansável trabalhador em suas empresas no Grupo Votorantim, administrou-as com os mesmos métodos que aplicou por muitos e muitos anos à gestão do Hospital da Beneficência Portuguesa em São Paulo, que presidiu. Segundo se conta, Ermírio de Moraes verificava pessoalmente a destinação de todo o dinheiro, qualquer que fosse a quantia, e assinava ele próprio cada cheque que saía da Controladoria da entidade.

Talvez o presidente não precise se envolver na gestão nesse nível de detalhe, e talvez a maioria dos presidentes não aja mesmo dessa forma. Entretanto, o gestor principal precisa, sem dúvida, saber quais são tais detalhes em sua empresa, como estão eles sendo administrados, por quem e quais consequências ou resultados que esse tratamento dado aos detalhes está trazendo para a organização.

Independentemente das graves questões éticas que atualmente envolvem a Petrobras, o fato é que a gigante brasileira do petróleo é uma empresa de alta complexidade, cuja gestão envolve problemas estratégicos, táticos e operacionais de monta. Nessa empresa, por exemplo, até que ponto deveria o presidente se envolver pessoalmente com os "detalhes"?

Uma reportagem de 2009 da revista *Época Negócios* sobre o trabalho do presidente da Petrobras, na época José Sérgio Gabrielli, revela que ele tomava, em conjunto com os seis diretores de reporte direto à presidência, cerca de 1.500 decisões estratégicas por ano (ou 125 por mês, ou ainda, cinco a seis decisões estratégicas a cada dia útil de trabalho). Isso não é pouco! Nesse caso, haveria ainda espaço na agenda do presidente para também enfronhar-se nas questões setoriais da empresa, que são de natureza mais tática ou até mesmo operacional?

A Petrobras tocava, na época, a fantástica quantidade de (aproximadamente) 600 grandes projetos a cada ano! Dadas as características dessa empresa, todos esses projetos, sem exceção, passavam por diversas etapas de um complexo processo decisório, que tinha início na formulação de uma ideia por alguma das diversas áreas de negócios. Poderia tratar-se de uma nova refinaria, um gasoduto, a perfuração de mais um poço em terra ou no mar. E cada projeto desses encerrava (encerra ainda, é claro) um alto nível de complexidade, com muitos detalhes importantes a serem resolvidos.

O que, de cada um deles, chegava à presidência? "A diretoria da Petrobras só discute os grandes projetos", afirmou Gabrielli na ocasião ao repórter da revista *Grandes projetos*, nesse caso, eram aqueles que envolviam orçamentos superiores a US$25 milhões, o que dá a medida do tipo de ação que, nessa empresa, era vista como efetivamente estratégica. Toda quinta-feira, às 9 horas da manhã, a diretoria executiva da Petrobras (os seis diretores e seu presidente) se reunia para tomar decisões sobre esses grandes projetos. No caso daqueles que eram realmente *muito grandes*, envolvendo quantias várias vezes superiores àquela mencionada anteriormente, envolvia-se também o Conselho de Administração (tendo como presidente a então ministra Dilma Rousseff, cuja sala ficava ao lado da sala de reuniões da diretoria executiva).[10]

5. O CEO é um solitário:

A quinta regra de conduta do presidente, segundo Drucker, é esta: *um presidente não tem amigos*. "Todo presidente que ignorou essa regra arrependeu-se de tê-lo feito", é o que Drucker misteriosamente agoura. "Ninguém pode confiar em 'amigos do presidente'", argumenta o consultor. "Para quem trabalham? Em nome de quem eles falam?" Frequentemente eles acabam sendo qualificados não como amigos, mas como espiões do presidente", diz Drucker. "E, acima de tudo, eles são sempre tentados a abusar de sua posição e do poder que decorre dela." Drucker adverte para os riscos desse uso incorreto de autoridade, advertindo que este pode ser uma fonte de suborno e enriquecimento ilícito![2]

De modo geral, ainda, o posto de presidente tende a ser olhado pelos empregados da companhia de uma forma algo mitificada, como se seu ocupante não fosse um ser humano comum. Em muitas empresas verifica-se que as pessoas se comportam de modo reverencial ou excessivamente prudente ou constrangida na presença do presidente, como que imitando a conduta dos súditos em frente a um endeusado soberano, em uma monarquia.

Manoel Macedo, presidente da Henkel Brasil, dirigiu por um tempo as operações da unidade mexicana da empresa alemã e conta que, certa vez, ao confessar a um colaborador mais próximo sua estranheza por constatar que todo mundo com quem cruzava nos corredores da empresa estava inevitavelmente falando ao celular, obteve do outro uma resposta surpreendente: seu experiente subordinado foi absolutamente franco, segredando a Macedo que, tendo o celular na mão, o sujeito com quem ele cruzava acreditava que não seria abordado pelo educado presidente com alguma pergunta do tipo "Então, como vão as vendas?". O gesto de fingir falar ao telefone era, portanto, uma forma hábil de evitar o desconforto de ter de dialogar sobre o trabalho com o próprio presidente![11]

No entanto, paradoxalmente, o presidente geralmente sente falta de pessoas de sua confiança à sua volta, com quem possa falar de suas dúvidas e das dificuldades do cargo, sem constrangimentos, sem ser mal interpretado e sem comprometer o eventual sigilo das questões de que está tratando. Por isso, comumente o presidente precisa manter ao seu lado alguém de sua inteira confiança, não raro um mentor ou um consultor sênior sem vinculação com a companhia, com quem possa dialogar.

Aliás, levando em conta essa necessidade dos presidentes, há também consultorias e outras organizações (como associações comerciais e industriais, ou câmaras de comércio) que reúnem presidentes de empresas para periódicos diálogos e trocas de informações sobre suas dificuldades e suas ações estratégicas. É geralmente aceito que conversar com seus pares de empresas não concorrentes e que não pertençam à mesma cadeia de suprimento pode ser altamente enriquecedor para um presidente, ajudando-o a esclarecer suas dúvidas e reduzindo sua eventual solidão.

6. O CEO não fica fazendo política o tempo todo:

Finalmente, a sexta e última regra proposta por Drucker para presidentes se aplica mais precisamente ao meio político: "Uma vez eleito", sugere ele, *"pare de fazer campanha!"* Realmente, muitas vezes o candidato a um cargo eletivo (geralmente no executivo e nem tanto no legislativo) é escolhido pelo voto dos eleitores e, depois disso, continua discursando para eles (que são agora não mais eleitores, mas cidadãos esperando uma boa gestão pública por parte do eleito), como se ainda estivesse disputando o cargo! São dois papéis fundamentalmente distintos um do outro — o de candidato a um cargo eletivo e o de gestor público —, mas muitas vezes o político não se apercebe claramente da guinada que deve dar ao seu papel junto ao eleitor, imediatamente após ser eleito.

Porém, não é verdade que o papel do gestor dentro de uma empresa seja despido por completo de qualquer resquício da política: muito ao contrário, o papel do gestor é, reconhecidamente, um papel político!

O CEO e Seu Papel

O ex-prefeito de São Paulo, João Dória Jr., elegeu-se, surpreendentemente para muitos, já no primeiro turno das eleições de 2016, argumentando que não era um político, e sim um administrador. Discutiu-se muito essa sua afirmação, antes e após a eleição e diversos cientistas políticos creditaram o êxito de sua campanha justamente a essa identificação do candidato com a gestão dos negócios e seu consciente afastamento da figura tão manchada que, com as revelações das corrupções no meio político pela Operação Lava Jato, a classe política passou a ter entre os eleitores brasileiros.

Mas pode um candidato a um cargo político reconhecer-se como não sendo político? Não seria essa declaração ("Não sou um político!") também em si mesma uma declaração política? Sem dúvida!

Quais seriam, então, as semelhanças e diferenças entre esses dois papéis — o do político e o do administrador? De forma concreta, o que aproxima e o que afasta o gestor de uma empresa do governante?

Uma definição de "política" extraída do dicionário diz que se trata da "arte ou ciência de organizar, dirigir e administrar nações ou Estados". Por essa definição presume-se, então, que fazer política é algo bastante próximo de fazer gestão. Outra definição dicionarizada é esta: "Política é a arte de guiar ou influenciar o modo de governo pela organização de um partido, pela influência sobre a opinião pública, pela persuasão dos eleitores etc." De novo notamos, portanto, o mesmo paralelo entre as duas atividades, uma vez que "guiar" e "influenciar" são modos de agir que o gestor exerce em uma empresa, equivalentemente ao que faz o político ocupando um cargo público. Enquanto o político organiza e gere um partido, o gestor organiza e gerencia uma equipe de trabalho visando obter produção; enquanto o político exerce influência sobre a opinião pública, o gestor a exerce sobre os empregados que estão sob sua responsabilidade.

Um político não pode demitir os habitantes da cidade, o que o gestor de empresa pode fazer com seus colaboradores em diversas situações. A complexidade das ações de governo de uma cidade tende a ser bem mais ampla do que a das ações de gestão em uma unidade fabril, comercial ou administrativa em uma empresa, não só pelo número de pessoas envolvidas, mas também pela diversidade das condições econômicas, interesses, comportamentos e costumes envolvidos.

Por outro lado, há o foco na lucratividade do empreendimento, algo que compromete diretamente um gestor, mas não necessariamente um político em um cargo público. Porém, para aumentar as chances dessa lucratividade de sua área de atuação, o gestor de empresa também deve ser "político", no sentido de que deve buscar a harmonia com sua equipe, dentro dela e entre ela e outras equipes da empresa, assim como deve influenciar decisões não só em sua área, mas na empresa como um todo.[12]

AS TRÊS TAREFAS CRÍTICAS DO CEO

As seis regras de conduta do CEO dadas por Drucker são elucidativas sobre o que se pode esperar do presidente, mas não esgotam o assunto. Há certas áreas de atuação bem específicas, em que o presidente precisa envolver-se, qualquer que seja a empresa que dirija.

O CEO realmente faz uma grande diferença na empresa, para o sucesso ou fracasso desta! Já em 1991, portanto há quase três décadas, o professor John Kotter, da Harvard Business School, afirmava que "os CEOs provavelmente são mais importantes hoje do que eram 15 anos atrás (1976), porque as empresas têm mais opções de ação e o mundo está muito mais competitivo". Corroborando sua afirmação, Kotter argumentava que certas barreiras (por exemplo, os velhos oligopólios na indústria automobilística) foram rompidas; maior quantidade de competidores globais entrou no mercado; muitas indústrias estão sendo desreguladas; as mudanças tecnológicas aceleraram-se...

"Além disso", acrescenta ele, "quinze anos atrás o mundo ainda não tinha ouvido falar muito de compras alavancadas de empresas e, portanto, poucos CEOs tinham de enfrentar questões desse tipo, comuns hoje em dia." Para Kotter, o presidente tem, no cômputo geral, três tarefas críticas:

1. estabelecer uma direção estratégica para a empresa;
2. alinhar os empregados com essa estratégia, de modo que a levem adiante; e, finalmente,
3. desenvolver um sucessor![13]

Quanto à primeira dessas três tarefas críticas, uma recente pesquisa da Universidade da Geórgia, nos Estados Unidos, levou à conclusão de que o executivo-chefe (o CEO) é responsável por 25% do lucro da empresa. É ele, portanto, quem deve dar o tom para a organização, em seu dia a dia e, sobretudo, quanto à sua estratégia competitiva.[14]

Quanto à segunda tarefa crítica — dirigir os colaboradores no sentido da estratégia traçada —, essa talvez seja, das três citadas, a tarefa mais facilmente identificada como sendo da responsabilidade do gestor principal da empresa. Jack Welch, o eterno CEO da GE, não só dizia, mas também escreveu bastante a respeito, que "um líder não é alguém a quem foi dada uma coroa, mas a quem foi dada a responsabilidade de fazer sobressair o melhor que há nos outros". A melhor maneira de atingir esse objetivo é inspirar os outros pelas suas próprias ações; cumprir as promessas que faz; conquistando a credibilidade dos colaboradores diariamente, sugere Valéria Porto, diretora de RH do PayPal para a América Latina.[15]

"Também acredito que um CEO deve gastar um bom tempo identificando quais são as pessoas corretas, quais são os perfis certos para cada tipo de desafio, para cada área e para cada momento de cada setor, porque às vezes o desafio muda, dependendo do momento da empresa. Um CEO também tem de ter uma boa liderança, os times têm de respeitá-lo. E isso é baseado em ele ter integridade", diz Flavio Jansen, CEO da Locaweb.[16]

E quanto à terceira tarefa crítica de um CEO — a responsabilidade de desenvolver um sucessor — que podemos dizer? Bem, esse é o tema central neste livro, e teremos outros capítulos à frente, nos quais ele será desdobrado! A começar pelo próximo capítulo em que tratamos dos dilemas que surgem diante do CEO que está de partida da organização. Entre eles, além, claro, da natural preocupação com o próprio futuro, estão os desafios, internos e externos, em preparar a sua própria sucessão.

RESUMINDO...

Neste capítulo fundamentalmente discutimos o papel do CEO ou presidente da organização, cuja sucessão nos interessa. Começamos pela análise do que representa essa posição, a mais importante entre aquelas que compõem o que se chama usualmente o *C-Level* nas organizações.

Na reflexão sobre o que faz um CEO ou presidente, fazemos referência ao mestre da Gestão, Peter F. Drucker, apresentando as seis regras básicas propostas por Drucker para o exercício do cargo de CEO, que complementamos com o que se convencionou chamar de suas três tarefas críticas.

Capítulo 13

Os Dilemas do CEO que Deixa a Organização

Encerrar um mandato como CEO em uma empresa e buscar novas organizações ou novos rumos profissionais e, neles, assumir os próximos projetos com o mesmo nível de paixão, compromisso, interesse e ambição existentes anteriormente, costuma ser comparado a uma experiência tão difícil quanto enfrentar o final de um relacionamento amoroso. Há mesmo quem diga que deixar esse cargo, que costuma fascinar muita gente por oferecer um grande poder e a prerrogativa de ter a última palavra sobre todos os integrantes de uma organização, dói mais do que ter o coração partido ao ser abandonado por uma parceira ou parceiro que eram amados.

A intensidade da amargura sentida pelo executivo-chefe que deixa a empresa vai depender de diferentes fatores, por exemplo, a frustração em ver cair por terra seus projetos; possíveis ressentimentos com as pessoas que ele considera responsáveis pela sua saída; a angústia causada pelo medo do impacto econômico que poderá sofrer. Por outro lado, o desconforto com a situação será amortecido, caso esse executivo reaja a essa adversidade com maturidade, desenvolva sentimentos altruístas e mantenha a sua autoconfiança. Mas seja qual for a sua reação, quem deixa o posto executivo máximo de uma organização, com o coração inteiro ou aos pedaços, terá obrigatoriamente de passar por alguns dilemas ao levantar-se da sua mesa e chegar até a rua. Em seguida, examinaremos alguns deles.

Talvez o primeiro, e um dos mais angustiantes, desses dilemas seja o conhecido: "O que eles vão pensar de mim?" Esses "eles" podem ser seus antigos pares, o mercado, a família, os rivais ou os amigos. Colocado de uma maneira mais corporativa, o que se pergunta nesses momentos é qual será o possível impacto que a saída do cargo de CEO poderá ter sobre os seus próximos passos e nos vários papéis e contextos que se seguirão, ou seja, a vida e o desenvolvimento da sua carreira. "Essa mudança de direção poderá ser uma conquista, ser rica em experiências e conhecimento e, portanto, impulsionar meus próximos passos!", é algo do qual o executivo poderá se convencer. Da maneira oposta, esse movimento é possível de ser compreendido de uma perspectiva pouco ou nada otimista, ou seja, "a minha saída da empresa representará um risco no meu caminho profissional".

Seja qual for o sentimento que se materializará neste primeiro momento, na sequência surgirá quase de maneira simultânea outro dilema, o de como o ex-CEO encaminhará a sua carreira a partir de então. Mais do que uma questão que envolva a manutenção dos seus ganhos materiais, o executivo se preocupará em decidir que critérios terá de adotar para conduzir o seu próximo movimento profissional. Por exemplo, ele pode pensar "Que variáveis uma nova posição deverá ter para valorizar a minha trajetória profissional e sustentar a minha posição de poder, influência e realização sobre pessoas e negócios? Preciso decidir com cuidado meus próximos passos, as opções que se apresentarem podem ser mais modestas e mais arriscadas, por isso, eu não posso errar!"

FUNIL ESTREITO

Um exemplo real, ilustrado pela experiência vivida por um executivo-chefe, pode mostrar como opera esse dilema. Toda posição de CEO é alcançada depois de seu ocupante passar por um funil estreito, suplantando alta (e feroz) competição com outros executivos que também queriam ocupar sua cadeira. Esse CEO passou à frente e atravessou o funil. Ele dirige um conglomerado de dezenas de empresas, algumas delas operando em diferentes países, e vinha conduzindo os negócios apresentando resultados excelentes.

O bom desempenho do grupo tornou-se um caso de repercussão mundial e a empresa foi comprada por uma multinacional poderosa. Ao contrário do que costuma acontecer nessas situações, o executivo foi mantido em seu cargo. Mas com a sua "mesa encurtada". Mesmo sem ter sido destituído de seu posto, ele viu-se colocado em uma posição subalterna à do novo CEO, importado da sede da organização compradora.

Deixar de atuar no dia a dia das mais importantes decisões de negócios do grupo e tornar-se um "representante" da organização diante da sociedade fez com que os motivadores do antigo CEO se desidratassem, mesmo se os novos donos insistissem na relevância estratégica da sua nova posição, destacada principalmente pela credibilidade que ele havia conquistado no mercado brasileiro.

Mas tais elogios e garantias não trouxeram o antigo ânimo de volta. O antigo executivo-chefe perdera o apetite pela sua continuidade na organização, alijado que estava do poder de tomar decisões críticas para os negócios do grupo. Onde ele poderia encontrar, no mercado nacional ou internacional, uma organização tão poderosa como era aquela e voltar a ser um executivo-chefe com a mesma influência que havia alcançado anteriormente?"

Ele, e outros executivos que passam por experiências semelhantes, poderão, inclusive, promover mudanças profundas em suas carreiras. Engajar-se em objetivos de vida inéditos, como uma carreira na política. Um esforço que ela poderá fazer, inclusive com ajuda eventual de profissionais como coaches ou mentores, é o de encontrar novos motivadores para seguir adiante, sem deixar espaço para a frustração e a ansiedade e sem se desencorajar por acreditar ter perdido seu prestígio diante dos demais.

"Qual é o meu discurso, a partir de agora? Como me apresento, o que vou falar de mim? Que sou um ex-presidente?" É um dilema sério, com potencial para estimular fortes sentimentos contraprodutivos. Afinal, tudo aquilo que vinha sendo feito há anos, todo aquele esforço e sofrimento para passar por aquele funil tão apertado podem parecer ter perdido todo o seu valor em apenas um dia.

PADRÕES DE COMPORTAMENTO

A esse dilema costuma-se somar um outro, mais sutil, mas que tem o potencial para provocar dúvidas que, não seria um exagero, podem escalar para conflitos existenciais por parte do CEO que deixa o seu posto. Essa incerteza não está relacionada diretamente ao impacto que esse movimento para fora da posição profissional até então ocupada poderá causar na futura empregabilidade ou remuneração desse profissional. Tal dilema é induzido não pela saída do cargo, mas pela possibilidade de que esse executivo-chefe tenha de abrir mão de certos padrões de comportamento e sentimentos que ele desenvolveu ao longo do tempo que ocupou a função que agora está deixando.

De novo, devemos entender que esses padrões não dizem respeito exclusivamente a facilidades materiais ou poder de consumo, relacionam-se muito mais ao sentido que o trabalho passa a ter para esse executivo ao longo do tempo em que ele ocupa a mais alta posição executiva na organização. Isso acontece porque quando ocupam uma posição de CEO em uma empresa, esses profissionais passam a viver e a se movimentar em um outro mundo, o que provoca um profundo impacto em sua maneira de ser. Há o impacto de ele passar a percorrer outras instâncias, às quais não tinha acesso. Haverá impacto também na qualidade e no tipo de relações que ele terá de manter com pessoas e instituições que, até então, ele desconhecia.

Um exemplo de um desses novos territórios que serão percorridos é a esfera legislativa. O CEO terá de preocupar-se em influenciar a legislação para conquistar melhores condições para a sua organização. Para isso, passará a tratar com lobistas, por exemplo. Visitará congressistas em Brasília, participará de jantares, fará discursos, escreverá artigos em jornais, com vistas a advogar condições que beneficiem seu negócio, algo que jamais havia feito.

Suas decisões e posições passarão a ter impacto sobre as expectativas das pessoas que estão sob a sua área de influência e também poderão determinar o padrão de vida que elas terão. Imaginemos grandes empresas que estão instaladas em cidades de menor porte. O que seus CEOs decidirem pode transformar toda a vida dessas comunidades. Em resumo, todas as decisões de CEOs de empresas de peso repercutem sobre a existência de um grande número de pessoas.

Essas possibilidades marcam de maneira profunda o coração e a mente do CEO. Ele passa a ter uma percepção, até então inexistente, sobre a sua relevância, enquanto um agente capaz de operar transformações, mudar direções, criar novos contextos. São novos padrões de conduta que inicialmente foram induzidos pela posição funcional que ele ocupava, mas que, com o passar do tempo, esse CEO passa a ser proprietário dessas características, e não as perde mais.

Ele torna-se alguém capaz de feitos que não são banais entre os profissionais comuns. Esse CEO reconhece-se como alguém capaz de abrir uma filial em um país estrangeiro e conquistar uma fatia grande do mercado para o seu produto. Ele sabe como instalar uma fábrica na China para exportar a produção a preços mais baixos, aqui para o Brasil. É alguém que aprendeu a fazer os contatos necessários para conseguir uma audiência com o presidente da República e apresentar um pleito. Ou se sente seguro para convencer sócios estrangeiros a colocarem recursos na empresa que dirige. Ele influencia mercados; sabe estruturar um empreendimento.

Mesmo no plano mundano, as aprendizagens também se consolidam. Ele vai de helicóptero para o escritório, e aprendeu a andar de helicóptero e, a hora que desejar, saberá como reivindicar que seus deslocamentos se deem dessa maneira em uma nova posição, em outra organização.

Todo esse aprendizado gera, no CEO, uma consciência do seu papel na sua vida profissional, e também pessoal. É com essa consciência que esse executivo-chefe sairá da posição que ocupava sentindo-se seguro, e qualquer lugar que ele vier a ocupar será capaz de realizar de maneira plena a capacidade que passou a possuir depois dos anos em que esteve no comando.

E, tendo isso colocado, voltamos para o dilema. Ele conseguirá uma posição similar em outra organização? Ou a saída da empresa significará um retrocesso no seu caminho profissional? O novo momento poderá ser um risco ou uma oportunidade.

ELE "SÓ" SABE DIRIGIR EMPRESAS

O CEO que está deixando sua posição para trás costuma ser colocado diante de um outro dilema: se ver obrigado a acrescentar novas expertises a um currículo que já lhe parecia suficientemente completo ao possuir habilidades raras e invejáveis. OK, o CEO que está de saída possuía aptidões excelentes, mas ele "só" tem experiência em dirigir um tipo específico de empresa. E agora, que já não é mais o executivo-

Os Dilemas do CEO que Deixa a Organização

-chefe, se verá obrigado a se flexibilizar e aprender a fazer as coisas de outra maneira, caso contrário, poderá enfrentar dificuldades para se recolocar no mercado e aproveitar o networking que acumulou.

Ainda sobre as conexões e os relacionamentos que ele construiu junto ao mercado, eles tendem a desaparecer, à medida que esse ex-CEO já não circula no mesmo contexto em que os antigos colegas estão. Tal desconexão impacta sobre algo que tem grande importância para nós, seres humanos, que é manter uma rotina de procedimentos e movimentos e ações. O antigo executivo se esforçará para encontrar uma nova rotina, uma vez que a antiga — na qual circulava nos meios empresariais junto a seus pares — só vive agora na memória.

O tempo, portanto, passa a ser um fator crucial. Até então, o CEO controlava, por meio de sua rotina de trabalho, o seu tempo, e esse tempo estava associado diretamente à sua energia. Após o seu afastamento, os dias e o relógio passam a avançar em uma velocidade que ele até então desconhecia. "O que vou fazer agora com o meu tempo? Eu sempre me mantive ocupado e sempre fui muito requisitado pelos outros. Agora que tudo mudou, o que faço com o tempo que tenho? Como o organizo?"

Até aqui, tratamos de dilemas que não envolvem diretamente a queda do poder aquisitivo e todas as implicações que ela pode representar para o antigo CEO. É verdade, no entanto, que a interrupção momentânea ou prolongada da entrada de recursos somada ao consumo do "pacote" recebido no momento da saída e de reservas causam desconforto e apreensão. E essa perspectiva é algo que gera bastante ansiedade, sobretudo, para aqueles executivos que têm familiares ainda dependentes economicamente deles.

Esse dilema surgiu para um diretor poderoso que comandava a operação de uma multinacional nos Estados Unidos. Seus filhos cresceram neste país, não se entusiasmavam com a ideia de voltar para o Brasil e todos os projetos deles se sustentavam e se desenvolviam na dependência do sucesso da carreira do pai.

Tudo parecia resolvido, uma vez que a figura paterna experenciava, de fato, um sucesso consistente. Profissional competente e bem-preparado, o diretor foi convocado para uma convenção da empresa na Europa. Ciente do seu invejável desempenho, e confiando em alguns sinais por ele percebidos, o diretor dirigiu-se ao encontro convencido de que sairia dali indicado como o novo CEO mundial da corporação.

Na convenção, para a sua surpresa, foi anunciado um outro CEO. Mas esse não era o único susto do dia. No mesmo dia, o diretor brasileiro foi informado de que teria de deixar o seu cargo no escritório norte-americano. Em bom português, estava demitido. Desempregado. Não se questionava a sua competência profissional. Ao contrário, a corporação conhecia o seu grande valor. O que havia acontecido era mais um lance de política empresarial, jogos de interesses que sempre têm lugar nas organizações.

UM CHOQUE BRUTAL

"O que faço com a minha família?" O choque sobre todos foi brutal. Projetos precisaram ser abandonados, hábitos revistos e adaptados. Estudos foram interrompidos, laços de amizade desfeitos. Do lado dos familiares também surgiria um dilema, de ordem existencial: o próprio valor que a família se dava, sua identidade, estava intimamente ligada à condição profissional do pai. Eram o seu salário e o bônus que geravam todos os benefícios desfrutados pelos seus membros. Sem o emprego do principal provedor, o status, as conexões, o acesso aos grupos sociais até então franqueados aos familiares seria perdido.

Com a família parecendo estar prestes a implodir, o antigo executivo, além de se deprimir ao ver o sofrimento dos seus familiares queridos, angustia-se com o dilema de ser obrigado a decidir para que lado dará o próximo passo. Teria de ser uma passada larga o suficiente para recuperar o seu status e o de seus agregados e que estivesse à altura da grandeza e relevância do posto ocupado anteriormente. Nem sempre essa recuperação será possível. Seriam necessários tempo, paciência e sabedoria para que essas feridas se fechassem.

Entre os CEOs que perdem seus cargos há os que se preocupam sobretudo com a manutenção da própria imagem. Mesmo os que têm famílias, talvez se angustiem menos com as perdas vividas pelos parentes do que a diminuição do brilho que pensam ter diante do mercado. Para eles, até mesmo os desafios econômicos parecem menos cruéis do que aqueles que podem ameaçar o seu prestígio.

Esse temor mostra-se de maneira mais aguda no momento em que tomam a iniciativa de buscar novos conhecimentos. É provável que, por vaidade, se incomodem de serem vistos seguindo, por exemplo, um treinamento para se habilitarem como coaches. Em vez disso, preferirão se dedicar a um curso sobre vinhos ou outra atividade que pareça sofisticada. É a maneira que encontram para enfrentar um forte dilema que surge para o CEO que está deixando o cargo, que é o dilema de como manter a própria imagem.

Algumas vezes a saída desses executivos-chefes da organização se dá de uma maneira abrupta e sem qualquer sinal de advertência. Foi o que contamos a respeito do dirigente que participou da convenção da empresa convencido de que se tornaria o CEO mundial da organização e voltou para casa sem emprego. Lembra um filme de terror.

TRANSIÇÃO SUAVE E VITORIOSA

No entanto, em boa parte dos processos de sucessão, a troca de CEOs se dá ao longo de meses, ou até anos, contando com a participação decisiva do CEO que deixará a posição. O que torna tudo mais, digamos, civilizado. Quanto maior for o engajamento do executivo-chefe que está de saída no processo de sucessão, mais chance a transição tem de ocorrer de maneira suave e vitoriosa.

No capítulo anterior, ao tratarmos dos dilemas dos CEOs que estão chegando à empresa, propusemos um "checklist" com pontos de reflexão que permitem avaliar se o processo de troca dos executivos está se dando de maneira proveitosa. Esse mesmo método pode ser útil para verificar se o CEO que deixa o cargo na empresa também está dando a sua colaboração para uma transição de qualidade no comando da organização. Acompanhe os seguintes pontos:

Questões a serem propostas para avaliar a contribuição do CEO que sairá da organização ao processo de integração do novo executivo-chefe:

- Quais foram os atributos valorizados na escolha do novo CEO?
- Para qual projeto da empresa o CEO escolhido terá mais serventia?
- Quais dúvidas sobre ele persistem?
- Quais os projetos da organização ele terá facilidade ou dificuldade em tocar, levando-se em conta o seu conhecimento, habilidades, competências, vocação e estilo?
- Quais as barreiras que ele terá de superar?
- Como o futuro ex-CEO enxerga a sua saída? Gostaria de sair? Desde quando?
- O que o CEO que sairá conhece que é importante para o negócio, mas não é dominado por outros na organização?
- Que tipo de ajuda ele necessitará na transição?
- Que tipo de ajuda ele poderá prestar na transição?
- O que o futuro ex-CEO realizou que deve ser preservado na empresa?
- Quais atributos ele enxerga no novo CEO? Qual é a razão da escolha?
- Considerando que a mudança de CEO impactará tantos os públicos internos (colaboradores, gestores e executivos) e externos da organização (fornecedores, clientes, parceiros de negócios e acionistas), como tal impacto deve ser administrado pelo Conselho de Administração, diretoria executiva e os futuros CEO e ex-CEO para minimizar eventuais danos aos negócios?

Mas por que o CEO que está saindo iria se preocupar com as possibilidades de sucesso e empenhar-se em uma transição tranquila para o CEO que está chegando à organização? O antigo executivo-chefe não está mesmo de saída? Não seria suficiente escrever um cartão desejando boa sorte ao novo profissional e deixar que este trilhe o seu próprio caminho?

SUCESSÃO DESDE O MINUTO ZERO

Sim, seria possível que o futuro ex-CEO deixasse o cargo pela porta dos fundos e evitasse qualquer contato com quem viria a ocupar o seu lugar. Mas isso só ocorre nas sucessões malfeitas, pouco profissionais. Quando se materializa da maneira correta, o fenômeno da sucessão de um CEO tem início no momento mesmo em que este se senta pela primeira vez em sua cadeira.

Caso concorde com a assertiva de que a sucessão é um processo de renovação da vida, desde o minuto zero, o executivo já deveria estar trabalhando para preparar a sua substituição. Isso não é apenas uma benevolência, mas uma demonstração de entendimento de como se desenvolve o mundo corporativo. As organizações funcionam como um organismo vivo. As partes que as compõem devem ser renovadas de tempos em tempos para que elas possam mudar, e não se deteriorem, parem de funcionar e morram.

Empresas que se movimentam em direção à perenidade encorajam diferentes gerações a se alternar à frente dos seus cargos diretivos. Essa é a única maneira de atender às constantes transformações pelas quais passam o mercado e seus clientes. Ter a visão de que as pessoas não são eternas, mas que a organização pode durar um longo tempo, é o que faz um CEO se diferenciar entre aqueles seus pares que saem de cena pela porta dos fundos.

As pessoas estão de passagem, vêm e vão, mas os seus legados podem persistir. Essa é a crença que faz com que um CEO se envolva no processo de sua própria sucessão. Agindo assim, ele permite que a cultura empresarial que ele influenciou e transformou, o próprio conhecimento que acumulou e as suas ações não se percam com a saída do antigo dirigente.

Falamos nos dois parágrafos anteriores sobre perenidade. Mas neste mundo em que as mudanças ocorrem em uma velocidade cada vez maior, muitas vezes provocando colisões e rupturas inesperadas, ainda é possível almejar a perenidade? A resposta é: sim. As empresas ainda continuarão a perseguir a sua continuidade ao longo do tempo, no entanto, de uma maneira distinta do passado. Há atualmente uma transformação em curso que passa por uma nova relação entre as organizações e os seus integrantes.

Em tempos passados, a sensação de perenidade surgia da longa permanência das pessoas nas empresas. Um bom empregado era alguém que mantinha o seu emprego por uma, duas, três décadas ou mais. O raciocínio era o de que se alguém estava há tanto tempo no emprego, isso se devia a que seus chefes o julgavam competente e produtivo. Quem tem mais de 30 anos de idade sabe que não era bem assim.

O TEMPO MUDOU

O efeito colateral resultante dessa maneira de viajar pelo universo corporativo era que, por passar por períodos tão longos no mesmo posto de trabalho, os empregados perdiam a dimensão do tempo e essa longa estadia se confundia com a perenidade e solidez da organização. Empresas perenes, pensava-se erroneamente, eram aquelas cujos empregados estavam há muito tempo por ali.

Hoje o tempo é visto de maneira diversa. Não que exista correntemente uma aversão a permanecer por longos períodos no mesmo posto de trabalho, mas a relação entre tempo corrido e a progressão na carreira transformou-se de maneira profunda entre aqueles que trabalham, sobretudo, nas empresas mais modernas.

Cada vez mais o próprio conceito de "fazer carreira" em uma organização vem dando lugar a uma forma de desenvolvimento das habilidades de trabalho em ambientes multidisciplinares que não estão, obrigatoriamente, reunidos sob o teto de uma única empresa. Surgem equipes, integradas por profissionais de diferentes formações, que se conectam e prestam serviços sem estar formalmente vinculados a uma empresa específica.

Isso é consequência dos modelos de negócio que estão nascendo e estarão cada vez mais presentes no futuro. A conexão entre as organizações e essas equipes se dá pela expertise dominada por seus integrantes. Ou seja, a empresa que oferece um serviço ou produto ao mercado contrata uma determinada expertise necessária para o seu negócio. O contrato firmado entre essas duas partes determina o tempo em que especialistas empregarão seu conhecimento na empresa. Findo o trabalho, não há nenhum outro vínculo a ser mantido obrigatoriamente entre as partes.

O CEO DA APPLE É RELEVANTE?

O que a sucessão de um CEO tem a ver com esse incipiente modelo de negócios? À medida que essa nova forma de fazer negócios avança, a função e a relevância do CEO se transformarão. O executivo-chefe não será mais a figura central da organização, e sim, permanecerá pelo tempo necessário para cumprir as necessidades da empresa. Basta refletirmos sobre o seguinte: o CEO da Apple é a principal figura para o comando e controle de seus colaboradores, projetos, recursos e resultados? Não, e nunca poderia ser. Sua relevância será medida pela sua expertise e pela sua capacidade de colocá-la a serviço da boa execução das principais estratégias definidas pelos acionistas e Conselho de Administração da companhia.

As relações de trabalho tendem a ser valorizadas muito mais pela confiança na capacidade de entrega dos indivíduos do que no vínculo que eles possam ter com a organização. É assim que as pessoas entrantes no mercado vêm encarando o trabalho. Elas dominam, como em nenhuma outra geração, determinadas expertises e valorizam, com grande apreço, sua autonomia. Não querem ser comandadas, mas entregam, como contrapartida, seu conhecimento, sua accountability e o compromisso pelo que fornecem.

Esse fenômeno, tudo indica, criará pessoas muito mais comprometidas com o trabalho em equipe, o que beneficiará as empresas. Terá um impacto profundo sobre como entendemos hoje a estrutura de poder dentro das organizações. Elas serão mais leves e fluídas, e seus CEOs, muito mais voltados para motivar, envolver e gerenciar talentos criativos e irrequietos do que se manterem como chefes encarregados de impor sua visão de negócio de cima para baixo.

O novo cenário, entretanto, não desobrigará os CEOs de se empenharem, desde os primeiros instantes da sua gestão, em formar seu sucessor. Ao contrário, estando à frente de uma organização que ampliará sua inteiração abrangendo múltiplos e distintos fornecedores e parceiros, esses novos executivos-chefes terão que empregar parte ainda mais significativa de seu tempo na formação dos que o sucederão para garantir que essa capacidade de harmonizar relações mais complexas e delicadas com parceiros externos seja bem compreendida pelos que um dia o substituirão. E, por último mas não menos importante, esse novo estilo de gestão só resultará na perenização da organização, caso uma atenção especial e concentrada tenha como foco desenvolver e manter a cultura da empresa.

Mas de que maneira o novo CEO responderá à aspiração, tanto do ex-executivo-chefe, quanto da própria organização, em manter a cultura estabelecida, as relações que mantêm entre si os empregados que continuam funcionando na empresa? Como o entrante deverá se comportar diante do público interno e externo? São esses pontos que serão tratados no próximo capítulo.

RESUMINDO...

Neste capítulo, falamos sobre os dilemas do CEO que está de saída da sua posição. Alguns deles têm potencial para provocar angústias. Por exemplo: qual será o possível impacto na minha imagem no mercado, quando a notícia da minha substituição se tornar pública? A eventual queda no meu poder aquisitivo repercutirá de que maneira sobre a minha família? Como encaminharei minha carreira a partir de agora, terei de acrescentar novas expertises ao meu currículo? Como vou me apresentar ao mercado?

Tratamos, ainda, da relativa diminuição da relevância do CEO, diante de uma nova organização do trabalho fundamentada na dispersão, pela sociedade, das expertises que são necessárias para as organizações. Perguntamos: o CEO da Apple é importante diante de uma empresa transnacional desta magnitude?

Outra mudança na dinâmica empresarial é a da percepção do tempo, questão também tratada neste capítulo. Tempo continua sendo percebido como um ativo valioso, e frequentemente era confundido com o fator determinante da perenidade de uma organização: quanto mais tempo seus integrantes permaneciam em seus postos, mais próxima estaria a infinitude da empresa. Esse conceito cai por terra, e as empresas candidatam-se à perenidade muito mais pela capacidade de manter sua missão em conexão com seus fornecedores de expertises do que preservar por anos equipes próprias.

Capítulo 14

Os Dilemas da Ascensão à Posição de CEO

O processo de sucessão de um CEO é muito mais do que uma mera dança das cadeiras. Está mais próximo de uma coreografia complexa, que se desenrola em diferentes cenários. Os movimentos dos envolvidos nessa troca de direção podem se dar com passos precisos e suaves, mas também pode haver pés pisados e até mesmo rasteiras e pernadas nos salões corporativos. Há, portanto, maneiras particulares de como se dá a troca do comando supremo de uma organização. Neste capítulo, tratamos dos dilemas os quais um futuro CEO vivenciará até alcançar o posto executivo mais alto de uma empresa.

CEOs entram nas suas salas e chegam até as suas mesas por duas portas distintas. Pela primeira, uma porta interna, eles vêm dos escalões inferiores da própria empresa, muitas vezes depois de nela trabalharem por vários anos. A segunda porta abre-se para a rua. Por ela chegam aqueles CEOs contratados no mercado. Quase sempre são chamados para ocuparem o posto por um tempo determinado, em geral três anos, período no qual se comprometem a entregar determinados resultados financeiros, reposicionar a empresa no mercado ou promover mudanças estruturais na organização.

A experiência mostra que o executivo-chefe que veio galgando posições dentro da empresa ao longo do tempo possui melhores chances de ser bem-sucedido no posto do que aquele que vem de fora. O porquê disso é fácil de entender. O CEO oriundo "de casa" conhece a cultura da organização, já sentiu no seu dia a dia quais são os pontos fortes e fracos que favorecem ou perturbam o crescimento da empresa e sabe qual é a estratégia futura da companhia para se manter competitiva no mercado.

Essa familiaridade, no entanto, é também o calcanhar de aquiles desse executivo, uma vez que, por não conseguir se desvincular da influência da sua trajetória profissional, ele pode tornar-se conservador e ter dificuldades em inovar ou tomar à frente de mudanças profundas necessárias para a organização. Há ainda mais um desafio para esse executivo-chefe "da casa": como ele enfrentará as oposições e divergências com aqueles que até há pouco eram seus pares na hierarquia? Terá coragem de colocar em prática as propostas que vinha apresentando e que divergiam daquelas feitas pelos demais colegas?

Essas são questões delicadas e vitais para um CEO entrante. O fato de ele ter crescido na organização, estar aculturado ali e com uma determinada identidade já estabelecida entre os integrantes pode se transformar em um obstáculo importante ao seu trabalho. Ele precisará dizer, rapidamente, a que veio e o que deseja ao assumir aquela posição, do contrário, sua autoridade poderá ser questionada já nos primeiros minutos do jogo.

SEM LIGAÇÕES AFETIVAS

Por sua vez, o CEO que vem do mercado não tem tal peso sobre as suas costas. Não há ligações afetivas, emocionais ou filosóficas com a empresa e seus empregados. O contrato que firmou com o Conselho de Administração está bem definido em relação às entregas esperadas, como também a duração da sua gestão, a remuneração, bônus e benefícios que receberá e outras tratativas.

Se esse distanciamento é capaz de dificultar o engajamento dos empregados antigos às mudanças propostas pelo CEO originário do mercado, por outro lado pode ser um fator desejável em algumas circunstâncias corporativas. Exemplo disso seria o de uma empresa com sérios problemas de imagem, como uma grande empreiteira condenada por corrupção, que procura um executivo-chefe externo que possa resgatar a confiabilidade da organização. Sem vínculos com o staff antigo e com credenciais que o colocam acima de suspeitas, esse CEO seria capaz de mostrar para o mercado que aquela organização está se reinventando, para melhor, em um novo ciclo corporativo. Ou seja, com sua percepção positiva pelo mercado, este CEO aporta credibilidade e confiança à empresa perante os stakeholders e o mercado.

Outra circunstância em que os valores, identidades e capacidades de realização de um CEO externo podem ser transferidos à organização surge no momento em que esta necessita melhorar seu desempenho. Este profissional poderá trazer uma inteligência técnica, decorrente da sua experiência ou formação, promovendo uma disrupção tecnológica, recuperando a empresa financeiramente ou reposicionando a organização no mercado. Ou seja, esse CEO externo é convidado a juntar-se à empresa por ser reconhecido como portador de determinadas competências, entre elas a sua capacidade de atuar de maneira destemida e tomar decisões com firmeza e agilidade.

Entretanto, há entre os CEOs, não importa se passaram anos na própria organização ou são recém-chegados a ela, que ao promoverem uma reviravolta no negócio, não se preocupam em manter a cultura da empresa, mas sim em transformá-la, assim como buscam desenvolver novas formas de conduzir as equipes por meio de demissões e contratações de gestores e diferentes ações de engajamento dos colaboradores. Para eles, o que está na primeira linha da lista de prioridades é atingir as metas acordadas com o Conselho de Administração e, dessa forma, solidificar sua posição de poder perante os públicos internos e externos da organização.

Tal constatação nos remete a uma reflexão sobre quais são, afinal, os principais motivos que levam alguém a querer se sentar na cadeira de um CEO. Como foi dito no parágrafo anterior, duas das principais razões quase sempre são desfrutar do status e da influência decorrentes de ocupar o mais alto posto executivo em uma organização e imprimir sua marca nos stakeholders e na sociedade, ao trabalhar em prol daquilo em que acredita. Uma vez dono dessa cobiçada posição, seu novo ocupante mostra ao mundo como gerenciou bem sua carreira, e como ele cresceu e o que é capaz de realizar.

Essa postura pode se limitar a acariciar o próprio ego, ou, ao contrário, ter uma dose de altruísmo, ao validar uma causa pessoal que propõe mudanças e, para tanto, necessita de mais poder de decisão e de influência para viabilizá-las. Exemplo disso é o que fez a psicóloga Viviane Senna, que após a morte do irmão, o piloto Ayrton Senna (1960–1994), criou o Instituto Ayrton Senna, uma ONG que tem como propósito o investimento no progresso da educação infantil.

Mas mesmo que a perspectiva de vir a ser respeitado e obedecido por toda uma organização possa parecer algo atraente e desejável por muitas pessoas, os futuros CEOs podem ter dúvidas e receios ao surgir a oportunidade de assumirem essa posição. E não só eles. Também outros integrantes da organização envolvidos no processo de sucessão do executivo-chefe, como o antigo CEO que deseja fazer seu sucessor; o conselho de administração; ou os donos da empresa, podem se sentir indecisos no momento de dar esse passo. Será que o novo CEO será capaz de manter a empresa com o seu bom funcionamento, ou recuperá-la, caso esta ande mal das pernas?

Estas dúvidas, é claro, são também compartilhadas pelo CEO que está se preparando para assumir o cargo. E não dizem respeito apenas à performance profissional. Há outras, de cunho mais íntimo, que também lhe ocorrem. Afinal, mesmo que possam ser vistos como os super-homens do mundo corporativo, CEOs são pessoas que, como todos nós, têm suas dúvidas e inseguranças. Aqueles que trabalham como coaches ou mentores desses executivos sabem bem disso.

INSEGURO EM SER UM CEO

Ainda que pareça paradoxal para aqueles que não têm tanta proximidade com o topo do universo corporativo, há candidatos a CEOs que declaram não estarem interessados em ocupar tal posto, mas não conseguem evitar que a sua performance e outras circunstâncias na empresa os empurrem para o cargo mais alto da organização. Outra situação também pode surgir: esses executivos em ascensão querem ocupar a posição, mas sentem-se inseguros quanto à sua capacidade plena para enfrentar todos os desafios que o novo posto colocará diante deles.

Em uma entrevista, um CEO recém-empossado no cargo dizia, para a sua coach, que sentia não ter o talento nem a vontade plena de estar naquela posição. A coach argumentou: "Você já é um CEO, o que é necessário é identificar as necessidades da organização para saber que habilidades deverá desenvolver. Será preciso ter franqueza com a sua equipe e admitir que você não tem todos os talentos requeridos para o cargo. E, ainda, entender que tipos de alianças terá que firmar com o mundo ao seu redor para atender tanto à sua necessidade de êxito quanto às necessidades da organização."

Esse CEO terá de aprofundar-se sobre os seus potenciais e reconhecer que necessitará do apoio de colaboradores que tenham as habilidades que ele não possui. E são várias as habilidades que ele deverá possuir. Capacidade de identificar tendências e sinais de mudança à frente, e se posicionar diante delas. Será preciso, também, ter destemor para tomar decisões, mesmo aquelas incômodas e que trazem algum risco. A disciplina operacional é algo obrigatório para esse CEO, bem como ter obsessão por resultados.

Mas o novo CEO terá de ir além de apresentar uma boa performance no dia a dia da empresa. Ele terá de ter o potencial para responder às demandas futuras da organização. Porque um CEO não é escolhido apenas para as demandas atuais, mas para atender às necessidades futuras da organização. Ele tem entendimento das necessidades de crescimento e transformação do negócio? Consegue prever as novas demandas de mercado?

O que essas perguntas buscam como respostas é a avaliação do repertório que esse executivo traz. O que ele precisa conhecer? Que grau de ambição é necessário para enfrentar obstáculos e ser um líder pleno? Sim, ambição é a palavra, e, podemos acrescentar, outra qualidade desejada é a resiliência para se recuperar ou se adaptar a eventuais adversidades no comando da empresa.

Adversidades? Mas que adversidades poderiam ser essas?

Quando o CEO que está chegando ao posto conta com o pleno suporte dos demais integrantes da equipe, do Conselho de Administração e também do antigo CEO que está em processo de desligamento, haverá alguma garantia inicial de que essa transição poderá transcorrer sem maiores dificuldades. Tudo isso, no entanto, ganhará significado na dependência da capacidade pessoal do líder, do seu feeling, do seu jeito de atrair e manter os outros ao seu redor e da sua fidelidade ao contrato que com ele foi acertado.

Diante de uma transição de poder que não seja inteiramente fraterna, o novo executivo-chefe deverá preparar-se para enfrentar questões que exigirão uma reflexão e conhecimento sobre as suas próprias forças. Ele pode se perguntar: o quanto eu tenho de domínio sobre o que eu estou fazendo e o quanto sou dominado pela estrutura e hierarquia da organização? Até que ponto esses fatores externos a mim me impedem de expressar todo o meu potencial? Eu quero ocupar esse cargo, mas estou pronto para dizer "não"? Estou pronto para desafiar o contexto em que estou inserido com proposições novas? Qual será a primeira decisão que eu tomarei que poderá ser conflitante com tudo o que vinha sendo feito na organização até então?

Tais questões remetem-nos a reflexões que dizem respeito à estabilização do novo CEO na sua posição. Por exemplo, o modelo de gestão até então vigente — no qual se incluem a cultura empresarial, a qualidade das relações entre os membros da organização e os rituais de liderança — era praticado e validado pelo CEO que está de saída. Isso coloca o novo executivo-chefe diante de uma decisão: para que ele se consolide na nova posição, será necessário manter o equilíbrio entre o "antes era assim" com as suas novas determinações, que soam como "nunca mais será assim" ou "agora quero desse jeito".

É um momento de grande importância no qual o executivo-chefe entrante terá de construir, passo a passo, a partir do seu projeto, as alianças necessárias para viabilizar a nova fase da gestão. São alianças a serem feitas principalmente com os seguintes personagens:

- Com o CEO que está saindo, realizando um processo de transição que garantirá a distinção de papéis, responsabilidades e autoridade.
- Com a equipe que agora estará sob o seu comando. Mesmo que o novo CEO já conhecesse os integrantes que passará a chefiar, será preciso iniciar um novo pacto com eles.
- Com o Conselho de Administração, no processo de negociação de resultados e estratégias da companhia.
- Com os funcionários, dando clareza e objetividade à sua missão. O que se espera deles, para onde a organização caminhará, como os negócios serão tocados. A qualidade das relações entre os membros da equipe vai emergir nesse momento. Se essas relações forem boas, vão se potencializar, serão positivas. Se houver desafetos, isso também surgirá, e terá de ser resolvido de alguma forma.
- Com os stakeholders mais importantes.

- Com os "territórios" existentes na organização quando, em alguns casos, há necessidade de pactos de "não invasão" do espaço que cada um ocupa. Por territórios podemos entender algumas instâncias da empresa já consolidadas, que apresentam desempenho satisfatório e cuja intervenção do CEO poderia ser desnecessária e ter efeitos negativos. Um exemplo seria uma área de Pesquisa & Desenvolvimento eficiente de uma indústria química. Por sua complexidade técnica e necessidade de uma gestão de talentos diferenciados, essa P&D poderia se transformar em um "vespeiro", caso fosse cutucada, indicando ser mais produtivo deixá-la funcionar em sua própria dinâmica.

Tratamos desse assunto nas primeiras linhas deste capítulo, mas vale a pena discorrer um pouco mais sobre esse tópico, pois ele costuma ser de grande importância para a estabilização do novo CEO diante dos demais integrantes. Assim, este executivo-chefe recém-chegado deve se perguntar se está pronto para manter as críticas e discordâncias que vinha manifestando antes de ser alçado até o mais alto cargo executivo da empresa. Agora o CEO terá de executar o que propõe, mostrar a que veio, e deverá arcar com as consequências de suas decisões.

DIFICULDADES EM DEIXAR O PODER

De novo, CEOs são seres humanos como quaisquer outros e, portanto, passíveis de caírem vítimas de fraquezas como apego ao poder, inveja ou ressentimentos. Os conflitos decorrentes disso podem ocorrer em um processo de sucessão em que o antigo CEO tenha dificuldades em abrir mão do seu poder, mesmo quando acredita que é chegado o momento de deixar o posto para um executivo que atenderá com diferentes visões as necessidades futuras da organização para continuar levando-a à frente.

Há inúmeros casos que mostram isso. Empresas familiares em que o antigo CEO aparentemente concorda em abrir espaço para um novo executivo, também integrante da família, mas que continua a frequentar a empresa todos os dias mantendo, inclusive, sua sala próxima àquela do CEO recém-empossado. Em outras organizações, já se viram casos de antigos CEOs que nas reuniões do Conselho de Administração chegam a gritar com o atual CEO, como faziam no período em que ainda exerciam o mandato de executivo-chefe e o novo comandante era seu subordinado.

Nesses momentos, a transição assume ares de disputa e competição. Mesmo que isso não se revele de maneira explícita, ela se mostra em ações de desqualificação dos movimentos do CEO entrante; em tentativas de tentar mostrar que este não está ainda preparado para as exigências do posto, e outros atos que buscam desqualificar o ocupante da cadeira. Algumas vezes tal disputa se dá em silêncio, sem que nenhuma palavra seja dita.

Como aconteceu quando um conhecido CEO deixou seu posto para o seu sucessor, ao ser transferido para outro país. Na passagem do comando ocorreram os discursos de agradecimento e boas-vindas de praxe. Mas o antigo ocupante da posição deixou alguns pertences pessoais na sala ocupada por ele ao longo dos 20 anos em que esteve à frente daquela posição. O que era como se ele estivesse dizendo: "Eu não fui embora."

Uma outra empresa, que é controlada por uma família há gerações, mantém as fotos de seus antigos presidentes na sala usada pelo CEO. Uma das fotografias mostra um dos mais proeminentes líderes do grupo, já falecido, acenando com a mão. Na moldura, está escrito: "Até logo!" Convenhamos, não deve ser fácil para o atual CEO livrar-se das comparações e tomar a iniciativa de mudar o que foi feito pelos antigos executivos, quando estes ainda estão olhando para ele, da parede, dizendo que voltarão logo.

Uma maneira de enfrentar esses atropelos em um processo de troca de CEOs e escolher com maior precisão o novo executivo, fortalecendo-o, é executar um, digamos, checklist das expectativas e crenças daqueles que convidam um novo executivo-chefe para o posto, incluindo entre eles o CEO que está deixando o seu posto. São pontos de reflexão como os que se seguem:

Questões a serem refletidas pelo Conselho de Administração, ou, na ausência dele, pelas pessoas envolvidas na escolha do próximo executivo:

- Quais foram os atributos valorizados na escolha do novo CEO?
- Para qual projeto da empresa o CEO escolhido terá mais serventia?
- Quais as dúvidas sobre ele que persistem?
- Quais os projetos da organização ele terá facilidade ou dificuldade em tocar, levando-se em conta o seu conhecimento, habilidades, competências, vocação e estilo?
- Quais as barreiras ele terá de superar?
- Quais são os riscos de ele não se ajustar bem ao que a empresa precisa realizar?
- O que o fará ser aceito pelas equipes? De que tipo de apoio ele necessitará?
- Como a diretoria enxergará o novo CEO? Quais são os riscos que essa relação coloca e quais os ajustes necessários para melhorar esse relacionamento? A diretoria atua de uma maneira integrada e harmônica?
- O que ele deve fazer para se legitimar?
- Qual o impacto do novo CEO na empresa e no mercado?
- Qual o foco essencial para o seu começo?
- O que o Conselho espera dele? Como será seu relacionamento com o Conselho e quais os riscos embutidos nessa relação?

- O que o novo CEO deverá fazer de diferente da maneira como a empresa vinha sendo tocada até então?
- Qual é o custo que ele está disposto a pagar?

Um processo de sucessão em que os tópicos levantados nesse questionário sejam respondidos de maneira positiva e genuína fará com que a chegada do novo executivo e a partida do antigo se deem de maneira mais suave, impactando o menos possível os negócios da companhia. Com esse cuidado, situações de conflito entre os executivos, como foram exemplificadas anteriormente, tenderão a desaparecer.

Deve-se lembrar ainda que esses conflitos em potencial não surgem apenas entre os dois CEOs, mas também costumam envolver as demais lideranças da organização. Exemplo disso ocorre quando houve competição entre outros candidatos ao cargo de executivo-chefe. Esses outros integrantes da organização em algum momento receberam, ou imaginaram receber, um sinal de que eles também eram elegíveis para posição e, ao não serem escolhidos, podem se sentir protelados e infelizes.

Na maior parte das vezes, essa disputa não se torna uma luta aberta entre esses personagens. Esse estranhamento entre quem foi escolhido e os que eram cotados surge como uma questão velada. Mesmo que isso não chegue à superfície, sentimentos de decepção ou inconformismo costumam ser gerados. Esse mal-estar cria uma série de dilemas: "Eu vou apoiar esse CEO? Vou ter mantida a minha autonomia na organização como antes? Vou conseguir me adaptar à maneira como ele trabalha, a qual conheço de quando estávamos no mesmo nível hierárquico? Ele mudará radicalmente a nossa dinâmica de trabalho?"

Nas organizações em que o novo CEO veio dos próprios quadros da empresa, há uma maior facilidade para que tal estranhamento se dissipe, graças a uma composição de forças e expectativas. Nos casos em que o executivo-chefe é trazido do mercado, não é incomum que a governança seja recomposta de uma maneira mais profunda, o que costuma provocar a saída de executivos ligados aos níveis de decisão da organização. Isso porque, mostra a experiência, um CEO vindo de fora da empresa tem pouca chance de entregar os resultados para os quais foi contratado, caso não traga junto para a sua nova posição uma equipe com a qual já está habituado a trabalhar. Mas, em contrapartida, é necessário que ele tenha, ainda, a capacidade de identificar rapidamente os talentos, valorizá-los e transmitir seus propósitos com firmeza.

QUEBRAR A INÉRCIA

Vindo de fora ou dos próprios quadros da empresa, os CEOs recém-chegados no cargo sempre promovem uma quebra na inércia do negócio. O impacto da entrada em cena de um novo executivo-chefe poderá ser maior ou menor, na dependência do encaminhamento da troca desses profissionais, mas sempre existirá. Quebrar a inércia e o acomodamento é visto como algo desejável, mas toda mudança na dinâmica de funcionamento de uma organização é um momento de crise. O resultado dessa turbulência pode ser tanto a chegada de um período de progresso, como fazer com que a companhia perca "altitude" ou "entre em parafuso".

A experiência mostra que na maioria dos casos há uma queda natural no desempenho da empresa, quando esta passa por uma troca de comando. A inteligência que o novo CEO deve exercer é, além de prever essa perda de altitude no voo da organização, saber quanto tempo e em que velocidade ele será capaz de, primeiro, voltar ao resultado anterior e, em seguida, superá-lo. Esse é um momento crucial para o CEO recém-chegado ao cargo. Suas decisões passarão a ter um outro peso e significado. Ele se verá obrigado a pensar, talvez de uma maneira que nunca havia feito, qual será a importância das suas decisões e quais os impactos que elas provocarão tanto na organização quanto no seu entorno. Deverá, também, estar preparado para algumas perdas. Os bons resultados têm grande possibilidade de acontecerem, mas a quebra da inércia da qual falávamos, inevitavelmente, fará algumas vítimas humanas ou provocará danos corporativos.

Portanto, como não poderia deixar de ser, os primeiros passos do executivo-chefe sempre geram expectativas em relação à sua performance. "Ele é o melhor que já tivemos por aqui, sabemos que ele continuará a colocar a empresa em movimento, mas para onde?", é o que provavelmente se perguntará a cúpula da organização, quando o novo executivo veio dos quadros da própria companhia.

Se o novo CEO vem de fora, a expectativa costuma ser ainda mais aguda. "A empresa estava nesse ritmo de crescimento (ou de queda), então trouxemos esse profissional do mercado para realizar as transformações de que nossa empresa precisa, mas isso poderá levar tempo. Será que ele vai conseguir desempenhar bem? E como lidará com o restante da organização?" Aqueles que o trouxeram para a empresa temem que o novo executivo não seja capaz de fazer as entregas para as quais foi contratado e se sentirão responsáveis por um eventual fracasso.

Mas já nos parágrafos finais deste capítulo, talvez seja pertinente uma rápida reflexão. Vindos de fora da empresa ou ascendendo até o posto de CEO pelas escadas internas da organização, onde e como nascem esses executivos-chefes? A princípio, eles podem estar em qualquer nível hierárquico da empresa e, dadas as condições ideais de temperatura e pressão, formam-se, crescem e tornam-se habilitados para a maior função executiva das empresas.

Para descobrir esses potenciais líderes, é preciso garimpar até mesmo no quarto nível da hierarquia empresarial. Mesmo em um processo de seleção de trainees, ao olhar para eles, é preciso acreditar que naquele momento podemos estar diante de um futuro e poderoso CEO. As boas organizações já disporão de toda a formatação de critérios e modelos para identificar entre os seus integrantes aqueles que podem responder a treinamentos e oportunidades que os possibilitem desenvolver em sua totalidade suas capacidades de líder.

Para isso, repetimos, é preciso elaborar critérios de validação, de qualidades pessoais e técnicas e de experiência para serem cruzadas em uma perspectiva de futuro e, assim, formar um banco de pessoas que possam ser aproveitadas. Avaliar, utilizar métodos científicos, acompanhar a performance, dar desafios, medir impactos, destacar potencial. Mais ainda: desenvolver as capacidades requeridas, emocionais, racionais, intelectuais, espirituais, sociais etc. Essa iniciativa colocará esses, digamos, trainees de CEO, na cascata de eventos criada no processo de sucessão, quando um CEO deixa a empresa.

Nem todos os executivos-chefes que estreiam no novo cargo têm uma gestão feliz e eficaz. Uma série de fatores podem interferir para determinar uma gestão fraca, como já tratamos anteriormente. Mas também é natural que outro bom número deles tenham sucesso e mereçam se tornar referências para o mercado. A seguir, no Capítulo 15, examinaremos de perto exemplos de sucessão de CEOs e como cada personagem envolvido se comportou em seu contexto.

RESUMINDO...

Mostramos neste capítulo que CEOs vindos da hierarquia da própria empresa que comandarão e aqueles que são contratados no mercado, sem terem convivido anteriormente com os demais integrantes da organização, têm estilos de gestão diferentes, com vantagens e desvantagens para a organização. CEOs originários na empresa tendem a manter a sua cultura da e conhecem melhor o modo de funcionar dos seus colegas, o que facilita em alguns momentos a sua gestão. Já aqueles originários do mercado têm a vantagem e maior flexibilidade de poderem realizar mudanças necessárias de forma mais rápida em suas companhias, enfrentando menos obstáculos para implementá-las.

Mas essas duas qualidades de dirigentes costumam enfrentar os mesmos dilemas e desafios ao assumirem o novo posto. Terão de lidar com a força da tradição das práticas consagradas, que lhes colocarão em oposição às velhas maneiras de administrar. Se estiverem em empresas familiares, essa resistência será ainda mais feroz. Enfrentarão a impopularidade ao efetuarem cortes de pessoal e de investimentos, quando isso for exigido, e por demitirem antigos profissionais ao montarem suas próprias equipes. E, a todo momento, terão sobre si os olhos críticos dos proprietários e conselhos, prontos para manifestarem a sua insatisfação, caso as metas acordadas não sejam atingidas.

Capítulo 15

Exemplos Reais

COMO CHEGUEI À PRESIDÊNCIA! — ALGUNS CASOS PRÁTICOS

Mas sejamos práticos e examinemos alguns casos reais de executivos que efetivamente ocupam, ou ocuparam recentemente, o posto de principal dirigente de suas importantes empresas. Não nos importaremos aqui com o título específico dado em cada caso a esse cargo (CEO, gerente-geral, diretor-geral ou outro). O que importa é como cada um deles chegou lá: que caminhos trilhou para isso? A partir de que ponto sua carreira profissional o colocou na direção certa para que viesse a aterrissar nesse posto? Para facilitar a descrição de cada caso, assim como a comparação entre eles, chamaremos sempre de CEO o executivo focalizado.

O CEO DA PRATI-DONADUZZI

Vejamos primeiro o exemplo de Eder Maffissoni, presidente do laboratório farmacêutico Prati-Donaduzzi, fundado em 1993 em Toledo, no estado do Paraná, pelos irmãos Luís e Arno Donaduzzi e por Celso Prati. Embora tenha sido criada há um quarto de século, a empresa cresceu rapidamente e emprega hoje 4.300 colaboradores, produzindo 182 diferentes medicamentos, com 1.384 apresentações registradas na Anvisa, das quais 1.120 são de medicamentos genéricos, além de uma linha de suplementos alimentares. O laboratório produz cerca de 12 bilhões de doses terapêuticas por ano,[1] é hoje a maior fabricante de medicamentos genéricos do país e previa, para 2016, uma receita de R$1 bilhão.[2]

Eder Maffissoni é o presidente desde janeiro de 2016. Formado em Direito, ele foi admitido na companhia em 2002, por sua experiência em... TI! Começou na área financeira, fazendo análises de custos, mas essa experiência não durou mais do que dois meses; logo em seguida lhe pediram que passasse a atuar na criação do Departamento de Compras. A empresa era pequena, então, não tendo mais do que 160 funcionários.

Eder ficou seis anos e meio nessa área, que fez crescer e sofisticar-se, seguindo o movimento de crescimento da própria companhia. A área acabou se transformando, então, em um Departamento de Suprimentos que, mais tarde, virou uma Diretoria. Durante sua atuação em gestão de Suprimentos, Eder qualificou fornecedores no exterior e fez muitas viagens para diferentes países, como Índia, China, países europeus e EUA, a fim de conhecer os fabricantes das matérias-primas adquiridas pelo laboratório.

Sua experiência na empresa incluiu ainda passagens pela Contabilidade, Logística e Distribuição (hoje a empresa tem 28 unidades de Distribuição espalhadas pelo país). Depois disso, ele foi para o Marketing e tornou-se o Diretor Comercial, cargo em que permaneceu até 2011. Em 2012 assumiu uma vice-presidência, já criada com o objetivo de prepará-lo para a presidência.[1] Sua chegada a este cargo, em janeiro de 2016, marcou também um momento importante no processo de profissionalização da empresa, com a ida do presidente anterior e principal acionista, Luiz Donaduzzi, para o Conselho de Administração, depois de vinte e dois anos à frente da companhia.[3]

"Quando fui escolhido para a presidência, uma consultoria especializada foi contratada para trabalhar comigo, no mapeamento de minhas competências, na manutenção de meus pontos fortes e no fortalecimento de minhas fragilidades", conta Eder. "A finalidade era especificamente meu desenvolvimento e minha preparação para o cargo de diretor-presidente."[1]

Que formas assumiu essa preparação? Eder foi fazer um curso na Kellogg School of Management da Northwestern University, em Evanston, Illinois (EUA) e, além de continuar trabalhando estreitamente ligado ao presidente e principal acionista da empresa, foi também cursar no Insead (importante centro de desenvolvimento de altos executivos de âmbito internacional localizado em Fontainebleau, França, próximo a Paris), em 2012, o programa GEP (Gestão Estratégica de Pessoas) e, em 2013, o PGA (Programa de Gestão Avançada), no qual trabalhou sobre temas como: macroambiente, governança corporativa, gestão estratégica e gestão global. Em 2015–2016, ele fez também um MBA em Gestão Estratégica da Inovação Tecnológica no Setor Farmacêutico, na Unicamp.[4] "Fiquei quatro anos aprendendo sobre o mercado e sendo desenvolvido em gestão para poder assumir a posição atual", disse ele em entrevista.[1]

Não há elementos suficientes para uma análise em profundidade dessa trajetória do atual presidente do laboratório, mas algumas questões parecem bem claras: o executivo passou por várias mudanças de curso em sua carreira na empresa, que começou na área de TI em 2002 e culminou com a presidência 14 anos depois. Nessa trajetória, ele mudou de área quatro vezes, de TI para Compras, daí para a Contabilidade, então para a Distribuição, em seguida para a área Comercial. Ficou mais tempo em Compras e Suprimentos (seis anos e meio), onde certamente já desenvolveu um conhecimento sólido do mercado dos produtos farmacêuticos, das peculiaridades desses produtos e das complexidades envolvidas no mercado de suas matérias-primas.

É notório que, em determinadas indústrias, a farmacêutica inclusive, a experiência em Compras e Administração de Materiais pode ser tão decisiva para o desenvolvimento de uma efetiva atitude em Comercialização, quanto aquela que geralmente se obtém dirigindo a área de Vendas. Não será arriscado demais afirmar que deve ter sido seu ótimo desempenho dirigindo Compras, área tão estratégica de uma empresa do ramo farmacêutico, que ele conquistou em definitivo a total confiança dos acionistas para ser cogitado para a presidência, alguns anos depois.

Entretanto, com certeza foi seu deslocamento para a área Comercial que deve tê-lo feito pensar na presidência de modo mais concreto. É provável que essa ideia já tivesse lhe passado antes pela cabeça, mas essa última mudança foi, sem dúvida, decisiva. E seus parcos oito meses como Diretor Comercial & Marketing[4] foram suficientes para confirmar uma excelente opinião que os acionistas já deviam ter dele desde muito tempo antes, e que os levou à decisão de designá-lo para uma diretoria, recém-criada especialmente para recebê-lo e para prepará-lo, como candidato único, para a sucessão do presidente!

O CEO DA AMGEN

Mauro Loch é o presidente da Amgen no Brasil, empresa internacional de biotecnologia, que desenvolve moléculas a partir de anticorpos humanos e atingiu um faturamento de US$22,9 bilhões em 2016 (6% a mais do que em 2015), sendo responsável pela operação de uma fábrica e 400 funcionários no Brasil. Ele é gaúcho e formou-se em administração hospitalar. Trabalhou por 12 anos no laboratório Eli Lilly, no qual ingressou em 1993. Em seguida, foi para a Baxter Health Care, primeiro como diretor de unidade no Brasil e depois como General Manager no Chile. Lá, participou de um curso intensivo de finanças, oferecido por uma universidade local e a Universidade de Notre Dame (EUA), e também cursou MBA na Universidade Católica do Chile. Foi em seguida para a CR Bard, onde foi responsável pela operação da América Latina.

Loch comenta sua estratégia pessoal para evoluir na carreira: "Sempre tive comigo que devia estabelecer dois passos à frente, ou seja, decidia quais seriam as duas próximas funções que gostaria de exercer. Isso funcionou bastante bem. Mas, quando assumi pela primeira vez uma diretoria, realmente parei para pensar aonde queria chegar. E vi que isso implicaria em me mudar para fora do país, em buscar uma experiência internacional e em me sujeitar a uma carga de viagens muito maior. Mas decidi que, depois dessa primeira diretoria, eu queria chegar a uma gerência geral."[5]

Nesse comentário, Loch mostra algumas coisas interessantes. Em primeiro lugar, sua capacidade de planejar seriamente a carreira; ele não queria mudar de cargo apenas pela comparação entre o cargo em que estava e o outro para o qual iria. Diferentemente disso, ele fazia suas escolhas com base em uma visão mais ampla da carreira, vendo-a mais de cima, em uma espécie de "helicopter view", como às vezes se costuma dizer. Além disso, ele decidiu que, pretendendo chegar ao topo em uma empresa, era forçoso que se expatriasse e aceitasse todas as demandas próprias de um cargo internacional.

Loch prossegue em sua entrevista: "A experiência que mais me marcou, mais me desenvolveu e me amadureceu, foi quando eu estava na farmacêutica Baxter e fui transferido para o Chile: fui obrigado a gerenciar uma operação que estava em uma situação financeira bastante complicada, sem domínio da língua espanhola e sem conhecer a cultura do país. Mas ter de reverter uma situação financeira e de falta de estratégia de longo prazo nessas condições é algo que desenvolve muito a gente."

E ele prossegue: "Também foi essa a minha primeira experiência na qual eu era o número um da empresa e não tinha ninguém ao meu lado para trocar ideias ou calibrar decisões. Meu chefe ficava nos Estados Unidos, e a operação chilena não representava muito para a corporação. Todas as experiências me marcaram, mas essa me amadureceu bastante. Para enfrentar uma situação como a do Chile, a primeira coisa é ter força de vontade, não se pode desistir, é preciso ter energia e se motivar. Sem autoestima e automotivação não se consegue sobrepor a esses desafios."[5] Ele fala, nesse trecho da entrevista, principalmente de três coisas fundamentais na carreira do CEO: a primeira delas é a inevitabilidade de ter de lidar com problemas estratégicos urgentes sem poder errar: a situação era bem clara em seu caso — era vencer ou vencer! A segunda menção importante é sua revelação da solidão do cargo de CEO, uma condição verdadeira, da qual muitos presidentes de companhias se queixam, quando podem fazê-lo sem correr o risco de ser vistos como fracos (e, no caso deste presidente, uma condição agravada por seu desconhecimento da língua e da cultura locais). O terceiro aspecto lembrado diz respeito à automotivação: até mesmo porque trabalha geralmente muito só, o presidente tem de ser capaz de extrair de dentro de si a energia necessária para ir adiante.

Mauro Loch, como se vê, focou sua carreira inteiramente na área de produtos médicos, desde que se iniciou nela, em 1993, no laboratório Eli Lilly, onde ficou por 12 anos. Teve uma grande escola: a Lilly é tida como uma empresa tradicionalíssima, de forte reputação em seus 136 anos de história. Foi fundada em Indianapolis (Indiana, EUA), pelo Coronel Eli Lilly, farmacêutico e veterano da Guerra Civil, que, frustrado pela baixa eficácia dos medicamentos em sua época, decidiu ter uma companhia que produzisse medicamentos de alta qualidade, aprovados por médicos e cientistas. Essa vocação inicial da empresa para a pesquisa e a inovação jamais foi deixada de lado, constituindo sempre o âmago de sua cultura.[6] Na Baxter e na Bard, portanto, fica evidente que Loch tirou proveito da grande experiência que havia tido nessa primeira grande empresa farmacêutica.

É oportuno observar que sua trajetória até a posição de CEO (na Baxter — Chile) levou 13 anos, sendo 12 deles na Lilly e um ano na Baxter no Brasil. Ainda assim, seu depoimento deixa perceber que ele, na realidade, interpretou essa expatriação de quase quatro anos mais como uma etapa de transição, em que viveria experiências que melhor o prepararam para dirigir uma empresa.

O CEO DA ACCOR

O grupo Accor é o maior grupo de hotelaria de business do mundo. Dono de 16 redes diferentes e cerca de 4 mil hotéis no mundo, ele oferece um tipo de acomodação para cada perfil. Ibis, Ibis Budget, Mercure, Novotel e Sofitel são suas principais marcas e estão presentes no Brasil, cobrindo desde a hospedagem econômica até as mais sofisticadas.

Para acompanhar as mudanças trazidas pelas novas gerações, o grupo lançou no final de 2016 uma nova marca, "Jo&Joe", uma espécie de hostel b&b (*bed & breakfast*), com bar e espaço de convivência. "Criamos a marca Jo&Joe para uma geração digital", diz a head de web digital da AccorHotels na América do Sul, Rabeea Ansari. Até 2020, a Accor planeja ter 50 unidades da Jo&Joe em várias cidades do mundo, inclusive São Paulo e Rio de Janeiro.[7]

"Em março de 2015, o presidente mundial da Accor precisava substituir Roland de Bonadona, que então era o presidente da Accor América do Sul, e me deu a chance de assumir a função, o que ocorreu em primeiro de julho", conta em uma entrevista Patrick Mendes, um executivo francês que efetivamente substituiu Bonadona e é atualmente o presidente da Accor América do Sul. "Mas não cheguei à presidência de surpresa: quatro anos antes, quando cheguei ao Brasil, já tinha em minhas previsões a ideia de vir a ser o presidente para a América do Sul, uma posição altamente prestigiosa."[8]

Mendes não menciona em sua entrevista, mas seu currículo no LinkedIn aponta uma vasta experiência executiva na área da Hotelaria em vários países (França, Espanha, País de Gales, Portugal e Estados Unidos), antes de chegar ao Brasil.[9] Mas, em vez dessa bagagem invejável, ele prefere enfatizar a importância dos treinamentos que recebeu *on the job* no Brasil e o precioso aconselhamento que teve de seu antecessor, a quem viria a substituir em breve:

"Nesse processo para chegar à presidência, o Roland de Bonadona me ajudou muito. Para ele, era fundamental transmitir seu legado para alguém de confiança; por isso ele também participou da escolha, embora a decisão final tenha sido do nosso presidente mundial. Mas Bonadona participou ativamente tanto na minha preparação quanto na escolha e no estabelecimento de uma relação de confiança. Tivemos quase um ano de transição. Minha nomeação foi anunciada em março, mas eu já sabia da mudança desde o início do ano. E, após eu assumir, o Bonadona ainda ficou comigo como conselheiro. Então foi um processo de transição de oito meses a um ano."[8]

O CEO DA EMBRAER

O atual presidente da Embraer, Paulo Cesar de Souza e Silva, assumiu a presidência em julho de 2016, em substituição a Frederico Curado. Formado em economia e com MBA pela Universidade de Lausanne, na Suíça, Silva está na companhia desde outubro de 1997,[10] tendo ingressado como VP de Financiamento de Vendas. Já tinha, então, 24 anos de experiência em posições executivas em bancos e instituições financeiras internacionais.[11]

Em seu último cargo na Embraer antes da presidência, dirigiu a divisão de jatos comerciais, área responsável pela maior parcela da receita da companhia. A Embraer, como se sabe, foi fundada em 1969, ainda durante os governos militares, sendo mais tarde privatizada. É hoje uma potência no mercado de aviação, setor dominado pelas maiores economias do mundo.[10], [12]

Em recente entrevista, Silva se disse surpreso com o convite para assumir a presidência: "Não esperava", confessou. "Cheguei à Embraer em 1997, após uma passagem por um banco alemão. Meu foco era atuar no financiamento de vendas, ou seja, minha missão era a de montar as equações financeiras para que o cliente pudesse ter o financiamento adequado na hora em que o avião fosse entregue. Trata-se de um financiamento de longo prazo, de cerca de 15 anos. Afinal, ninguém vem aqui na Embraer comprar avião em dinheiro vivo!"

"Eu fazia esse financiamento para as três áreas: executiva, comercial e defesa", explica. "Sempre viajei muito para conversar com bancos, investidores, clientes. Com isso entendi o mercado e conheci os fornecedores. Então, entrei na presidência mais ou menos confortável. Sabia onde estava pisando. Mas fiquei surpreso com o convite."[13]

O CEO DA EY (ERNST & YOUNG)

Em julho de 2016 (início do ano fiscal na companhia), Luiz Sérgio Vieira, que atuava como vice-presidente de mercados, substituiu Jorge Menegassi na liderança da EY no Brasil. Tornou-se, assim, aos 45 anos, o mais jovem CEO à frente das chamadas *Big 4* (as quatro maiores consultorias-auditorias do mundo: EY, PwC, Deloitte e KPMG[14] A EY, em particular, é uma gigante em seu ramo. Tem 170 mil colaboradores profissionais no mundo, 4.900 deles somente no Brasil, onde atende a 3.400 clientes de variados portes e ramos de atividade.[15]

A promoção de Vieira para a direção das operações no Brasil não foi, é óbvio, nenhuma medida abrupta ou inesperada. De fato, Vieira começou a ser preparado para o novo cargo desde quando essa transição ficou decidida, três anos antes.[14]

A EY conta com seus próprios recursos avançados de Educação Corporativa, que Vieira utilizou amplamente em sua formação e desenvolvimento profissionais. Fez diversos cursos avançados na companhia, entre os quais o prestigiado Advanced Business Strategy Program, e passou os últimos trinta meses anteriores à presidência em contato direto com o Latin American Business Center da EY, como parte de sua preparação para dirigir a operação brasileira.[15]

Em uma entrevista que deu à jornalista Joyce Pascowitch, Vieira deixa perceber que a atualidade da empresa no mundo digital é uma de suas grandes preocupações estratégicas. "O mundo como o conhecemos está mudando rapidamente", disse ele. "A tecnologia está transformando os negócios e a entrega de serviços no mundo todo. Precisamos mostrar que já estamos prontos para o futuro, pois o ritmo das mudanças está incrivelmente acelerado, e se não mudarmos, então não seremos capazes de sobreviver ou prosperar na nova economia digital."[16]

Graduado em Direito e Contabilidade,[15] sua carreira dentro da grande empresa internacional de consultoria e auditoria começou em 1996, quando Vieira ingressou como trainee.[14] Ou seja, sua trajetória interna, de trainee a CEO, teve duração de 24 anos. O site da EY informa que Vieira fez uma brilhante carreira na corporação, passando por diversas áreas no Brasil e no exterior, como a de Impostos e a de Mercados Estratégicos.[17]

O site também ressalta, como algumas de suas principais qualidades como executivo, a capacidade de inovar e de desenvolver talentos.[17] Estas duas capacidades formaram, aliás, a espinha dorsal de uma palestra do CEO da EY em novembro de 2016, em um evento da Universidade Mackenzie. Nessa fala, Vieira deixa perceber as razões por que foi escolhido para a posição: seu apreço pela inovação e suas qualidades como líder de pessoas.

Quanto a esta última capacidade, fica claro nessa palestra que a EY dá um valor muito grande ao papel do líder na organização. Esse papel implica incorporar e pôr em ação cinco grandes formas de conduta, que são: inspirar, incentivar, eliminar barreiras, articular o senso de propósito (da organização junto aos seus colaboradores) e promover a disseminação da cultura entre estes.[15] Vieira foi escolhido para a posição, obviamente, pela crença que produziu na EY, em sua competência para agir desse modo.

Na cultura da EY, por sua vez, a impregnação da inovação passou a ser um propósito essencial. Vieira dá, em sua palestra no Mackenzie, um exemplo disso: "O modo como se faz auditoria hoje é baseado em amostragens", disse ele. "Isso deve mudar: a tendência é que, em cerca de 15 anos, estejamos usando Big Data e Analytics na auditoria, para varrer todas as operações da empresa — o que não conseguimos fazer hoje, com o trabalho apenas humano."[15] Certamente, e além de sua capacidade de liderança, também essa atenção que Vieira é capaz de dedicar à inovação é um dos requisitos que o colocou no posto de CEO de sua companhia.

O CEO DA MANGELS

Os acionistas da indústria de autopeças Mangels fizeram, em 2014, o que parecia ter sido uma sucessão presidencial ousada e muito pouco usual, ao decidirem colocar na presidência da empresa seu gerente de Auditoria, o contador Fábio Mazzini.[18] Formado pela FAAP, Mazzini sempre trabalhou em Auditoria, tendo ingressado na Mangels nessa área em 2011, depois de ter sido auditor no Grupo Ultra por quase quatro anos.[19] Era uma aposta de risco, pois ele, que comandaria a Mangels no momento em que esta enfrentava sua maior crise, estava na empresa havia apenas três anos, e não tinha experiência específica no setor de autopeças.[20]

A Mangels é uma empresa industrial com sede em São Paulo, que produz manufaturados de aço e alumínio e, principalmente, rodas para automóveis e cilindros para gás. Foi fundada em São Paulo, no bairro da Mooca, em 1928, por Max Mangels Jr. e H. Kreutzberg, na época para produzir baldes de aço galvanizado. Seu primeiro produto de relevância foram os botijões de gás,[18] que começou a fabricar em 1938, atendendo a um pedido da Cia. Ultragaz.

Entre 1949 e 1951, os filhos de Max Mangels Jr. assumiram cargos na diretoria da empresa. Max Ernst ficou à frente das áreas técnica e industrial, e seu irmão Peter, das áreas comercial, administrativa e financeira.[20] A empresa começou a produzir rodas para autos na década de 1980. Empresa de capital aberto listada na Bovespa desde 1971, a Mangels é, também, exportadora. Opera quatro fábricas, em São Bernardo do Campo, Guarulhos e duas em Três Corações-MG.[18]

Quando guindou Mazzini à presidência, a Mangels havia acabado de pedir recuperação judicial. O ex-gerente de Auditoria assumiu o cargo de diretor da reestruturação (nominalmente, Diretor de Finanças, Administração e Relação com Investidores) e sua diretoria passou a funcionar como uma presidência, respondendo diretamente ao Conselho de Administração, formado por integrantes da família Mangels. "Somente depois que assumi é que fui entender o que era esse cargo e o que eu deveria fazer", comentou Mazzini, que tinha 40 anos de idade na ocasião. Seu emprego imediatamente anterior havia sido de auditor, no Grupo Ultra.[21]

Mas, para satisfação e alívio de todos, a iniciativa deu certo, porque, em março de 2017, o processo de recuperação judicial da Mangels, após três anos, finalmente foi encerrado. Sob o comando de Mazzini, a empresa passou por uma profunda reestruturação que lhe devolveu o equilíbrio financeiro e operacional. O plano para isso envolveu a implantação de controles mais rígidos, corte de cargos e substituição de executivos, comunicação constante com credores, stakeholders e instituições financeiras, mudanças estruturais com melhorias nos processos internos (de produção, vendas, logística, qualidade, controle de custos e de caixa), assim como uma redefinição do *core business*. "A empresa mudou radicalmente", declarou o presidente em um depoimento a uma publicação, nessa ocasião. "Foi um grande desafio, mas com transparência, coragem, humildade e confiança, conseguimos chegar ao resultado atual."[22]

O CEO DO FACEBOOK BRASIL

Em abril de 2016, o Facebook anunciou que Marcos Angelini fora guindado ao cargo de diretor-geral (um *country manager*) para o Brasil.[20] O Facebook tem cerca de 100 milhões de usuários no país, praticamente a totalidade dos brasileiros que usam a internet.[23]

No Facebook o executivo iria comandar todos os negócios da plataforma no Brasil, o que significa, basicamente, gerir a equipe de venda de publicidade (cerca de 200 funcionários),[24] trabalhando com marcas e agências brasileiras, o maior mercado na América Latina e responsável por grande parte do faturamento bilionário do Facebook nessa região do globo.[23]

Mas não era só isso: Angelini também passaria a ser o responsável legal da empresa no Brasil. Acontece que o Facebook tem enfrentado problemas com a justiça e autoridades brasileiras nos últimos meses, sobretudo por causa do WhatsApp, aplicativo que pertence à empresa. Em dezembro de 2016, o WhatsApp chegou a ser bloqueado no Brasil por cerca de 12 horas e, em março de 2017, outra medida judicial não atendida pelo Facebook acabou com um pedido de prisão de Diego Dzodan, VP de Vendas do Facebook para a América Latina, que respondia interinamente pela operação brasileira na época.[23] O posto estava vago desde que Leonardo Tristão deixara o comando da empresa no país para assumir o Airbnb, em junho de 2015.[20] Antes de Tristão, Alexandre Hohagen, atual sócio da agência de publicidade Ampfy, comandara a operação do Facebook no Brasil.[25]

Argentino de nascimento, mas residente em São Paulo, Angelini fala com um sotaque carregado e característico, pelo que qualquer pessoa acostumada a ouvir o idioma espanhol facilmente perceberá sua nacionalidade. Ele se formou em Engenharia em Buenos Aires e fez MBA na Universidade de Durham, na Inglaterra.[24]

Angelini havia trabalhado por duas décadas na Unilever.[20] Começou a carreira na Unilever Argentina em 1996, atuando em desenvolvimento de marcas e liderando equipes de recuperação de negócios. Dentro do grupo anglo-holandês expatriou-se, indo trabalhar em diversos países, tais como: Itália, Inglaterra, Estados Unidos, França e Turquia. Deslocado para o Brasil, fixou-se em São Paulo, onde seguiu com sua carreira na companhia e foi, também, presidente da ABIPLA — Associação Brasileira da Indústria de Produtos de Limpeza e Afins.[26] Seus mais recentes cargos na Unilever Brasil foram os de VP da Divisão de Home Care e VP Global para a marca OMO.[20]

Na ocasião da contratação pelo Facebook, Dzodan disse sobre a nova aquisição da empresa: "A forte experiência de Angelini com gestão e marketing vai nos ajudar a continuar entregando valor para nossos clientes e parceiros e a acelerar nosso crescimento no Brasil."[24]

Entretanto, por alguma razão, Marcos Angelini não ficou muito tempo no Facebook, deixando o cargo (por motivos pessoais, segundo alegou), em janeiro de 2017 — portanto, nove meses depois de ter assumido. Provisoriamente, Dzodan reassumiu a função, até que a empresa colocasse um novo profissional na posição.[27]

Em maio do mesmo ano, Angelini assumiu a presidência da Red Bull para a América Latina, posição que estava vaga havia quatro meses, desde a saída, em dezembro de 2016, de Pedro Navio, que foi ser o CMO global da BRF. A foto que ilustra a reportagem anunciando o fato mostra Angelini com uma expressão bastante tranquila, aparentemente feliz. "Qualquer pessoa que gosta e entende de marketing só pode admirar como foi construída e desenvolvida a Red Bull, que criou não apenas uma categoria de produtos (a de energéticos, na qual, aliás, é líder absoluta de mercado), mas também uma marca de estilo de vida como mais ninguém conseguiu fazer", afirmou Angelini na ocasião. No Brasil, especificamente, seu principal desafio na nova empresa seria a distribuição do produto, supervisionando a nova estratégia de expansão e a presença da marca nos pontos de vendas.[28]

Parece claro que a experiência profissional de Angelini se compõe muito melhor com os desafios que lhe propõe a Red Bull do que com aqueles que lhe propôs o Facebook. Talvez por isso o executivo não tenha se adaptado nesta última empresa e tenha preferido sair para aquela outra.

Quanto à Unilever, esta é uma referência mundial inconteste em fabricação e comércio de produtos de consumo. Uma das maiores empresas do mundo nessa área, ela está presente diariamente na vida de bilhões de pessoas, por meio de marcas altamente representativas e conhecidas, tais como, no Brasil: Omo, Dove, Doriana, Kibon, Helmann's, Lux, Rexona, Becel, Knorr-Cica, Lipton, Magnum, Axe, Comfort e outras. Seus processos e protocolos, rigorosamente cumpridos, se estendem da criação e desenvolvimento do produto até a fase de pós-consumo, passando pela rotulagem, fabricação, armazenamento e distribuição. Sua comunicação com os consumidores é levada muito a sério, com o intuito inclusive de promover um consumo mais consciente.

Quanto à Red Bull, trata-se de uma empresa à qual Angelini poderia certamente aportar muito da experiência que obteve na Unilever. É uma empresa com poucos anos de existência, que produz e vende bebidas energéticas sem álcool e que tem seus produtos comercializados em mais de 140 países, com volume de venda de mais de 3 bilhões de latas anualmente.[29] Foi fundada em 1987, na Áustria, por Dietrich Mateschitz.[30]

O marketing esportivo é muito forte na Red Bull. A empresa está presente em uma grande variedade de esportes. Comanda equipes de futebol que carregam seu nome, como o Red Bull Brasil, de Campinas-SP, assim como equipes de automobilismo, sendo a atual tetracampeã no Mundial de Fórmula 1.[29] Patrocina também esportistas importantes que se dedicam à prática profissional de esportes radicais, como: snowboard, esqui, escaladas, ultraleve, kitesurfing, surfe. No total, mais de mil atletas são patrocinados pela empresa em todo o mundo. E, além disso, ela apoia e patrocina também outras atividades esportivas, como: skating urbano, ciclismo e patinação, praticados por jovens descolados e modernos.[31]

Assim, parafraseando a frase do novo presidente da Red Bull na entrevista citada anteriormente, pode-se dizer que qualquer pessoa que gosta e entende de sucessão de um CEO pode compreender perfeitamente por que o ex-VP de produtos de consumo da Unilever ficou apenas nove meses na direção nacional do Facebook e logo se desligou para assumir o cargo na Red Bull. Sua vasta experiência profissional anterior certamente tinha muito mais a ver com esta nova posição do que com aquela que assumira no Facebook, como já foi dito anteriormente.

QUATRO PILARES NA FORMAÇÃO DE EXECUTIVOS C-LEVEL

Temos que levar em conta, ainda, que os exemplos colhidos e apresentados anteriormente são todos de executivos que fizeram carreira em empresas de grande porte, a maioria delas companhias internacionais. Pode ser que as lições que estamos tirando do exame desses casos não se apliquem exatamente do mesmo modo no caso de CEOs e outros executivos *C-Level* de empresas médias ou mesmo de pequeno porte.

Seja como for, a análise desses exemplos permite-nos propor que existem pelo menos quatro grandes pilares ou sustentáculos para a formação de um executivo que venha a ocupar, como culminação de sua carreira, o posto de CEO em uma empresa de grande porte. Outros ingredientes, além destes, podem estar presentes em sua carreira, é claro, mas certamente os quatro pilares dados abaixo são os mais evidentes, a julgar pelos casos analisados. São eles:

1. uma educação executiva de ponta;
2. a ocupação de cargos preparatórios;
3. uma experiência internacional relevante; e
4. atendimento a um programa continuado de *mentoring*.

Discutiremos a seguir cada um desses quatro pilares.

EDUCAÇÃO EXECUTIVA DE PONTA

Em uma entrevista dada em fins de 2016, foi perguntado a Andrea Seibel, CEO da Leo Madeiras, que insights teve ela ao cursar, na Universidade Harvard, um programa de desenvolvimento de alto nível destinado a herdeiros de empresas familiares, chamado *The Owner President Management* (OPM). Andrea respondeu:

"Foi maravilhoso, sendo uma das minhas *life-changing experiences*. O maior benefício não veio do conteúdo em si, mas de dois insights que tive. Há cinco anos, quando fui para lá, me achava uma verdadeira aprendiz. Quem sabe pelo fato de estar sempre cercada por meu pai e tio, ambos geniais e brilhantes, com cerca de 30 anos a mais do que eu, sempre me senti peixinho pequeno perto deles.

"Quando fui para Harvard, me achando ousada por estudar com outros 'OPMers', executivos empreendedores, achei que ficaria no cantinho e aprenderia o que pudesse. Entretanto, me vi discutindo com meus colegas de igual para igual. Vi que minha vivência acumulada também me permitia colocar experiências, cases, visões, ambições e opiniões em absoluta igualdade de posição na mesa. Aquilo mudou completamente como me sentia com relação ao mundo. Do ponto de vista corporativo, entrei me sentindo ainda uma menina e voltei me sentindo uma executiva adulta."

E Andrea completa sua resposta: "Outra coisa interessante foi me identificar com cada case exibido, como se um drone tivesse gravado o que acontecia na minha sala de comitê executivo e observado nossos problemas, dinâmicas e desafios. Observando isso e discutindo com colegas, vi como não era a única tendo aqueles desafios. Eles eram comuns em muitas empresas e percebi que podemos nos beneficiar muito por meio da troca de experiências com pessoas que viveram coisas parecidas."[32]

Talvez sem se dar conta disso inteiramente, Andrea está, nesse depoimento, revelando a essência do que é um excelente programa de desenvolvimento executivo: a capacidade de apresentar um conteúdo que focalize diretamente os principais problemas que os participantes vivem em sua situação de trabalho. Quanto mais o que acontece em um evento de desenvolvimento executivo vier a corresponder às questões que os participantes efetivamente experimentam, mais eficaz será esse evento.

Os programas de desenvolvimento executivo são um recurso fundamental para a preparação de um futuro CEO ou de futuros ocupantes de cargos executivos de alto nível; não há como fugir disso. Se revermos os exemplos de CEOs citados anteriormente, constataremos que eles tiveram a oportunidade de participar de educação executiva de alto nível, ao se prepararem para as posições que vieram a ocupar.

O CEO do laboratório Prati-Donaduzzi, por exemplo, preparou-se para a posição com cursos na Kellogg School of Management e no Insead, além de ter feito um MBA em Gestão Estratégica especificamente voltado para o setor farmacêutico. O CEO da Amgen, por sua vez, fez cursos de finanças e um MBA no Chile, além de cursar finanças também na Universidade de Notre Dame (EUA). Patrick Mendes, o CEO da AccorHotels também recebeu vários treinamentos sobretudo dentro da própria empresa que o promoveu. O CEO da Embraer também se preparou com um MBA em Lausanne, na Suíça, enquanto o CEO da EY, além dos cursos avançados que fez, passou 30 meses estudando no Latin American Business Center da própria EY.

Em muitos outros casos, os executivos de alto nível nas organizações são enviados para cursos, seminários e períodos mais longos de estudos em universidades e escolas de negócios locais ou internacionais. Existem muitas excelentes organizações educacionais desse tipo capazes de oferecer desenvolvimento de executivos de alto nível, tanto no Brasil quanto no exterior. Entre nós, podemos dizer que FGV, FEA (USP), FIA, Insper, Ibmec, Coppead (UFRJ), Fundação Dom Cabral, Business School São Paulo e ESPM são algumas escolas que oferecem MBAs ou cursos de Especialização dos mais prestigiados para o desenvolvimento de gestores, em termos gerais ou em áreas funcionais específicas.

No exterior, as mais prestigiadas universidades americanas, cujos cursos são fortemente cobiçados pelos executivos, são, geralmente, das primeiras a serem lembradas — incluindo-se as *schools of management* de Harvard, Stanford, MIT, Princeton, Yale, Kellogg ou Chicago, entre outras. No Canadá, a Universidade McGill é também muito lembrada. Na Europa, a escolas de negócios IMD (Lausanne, Suíça), HEC (Paris), Iese (Barcelona), Insead (Fontainebleau, nos arredores de Paris) são das mais procuradas.[33]

OCUPAÇÃO DE CARGOS PREPARATÓRIOS

Examinando os exemplos de CEO dados anteriormente, constatamos que praticamente todos eles ocuparam, na mesma companhia ou em outras, cargos anteriores que os prepararam para ocupar o cargo de CEO. Vejamos:

O CEO da Prati-Donaduzzi foi, antes de tornar-se o CEO, Diretor de Suprimentos, Diretor de Marketing e Diretor Comercial da empresa, além de, em 2012, ocupar uma vice-presidência criada especialmente para prepará-lo. O mesmo se pode dizer do CEO da Accor, que passou por várias posições preparatórias, tendo, inclusive, por quatro anos, acompanhado detidamente o então ocupante da posição, seu antecessor, antes de vir a substituí-lo. O mesmo se deu com o CEO da Embraer, que era, anteriormente, o VP de uma área-chave, que reunia todo o necessário para a ocupação, em seguida, do cargo de CEO. Quanto ao CEO da EY, foi preparado para a posição por três anos, depois de ter ocupado cargos-chave em diversas áreas de negócios vitais para a empresa.

EXPERIÊNCIA INTERNACIONAL RELEVANTE

O CEO da Amgen teve uma importante experiência de expatriação, quando trabalhou na Baxter no Chile, que seguramente foi decisiva para seu amadurecimento e para que viesse a ocupar a posição de CEO dessa companhia.

Quanto à experiência internacional do CEO da Accor, ela é autoevidente, assim como aquela do CEO da Embraer. No caso Embraer, aliás, não custa reproduzir aqui mais uma vez a fala do próprio CEO na entrevista que citamos: "Sempre viajei muito para conversar com bancos, investidores, clientes. Com isso entendi o mercado e conheci os fornecedores. Então, entrei na presidência mais ou menos confortável. Sabia onde estava pisando."[13] O CEO do Facebook Brasil também se expatriou, tendo trabalhado na Itália, Inglaterra, Estados Unidos, França e Turquia, além da Argentina, seu país de origem.

Enfim, a experiência internacional é tida como uma preciosa ajuda para o amadurecimento do alto executivo e para seu desenvolvimento de um vital senso crítico na resolução dos problemas cruciais que a presidência lhe colocará, embora para empresas com atuação doméstica ela possa ser considerada, por alguns, como menos relevante.

Citemos outros exemplos que mostram isso: um deles é o de Manuel Macedo, que foi morar no México em 2003, a fim de comandar a integração da Henkel com uma empresa local, que havia sido comprada pela multinacional alemã. Filho de um diplomata, Macedo teve a facilidade de ter vivido em diversos países desde criança e teve a oportunidade de conviver com culturas bem diferentes entre si.

Mas foi nessa experiência no México, segundo ele narra, que de fato aprendeu a lidar operacionalmente, no ambiente de trabalho, com uma cultura diferente. Foi onde ele acredita ter aprimorado realmente suas habilidades de liderança: "De acordo com minha personalidade, que me fez ser alguém sempre propenso a novos desafios, não tive dificuldade em aceitar mudar de país e ir, com a família, para cá ou para lá. Quando a gente é assim, acaba sendo visto na empresa como um executivo com a abertura necessária para enfrentar situações difíceis, o que é muito bom", diz ele.[34]

A experiência internacional é atualmente vista como um requisito de grande relevância para quem deseja ascender ao posto máximo de uma organização de grande porte — e a expatriação por um tempo é, quase sempre, a maneira pela qual se imagina que essa experiência internacional será adquirida. Susannah Thomas, diretora de RH da Dow para a América Latina (e expatriada dos Estados Unidos) explica, por exemplo, que sua empresa sempre manteve dois tipos de movimentação internacional: um voltado para o desenvolvimento de profissionais de alto potencial e de lideranças; e outro, para casos em que uma dada expertise é demandada em determinada operação em outro país. Em qualquer dos dois casos, para Susannah, as movimentações internacionais são essenciais para desenvolver líderes com mentalidade global.[35]

Rolf Hoenger, CEO da Roche do Brasil (que é a maior empresa de biotecnologia do mundo), dá também seu depoimento: "Acredito que as pessoas que saem de seu país e depois voltam oferecem uma vantagem para a companhia: cada vez que elas mudam, questionam as coisas. E isso é importante, porque os funcionários que estão há muito tempo em um lugar não enxergam o que está acontecendo; estão muito acostumados com tudo por ali, e nem sempre as coisas precisam ser do jeito que são.[36]

E que tal o depoimento deste outro expatriado, de fato um verdadeiro "nômade" da vida executiva? "Comecei como engenheiro na Shell, em petróleo. Aí consegui ir para a Colgate Palmolive aos 23 anos, para ser gerente de produto. Lá fiz uma carreira clássica em marketing, de gerente de produtos a gerente sênior, e então fui expatriado para o Canadá aos 25 anos. Fiquei lá por dois anos, depois fiquei por mais seis meses em Nova York, na sede e, em seguida, retornei ao Brasil. Fiquei uns sete anos na empresa. Daí entrei na Coca-Cola, no Rio de Janeiro: tinha 29 anos e fui para um cargo de desenvolvimento em marketing, me tornando depois VP de marketing. Fui convidado para ir para Atlanta, para ser o VP para a América Latina e, de Atlanta, fui cuidar da operação na Cidade do México. A essa altura fui convidado pelo Bank Boston para atuar no Brasil. Entrei e montamos todo o posicionamento na América Latina, em marketing mesmo. E logo em seguida comecei a cuidar de negócios como internet banking. Depois do Bank Boston, fui convidado para ir para a Western Union. Isso faz 13 anos."

Esse depoimento é de Odilon Almeida, presidente da Western Union para a Região Américas e para a União Europeia, dado em uma entrevista em 2015. E, do que diz, ele tira esta conclusão: "Com relação ao sucesso, na verdade acho que há um pouco de sorte de se estar no lugar certo no momento certo; mas acho que também conta essa minha curiosidade, a vontade de aprender. Acho que esse é o segredo: estar sempre pronto para aprender. Também me ajudou muito a exposição internacional que eu tive muito cedo. Eu fui o cara mais jovem, aos 25 anos, expatriado na história da Colgate. Isso ajudou muito, definiu minha carreira. Aprendi a me virar muito cedo. Essa experiência, muito cedo, no Canadá e nos EUA me formou."[37]

MENTORING CONTINUADO

Finalmente, processos de *mentoring*, formais e informais, são mais um importante pilar no desenvolvimento de um futuro CEO. Novamente recorrendo aos exemplos dados anteriormente, constatamos que o CEO da Prati-Donaduzzi teve no próprio presidente anterior e principal acionista da empresa, Luiz Donaduzzi, a quem substituiu, seu maior mentor. Além disso, diz o sucessor, "quando fui escolhido para a presidência, uma consultoria especializada foi contratada para trabalhar comigo, no mapeamento de minhas competências, na manutenção de meus pontos fortes e no fortalecimento de minhas fragilidades".[1]

Quanto a Patrick Mendes, o CEO escolhido para a Accor Brasil, ele diz, sobre o CEO que veio a substituir no comando da empresa, que teve da parte deste um "precioso aconselhamento".

Neste momento, uma autocitação, de meu livro sobre *mentoring*, pode ser oportuna: "Profissionais de RH têm à sua disposição várias ações de gerenciamento de pessoas. O *coaching*, por exemplo, é um processo de aconselhamento e parceria que tem como objetivo desenvolver e habilitar o indivíduo para a obtenção de um nível superior de resultados e é aplicado quando se está diante de um processo de transição, quando é necessário assumir uma nova posição na estrutura, ou quando é percebida a necessidade de melhorar a performance. Já o *counseling*, um processo sistemático de feedback que permite à pessoa reposicionar-se diante de situações críticas de relacionamento ou de desempenho, é indicado para a administração de conflitos e crises... E o *assessment*, por sua vez, cujo objetivo é alcançar uma gestão eficaz e tornar claros objetivos e metas, consiste no alinhamento de pessoas, processos e estruturas a uma estratégia definida. Mas, de todas essas ações, o *mentoring* é o processo que mais recursos coloca à disposição dos colaboradores, para que conduzam o seu amadurecimento profissional e pessoal."[38]

Também Ram Charan, o renomado autor e consultor de negócios que já mencionamos profusamente aqui, enfatiza, em seu livro *O líder criador de líderes*, a importância de os líderes formadores delegarem a cada líder aprendiz atribuições que requeiram prática deliberada em situações de crescente complexidade, assim como de estabelecerem, para esses seus aprendizes, desafios que proporcionem saltos de aprendizado. Charan acrescenta: "Os líderes são desenvolvidos a cada trabalho que lhes permita pôr em prática suas competências gerenciais."[39]

RESUMINDO...

Este capítulo apresenta a trajetória específica do CEO, até a conquista desta posição, em sete casos reais que foram fortemente veiculados pela imprensa.

Desses casos, aliás, derivamos alguns quesitos que necessariamente terão de ser atendidos por um executivo, no trajeto para chegar ao cargo de CEO de uma grande organização. Esses quesitos são os que chamamos aqui "os quatro pilares" para vir a ser um CEO. São eles:

- ter recebido uma robusta educação executiva;
- ter ocupado cargos preparatórios significativos;
- ter obtido experiência profissional internacional; e, finalmente,
- ter se submetido a um programa bem conduzido de *mentoring*.

A essa altura já está claro que a sucessão de um CEO em uma empresa é um processo complexo e sempre sujeito às inesperadas chuvas e trovoadas tão frequentes no ambiente corporativo. Essa metáfora meteorológica é apropriada quando tratamos dessa transição de executivos-chefes, pois ela, assim como os fenômenos climáticos, está sujeita a inúmeras variáveis. É sobre isso que tratamos no próximo capítulo, que introduz a Parte 5 deste livro, no qual estão listadas as nove mais relevantes variáveis que impactam o processo de sucessão de CEOs. O exame desses itens é especialmente útil para membros do Conselho de Administração, gestores e outros profissionais que trabalharão no processo de sucessão de executivos-chefes.

PARTE 5
O Processo de Sucessão: Antes, Durante e Depois

Capítulo 16

A Sucessão e Suas Muitas Variáveis

São inúmeras as variáveis envolvidas em um processo de sucessão. Vejamos a lista abaixo de itens a considerar:

Variáveis presentes no processo de sucessão do CEO:

1. cargo no qual se dará a sucessão (CEO);
2. atribuições do cargo e condições que o cercam;
3. atual ocupante do cargo (o sucedido);
4. razões ou motivos para a sucessão;
5. novo ocupante do cargo (o sucessor);
6. candidatos participantes do processo seletivo;
7. estratégia para a seleção do melhor candidato;
8. processo de integração do novo ocupante do cargo; e
9. critérios para avaliação da qualidade da seleção feita.

Essa lista de nove itens é, entretanto, apenas o começo, de vez que há diversas versões possíveis na caracterização de cada um deles.

1. O cargo considerado

    Neste caso, estamos interessados na sucessão do principal executivo da empresa, não importando que título possa ter: CEO, presidente, diretor-geral, diretor-superintendente, Country Manager ou outro.

2. Atribuições e condições que cercam o cargo

   Quanto a este item, há uma gama muito ampla de possibilidades. Mas um consultor ou gestor que vá trabalhar no processo de escolha do sucessor do CEO em qualquer empresa terá de primeiro se informar sobre uma série de questões relativas à empresa em questão, para poder entender que atribuições principais o cargo envolve. Entre as muitas questões a serem respondidas, as principais poderão ser estas:

   - Em que ramo de negócio a empresa opera?
   - A empresa é privada, pública, de economia mista, familiar? É de capital nacional ou internacional?
   - Que porte tem ela — em número de empregados? Em faturamento?
   - Que alcance geográfico ela tem — é uma empresa local, nacional ou internacional?
   - Historicamente, é uma empresa nova ou antiga? Quantos anos tem de existência?
   - Que imagem ela tem no mercado, qual é sua reputação?
   - Como está a empresa quanto à saúde econômica e financeira?

3. Atual ocupante do cargo

   - Quem é esse gestor? Como descrevê-lo?
   - Que currículo/perfil apresenta?
   - Há quanto tempo está no cargo?
   - Como e por que passou a ocupá-lo?
   - Que preparação teve para isso?
   - Que avaliação se faz de seu desempenho no cargo?
   - Que momentos mais importantes podem ser tomados por referência durante sua permanência no cargo?
   - Que imagem tem esse gestor entre seus superiores, pares e subordinados?
   - Por que está sendo substituído?
   - O gestor sabe que está sendo substituído? Caso sim, que opinião pessoal tem sobre isso? Como reage ao fato?
   - Ele já sabe quem o substituirá no cargo? Caso sim, tem uma opinião pessoal sobre o sucessor? Que opinião?
   - Sua saída era esperada? Desde quando?
   - Quando deixará o cargo? Há um prazo definido para essa ocorrência? Caso sim, com base em que esse prazo foi estabelecido?

- Que fará esse gestor após deixar o cargo? Esse reencaminhamento de sua carreira é uma escolha pessoal dele ou da organização?
- Que relacionamento com a organização terá esse gestor após deixar o cargo?

4. Razões ou motivos para a sucessão

   Essas razões podem referir-se ao *atual ocupante* do cargo. Talvez este deixe a posição por:

   - término de mandato;
   - doença ou morte;
   - sanção legal por conduta incompatível com o cargo;
   - decisão própria, voluntária;
   - imposição dos acionistas ou do Conselho de Administração;
   - determinação normativa (por exemplo, atingimento de idade limite).

   Mas essas razões podem também recair sobre a figura do *sucessor*, que *terá de assumir* o cargo, porque:

   - a posição é sua por direito legal;
   - há tempos sua promoção estava decidida e é o momento de pô-la em prática;
   - os acionistas, proprietários ou o Conselho de Administração decidiram-se por este novo ocupante do cargo.

   Finalmente, há também uma série de casos em que a necessidade da sucessão é ditada pelo *contexto* da empresa; por exemplo, quando:

   - *transformações dentro da empresa* recomendam que um novo gestor assuma, para fazer frente às novas demandas;
   - idem, com relação a *transformações externas*, no contexto em que a empresa atua;
   - novos controladores da empresa exigem a troca do comando.

5. Novo ocupante do cargo

   O novo ocupante do cargo pode não ser ainda conhecido quando se instala o processo de sucessão: ele ainda será recrutado e selecionado. Em outros casos, o sucessor é conhecido de antemão e o processo de sucessão é instalado principalmente para colocá-lo no cargo.

   Quando já se conhece o sucessor, várias perguntas precisam ser feitas sobre esse, de modo semelhante ao já proposto em relação ao gestor que deixa o cargo. Agora, entretanto, as perguntas servirão ao propósito de melhor organizar e conduzir o processo de sucessão. As principais questões a elucidar são:

- Quem é este gestor? Como pode ser descrito?
- Que currículo e que perfil apresenta?
- Por que foi escolhido para o cargo?
- Há quanto tempo está previsto que assumirá o cargo?
- Que preparação teve para ocupá-lo?
- Que avaliação se faz de sua carreira e de seu desempenho anteriores? Como tal carreira e tal desempenho o qualificam para o cargo?
- Que imagem tem este gestor entre seus superiores, pares e subordinados? De que forma essa imagem está em sintonia com as atribuições deste cargo?
- Que posição pessoal tem este gestor sobre o fato de que virá a ocupar esta posição? Como reage a isso?
- Que posição pessoal tem ele a respeito do gestor que substituirá (que deixa o cargo)? Esta visão pessoal sobre o outro facilita ou dificulta o processo de sucessão? Ajuda ou atrapalha sua ascensão ao cargo?
- Seu ingresso no cargo era esperado? Caso sim, há quanto tempo?
- Quando deverá assumir o cargo? Há um prazo estabelecido para isso? Caso sim, com base em que esse prazo foi estabelecido?

6. Candidatos participantes do processo seletivo

Em outros processos de sucessão, conforme já dito, não há um sucessor previamente indicado; e o indicado será o melhor candidato avaliado em um processo seletivo. Neste caso, há três opções possíveis:

a) A *escolha interna* do sucessor (candidatos da própria empresa).

Esta opção geralmente ocorre em dois tipos de empresa:
- nas grandes organizações operando há vários anos (frequentemente empresas internacionais), nas quais já se estabeleceram procedimentos e mecanismos para o encarreiramento interno, com estímulo às transferências e promoções internas — nas quais, portanto, processos de sucessão para preenchimento de posições de gestão já são praticamente uma "tradição";
- nas empresas familiares em que o peso da família ainda é especialmente forte na cultura da empresa (geralmente empresas familiares de porte médio ou grande, ainda na primeira ou segunda geração) — e nas quais, portanto, tacitamente já se definiu que o próximo gestor principal virá da geração seguinte.

b) A *escolha externa* do sucessor (candidatos recrutados no mercado).

Esta opção geralmente ocorre nas empresas:

- relativamente novas (com poucos anos de existência), ainda sem políticas de gestão estabelecidas ou consolidadas e comumente sem uma gestão madura de RH, que atue em nível estratégico;
- familiares, enquadradas em pelo menos uma destas situações:
    - porte médio ou pequeno, entrando na terceira (ou mesmo quarta) geração;
    - com dificuldades financeiras, ou com a sobrevivência ameaçada após anos de gestão pela família proprietária, nem sempre bem-sucedida;
    - dirigida por patriarca idoso e sem filhos (ou netos) ou cujos descendentes não se interessam em participar da gestão; e igualmente sem que haja outros familiares candidatos à sucessão;
    - requerendo profissionalização por incompatibilidade ou sério conflito entre sócios;
    - em processo avançado de transferência do controle acionário para outros acionistas fora da família (ou considerando para breve essa solução);
    - que são surpreendidas (e ameaçadas) por importantes transformações no ambiente dos negócios, passíveis de invalidar substancialmente as atuais estratégias e políticas de gestão.

Transformações dessa ordem podem incluir:

- mudanças repentinas na configuração dos mercados;
- ingresso de concorrentes de peso;
- drásticas transformações políticas;
- mudanças importantes de legislação, afetando os negócios;
- surgimento de tecnologias disruptivas e ameaçadoras.

c) Escolha do sucessor *tanto interna quanto externamente*.

Esta terceira opção tende a ser usada em uma empresa quando nenhuma das situações anteriormente citadas se apresenta claramente e, ao mesmo tempo:

- os atuais controladores não têm total clareza sobre o estilo de liderança ou os rumos estratégicos que a empresa deverá tomar após a sucessão (e desejam, portanto, explorar possibilidades nesse sentido nas conversas com os possíveis candidatos);

- o procedimento de equalizar candidatos internos e externos (dando igual oportunidade a ambas as fontes) já se estabeleceu como procedimento padrão nas situações de sucessão gerencial na empresa;
- este processo de sucessão está sendo empreendido como medida corretiva, visando a reparar uma recente sucessão malsucedida na empresa;
- para ocupar a posição, a empresa dispõe de poucos quadros gerenciais bem preparados, enquanto o mercado externo tem oferta abundante de possíveis candidatos.

7. Estratégia de seleção do melhor candidato

Quanto a este quesito, novamente se coloca a dicotomia: candidato interno vs. candidato externo para a posição.

a) Nos processos de recrutamento e seleção *internos*:

- Há casos em que a empresa:
    - já dispõe de um *plano de sucessão* estabelecido (comumente com dois ocupantes potenciais para cada posição gerencial), pelo qual já se definiram os candidatos em potencial para a posição;
    - já dispõe também de procedimentos de *assessment* (para a contínua avaliação e escolha dos candidatos mais qualificados para as posições-chave no organograma) e, eventualmente, de planos de carreira.

Em tais situações, ela tenderá a usar esses recursos disponíveis para a escolha do ocupante da posição.

- Quando a empresa não dispõe de um *plano de sucessão*, de recursos de *assessment* e/ou planos de carreira.
- O processo de seleção do novo ocupante da posição poderá ser conduzido diretamente pelos acionistas, pelo Conselho de Administração ou até mesmo, em certos casos, pelo próprio atual ocupante do cargo a ser substituído, dependendo das circunstâncias específicas em que a sucessão se dá.
- Neste caso, o executivo que se responsabiliza pelo processo de sucessão poderá recorrer à ajuda especializada de um profissional interno (um diretor ou gerente ou a psicóloga da área de Recrutamento & Seleção), ou de um headhunter ou consultor externo de sua confiança.

- Em outros casos, o processo de seleção do novo CEO, entre os quadros da própria empresa, é entregue a um headhunter ou consultor da confiança dos acionistas, contratado especialmente para essa missão.
- Em situações especiais, esse profissional condutor do processo de sucessão poderá até mesmo ser atribuído a um Diretor Administrativo ou Diretor de RH (ou até a um psicólogo sênior da própria empresa), dependendo do grau de confiança que tenha alcançado junto aos acionistas.
- Finalmente, há situações em que a empresa é sucursal de uma corporação maior, que, com ou sem a aplicação de um plano de sucessão ou recursos de *assessment*, indicará o novo ocupante da posição, vindo dos quadros da própria corporação.

b) Nos processos de recrutamento e seleção *externos*:

- A empresa poderá optar por:
    - realizar com seus próprios recursos o processo de recrutamento e seleção externo
        - com o atual presidente, ou membros do Conselho de Administração, ou acionistas assumindo excepcionalmente a responsabilidade de conduzir o processo; ou
        - entregando esse processo ao seu próprio órgão de RH ou unidade de R&S, sob supervisão superior.
    - contratar para essa missão um headhunter ou uma consultoria externa de confiança.

        Nesse caso, ainda, esse headhunter ou consultoria externa poderá:
        - assumir totalmente o processo de escolha, incluindo o recrutamento e a seleção dos candidatos até a aprovação final do escolhido; ou
        - assumir parcialmente esse processo, avaliando três ou quatro candidatos pré-selecionados pelos órgãos internos da empresa (um procedimento que tem se tornado cada vez mais comum com o advento das mídias sociais).

8. Processo de integração do novo ocupante do cargo

- Se o novo ocupante do cargo vier da própria empresa, é de se crer que não haverá necessidade de ações especiais para entronizá-lo, uma vez que este já conhecerá bem a empresa.
- Na eventualidade de o novo CEO vir do mercado, ou de outra unidade da mesma corporação, pode ser importante ajudá-lo a integrar-se no cargo, na empresa ou, se for o caso, até mesmo na nova cidade em que passa a residir ou no país para o qual está sendo expatriado.

Em ambos os casos é comum que um diretor seja solicitado a dar essa ajuda, respondendo a dúvidas que o novo ocupante do cargo possa ter. Frequentemente, nos casos de expatriação, o novo CEO poderá ter a ajuda profissional de pessoas especializadas, de dentro ou de fora da empresa, na busca de local de residência, providências quanto a documentação, adaptação da família, escola para os filhos, aprendizagem do idioma local etc.

9. Critérios para avaliação da qualidade da seleção feita

Os indicadores mais óbvios para essa avaliação são:

- Nos primeiros 100 dias de ocupação do cargo pelo sucessor:
  - a qualidade de suas ações ou iniciativas, no entender dos stakeholders em geral, mas especialmente dos acionistas e clientes;
  - sua popularidade, a partir das opiniões dos outros gestores, seus subordinados e os empregados da empresa em geral.

- A partir do primeiro ano de ocupação do cargo:
  - mesmos indicadores acima;
  - resultados obtidos pela empresa, em decorrência das decisões tomadas e iniciativas do novo presidente;
  - valor de mercado da empresa, especialmente quando de capital aberto, com ações cotadas em bolsa;
  - reputação externa positiva do novo presidente, conforme apontada por convites que recebe para participar de eventos, prêmios que recebe, ofertas de emprego, citações em publicações etc.

Voltando à questão inicialmente colocada neste tópico, pode-se depreender que, havendo tantas variáveis a considerar e, dentro de cada uma delas, tantas opções possíveis, a ideia de que *one size fits all* (o modelo único) não se aplica aos processos de sucessão: quase certamente cada caso é mesmo um caso!

Se essas diversas particularidades já não fossem suficientes para nos fazer perceber os processos de sucessão como dinâmicas complexas e multifacetadas, há ainda outras particularidades sobre o exercício do cargo de CEO e executivo *C-Level*, por exemplo, as movimentações de executivos dentro de uma mesma corporação ou entre empresas, conforme veremos no próximo capítulo.

RESUMINDO...

O capítulo lista a grande quantidade de variáveis que precisam ser levadas em conta quando se realiza em uma empresa um processo de sucessão do CEO ou outro ocupante de cargo de *C-Level*. Essa profusão de itens a considerar torna literalmente impossível pensar em um modelo único (um padrão *one-fits-all*) para os processos de sucessão: tal padrão simplesmente não existe!

Capítulo 17

O Alto Executivo: Exercício do Cargo

O NOVO OCUPANTE DO CARGO VIRÁ DE DENTRO OU DE FORA DA COMPANHIA?

Em um processo de sucessão, certamente os candidatos que vierem de fora da empresa por certo não conhecerão a empresa como aqueles que já trabalham ali. Isso pode ser até mesmo uma vantagem, conforme as circunstâncias, mas é, ao contrário, uma desvantagem, na maioria das vezes.

Nos casos exemplificados mais atrás, tratando de como diversos CEOs que assumiram a posição recentemente em suas respectivas empresas se prepararam para o cargo, vemos que boa parte deles veio de dentro da própria empresa. Patrick Mendes, CEO da Accor para a América Latina, fez carreira na companhia; Paulo César de Souza e Silva assumiu a presidência da Embraer depois de dezenove anos trabalhando na empresa; Luiz Sérgio Vieira estava há vinte e quatro anos na E&Y, quando se tornou CEO; e Eder Maffissoni tinha catorze anos de trabalho na Prati-Donaduzzi, quando passou a dirigi-la.

No entanto, Mauro Loch, que ocupou a presidência da Amgen, veio do mercado; Marcos Angelini, que assumiu o Facebook e, poucos meses depois, a Red Bull, veio do mercado também; e Fábio Mazzini, que tirou a Mangels da difícil situação financeira em que se encontrava, estava na companhia há apenas três anos.

Assim, nesses exemplos, há tanto os casos em que o CEO foi recrutado internamente quanto aqueles em que foi buscado no mercado. Qual dessas alternativas é a mais indicada? Qual é a mais comum? Tentemos entender melhor a questão.

Em meados de 2012, uma matéria na revista *Exame* sobre sucessão em grandes empresas deu ênfase a uma pesquisa, encomendada pela própria revista e realizada pela FESA — Global Executive Search, com 100 companhias com faturamento anual entre R$500 milhões e R$5 bilhões. A matéria apontava que 37% das empresas pesquisadas não tinham sucessores indicados para substituir seus respectivos presidentes; e que 82% delas não haviam definido sequer uma data para a troca no comando.

Embora essas informações sejam relevantes e pareçam confiáveis, a reportagem tira delas uma conclusão que nos parece perigosa: "Estudos têm mostrado que frequentemente as empresas não têm um plano de sucessão definido, o que torna menos provável que tenham candidatos internos altamente qualificados e suficientemente preparados se precisarem suprir uma vaga executiva", diz textualmente a matéria. *"Estima-se, por causa disso, que aproximadamente 65% dos novos presidentes das empresas vêm do mercado externo"*, conclui (grifo nosso).[1]

O problema é que essa conclusão colide diretamente com outras tantas, que parecem mostrar justamente o contrário. Por exemplo, diz outra matéria de 2014, na revista *Época Negócios*, que "sete em cada dez companhias (de fato o número correto é 76,7%) recrutam presidentes *entre os seus próprios funcionários. Portanto, menos de um terço dos CEOs vem de fora*" (também aqui o grifo é nosso). "Nesse tópico", prossegue a matéria, "o Brasil segue uma tendência global. Dados da Booz & Company indicam que 71% dos executivos que chegaram à presidência em 2012, nas 2,5 mil grandes empresas abertas, já eram funcionários da companhia. Detalhe: uma parcela relevante, 25% do total, fez toda a carreira dentro da mesma companhia".[2]

Também Martin Conyon, professor da Wharton Business School, da Pennsylvania University, nos EUA, afirma que aproximadamente três quartos dos CEOs são *promovidos de dentro da própria empresa*, muito embora admita que vem crescendo ao longo dos anos, naquele país, a escolha de candidatos à presidência vindos do mercado: os candidatos externos aos escalões das empresas, que representavam 15% dos casos na década de 1970, já eram 26% nos anos 1990. Conyon aponta que a mesma tendência foi observada também no Reino Unido, em que a porcentagem de CEOs vindos de fora das empresas passou de 25% em 1989 para 35% em 1999.

Não há uma explicação única para essa tendência, diz Conyon, embora uma boa justificativa para ela pareça ser que, nos últimos dez ou vinte anos, os Conselhos de Administração vêm assumido uma postura mais crítica em relação às decisões estratégicas dos executivos. Esse fenômeno estaria se refletindo no crescimento observado na contratação de headhunters, para ajudarem a fazer a escolha dos melhores candidatos (internos ou externos) para as posições em nível de vice-presidência, naqueles países.[3]

Há outros depoimentos que igualmente parecem contrariar aquela sugestão dada na matéria da *Exame*: Em Portugal, Nuno Troni, diretor executivo da consultoria de recrutamento de executivos Michael Page no país, revelou que, em 2013, a grande maioria dos CEOs, entre as vinte maiores empresas cotadas na Bolsa de Lisboa (que compõem o chamado "Índice PSI-20") tinha sido recrutada internamente nas companhias e não vindo do mercado.[4]

Aqui mesmo, no Brasil, durante a produção deste livro, fizemos um breve levantamento sobre o tema. Tomamos a lista dos 22 CEOs que se dispuseram a colaborar com uma iniciativa *sui generis* concebida pela consultoria global de seleção de executivos Odgers Berndtson, chamada "CEO por um dia". Nesta experiência, estudantes universitários de penúltimo ou último ano são selecionados para passarem um dia em uma empresa, acompanhando o CEO, observando-o no trabalho e tentando aprender com a experiência. O programa, que tem apoio do jornal *O Estado de São Paulo*, FGV, PDA International e Machado Meyer Advogados, realizou em 2017 sua terceira edição.[5]

Fizemos uma rápida apuração da trajetória dos CEOs nominalmente citados que participariam da iniciativa desta vez e encontramos que, dos 22 indicados, 12 foram guindados à presidência vindos de *dentro* das respectivas companhias e 6 tinham vindo de fora (quanto aos 4 restantes, as informações disponíveis não eram conclusivas). Isso quer dizer que, no universo considerado, seguramente 55% dos CEOs assumiram o cargo por promoção interna, não por recrutamento externo, o que está razoavelmente coerente com os demais dados citados anteriormente.

Todavia, mesmo que aceitemos que a maioria das empresas tende a suprir o cargo de CEO por promoção interna e não mediante recrutamento externo, não podemos desprezar a sugestão, dada na *Exame*, de que, mesmo assim, a maioria das empresas não faz um trabalho realmente sério de preparação de sucessores. "Descobri que a maioria das empresas (mais de 60%) não tem um processo [de sucessão] bem definido! A melhor pesquisa de consultores, que tinham décadas de experiência, diz que, se uma empresa teve um bom candidato, foi sorte!", afirma em um de seus livros o professor Joseph L. Bower, de Harvard.[6]

Entretanto, Peter Cappelli, professor da Escola de Negócios Wharton, da Universidade da Pensilvânia, pondera que é melhor escolher o candidato dentro da empresa do que fora dela. "O ideal seria somente trazer um candidato externo quando fosse preciso fazer uma mudança estratégica mais profunda", diz ele. Seu principal argumento é que os executivos vindos do mercado, além de normalmente custarem bem mais caro na contratação, poderão ainda assim não se adaptar à cultura da companhia.[1]

Quanto a Bower, sua opinião é que os melhores líderes para a empresa como um todo tendem a ser, realmente, os candidatos que vêm de dentro dela, mas que consigam, como se fossem candidatos de fora, manter um suficiente desapego das tradições locais, da ideologia e das crenças vigentes na empresa, o que lhe permitirá manter a objetividade de um candidato vindo de fora. Bower chama essas pessoas de *"outsiders* internos".[6]

Peter Cappelli, com a colaboração de seu colega Wayne R. Gay, ambos professores da Wharton Business School, aponta três vantagens importantes de se recrutar o novo CEO internamente, em vez de buscá-lo fora da empresa. Essa opção:

1. tende a incentivar uma competição interna salutar, levando outros executivos a acreditar mais nas suas próprias chances de crescer dentro da companhia;
2. aumenta a tranquilidade interna entre os executivos de segundo escalão, que não se sentem tão ameaçados em seu emprego quanto acontece quando um novo CEO vem do mercado, uma vez que nesse caso ele poderá trazer consigo sua própria equipe de gestão; e, por fim,
3. preserva o conhecimento da cultura corporativa e do capital intelectual da organização, pois o novo CEO já assume com um conhecimento tácito de como as coisas funcionam ali; ao passo que o CEO vindo de fora tem de passar por um longo período de adaptação para compreender a cultura local (se é que quererá fazê-lo).[3]

Em termos práticos, nossa sugestão é que a empresa trate de reconhecer a necessidade de um plano de sucessão para atender aos seus principais cargos executivos e técnicos (e em particular os cargos do chamado *C-Level*, inclusive o de CEO) e, uma vez consciente disso, faça-se em sequência estas três perguntas essenciais, já citadas em outra parte deste livro:

- Temos alguém qualificado para suceder ao atual ocupante do cargo?
- Caso sim, estamos seguros de que essa pessoa está devidamente preparada para essa nova missão?
- Caso sim, que benefícios ou vantagens podemos esperar que ela traga para a empresa — especialmente em termos de conhecimento e experiência?

Se a resposta à primeira questão for "não", é provável que a empresa tenha de recorrer ao mercado para suprir a posição. Nesse caso, é importante seguir algumas regras antes de iniciar a contratação de alguém do mercado. A empresa de searching de executivos TASA recomenda seguir este procedimento:

1. Definir claramente os objetivos da contratação e os requisitos esperados dos candidatos para cumprimento desses objetivos.
2. Fazer uma pesquisa abrangente no mercado, em busca de candidatos que efetivamente preencham esses requisitos.
3. Efetuar a seleção e a avaliação em profundidade mediante entrevistas, referenciamento, testes etc. dos candidatos finalistas.

4. Fazer a escolha do melhor candidato e negociar com este as condições da contratação.
5. Realizada a contratação, fazer um detido acompanhamento da integração do novo executivo na empresa, se possível com a ajuda de um processo de *coaching*.

A *"DANÇA DAS CADEIRAS"*

Em junho de 2017, os órgãos de imprensa deram destaque, nos últimos dias, à saída de Travis Kalanick da presidência executiva da Uber. Fundador (em 2009) e principal executivo da empresa até então, Kalanick, renunciou ao cargo em 20 de junho, depois de ser pressionado a fazê-lo pelo Conselho de Administração da Uber. Na época, a empresa enfrentava uma crise em várias frentes (denúncias de assédio, demissões de executivos, roubo de propriedade intelectual, reclamações de direitos trabalhistas por motoristas, entre outras), e isso tudo provocou a reação dos investidores, que reagiram com uma forte pressão sobre o CEO.[7]

Uma constatação que se faz, quando se tenta entender as rotas pelas quais "navega" o CEO de uma grande empresa é que uma autêntica "dança das cadeiras" está em constante movimento, nesse ambiente dos negócios, nacional ou internacional. Imaginemos que estamos olhando bem de cima esse mundo dos altos executivos *C-Level* nas empresas.

Imaginemo-nos fazendo um zoom de aproximação, para observar em maior detalhe um pedacinho apenas desse cenário. O que veremos? Um ambiente em efervescência, com permanentes embates e muita política de bastidores (negociações, trâmites, acordos, divergências, trocas) envolvendo CEOs e outros executivos *C-Level*, *chairpersons* de Conselhos de Administração e acionistas. Todos eles discutindo quem deve comandar o que, onde, como, por quanto tempo e agindo como representante de quem — embates esses que se dão não em torno de competências executivas *stricto sensu* (com as quais têm pouco a ver), mas bem mais com interesses econômicos em jogo.

Exemplifiquemos com um desses pequenos recortes: no primeiro semestre de 2017, Paulo Cesar Pereira Teixeira assumiu o cargo de CEO da Claro, que era até então ocupado interinamente por José Félix, presidente do Grupo América Móvil Brasil (controlador da Claro, da Net e da Embratel). Félix era o interino da Claro desde a ida do CEO anterior, Carlos Zenteno, para a Claro Colômbia. Teixeira tinha sido o CEO da Vivo até 2015 e, ao sair da operadora, entrou no período de *non-compete* contratual por dois anos.[8] Quem substituiu Teixeira na Vivo, em 2015, foi Amos Genish.

Mas, em fins de 2016, Amos Genish deixou de ser o CEO da Vivo, sendo substituído por Eduardo Navarro, até então o CCDO (Chief Commercial Digital Officer) da Telefónica e presidente do Conselho da Telefônica Brasil.[9] Em seguida, Genish assumiu o cargo de CCO (Chief Convergence Officer) do grupo francês Vivendi, com a responsabilidade de conduzir a estratégia de convergência entre conteúdo, plataformas e distribuição de mídia do grupo, ficando sediado entre Paris e Londres.[10] Veremos se permanecerá por muito tempo ali.

Participando acionariamente da Telecom Itália, a Vivendi tinha intenções de que seu CEO, Arnaud de Puyfontaine, se tornasse o presidente do Conselho de Administração desta companhia, tendo pelo menos os mesmos poderes do atual presidente Giuseppe Recchi (o conselho da Telecom Itália seria renovado em maio). Por sua vez, o presidente xecutivo desta companhia, Flavio Cattaneo, planejava manter seu cargo no grupo telefônico italiano, independentemente de quem os acionistas escolhessem como o próximo presidente do Conselho. Fontes disseram que a colocação de Puyfontaine como o próximo presidente do Conselho da Telecom Itália poderia agravar as preocupações sobre a crescente influência do grupo francês sobre as empresas italianas...[11]

O que nos interessa especialmente aqui não é, entretanto, essa rapidíssima dinâmica, autêntica "dança das cadeiras", mas, sim, entender como cada personagem envolvido nessa febril movimentação pensa em seu trabalho e em sua carreira.

Entretanto, generalizando para um quadro mais amplo aquela série de questões postas acima, o que queremos realmente saber nesta parte do livro é que opções se oferecem ao CEO de uma empresa, quando a perspectiva é de que venha concretamente a deixar de sê-lo? O que ele pensa da vida nesse momento? O que faz a respeito? E, mais importante do que tudo mais: esse CEO é realmente livre para fazer o que quiser? Ou, ao contrário, ele não tem esse grau de autonomia e acaba, por causa disso, sendo como que "teleguiado" pela dinâmica da sociedade no encaminhamento de suas ações a respeito?

E QUANTO À LONGEVIDADE DO EXECUTIVO NO CARGO?

A pesquisa exclusiva da consultoria de recrutamento de altos executivos Fesa, realizada no Brasil em 2012 a pedido da revista *Exame*, com 100 companhias faturando anualmente entre R$500 milhões e R$5 bilhões, apontou que 59% delas tiveram três ou mais presidentes nos últimos dez anos, o que significa uma duração média de três anos para cada um desses executivos![1] Mesmo em se tratando de empresas brasileiras, que talvez sejam menos estáveis que as americanas ou europeias (dadas às mais frequentes turbulências em nossos mercados), parece ser esse um tempo excessivamente curto de ocupação do cargo de CEO por um executivo.

Um estudo de Ram Charan e Geoffrey Colvin, de 1999, afirma que o tempo médio de permanência no cargo, nas grandes empresas americanas (as 500+ da revista *Fortune*) era, então, de cinco anos para 58% dos CEOs e de seis a dez anos para 23% deles.[12] Uma porcentagem "muito pequena" (não especificada) de CEOs ficaria no cargo por mais de dez anos; e os restantes 19% não chegariam a permanecer nem mesmo cinco anos no cargo, desligando-se ou sendo desligados antes disso.

O dado anterior é basicamente convencionado por vários autores — acadêmicos, consultores e jornalistas econômicos — como o que mais provavelmente define o tempo médio de estada de um CEO no cargo: a voz corrente aponta para um período de cinco anos.

Por exemplo, o professor Xueming Luo, da Escola de Negócios Fox, na Universidade Temple (Pensilvânia), fez um estudo aparentemente bastante completo do tema, chegando a um prazo bastante próximo disso: quatro anos e oito meses no cargo!

Luo estudou 356 empresas abertas americanas de 2000 a 2010. Nesse período, mediu a duração dos mandatos dos presidentes e a evolução de indicadores tão variados como a rotatividade de empregados e os investimentos da empresa no desenvolvimento de novos produtos. Além disso, monitorou o comportamento das ações dessas empresas nas bolsas de valores.

Cruzando as informações, concluiu que os CEOs tendem a se mostrar muito ávidos por apresentar aos acionistas resultados financeiros convincentes nos primeiros anos de permanência no cargo. Para isso, procuram informar-se em detalhe sobre o negócio e sobre o contexto que o cerca. Mas, com o passar do tempo, esses mesmos executivos começam a ver como mais importante o fortalecimento das relações políticas internas e, paulatinamente, passam a delegar aos níveis que estão abaixo dele, quase sem se aperceber disso, a importante monitoração do que se passa no entorno da empresa, em seu ambiente externo. Passam a dedicar-se mais à construção de uma rede de proteção política interna e, literalmente, se esquecem de dirigir a empresa. Passam a ser mais políticos do que gestores!

"Presidentes com muitos anos na casa tendem a se tornar grandes líderes para as equipes internas", conclui Luo, "mas geralmente vão se tornando menos persistentes no follow-up das transformações que se dão no mercado." Com isso, muitos deles se transformam e são lembrados muitos anos depois como líderes carismáticos, embora tenham ficado menos atentos às ameaças externas à empresa.[13]

Um levantamento da consultoria McKinsey, realizado em 2014, ajuda a endossar a tese de que os primeiros anos dos presidentes costumam ser os mais produtivos. Mais do que isso, o estudo mostra que é nos primeiros anos que os CEOs costumam mostrar melhores resultados aos acionistas, justificando sua ascensão ao comando da empresa. A consultoria analisou 365 companhias abertas americanas que haviam mudado seu principal executivo recentemente e acompanhou o mandato dos estreantes. Nesse universo, identificou 183 empresas cujos presidentes fizeram duas coisas logo nos três primeiros anos no cargo: (a) realocaram os recursos disponíveis; e (b) substituíram a maior parte do alto escalão da empresa.

Ou seja, parece que essas duas medidas tipicamente caracterizam a estratégia adotada por cerca de metade dos novos CEOs; e parece que ela... dá certo! Na grande maioria, esses 50% de novos CEOs conseguiram, dessa forma, proporcionar um retorno aos acionistas, em média, de 8,8%, enquanto os demais 50% produziram um retorno um pouco menor: de 6,6%.[14]

Mencionamos no início deste capítulo um estudo feito em 1998 e publicado na revista *Fortune*, segundo o qual 58% dos CEOs das 500+ da *Fortune* permaneciam por cerca de cinco anos no cargo, e 23% entre seis a dez anos. No Brasil não dispomos de muitos estudos a respeito, mas o pouco que sabemos não deixa de corroborar esses dados. Um levantamento feito com 1.200 companhias brasileiras pela consultoria BTA, de Belo Horizonte, mostra que 24% delas são pilotadas pelo mesmo executivo há mais de uma década, o que está bastante coerente com o que afirmou a *Fortune* em 1998.[15]

As análises que vimos fazendo até esse ponto talvez possam dar a impressão de que a troca de CEOs cause impacto e assombro somente nos salões nos quais se dá a "dança das cadeiras". Isso não é correto. A troca do executivo-chefe, como não poderia deixar de ser, traz repercussões para todos aqueles que têm contato direto e indireto com a empresa. Entre eles está a equipe de trabalho, que assiste à partida do antigo líder e recebe o recém-chegado. Os mais diversos stakeholders serão tocados pelas ondas de choque produzidas nessa sucessão, como fornecedores externos, parceiros da empresa e mesmo os clientes dela. O exame detalhado desses impactos é o tema central do próximo capítulo.

RESUMINDO...

Tratamos aqui da dinâmica que ocorre na ocupação de cargos de elevado nível nas empresas, por CEOs e outros altos executivos. Começamos discutindo as duas origens possíveis do novo ocupante de um tal cargo: este poderá ingressar vindo de fora da empresa (do mercado de trabalho); ou poderá vir de dentro dela (já estar à disposição nos quadros executivos da própria organização). Examinamos aqui as vantagens e desvantagens de um e de outro caso.

Também mostramos, neste capítulo, como os altos executivos se movem entre cargos dentro de uma mesma corporação ou entre empresas e corporações distintas, e com grande desenvoltura, aliás!

Dada a natureza desses cargos (a alta responsabilidade envolvida, o elevado nível de autoridade experimentado, o prestígio que normalmente o cargo confere ao seu ocupante, entre outros fatores), dir-se-ia à primeira vista que a tendência é uma longa permanência do executivo no cargo, no qual aquele ficaria normalmente por muitos anos.

Ledo engano! Em linhas gerais, o que mais vemos é de fato o contrário: uma ativa "dança das cadeiras" em pleno andamento, na qual as mudanças entre cargos e entre empresas são muito constantes. É possível dizer, inclusive, que, à medida que os anos vão passando e as transformações vão se dando no ambiente dos negócios e das empresas em frequência e magnitude cada vez mais acentuadas, essa "dança das cadeiras" tende a tornar-se ainda mais e mais frenética, com consequente redução na longevidade da ocupação de tais posições de gestão pelos que as assumem.

Capítulo 18

Turbulências na Sucessão

A sucessão em uma empresa, em nível de gerência ou direção, só muito raramente se dá de forma totalmente calma, suave, tranquila e sem perturbações. Bem ao contrário, quase sempre ela gera internamente turbulências de diversas ordens e níveis, uma vez que põe em xeque uma ampla variedade de processos que estão em andamento e de condições atualmente vigentes — vistos até então como normais, esperados e previsíveis. Em outras palavras, a sucessão é, na grande maioria dos casos, um acontecimento perturbador em algum grau, quase sempre gerador de indefinições e tensões.

De fato, um processo de sucessão mobiliza praticamente "todo mundo" na organização, isto é, os mais variados atores que participam da "cena", nomeadamente:

- o atual ocupante do cargo, profissional que será substituído;
- o novo ocupante do cargo, substituto que chega para assumir;
- a equipe de trabalho que está diretamente implicada e experimenta toda a carga de turbulência promovida pela transição;
- a área de RH da empresa, quase sempre fortemente envolvida na condução do processo;
- a Diretoria da empresa como um todo, que participa de variadas formas;
- individualmente, cada um dos diretores, cuja participação é distinta caso a sucessão se dê em cargo situado nos escalões inferiores, ou caso se dê em cargo que faça parte da própria diretoria (e inclusive e especialmente o do CEO);
- o Conselho de Administração da empresa, em particular quando a sucessão se dá nos cargos de direção (que são estratégicos) e, muito especialmente, quando se trata da sucessão do CEO.

Quando o cargo em que a sucessão se dá é justamente o do CEO ou o principal executivo da empresa, pode-se constatar que, não poucas vezes, outros personagens não citados anteriormente também são mobilizados pelo acontecimento. Entre esses estão:

- o corpo todo dos empregados da empresa;
- os aliados e parceiros estratégicos de negócios da empresa;
- os clientes desta (e muito especialmente nos casos em que a empresa opera negócios B2B);
- até mesmo os concorrentes da empresa; e
- em muitos casos, até mesmo a opinião pública local ou nacional.

Comentamos a seguir cada um desses focos de turbulência produzidos pelo processo de sucessão.

COMO O ATUAL OCUPANTE DO CARGO SE PREPARA PARA SAIR?

Há pelo menos três questões que o atual ocupante do cargo precisa responder, em algum momento (e quanto mais cedo puder fazê-lo, tanto melhor) em relação à sua saída da empresa e à sua substituição. São elas:

1. O movimento que leva à sua saída do cargo é conduzido por ele próprio?
2. Sua saída era previsível, isto é, já estava delineada para acontecer, em curto, médio ou longo prazo?
3. O fato de o atual ocupante estar deixando o cargo significa o encerramento de seu relacionamento com a empresa em questão e/ou com o grupo ou corporação ao qual a empresa pertence?

Uma resposta "sim" a todas as três perguntas mostra que o atual ocupante do cargo o está deixando (e à própria empresa) em condições que lhe parecem ser claramente vantajosas. A resposta positiva mesmo a apenas duas dessas três questões (e, em alguns casos, até mesmo a somente uma só delas) pode trazer certas vantagens ao atual ocupante do cargo.

Em qualquer caso, a saída do cargo é sempre um momento especialmente sensível para qualquer profissional de gestão, em que esse deve pensar de forma bem prática e objetiva na importante decisão que está sendo tomada, uma vez que aspectos mais emocionais envolvidos na situação poderão turvar, em maior ou menor grau, a clareza de sua percepção sobre o que realmente ocorre. Tratamos dos dilemas do CEO que sai da empresa com profundidade no Capítulo 12.

Por que a resposta "sim" àquelas três questões anteriores significa que o alto executivo está deixando o cargo em uma condição vantajosa? A resposta é fácil de dar:

Sabendo que deixará a empresa, o profissional estará em condições de melhor preparar-se para a transição que efetuará em sua vida. E se for capaz de definir com maior clareza e adequação o que fará após deixar o cargo, esse alto executivo poderá melhor *preparar-se profissional, relacional e afetivamente* para as novas condições que enfrentará.

Novas Condições Profissionais

Por exemplo, é comum que um alto executivo tenha um contrato com a empresa em que trabalha no qual exista uma cláusula de *non compete*, isto é, uma cláusula que o impeça de trabalhar, por um dado tempo, em uma empresa concorrente, ou mesmo em outra empresa em que possa vir a exercer o mesmo tipo de atividade. Essa circunstância terá de ser levada em conta, cuidadosamente e tão antecipadamente quanto possível em relação à saída, por quem deixará seu cargo executivo em uma empresa.

A preparação do executivo é importante no aspecto *profissional*, também porque, ao deixar a empresa, ele ou ela terá de se preparar para um novo desafio a enfrentar. E, para tanto, sempre haverá um acervo, maior ou menor, de conteúdos que o mesmo terá de desenvolver, a fim de melhor situar-se no novo cenário à frente. O executivo terá de aprender técnicas, abordagens, conceitos e práticas novas, o que provavelmente fará frequentando cursos e outros eventos educativos, participando de estágios profissionais e/ou realizando visitas, fazendo leituras, tomando sessões de aconselhamento etc.

Por exemplo, um alto executivo precisa levar em conta que, caso decida iniciar, a partir de sua saída do cargo, uma nova carreira de consultor, depois de ter ocupado por tantos anos um cargo executivo em uma empresa, inaugurará para si mesmo uma atividade profissional completamente nova. Certamente tudo o que aprendeu até então como executivo lhe será de utilidade na nova atividade; no entanto:

- a forma de trabalho de um consultor;
- seu modo de se apropriar dos profundos conhecimentos que já tem e de aplicá-los a novas situações reais;
- as formas de relacionamento com os clientes;
- o modelo de negócio que deverá praticar; assim como
- variados outros aspectos envolvidos em sua nova ocupação deverão ser bastante diferentes daqueles com que esse profissional estava habituado em seu dia a dia como gestor.

Novas condições relacionais

Essa preparação é também *relacional*, porque implicará em:

- fazer novos contatos profissionais com pessoas e organizações que lhe interessa cultivar nessa nova fase;
- familiarizar-se com novos campos de atuação ou ambientes que ainda não lhe são próximos; ou mesmo
- refazer sua forma de relacionar-se com alguns de seus atuais contatos pessoais ou organizacionais.

Comumente, ao escolher o que fará depois de deixar a empresa em que atualmente trabalha, um alto executivo poderá perceber que certos amigos ou conhecidos com quem já conviveu no passado e cujo contato ficou perdido por vários anos poderão voltar a significar relacionamentos especialmente interessantes em sua nova fase de vida e carreira — e, nesse caso, o profissional em questão poderá querer retomá-los.

Por auspiciosa que pareça ser essa perspectiva, entretanto, retomar tais contatos pode não ser tão simples assim: o mundo gira, e as pessoas podem mudar muito ao longo dos anos. Por conseguinte, aqueles que foram seus grandes amigos no passado poderão não reagir com a mesma alegria e espontaneidade à sua reaproximação, decepcionando o antigo companheiro.

Novas Condições Emocionais

Ou seja, essa preparação é também *afetiva*, pois requererá uma retomada e uma reorganização até mesmo de seus sentimentos e impressões pessoais acerca de diversos aspectos da vida profissional, os quais terão de ser reforçados ou reformulados.

Um profissional que jamais se viu no papel de um organizador de atividades, por exemplo, talvez tenha de assumi-lo daí por diante; ou outro, que nunca se havia visto como um autêntico homem de vendas, talvez tenha, agora, de "vestir a carapuça" nesta nova fase, e entrar em campo para negociar com clientes, fornecedores ou parceiros de negócios — o que poderá requerer de sua parte um grande esforço, na intenção de incorporar ao seu perfil profissional uma nova forma de agir com a qual nunca se identificara.

Medos por vezes irracionais, como o de passar ridículo, o de não saber o que responder em algum momento crucial em uma negociação, ou ainda o desprazer de ter de executar uma tarefa que há anos tenta evitar, por classificá-la como desagradável ou entediante, tudo isso talvez seja necessário suplantar nessa nova etapa profissional.

Assim, uma primeira recomendação que se pode fazer ao alto executivo que entrega a outrem seu cargo em uma empresa é que reflita muito claramente sobre o passo que está prestes a dar — que reflita sobre a dimensão dessa mudança, seu significado e suas implicações diretas e indiretas em sua própria vida e na dos outros.

Para essa reflexão, é fundamental que o executivo se aconselhe com pessoas que lhe são afetivamente próximas (sua família ou amigos mais chegados), com pessoas profissionalmente relevantes (cujo trabalho poderá ser de alguma forma afetado por sua decisão) e mesmo com conselheiros experientes (mentores, *advisors* formais ou informais), capazes de ajudá-lo a pensar de forma esclarecida sobre o passo que está dando).

Sua reputação pessoal e o bom relacionamento que teve com a empresa que está deixando são também aspectos fundamentais que o executivo deve saber preservar. É de todo essencial para o alto executivo ser lembrado de forma positiva por todos aqueles que agora deixam de fazer parte de seu círculo de relacionamento profissional mais imediato, como é o caso dos pares, superiores e subordinados. Idealmente, essas pessoas deveriam, mais tarde, lembrar-se com certa saudade do atual ocupante do cargo, como alguém com quem valeu a pena conviver; alguém que, tendo passado por ali, deixou alguma marca, algo, enfim, de relevante e significativo!

Ou seja, sair da empresa deixando "as portas abertas" é fundamental, mesmo que para isso seja necessário deixar de lado certas questões pendentes que são incômodas ou ficaram mal resolvidas, ou mesmo que a saída implique em aceitar algumas condições menos favoráveis. Em tais circunstâncias, pode ser muito mais interessante para o atual ocupante do cargo sair da empresa "bem" do que deixá-la tendo se envolvido com ela em algum tipo de litígio ou conflito.

Nunca se sabe o dia de amanhã e, mesmo que um retorno do profissional para outro cargo nessa empresa pareça improvável ou mesmo praticamente impossível, não será incomum que a empresa venha a ser, em algum momento posterior, solicitada a fornecer informações ou avaliações sobre a passagem por lá de seu ex-colaborador. Considerando tal hipótese, é muito importante que as informações que a empresa possa vir a dar sobre seu ex-colaborador sejam positivas.

COMO O NOVO OCUPANTE DO CARGO SE PREPARA PARA SEU NOVO PAPEL?

Boa parte do que foi dito anteriormente sobre o atual ocupante do cargo, que será substituído, refere-se igualmente ao novo candidato, aquele que pretende ingressar na empresa e ocupar o cargo. Também este terá de preparar-se para a nova posição. E as três áreas de preparação citadas anteriormente (a *preparação profissional, relacional e emocional*) precisam ser igualmente objeto de preocupação no caso do novo ocupante.

Também esse deve preparar-se quanto aos mesmos três aspectos, para os novos desafios que agora terá.

Tendo vindo de fora da organização ou tendo subido na hierarquia dentro dela, o novo ocupante desfrutará de vantagens importantes, caso saiba disso com razoável antecedência. Em muitos casos, esse novo ocupante terá sido, até então, uma espécie de "príncipe herdeiro". Nesse caso, a vantagem do novo ocupante é grande, pois terá tido a oportunidade de, nesse "período de carência" (isto é, nos meses, ou mesmo anos, que antecederam sua ocupação do cargo, até ser efetivamente guindado à posição), ter-lhe-á sido possível fazer uma preparação efetiva para sair-se bem nos desafios da nova posição. Esse tempo disponível, caso exista, pode ser muito precioso para o alto executivo.

Em outros casos, porém, não é assim: o sujeito candidata-se à posição, ou é escolhido pelos superiores para vir a preenchê-la com pouca antecedência — o que lhe concede pouco tempo de preparação para a posição. Isso pode representar para o alto executivo uma desvantagem.

Ainda assim, se esse profissional já tiver definido razoavelmente o que deseja na vida, em que sentido direcionará sua carreira ou o que pode razoavelmente almejar com relação a esta, ele terá, certamente, se preparado com alguma antecipação para ocupar uma posição dessa importância — e isso muito antes de efetivamente surgir a oportunidade concreta de fazê-lo. Nesse caso, o profissional provavelmente não será acolhido em situação desprevenida, quando chegar o momento da promoção.

No caso de uma sucessão executiva, a preparação *profissional* do novo candidato ao posto é a mais fácil de se deduzir como necessária: tão logo saiba o que o espera no novo cargo, seu novo ocupante precisará entender quais novas práticas exercerá, em comparação com aquelas que já conhece, domina e utiliza com assiduidade. Para suas novas práticas, esse profissional terá de encarar (e, portanto, aprender) novos conceitos, teorias, conhecimentos e técnicas.

Muitas vezes, mesmo depois de ter assumido o novo cargo, o novo ocupante passa, por iniciativa da própria empresa, por um período de adaptação, frequentando cursos, fazendo visitas técnicas orientadas, que o prepararão para melhor ocupar a posição. Mesmo que não tenha sido possível prevê-las e realizar tais atividades *antes* de vir a ocupar o cargo, geralmente essa preparação é, mesmo assim, preciosa para o êxito do novo ocupante da função.

A preparação *relacional* do novo ocupante pode ser um pouco mais sutil e ele (ou ela) talvez tenha de pensar em quem são essas pessoas com as quais conviverá profissionalmente daí por diante:

- que compromissos deverá ter com elas;
- como estas pessoas o(a) veem e como esperam ser vistas pelo novo ocupante do cargo;
- que expectativas têm de sua atuação;
- como poderão agir em resposta às preferências, estilo e comportamentos típicos, e mesmo às próprias expectativas do novo ocupante do cargo.

Para alguém que acaba de ingressar em um novo grupo social, o relacionamento com aqueles que já fazem parte desse grupo pode ser cheio de sutilezas não muito fáceis de perceber e lidar. Citemos apenas dois breves exemplos disso:

Em uma grande empresa, um novo diretor sentiu-se excepcionalmente bem acolhido por sua equipe durante sua primeira semana no cargo, ao ponto de comentar com a esposa quanto eram agradáveis e solícitos os gerentes que agora se reportavam a ele. A cada dia, durante essa primeira semana, dois ou três desses gerentes iam à sua sala, próximo à hora do almoço, convidando-o para almoçarem todos juntos e aproveitarem para trocar ideias sobre o trabalho durante a refeição — e invariavelmente escolhiam levar o novo diretor aos restaurantes mais caros daquela área da cidade, onde esperavam que o almoço fosse pago pela companhia.

Na terceira vez em que isso aconteceu, o diretor começou finalmente a desconfiar que os gerentes estavam se aproveitando de sua chegada apenas para desfrutar de pratos caros e sofisticados, pois havia outras opções, bem mais frugais e baratas por perto, as quais, aliás, no dia a dia de trabalho, eram justamente aquelas que todos usavam para o almoço. No quarto dia seguido em que o fato se repetiu, o diretor respondeu aos seus gerentes que sim, podiam ir almoçar juntos, mas que desta vez iriam a um restaurante mais próximo e bem mais simples, e que cada um pagaria sua própria refeição.

Em outro caso, certamente mais sério, logo em sua primeira semana na empresa, um novo presidente convocou cada um dos diretores para uma longa entrevista individual, em que procurou explorar as percepções de cada diretor sobre a companhia, a matriz, o mercado, as questões estratégicas, o relacionamento na equipe diretiva etc.

O que o novo presidente apurou, depois de apenas quatro das oito entrevistas programadas, foi que seus diretores não tinham ideias claras sobre como a empresa deveria ser gerida, e mais, eles não dialogavam entre si a respeito disso. Cada diretor, por si mesmo, tinha conceitos próprios e interesses divergentes, que não compartilhavam e que não interessavam aos seus pares. O presidente preocupou-se muito com aquilo, ao perceber que não tinha com ele realmente uma equipe de trabalho, mas apenas um grupo de diretores totalmente dispersos entre si e desagregado, falando línguas próprias e incomunicáveis entre si.

A preparação *emocional* do novo ocupante do posto pode ser muito importante também, especialmente se este se sentia muito integrado e bem posicionado em seu cargo anterior; e muito especialmente se esse cargo era exercido em outra organização muito diferente da nova empresa.

Em um caso bem típico, o novo gerente de Recursos Humanos de uma empresa ingressou nesta depois de ter passado quinze anos trabalhando em outra organização, dos quais sete anos foram dedicados ao cargo equivalente, de gerente de RH. Mas, naquela empresa anterior, esse gerente estava tão habituado com sua rotina diária, que teve enorme dificuldade para se adaptar à nova empresa; e, um ano depois, acabou por deixar a posição, tendo feito um acordo com o Diretor Administrativo, seu superior, para ser oficialmente demitido e levantar o Fundo de Garantia.

De fato, as diferenças entre as duas empresas eram enormes, em termos de liberdade de ação, alçada decisória, qualidade do time de colaboradores, acesso ao diretor no dia a dia. Várias questões problemáticas que não existiam na empresa anterior (ou pelo menos eram diferentes daquelas) lhe eram agora colocadas pelos gestores de linha. Na nova empresa, o gerente de RH tinha de lidar com pendências trabalhistas que tampouco havia na outra empresa, além de acidentes de trabalho (graves), má qualidade das instalações físicas, baixo orçamento, precários recursos financeiros à disposição, relacionamento distante dos diretores no escalão superior para com ele, pouco apoio ou interesse da matriz pelas questões de RH da unidade local...

Eram questões inexistentes na empresa de onde veio! Assim, quanto a todos esses aspectos, o novo gerente de RH sentia-se como "um peixe fora d'água" na nova empresa, dado que, na outra, "tudo era muito melhor"! Em tais condições, era mesmo esperado que ele não se ajustasse ao cargo que havia aceitado ocupar nessa nova empresa, e é até surpreendente que tenha durado na posição por um ano.

Uma extensa lista de questões que o novo incumbente do cargo tem obrigação de tentar esclarecer o mais cedo possível — sob pena de elevar demais o risco de fracasso no novo posto —, quando designado ou aprovado para uma nova posição executiva, seriam, entre outras:

- Conheço bem os produtos e serviços, o mercado, os concorrentes desta (nova) empresa em que vou trabalhar?
- Que aspectos especiais marcam sua cultura corporativa?
- Que aspectos relevantes estão presentes em sua história?
- Conheço os executivos desta empresa com quem trabalharei? Que penso deles?
- Qual é o modelo de negócio utilizado por essa minha nova empresa? Ele é diferente daquele que estou acostumado? Vou ter de me adaptar em algum aspecto a isso?

- Que estilo de gestão de pessoas se pratica nesta empresa? Estou familiarizado com ele?
- Que nível de autonomia poderei/deverei dar aos membros de minha equipe, nessa nova função? O que eles esperariam de mim nesse sentido?

COMO A EQUIPE DE TRABALHO DEVE SER PREPARADA PARA A TRANSIÇÃO?

Na sucessão de um alto executivo, deve ser objeto de grande atenção o papel da equipe de trabalho que serviu a um titular até o momento de sua saída e passa a servir ao outro que o sucede. Algumas coisas especialmente importantes ocorrem com essa equipe, conforme abordaremos a seguir:

1. Desempenhos e eficiências já demonstrados anteriormente precisam ser reapresentados e renovados perante o novo diretor:

Sob a direção do ocupante anterior do cargo, a equipe de trabalho provavelmente já teria encontrado certo nível de equilíbrio relacionado a desempenhos individuais e coletivo, a atribuição de tarefas aos vários membros do grupo e expectativas quanto a quem seria mais eficiente ao realizar qual trabalho.

Tudo isso cai por terra quando há uma sucessão, pois o novo diretor ou gerente não conhece os desempenhos, as preferências profissionais ou as áreas de especialidade de cada membro do grupo. Não sabe, portanto, o que pode esperar de cada um — e isso tende a produzir um nível maior de tensão entre os participantes da equipe.

Na maioria dos casos, a transição entre um gestor que sai e outro que entra inclui algum tipo de contato entre ambos, em que o atual ocupante da posição dará ao novo ocupante informações sobre como vê cada membro da equipe:

- quais, entre esses, são especialmente competentes e em que atividades;
- em quais o novo ocupante da posição pode confiar;
- com quem este poderá contar para o cumprimento de determinadas incumbências mais cruciais.

Mesmo assim, o novo ocupante da área terá de testar sua equipe e conhecer melhor cada um dos membros. Portanto, de modo geral, a performance de todos os participantes da equipe ficará por um tempo em suspenso — *sub judice*, por assim dizer.

Aqueles membros da equipe que já eram conhecidos e cujo desempenho era desde então apreciado positivamente pelo gestor anterior da área precisarão voltar a mostrar que têm realmente as qualidades apregoadas e que são dignos da confiança do novo gestor.

Por sua vez, aqueles que eram vistos como menos eficientes pelo gestor anterior têm, agora, uma nova oportunidade de resgatar sua credibilidade profissional e reafirmar suas competências em frente ao novo gestor. Uma nova "injeção motivacional" poderá vir a ser o resultado disso — e há casos em que as mudanças são tão profundas que mesmo um funcionário da equipe que estava prestes a ser demitido pode passar a ser, em pouco tempo, o novo "braço direito" do gestor que entra!

2. Reorientações nos processos e prioridades de trabalho podem ser esperados, pois o novo ocupante do cargo poderá pensar de modo bem diferente do executivo anterior sobre o que deve e o que não deve ser feito:

É comum que o novo gestor da área queira imprimir a esta a sua própria orientação de trabalho, e isso pode implicar em descontinuar projetos já em andamento ou programados para serem iniciados proximamente, assim como poderá ainda significar que novos projetos entrem na pauta da equipe. Comumente, também, o novo gestor redistribui tarefas e responsabilidades, refaz níveis de autoridade e reorganiza equipes internas de trabalho.

Tudo isso mexe muito com os membros do time, e é natural que alguns gostem das novidades, enquanto outros, não. Por causa disso, o novo gestor precisa ser muito cuidadoso ao mexer nas incumbências, atribuições, prioridades, responsabilidades e níveis de autoridade do seu novo grupo, informando e convencendo a todos de que a nova forma de fazer é melhor e prestigiando-os, de modo a trazê-los para seu lado, em vez de provocar resistências.

O melhor momento para efetuar tais mudanças é, claramente, o início da gestão. Isso vale para qualquer grupo de trabalho, em qualquer empresa, qualquer que seja seu nível. A experiência mostra fortemente que o gestor tem mais força para efetuar mudanças logo que ingressa no sistema, tornando-se cada vez mais difícil promovê-las à medida que os dias e semanas vão passando. O "pacote de bondades" (ou "de maldades") que o novo chefe pretende apresentar, é bom que o apresente de uma vez, para não ficar depois com penduricalhos inconvenientes a resolver!

3. Preferências e rejeições que existiam anteriormente são basicamente anuladas e novas lealdades precisam ser construídas:

Todo chefe, gerente ou diretor tem seus funcionários preferidos na equipe: aqueles com quem se dá melhor, em quem mais confia, com quem se relaciona mais ou que admira ou considera mais brilhantes. Nada disso continua valendo com a entrada do novo superior da área, o que pode significar perdas emocionais bastante sérias para alguns e ganhos para outros, em termos de alívio e distensão emocional.

Em particular, os "favoritos do rei" podem ficar especialmente apreensivos quando há troca de chefe, pois são os que mais tendem a perder e se sentir "órfãos", por assim dizer — a menos que suas funções e atribuições sejam de tal modo flagrantemente importantes e necessárias, e/ou seja esse funcionário de tão notoriamente difícil substituição, que o novo chefe não tenha alternativa a não ser reconhecer, desde logo, que aquela pessoa é imprescindível em sua equipe. Isso pode acontecer, é verdade, mas convenhamos que não se trata de uma situação tão comum.

Alguns funcionários da equipe ficam especialmente apreensivos com a chegada do novo chefe, porque ocupavam posições que eram da confiança do líder anterior e poderão, portanto, vir a ser substituídos por outros profissionais que também chegarão, e que serão da confiança do novo chefe. Cargos como o de secretária ou assistente pessoal e direto são especialmente propensos a estar nesta categoria.

Para diminuir as incertezas e reduzir as tensões decorrentes, o novo gerente ou diretor deve deixar claro que não fará trocas na equipe — ou, se for fazê-las, tratar de efetuá-las de uma vez, para não deixar em dúvida aqueles que deseja manter em seus lugares atuais.

Quanto à atitude dos funcionários, de modo geral, o mais adequado é que se dediquem ao máximo ao trabalho, mostrando serviço para o novo superior e demonstrando lealdade total a este, a fim de conquistar desde logo sua confiança. Provavelmente não lhes restará outra opção a não ser fazer isso.

Em um caso emblemático, o gerente de uma dada área esperava ser escolhido para ocupar o cargo de diretor quando seu superior finalmente se aposentasse, o que aconteceria dentro de algumas semanas. O diretor de fato aposentou-se, mas aquele gerente não foi escolhido para a posição, pois a empresa optou por trazer do mercado um outro profissional para o cargo. Pior ainda, este novo diretor logo mostrou, pela sua conduta, que não se afinava com o jeito de agir daquele gerente, dando mostras de que estava disposto a substituí-lo, tão logo fosse possível, por alguém de sua confiança.

O gerente em questão percebeu a situação e, tendo acesso direto ao presidente da empresa (com quem tinha estudado na faculdade de engenharia), procurou-o e expôs seu temor de vir a ser demitido pelo novo diretor. O presidente ouviu-o e, amigo e conciliador que era, intercedeu junto ao diretor. Este atendeu ao pedido explícito de seu superior e não demitiu o gerente. Porém, habilmente, aproveitou aquela oportunidade para pedir ao presidente que, nesse caso, deslocasse o tal gerente para uma outra área da empresa, liberando a vaga na sua diretoria para ser ocupada por alguém de sua confiança pessoal. O presidente não teve como negar o pedido do novo diretor e transferiu o gerente para outra diretoria. O gerente não teve alternativa se não aceitar a mudança.

O diretor ficou satisfeito com a solução encontrada, pois livrou-se de um subordinado que considerava inadequado para a posição e que havia mostrado deslealdade, ao aplicar-lhe um *bypass* e ir direto ao presidente para preservar seu emprego. Se antes havia dúvidas sobre se devia ou não ficar com esse gerente em seu quadro de colaboradores, o diretor agora tinha certeza de que não mais o queria ali.

O gerente, por sua vez, perdeu o cargo de que tanto apreciava naquela diretoria, vendo-se deslocado para uma nova gerência que pouco ou nada tinha a ver com ele. Um ano depois, esse gerente pediu demissão e deixou a companhia.

4. Receios óbvios aparecem no seio da equipe, cujos membros se sentem ameaçados pela possibilidade de ser substituídos por outros profissionais da confiança do novo diretor, ou pelo menos ter de disputar preferências ou primazias com recém-chegados:

O caso relatado anteriormente mostra que tais temores não apenas não são infundados, mas podem inclusive revelar um medo de coisas bem reais. No entanto, é preciso entender que o espírito humano é sutil e mutável. Muitas vezes nosso receio acerca de algo é tão evidente, que acabamos, de forma não muito consciente, criando as próprias condições que propiciarão a ocorrência justamente daquilo que tememos. Chamamos a esse processo *self-fulfilling prophecy*.

Assim, o melhor que cada membro da equipe tem a fazer em tais casos é esforçar-se por contrapor ao seu próprio medo uma atitude desprendida, de total foco e compenetração no trabalho e de interesse pelo bem-estar da organização, dando o melhor de si em prol desta. Ou seja, o colaborador precisa ser capaz de canalizar sua energia emocional para objetivos que sejam positivos, em vez de refugiar-se em lamúrias ou fofocas, ou perder-se em receios intermináveis, secretamente confidenciados aos amigos e familiares.

5. Boatos, conflitos, coalizões em jogos psicológicos exacerbam-se no seio da equipe:

As dúvidas, a desinformação e o desconhecimento do que virá pela frente são fatores que exacerbam as tensões dentro do grupo de trabalho — e tais fatores estão fatalmente presentes quando há troca de comando no topo.

Frequentemente, nesses casos, as pessoas se reúnem nas salas, corredores, restaurantes e outros ambientes, principalmente quando estão ociosas, para comentar o que ouviram falar ou o que temem que aconteça com a chegada do novo incumbente ao posto. E é muito fácil que um temor expresso por alguém se transforme em uma pseudoinformação, que logo adquire foros de verdadeira informação (ou *fake news*): A frase de alguém "Fulano *teme* que..." logo pode virar esta outra: "Fulano *acha* que..."; e, daí até se transformar nesta outra frase: "Fulano *afirma ser verdade* que..." é apenas um pequeno e sutil passo. E pronto: um novo e prejudicial boato está instalado.

É perfeitamente sabido, também, que as tensões internas aumentam em tais situações de incerteza; e, a partir delas, cresce também a intolerância das pessoas umas para com as outras, assim como os atritos. Os ânimos ficam mais exaltados e as pessoas passam a dizer umas às outras palavras que não diriam se estivessem mais calmas; se fossem mais seguras de si sobre o que está ocorrendo na empresa; ou se não se sentissem tão atingidas por algo indevido que os outros tenham dito.

Os jogos psicológicos encontram nessas situações de incerteza e tensão aumentada um terreno fértil para proliferar e crescer em intensidade. As pessoas que têm o mau hábito de tentar manipular as outras passam a fazer isso mais intensamente; e aquelas que frequentemente se deixam manipular tornam-se vítimas ainda mais vulneráveis, pela elevação da temperatura nas relações humanas no ambiente de trabalho.

Com frequência, o novo diretor ou gerente não fica sabendo exatamente dessas coisas; ou, se fica, é apenas por percepções indiretas e sutilezas variadas, por algo que alguém deixou escapar; uma observação feita aqui ou ali; um fato inesperado que foi presenciado pelo superior.

Há gestores, aliás, que mesmo percebendo que algo não muito bom está acontecendo na sua equipe de trabalho, preferem fingir que não veem (ou preferem não interferir), na esperança de que o quadro logo melhore e tudo aquilo acabe sendo esquecido.

Essa escolha é, na realidade, um grande equívoco, que nenhum gerente ou diretor deveria permitir-se. O melhor a fazer é encarar de frente as turbulências que se dão nos relacionamentos internos nessas ocasiões; e usar de toda a sua experiência como gestor de pessoas (esperemos que o novo ocupante do cargo tenha tais qualidades!) para efetivamente resolver as pendências que surgem.

6. Lideranças internas na equipe podem tomar a iniciativa de promover o apoio coletivo ao novo ocupante do cargo:

Há casos em que a equipe de trabalho, bem preparada pelo gestor que sai e consciente de seu papel de apoio ao novo ocupante do cargo, decide se reunir e oferecer coletivamente ajuda a esse. Frequentemente, quando isso é feito, é sob a liderança informal de algum dos membros mais destacados da equipe.

Esse tipo de iniciativa é geralmente considerado bem-vindo pelo novo gestor, que se sente, então, acolhido e atendido pela equipe, até mesmo antes de lhe pedir qualquer coisa. Se a equipe de trabalho vier a incluir um tipo de liderança informal capaz de algo assim, será de todo conveniente que esse profissional realmente tome essa iniciativa e convoque os colegas para uma espécie de "mutirão" de apoio ao superior.

Em tais casos:

- a coesão da equipe tende a aumentar nitidamente;
- cresce igualmente a autoconfiança de cada membro;
- a equipe mostra ter força e disposição positiva para prestar ajuda ao novo chefe;
- um balanço informal das possibilidades de desempenho coletivo da equipe acaba sendo feito quase sem se sentir, sendo levado ao novo superior; e, coroando tudo isso,
- acelera-se muito o processo de acolhimento e de integração do novo gestor à área de trabalho, à gerência ou à diretoria que este está começando a dirigir.

Não é pouco!

Nesse caso, prevenções de lado a lado, isto é, peculiaridades ou excentricidades tanto da equipe de trabalho quanto do novo gestor — serão mais facilmente explicitadas, porque existirá a disposição, de parte a parte, de colocá-las sobre a mesa e entendê-las.

Em outras palavras, estaremos então em uma situação em que, basicamente, a equipe toda de trabalho irá espontaneamente ao novo chefe, para declarar-se: "Estamos aqui, chefe! Queremos ajudá-lo no que pudermos. Queremos que nos conheça e queremos também conhecê-lo. Diga-nos o que podemos fazer desde já para você sentir-se bem e pronto para nos dirigir!"

Será difícil que, nessas circunstâncias, não se produza uma maior abertura de parte a parte, de tal sorte que o chefe e sua equipe ingressem em um proveitoso diálogo sobre expectativas, intenções e planos de trabalho, que somente tenderá a aumentar o conhecimento mútuo e a integração entre todos os envolvidos.

COMO O CORPO DE EMPREGADOS É IMPACTADO PELA SUCESSÃO?

Se a sucessão se dá no topo da empresa, havendo a troca do presidente ou de um diretor especialmente proeminente, que tenha presença marcante na vida da empresa, pode-se esperar que o corpo de empregados como um todo venha a ser impactado — e que, portanto, o clima interno da empresa reflita os sentimentos gerais das pessoas que ali trabalham.

O clima interno, ou clima organizacional, é um estado emocional que permeia a organização com um todo (ou parte dela, caso se esteja falando do clima interno de uma dada área ou setor dela) e afeta o ânimo ou o humor dos empregados em geral. Esse clima interno é geralmente afetado por acontecimentos variados, que se dão tanto dentro quanto fora da empresa.

Por exemplo, a chegada ao mercado de um competidor especialmente poderoso e temido (um fator externo ao ambiente dos empregados) tende a afetar o humor da coletividade empresarial, à medida que traz apreensões sobre o futuro competitivo da organização. A saída, a doença grave ou a morte de um líder carismático e querido dos empregados (neste caso, um fato interno) igualmente tenderá a acrescentar tensão ao ambiente interno da empresa.

Por outro lado, a obtenção de um contrato especialmente importante com um cliente; ou a conquista pela empresa de um prêmio internacional pela qualidade de seus produtos ou serviços; ou a aquisição pela empresa de um maquinário supernovo e moderno, que facilitará o trabalho de todos; qualquer desses fatos tende a ser igualmente celebrado, afetando positivamente o clima interno.

Feliz ou infelizmente, conforme o evento perturbador do clima interno torna-se mais brando ou mesmo mais conhecido, o impacto que traz à vida emocional do grupo de empregados tenderá a diminuir. Depois de alguns dias, a coletividade provavelmente já terá assimilado o fato, que não será, então, tão novo assim. A tensão tenderá, portanto, a baixar — a menos que novos fatos corroborando os anteriores se apresentem, fazendo perdurar uma situação angustiante na empresa.

Por exemplo, um novo presidente que tome drásticas medidas de contenção de despesas, desmantelando setores de trabalho ou linhas de produção e demitindo equipes inteiras tenderá a produzir grande ansiedade entre os empregados — algo que crescerá, em vez de diminuir, caso o presidente continue a tomar medidas dessa ordem.

Evidentemente, a tensão aumentada, como já foi mencionado anteriormente, gera uma série de consequências nas comunicações internas, nos relacionamentos entre as pessoas e nas suas formas de agir no trabalho. Boatos e disse me disse sobrevirão, conflitos explodirão e pessoas mais vulneráveis poderão mostrar que sofrem os efeitos danosos da maior tensão. Diante de um quadro como esse, não é raro que os ambulatórios médicos, o consultório do psicólogo ou a sala do assistente social da empresa passe a receber maior número de pessoas. Um maior consumo de medicamentos e mesmo de álcool ou fumo poderá ser constatado, assim como o aumento dos índices de atrasos e faltas ao trabalho, maior turnover de pessoal e maior percepção de absenteísmo se darão, caso a situação perdure por mais tempo.

A SUCESSÃO AFETANDO PARCEIROS E ALIADOS DA EMPRESA

Frequentemente, as empresas, em especial as grandes empresas, fazem alianças estratégicas e parcerias com outras empresas e outros tipos de organização (universidades, institutos de pesquisa, fundações educacionais, ONGs e entidades beneficentes etc.), visando a atender a alguma necessidade que não convém — por razões de custos, políticas ou de outra natureza — tentar cumprir pela exclusiva mobilização de seus próprios recursos.

Uma tal associação requer, obviamente, que cada organização envolvida tenha recursos e competências a aportar à parceria, capazes de estabelecer uma sinergia com as parceiras.

As organizações que se envolvem em parcerias ou alianças podem ter variados interesses nessa operação. Os mais citados entre esses interesses são:

- criar novos produtos e serviços dentro de uma indústria já existente;
- formar alianças de interesse mútuo, a fim de casar fornecimento e demanda;
- desenvolver respostas criativas diante de uma crescente demanda dos clientes por qualidade, rapidez e conveniência;
- gerar novas fontes de lucro com baixo risco, entrando em novos mercados ou desenvolvendo produtos ou serviços alternativos;
- utilizar-se de pesquisas feitas em comum, para antecipar e vencer a resistência de concorrentes;
- aproveitar, para aplicar em novos produtos ou serviços, uma bagagem de conhecimentos disponíveis e ainda não utilizados (ou até então subutilizados);
- juntar-se a uma empresa de tecnologia, com isso alavancando seus produtos ou serviços, para atingir novos mercados;
- dinamizar uma ou várias empresas parceiras, tornando-as mais empreendedoras;
- alinhar uma ou ambas as empresas aliadas a alguma outra que tenha porte e/ou cultura distinta.[1]

As parcerias ou alianças geralmente se configuram em três formas possíveis:

- a fusão ou aquisição de uma organização pela outra;
- a internacionalização de uma ou mais organizações pela associação com um ou mais parceiros externos; ou
- a celebração de acordos contratuais sobre atividades específicas entre as organizações envolvidas.

Essas alianças e parcerias podem ser efetuadas entre empresas que atuam em ramos de atividade diferentes, bem como entre concorrentes.

Neste segundo caso, um bom exemplo são as parcerias entre empresas do ramo farmacêutico nos primeiros estágios de pesquisa médica para desenvolvimento de um novo medicamento: como essas pesquisas costumam ser muito caras, é comum as empresas se unirem em um primeiro estágio para a produção de resultados iniciais, que servirão de base e orientarão, posteriormente, as pesquisas que cada empresa fará independentemente, agora visando à produção de seus novos medicamentos específicos.

As alianças e parcerias não devem ser confundidas com as *joint-ventures*, que são novas empresas independentes formadas, cuja propriedade é compartilhada pelas duas ou mais empresas participantes. Por exemplo, duas ou mais editoras de livros ou revistas podem constituir, em *joint-venture*, uma empresa gráfica, ou uma distribuidora de publicações, que atenderá igualmente às empresas proprietárias.

Um exemplo bem original de parceria bem-sucedida é a iniciativa da americana Calyx & Corolla, que vende flores via marketing direto. Essa empresa estabeleceu uma parceria tanto com os produtores de flores quanto com a empresa de entregas Federal Express. Criando um inovador sistema de intercâmbio eletrônico de dados que ligava a central de pedidos da Calyx tanto com os cultivadores de flores quanto com a FedEx, ela praticamente reinventou o comércio varejista desse produto no país, eliminando da cadeia de suprimento a tradicionalíssima loja de floricultura, uma intermediária até então vista como imprescindível.

Além de tudo, a Calyx & Corolla conseguiu, por essa via, reduzir em 90% seu tempo médio de entrega de flores em qualquer ponto do país. E, como as flores podiam agora ser colhidas o mais próximo possível do local de entrega, elas passaram a chegar aos clientes com um frescor inédito. E mais ainda: como a Calyx & Corolla disponibilizava um catálogo mostrando um amplo sortimento de arranjos possíveis para as flores, os clientes podiam apontar qual arranjo queriam, recebendo as flores precisamente na combinação desejada.[1]

É um engano achar que as parcerias e alianças envolvem apenas as grandes empresas, como muitos pensam; também as pequenas empresas podem perfeitamente ter parcerias com outras organizações, inclusive as médias e grandes. Em 2014, o Sebrae fez um levantamento dos esforços em parcerias e alianças estratégicas verificados, envolvendo 19 mil PMEs e 60 grandes empresas, em 116 projetos. Os resultados computados foram dos mais auspiciosos, revelando que:

- quando envolvidas em parcerias, as PMEs conseguiam em média 34% a mais de faturamento bruto;
- no total, 71% dessas parcerias produziram concreta elevação na qualidade dos produtos e serviços das PMEs;

- verificou-se, em média, 28% de queda no volume de reclamações sobre produtos e serviços das PMEs envolvidas nos projetos;
- a estimativa, em termos de aumento no volume de negócios dessas PMEs em decorrência dessas parcerias, foi de R$4,5 bilhões;
- entre as PMEs envolvidas, 47% relataram ter contratado mais funcionários após as parcerias;
- entre as grandes empresas envolvidas, 50% perceberam concreta atualização tecnológica nos produtos ou processos de seus fornecedores; e de 60%, no caso de seus pequenos distribuidores, após o programa de parcerias;
- além disso, 70% das empresas grandes envolvidas ampliaram seus negócios com as PMEs parceiras, em 60% dos casos aumentando o volume de compras e, também em 60% dos casos, aumentando o volume de vendas; e cerca de 80% das empresas grandes sentiram que as parcerias melhoraram sua aproximação com seus consumidores finais.[2]

Entretanto, por mais auspiciosas que possam ser as parcerias já feitas pela empresa com outras organizações, quando muda seu CEO, a empresa em questão muito provavelmente *reavaliará* essas parcerias. Por quê? Pela simples razão de que parcerias e alianças *sempre* recaem na categoria das ações estratégicas — e as ações estratégicas de uma empresa sempre são da alçada do seu executivo principal.

Isso não significa que uma parceria será automaticamente desfeita ou modificada quando muda o CEO, mas, sim, que ela certamente será reexaminada, à luz das novas questões que o novo ocupante do cargo considera prioritárias ou dominantes para a estratégia que está propondo à organização.

O CEO de uma empresa sempre espera que cada aliança estratégica em que esta esteja envolvida venha a efetivamente beneficiá-la. Esse CEO, então, procurará destacar, de imediato, os benefícios que tal aliança deve trazer à empresa. Por conseguinte, pode-se esperar que o novo CEO faça a si próprio pelo menos cinco perguntas a respeito de uma aliança estratégica em que esteja envolvida a companhia que passa a comandar:

1. Esta parceria ou aliança está trazendo (ou pode concretamente vir a trazer) valor real para a nossa empresa?
2. Estamos de acordo com este(s) nosso(s) parceiro(s) acerca das responsabilidades que cabem a cada uma das organizações envolvidas, bem como a respeito dos direitos e deveres de cada uma?

3. Temos um consenso com nosso(s) parceiro(s) acerca dos objetivos de cada organização envolvida? Nosso(s) parceiro(s) está(ão) de acordo com os nossos objetivos? E nós estamos de acordo com os objetivos dele(s)?
4. Estamos, todos os parceiros envolvidos, igualmente de acordo quanto às métricas que devem ser usadas para avaliar os resultados que queremos atingir?
5. Estamos todos de acordo, também, a respeito de como esses resultados, uma vez obtidos, serão compartilhados ou repartidos entre os parceiros?[3]

Essas questões são muito importantes, principalmente levando em conta que nem todas as parcerias ou alianças estratégicas entre empresas dão certo! De fato, estudos já antigos mostram que, conquanto o volume de alianças e parcerias entre empresas cresce estavelmente (em até cerca de 25% ao ano, dizem alguns), ao mesmo tempo essas alianças e parcerias tendem a não durar muito, sendo entre 60% e 70% delas rapidamente desfeitas![4] É verdade que estes dados se referem a estudos da primeira década deste século e que não fica claro, na informação obtida, de que tipo de parceria ou alianças se está falando! Mesmo assim são dados que devem servir de alerta, especialmente levando em conta que as turbulências ambientais têm crescido ao longo dos anos mais recentes, o que contribui ainda mais para aumentar as chances de separações entre empresas parceiras.

A SUCESSÃO PODE AFETAR AS ATITUDES DOS COMPRADORES

Clientes tendem a ser muito sensíveis às mudanças nas empresas das quais compram; e, portanto, a mudança representada pela sucessão do mais alto executivo da empresa pode significar algo importante nas relações com os seus clientes. Essa afirmação, aliás, vale tanto para as empresas que operam em mercados B2B quanto aquelas que operam em mercados B2C.

Consideremos em primeiro lugar as empresas que oferecem produtos e serviços a outras empresas (B2B): a troca do seu principal executivo — ou de um seu diretor cujo cargo influencie diretamente os negócios com os clientes — pode significar mudanças importantes nas políticas de comercialização da empresa com reflexos sérios nas relações comerciais:

- negociações mais duras;
- prazos e condições de pagamento mais rígidos;
- exigência de mais garantias;
- exigências novas em termos de qualificação legal da empresa compradora;
- restrições a certos usos do produto comprado...

Aí estão algumas das novas condições que a empresa compradora pode passar a ter de enfrentar, quando um novo presidente ou diretor influente está à frente da empresa fornecedora de serviços ou produtos. E essas novas condições podem não lhe ser convenientes, requerendo, portanto, renegociações ou mesmo o encerramento das relações comerciais com esse fornecedor.

Entretanto, a influência mais crucial nas relações entre fornecedor e cliente se dará quando o fornecedor é uma empresa B2C (operando, portanto, em mercado de consumo) e substitui seu executivo principal ou um executivo em posição influente. Em tais casos, mudanças em políticas e procedimentos relacionados ao seu portfólio de produtos ou serviços, ou à sua divulgação ou comercialização, podem causar novas impressões (favoráveis ou desfavoráveis) nos clientes ativos, nos clientes em potencial ou no mercado consumidor de modo geral.

Em outra parte deste livro discorremos sobre a questão da reputação (da empresa ou do produto), fazendo uma distinção entre esse conceito e aqueles de marca e de imagem dessa empresa ou produto. Vimos, então, que uma função normalmente exercida pela publicidade é a de induzir o mercado consumidor a formar uma imagem positiva do produto, ou da empresa que o oferece; e vimos também que a marca atua como um ícone que se associa a esse item e o representa. Quanto mais essa representação icônica do produto se firma, maior valor simbólico passa a ter, como meio de veiculação da boa imagem desse produto ou empresa.

Obviamente, as empresas desejam que suas marcas tenham um valor simbólico o mais positivo possível — uma ótima reputação, enfim — no imaginário dos consumidores e da população em geral — o que depende de estarem os consumidores e a população em geral seguidamente acumulando experiências positivas com o produto ou a empresa que tal marca representa. É o que se espera que todo o complexo de ações e operações de marketing e vendas da empresa consiga proporcionar aos clientes e aos clientes em potencial daquele produto ou daquela empresa.

Quando muda o executivo que tem a responsabilidade e a autoridade para tomar as decisões estratégicas relativas a esse complexo, evidentemente o novo detentor do cargo poderá não pensar da mesma forma que seu antecessor, mudando as regras pelas quais a empresa se pautará. E essa mudança repercutirá na percepção que os consumidores e a sociedade inclusive passarão a ter acerca do produto ou da empresa em questão. Se a impressão anterior era positiva, medidas desavisadas do novo gestor dos negócios poderão contribuir para deteriorá-la; se era uma impressão menos positiva, as medidas inteligentes e reparadoras do novo gestor poderão, ao contrário, contribuir para melhorar essa imagem que as pessoas em geral têm do produto ou da empresa.

Muitas vezes o próprio executivo responsável nem sequer tem uma clara consciência da imagem que seu produto ou empresa projeta entre os consumidores em geral ou no grupo social mais amplo, isto é, o gestor não enxerga pontos negativos que deveriam ser corrigidos; ou, enxergando-os, não percebe, entretanto, sua própria responsabilidade em efetuar as correções.

O portal de defesa do consumidor "Reclame Aqui" realizou uma experiência muito interessante nesse sentido: convidou para a inauguração de um restaurante os diretores de três empresas com histórico de grande número de reclamações naquele site, por mau serviço ou mau atendimento. Os três convidados foram o diretor de marketing de uma empresa de telecomunicações; o diretor de operações de uma empresa de logística; e o diretor de vendas de uma empresa de e-commerce.

O objetivo era deliberadamente oferecer um mau serviço a esses convidados, sem que isso fosse dito a eles previamente, é claro. O site "Reclame Aqui" gravou em vídeo a experiência, apresentando-a depois a quem quisesse vê-la, nas mídias sociais!

Como era esperado, os três executivos expressaram uma grande insatisfação com o serviço ruim ao qual deliberadamente foram submetidos: houve uma longa demora para virem os pratos à mesa; os garçons anotaram errado os pedidos de comida e bebida; a comida que veio era de baixa qualidade quanto à quantidade de alimento, cozimento, variedade dos ingredientes, aparência do prato; os pedidos de informação sobre a comida feitos aos garçons eram ignorados; o maître, solicitado, não veio à mesa...

Obviamente os convidados reclamaram energicamente do desastroso atendimento. Um dos executivos convidados afirma no vídeo: "Não acredito que esteja passando por isso!" Outro reclama, indignado com o garçom: "Estou achando que falta um pouco de respeito aqui com a gente"!"

Ao final da refeição, para sua enorme surpresa, em vez da conta, os executivos receberam uma mensagem dos organizadores da experiência, dizendo algo semelhante a: "Você se sentiu desrespeitado? Sabia que mais de 22 mil consumidores de sua empresa também se sentem assim?" (texto da mensagem entregue ao executivo da empresa de e-commerce).[5]

Performances indigestas como a dessas três organizações indicam, certamente, a existência de uma liderança frágil, incapaz de impor uma mudança de direção que seja capaz de fazer com que as empresas se reencontrem em melhores termos com seus consumidores. Mas quem é o responsável interno na empresa por advertir, ou substituir, os executivos quando estes não performam como o esperado? Há diversas instâncias com capacidade para impor novos rumos aos CEOs. A mais relevante e clássica entre elas é o Conselho de Administração, que tem papel relevante no processo de sucessão, esteja ele se desenvolvendo de maneira pacífica ou nem tanto assim. Exatamente a atuação do Conselho de Administração na sucessão é o assunto do próximo capítulo.

RESUMINDO...

A sucessão nos postos mais altos da empresa impactará praticamente "todo mundo" que direta ou indiretamente esteja envolvido com essa organização.

Assim, em primeiro lugar, neste capítulo, dedicamos mais alguns parágrafos a examinar os impactos da sucessão sobre os dois protagonistas desse processo, quais sejam: o executivo que deixa o cargo e o executivo que passa a ocupá-lo. Consideramos, neste caso, as implicações do processo de sucessão para cada um deles.

Em seguida, discorremos sobre os demais principais stakeholders que recebem também um impacto pela sucessão e precisam ser capazes de assimilá-lo. Tratamos especificamente de qual impacto pode vir a ocorrer, e como ele se apresenta, em cada um dos casos:

- a equipe de trabalho que experimentará a transição de um para outro líder;
- o corpo de empregados da empresa, especialmente no caso de sucessão do presidente ou de um diretor particularmente influente;
- os parceiros da empresa, muito especialmente na sucessão do CEO (aproveitamos esta menção para debater o próprio conceito de parceria ou aliança estratégica passível de ser feita por uma empresa);
- os consumidores em geral, e em particular os clientes ativos da empresa.

Voltemos nossa atenção, agora, para o papel fundamental que cabe ao Conselho de Administração em processos de sucessão de altos executivos, principalmente naqueles de CEOs.

Capítulo 19

A Sucessão e o Conselho de Administração

Deixamos para este capítulo a análise do papel do Conselho de Administração da empresa no processo de sucessão, a fim de poder dedicar a esta questão uma reflexão um pouco mais aprofundada. Certamente é o Conselho de Administração o órgão de gestão estratégica da empresa que mais diretamente se encontra implicado no êxito da sucessão, quando esta se dá ao nível do CEO ou outra função executiva no chamado *C-Level*.

O CONSELHO DE ADMINISTRAÇÃO E SUAS ATRIBUIÇÕES

O Conselho de Administração tem algumas responsabilidades cruciais, sendo as seguintes, entre elas, as principais:

- definição das estratégias de negócios da empresa, de acordo com o futuro estabelecido para ela por seus acionistas controladores (ex.: se os acionistas desejam vendê-la, ela deverá ser preparada tendo em vista tal objetivo; perenização e crescimento via aquisições de outras empresas; perenização e crescimento orgânico visando ganhos de market share etc.)
- elaboração do plano de sucessão, alinhado ao futuro que se pretende para a empresa, cuidando da eleição e a destituição do CEO e aprovação da escolha e/ou da dispensa dos demais executivos do *C-Level*, em conjunto ou não, com o CEO;
- acompanhamento atento da gestão da empresa e dos resultados alcançados;
- monitoramento dos riscos em que a empresa incorre;
- apoio aos (ou substituição dos, quando for o caso) auditores independentes;

- supervisão do relacionamento entre os executivos da empresa e os stakeholders (as várias partes interessadas); e
- salvaguarda do sistema de Governança Corporativa da empresa[1].

Cabe ao Conselho de Administração, portanto, um papel de íntimo parceiro da Diretoria Executiva na condução dos negócios da empresa, sendo que as ações estratégicas diretas devem ser implementadas por esta última, mediante aprovação daquele. Não é prudente que o Conselho tenha uma participação ativa nas questões relativas à aplicação das estratégias propriamente ditas; mas é evidente que deve caber-lhe a prerrogativa de ter acesso e avaliar todas as informações que estiverem disponíveis para garantir o cumprimento dessa estratégia, recorrendo inclusive a especialistas externos quando julgar necessário fazê-lo.

Para o cumprimento de suas funções, é fundamental que o Conselho de Administração seja integrado por membros experientes e competentes, que defendam o interesse da empresa, não se limitando aos interesses daqueles grupos específicos de acionistas que os elegeram. Essa independência do Conselho e de seus membros individuais é fundamental, aliás, para que uma boa Governança Corporativa esteja sendo posta em prática.[2]

O Conselho de Administração funcionará bem se for bem dirigido por seu presidente (ou *chairman*) e se seus membros levarem a sério suas respectivas missões e responsabilidades. Por isso mesmo, o perfil desses conselheiros precisa ser diversificado, devendo cobrir todo o espectro de áreas de conhecimento e de atividades nas quais a companhia atua e/ou precise estar bem informada.

Aliás, só pode ser assim, uma vez que todos os membros do Conselho, e não apenas seu presidente, são legalmente responsáveis pelas decisões que esse órgão vier a tomar. Por conseguinte, é também de todo aconselhável que os conselheiros sejam remunerados adequadamente por seu trabalho, levando em conta as responsabilidades que têm.

Até um passado não muito remoto, quase sempre os conselheiros eram escolhidos com base não apenas em seu domínio de conhecimentos específicos e expertises que tivessem em áreas de atuação da empresa, mas também em seu domínio comum das questões de economia e finanças. Ser um conselheiro sem ser um especialista em tais conhecimentos pareceria uma notável incongruência.

Ainda hoje, essa necessidade do domínio da microeconomia pelo conselheiro é aceita como real, mas ela já não é, de fato, vista como tão crucial quanto já foi. Novas necessidades surgiram e vêm ganhando força rapidamente. Nos dias de hoje, o Conselho de Administração precisa contar também com profissionais altamente capacitados no entendimento da vida digital das organizações; e, ademais, todos os conselheiros precisam ter, agora, uma visão mais globalizada e menos restrita a um entorno apenas local ou nacional dos negócios.[3]

Os Conselhos de Administração não são privativos das empresas internacionais ou mesmo das grandes empresas ou corporações. Também empresas jovens e mesmo *startups* que planejem alcançar um alto potencial de crescimento podem acelerar esse processo constituindo um Conselho Consultivo (não remunerado) ou mesmo um Conselho de Administração.

Os Conselhos Consultivos não costumam ter formalização jurídica, e seus membros, em geral, não são remunerados. Esse tipo de Conselho é geralmente formado por profissionais experientes no segmento em que a empresa atua, os quais são convidados pelos sócios para formularem ou avaliarem estratégias, avaliarem resultados e contribuírem com sugestões e recomendações para a gestão do negócio. Todavia, os membros do Conselho Consultivo não tomam decisões em nome da empresa nem podem ser responsabilizados por estas.

Existe ainda um terceiro tipo de conselho, o chamado Conselho Administrativo, que pode ser formado pelos próprios sócios da empresa, por representantes dos investidores, por profissionais na ativa, recrutados no mercado e também por conselheiros profissionais, estes geralmente formados por órgãos competentes (no Brasil, especialmente o IBGC — Instituto Brasileiro de Governança Corporativa). Qualquer desses conselhos requer a quantidade mínima de três membros para operar, sendo o número de participantes sempre ímpar.[5]

O CEO E O CONSELHO DE ADMINISTRAÇÃO

Como já deve ter sido percebido pelo leitor, é comum que o CEO ou presidente executivo da empresa também participe do Conselho de Administração e até mesmo o presida. O Conselho é um órgão que se situa hierarquicamente acima da presidência executiva. Assim, é bastante cômodo para o CEO presidir também o Conselho e, quando é assim, isso tende a ser visto como uma cabal demonstração da força do presidente executivo dentro da organização como um todo.

Embora organizações especializadas nesse tema recomendem às empresas que efetuem uma total separação de poderes entre quem planeja e quem executa a estratégia de negócios, constata-se no Brasil que, em aproximadamente metade das empresas de capital aberto listadas no Ibovespa (o índice das ações mais negociadas na Bolsa de São Paulo) o presidente executivo ocupa ao mesmo tempo uma cadeira (não necessariamente sendo o *chairman*) no Conselho de Administração.[6]

Em tais casos, é comum que, quando sobrevém a sucessão do presidente executivo, o ocupante deste cargo o entregue a um novo candidato, mas preserve sua própria participação no Conselho de Administração. Também é comum que, caso não venha participando até então do Conselho de Administração, o CEO que deixa voluntariamente o cargo, sendo substituído por outro executivo, passe a ocupar uma cadeira (por vezes a de *chairman*) no Conselho de Administração.

Mesmo que esteja usando os dois "chapéus", entretanto, é muito importante que o alto executivo não os confunda. São bem nítidas as diferenças entre atuar como executivo-chefe e atuar no Conselho de Administração — seja como seu *chairman*, seja como um de seus membros apenas. No Conselho elaboram-se estratégias que, comumente, aplicam-se a um período de tempo relativamente longo para se concretizar: 9, 12 meses ou mais. Na cadeira de executivo, entretanto, um CEO tende a investir boa parte de seu tempo em decisões de curtíssimo e curto prazos que são mais urgentes. "Na cadeira de presidente executivo instila-se sempre mais adrenalina", diz, por exemplo, Flávio Jansen, CEO da Locaweb.[7]

SUCESSÃO É SUSTENTAÇÃO

Cabe ao Conselho de Administração um entendimento fundamental: a de que o processo de sucessão é uma forma de sustentação do negócio. E uma vez que a sucessão pode ser feita com a promoção de um executivo da própria empresa à posição de executivo-chefe, o Conselho deve conhecer em profundidade os executivos da organização. Isso é algo que pode acontecer sem a exigência de esforços extraordinários, à medida que, no dia a dia da gestão, os executivos reportam suas ações nas reuniões com os conselheiros.

Nesses encontros, esses executivos tratam do status de evolução do plano estratégico; debatem também inovações executadas, ou as oportunidades de inovação; investimentos; formas de expansão do negócio; medidas de reorganização do negócio e outras providências que possam influenciar no resultado final da empresa. Existem Conselhos de Administração muito mais abertos, muito mais ativos nessa relação com o corpo de executivos, mas também há aqueles mais diretivos e até mesmo impositivos quanto à forma pela qual os negócios devem ser conduzidos e as metas estabelecidas alcançadas.

Podemos dizer que se percebe um certo movimento dos conselhos de administração no sentido de buscar compreender com mais clareza a sua insubstituível relevância no processo de sucessão, e a importância de que a sua intervenção esteja com o foco ajustado para além da atenção exclusiva nos resultados financeiros, ocupando-se também das decisões estratégicas relacionadas ao capital humano de que dispõe a organização. Ou seja, é necessário existir um entendimento entre os membros do Conselho sobre a relevância dos fenômenos humanos em uma organização. Afinal, é só por meio das pessoas que a empresa tem condições de prosperar; ou o descuido no desenvolvimento e na sucessão das pessoas pode empatar o negócio impedindo que ele se desenvolva em toda a sua possibilidade.

O Conselho de Administração tem também a incumbência de tratar de questões contratuais dos integrantes da empresa, mas de uma forma diferenciada do departamento de Recursos Humanos. Isso é algo que tem uma relação direta com processos de sucessão e se dá quando os conselheiros acompanham os custos dos executivos e dos integrantes mais relevantes da empresa. Levam em conta suas remunerações fixas e variáveis e benefícios.

É uma atribuição estratégica, conforme são debatidos a permanência desses executivos, seus bônus, política de stock options, tipos de contrato. Mais do que isso, no entanto, o Conselho de Administração preocupa-se em evitar que haja um "vácuo" na governança da empresa, na eventualidade de que executivos ou grupos de executivos em posições-chave saiam da organização, ou por algum motivo não possam mais cumprir suas funções. Isso, claro, traria um sério problema para o grupo que se visse privado de um executivo hábil, competente, com conhecimento e preparado para ocupar posições críticas que poderiam afetar o desempenho do negócio.

Essa é, portanto, uma das funções do Conselho: ter em mente que as posições críticas da organização precisam ter sempre um backup, ou seja, alguém preparado — faça ou não parte da empresa — para atender a um processo de sucessão evitando problemas de continuidade no empreendimento. Em outras palavras, cabe aos conselheiros pensar e planejar a sucessão na empresa, do CEO e outros executivos de grande relevância da empresa. O RH terá o papel de executar o plano de sucessão de altos executivos, desenhado pelo Conselho de Administração. Ou seja, as decisões estratégicas sobre o CEO e demais executivos do *C-Level* que saem de suas cadeiras e dão lugar àqueles que chegam para ocupá-las devem ser de inteira responsabilidade do Conselho.

GUARDIÃO DA CULTURA

A questão da sucessão remete diretamente para outra dimensão, da qual o Conselho de Administração também é guardião, o da cultura organizacional. A cultura de uma empresa é formada por todas as regras, costumes, valores, conhecimentos, propósitos e modos de operar que permitem àquela companhia entregar algum bem ou serviço ao mercado de uma maneira particular. Há a percepção de que preservar e consolidar essa cultura é algo de relevância cada vez maior no contexto corporativo.

No entanto, é um fato inquietante que nem todos os Conselhos de Administração olhem com a devida atenção para a cultura da empresa. Esse descuido é um risco quando se procura garantir a perenidade de uma organização. E isso remete-nos mais uma vez para a política voltada para o seu pessoal, na medida em que se sabe que a cultura não está nas máquinas, móveis nem na tecnologia empregada pela organização, e sim, na cabeça das pessoas que a compõem.

Sem uma política sólida e sadia de valorização, treinamento e empoderamento dos integrantes, levando-os a um alinhamento e à prática genuína dos valores da empresa, dificilmente os colaboradores se engajarão com o negócio e estarão presentes ou preparados para serem cogitados nos processos de sucessão.

O Conselho de Administração precisa compreender esse fenômeno, acreditar na importância da cultura e promovê-la. As demandas de crescimento da empresa surgirão: evolução, ocupação do mercado, e, em particular, na eventualidade de fusão com algum outro player. Nesse momento em particular, o da fusão, ter claro qual é a cultura organizacional é fundamental para que esse movimento tenha sucesso.

Um exemplo notável de uma fusão bem-sucedida foi aquela ocorrida em 2008 entre os bancos Itaú e Unibanco. Dali surgiu a maior instituição financeira do Brasil. O sucesso, não há dúvidas quanto a isso, surgiu do momento em que Pedro Moreira Salles, do Unibanco, e Roberto Egydio Setubal, do Itaú, sentaram-se com os conselhos de administração para conduzir um entendimento que foi menos sobre negócios e resultados financeiros e mais sobre valores e cultura organizacional.

CONSELHEIROS ESPECIALISTAS

As organizações que entendem que a cultura organizacional é um assunto para o Conselho de Administração vêm acrescentando aos seus quadros conselheiros com especialidades específicas, como conhecimento de mercado financeiro, de sustentabilidade e outras competências técnicas necessárias para o desenvolvimento do core business do negócio. Enfim, um movimento que busca dar a essa instância de gestão uma visão mais ampla tanto sobre os negócios, quanto no desenvolvimento de pessoas com vistas à perenidade do negócio.

Os conselhos de administração bem estruturados também têm o cuidado de criar estruturas que permitam a sua avaliação de desempenho e adesão à cultura organizacional. Esse trabalho pode contar com uma equipe interna ou, mais eficiente, um consultor externo que, por sua posição, terá mais liberdade de avaliação. São estabelecidos, entre outras práticas, critérios de captação e destituição de seus conselheiros. Tal postura, entre outras vantagens, desmistifica a crença incorreta de que esses conselhos são onipotentes e suas decisões passíveis de não serem revistas. Não é assim. Eles têm por definição e práticas o controle e o cuidado com sua própria governança que são feitos por intermédio de mecanismos de autorregulação.

TEMAS DE REFLEXÃO

Um exercício de avaliação da performance de um Conselho de Administração, principalmente no que tange à sucessão, pode ser facilitado quando se oferecem aos conselheiros alguns temas de reflexão, como se seguem:

1. O Conselho de Administração (CA) acompanha o cumprimento dos valores/missão e os objetivos estratégicos?
2. O CA revisa anualmente o plano estratégico, monitorando o orçamento e verificando o realismo das previsões?
3. Os conselheiros focam as questões estratégicas da empresa e não apenas detalhes operacionais do dia a dia?
4. O CA está sempre empenhado em de fato contribuir com a diretoria executiva na busca das melhores práticas de Governança Corporativa?
5. O CA tem participação ativa nas decisões estratégicas da empresa?
6. O CA pensa, concebe e acompanha a execução do plano de sucessão da empresa?
7. O CA avalia regularmente com o auxílio da Auditoria Interna o grau de exposição aos riscos que podem impactar a performance da companhia?
8. O CA tem contato suficiente com os futuros sucessores da empresa avaliando sua atuação e perfil profissional?
9. Nas reuniões do CA é dedicado tempo suficiente para se discutir o tema sucessão?
10. Há um comprometimento do comitê de remuneração em ter as melhores práticas de remuneração para a retenção dos talentos da empresa (futuros sucessores)?

Nunca é demais repetir que o envolvimento do Conselho de Administração no processo de sucessão é fundamental e imprescindível. É ali que será escolhida e formatada a maneira como o novo CEO chegará à empresa. E uma das principais funções desse novo CEO será empreender uma gestão que incentive os colaboradores a vivenciar e executar no dia a dia a cultura organizacional. Com essa convicção em vista, que os conselheiros checarão se o candidato a executivo-chefe está afinado com os valores e a razão de ser da empresa.

CONHECENDO O FUTURO

Há mais um elemento favorável ao Conselho. Enquanto representante dos interesses dos acionistas, é ele quem tem a informação sobre qual é o futuro planejado para a organização e quais são as demandas que terão de ser atendidas para que esse futuro aconteça. Vamos imaginar, como exemplo, que o Conselho de Administração de uma fabricante de bens de capital, que é controlado por uma família, decide trazer para o comando executivo da empresa um CEO que prepare a empresa para ser vendida. Após meses de considerações de natureza qualitativa e cálculos, decidiram que o melhor encaminhamento para a companhia seria vendê-la para algum grupo empresarial interessado.

A operação é sigilosa, e os conselheiros debatem entre si que habilidades, conhecimentos, experiências e rapidez de resposta um gestor que cumpra esse mandado deve ter. Não poderá ser alguém originário dos quadros da própria empresa. Encontrado o CEO no mercado, esse inicia o seu trabalho. Mas no meio do caminho surge uma novidade: a família controladora não quer mais vender a empresa. Ao contrário, almejam a perenidade do empreendimento e traçar algumas mudanças de rumo.

Aquele CEO, responsável por preparar a empresa para a venda, não é mais o CEO que essa nova realidade necessita. Novamente, o Conselho de Administração se reunirá para trazer alguém adequado à missão. Não qualquer um, mas, sim, um profissional que se alinhe com a cultura, os valores, e repetem-se os critérios e cuidados na escolha do novo CEO.

Nesse exemplo, o conselho pensa e planeja a sucessão em duas dimensões. Em uma delas, estaria o negócio em si, com seus resultados, prazos de consolidação e projeções financeiras. Na outra dimensão, a cultura, que precisa ser valorizada e respeitada. O Conselho não pode trazer alguém que criará um impacto tão violento na cultura, que ela correria o risco de estilhaçar-se. Esse ritmo de mudança e seus limites é algo que o conselho deve conhecer bem e deve ditar.

Mas talvez devêssemos guardar um instante dos nossos pensamentos para pensar como esse "CEO vendedor", citado anteriormente, que, ao final, teria o seu contrato revogado pela empresa que já não precisa dos seus préstimos para ser vendida, iria voltar para o mercado. Esse é um assunto que é pouco tratado na literatura: como um CEO que perdeu sua posição se reencontra com o trabalho. Esse é o assunto do próximo capítulo.

Capítulo 20

Do Day-to-Day ao Day-After

A sociedade nos impõe certas regras, que existem, são reais, mesmo que não estejam escritas e publicadas em algum lugar. Devido à sua trajetória de carreira e ao prestígio dos cargos que ocupou, inclusive o mais recente, um CEO ou outro executivo do *C-Level* terá desenvolvido uma imagem profissional, para si mesmo e para as demais pessoas com quem interage ou às quais se expõe, que, concretamente, permite-lhe fazer certas escolhas daí por diante na vida, mas também o proíbe de outras tantas![1]

Será muito difícil para esse personagem, daí por diante, trocar radicalmente, por exemplo, seu estilo de vida, seus relacionamentos pessoais, o modo de vestir, falar e apresentar-se em público, valores que professa, hábitos que cultiva. O que esse profissional fará depois de deixar um cargo de CEO sujeita-se, enfim, a regras sociológicas que por um lado o impelem em dado sentido, e por outro o limitam em suas ações.

Isso é dito como introdução deste capítulo porque tentaremos estabelecer aqui alguns balizamentos para os comportamentos de um ex-CEO: quando deixa o cargo que ocupava em uma empresa (e o mesmo vale, em larga medida, para qualquer executivo do *C-Level*), qual será seu "day-after"? Isso dependerá, em larga medida, do estágio em que esse executivo se encontra em sua carreira profissional. Desde que não haja alguma intercorrência médica grave, algum problema de saúde ou de outra natureza que interfira em sua trajetória daí por diante, esse novo *estágio na carreira* estará diretamente dependente de seu *nível de experiência*. E, dependendo deste, em cada estágio na carreira, haverá um *traço profissional dominante* que esse executivo será impelido a mostrar, marcado, por sua vez, por uma dada *opção de decisão e ação* que o executivo encontra à sua disposição. Resumidamente, temos, portanto, este quadro:

Basicamente, altos executivos podem ser classificados em três categorias, levando-se em conta o quadro acima. O próximo quadro, logo abaixo, resume essas três categorias. Neste, aparece ainda a coluna "faixa etária provável", dado que existe uma certa correspondência (não definitiva, mas provável) entre essa variável e as demais que estamos descrevendo.

nível de experiência	faixa etária mais provável	estágio na carreira	traço profissional dominante	opção de decisão e ação
1	até 60 anos	confirmação assertiva da carreira	foco	prosseguimento
2	entre 60 e 75 anos	adoção de carreiras alternativas	distribuição	flexibilização
3	acima de 75 anos	atuação preferencial espontânea	independência	autocomplacência

Tratemos de discorrer sobre o que está posto nesse quadro.

AS FAIXAS ETÁRIAS MAIS PROVÁVEIS

As faixas etárias acima não são rígidas, podendo alargar-se ou estreitar-se em alguns anos, conforme as circunstâncias. Quanto à primeira delas, embora alguém possa ocasionalmente tornar-se CEO com menos idade, em geral isso não acontece antes dos 40 ou 45 anos de idade. A primeira faixa tem, portanto, uma duração de cerca de 20 anos, podendo estender-se a uns 25 anos em muitos casos, uma vez que é comum encontrarem-se CEOs ainda na ativa entre os 60 e os 65 anos de idade (especialmente nas empresas de propriedade familiar). Entretanto, acima dos 60 anos, as possibilidades de *continuar sendo* um CEO tendem a reduzir-se bastante; e, evidentemente, reduzem-se muito mais ainda as chances de alguém vir a *tornar-se* um CEO nessa faixa etária, quando não ocupou essa posição anteriormente.

A faixa etária 2 é a dos executivos (ou, mais frequentemente, dos ex-executivos) que se situam entre os 60 e os 75 anos. Esses personagens estão, em geral, em um *estágio intermediário* ou *de transição*, de uma carreira profissional plena, focada, dirigida para a produção de resultados, para um outro estágio mais ameno de carreira, em que as cobranças por resultados são menores e a dedicação diária ao trabalho tende a ser também menor. Certamente, por volta dos 75 anos de idade, muitos indivíduos ainda estão plenamente lúcidos e com excelente vigor físico, o que lhes permite estender para mais longe, eventualmente até os 80 anos ou até mais, este segundo estágio.

Finalmente, na faixa 3, acima dos 75 anos de idade, tendem a estar aqueles indivíduos com maiores limitações físicas, mesmo quando (felizmente) ainda se encontram "inteiros" do ponto de vista mental. Em grande parte dependerá do próprio indivíduo (e dos cuidados que tiver com sua saúde física e mental) a possibilidade de continuar gozando de boas condições, que lhe permitam estender por mais alguns anos o segundo estágio e podendo, assim, iniciar mais tarde o terceiro estágio (ou mesmo estender este último para além dos 75, até os 80, 85 anos de idade ou mesmo mais).

ESTÁGIOS NA CARREIRA E TRAÇOS PROFISSIONAIS PREDOMINANTES

A carreira de um executivo (ou ex-executivo) no primeiro estágio (provavelmente até os 60 anos de idade) tende a ser sobretudo *focada*, isto é, ele (ou ela) estará quase inteiramente dedicado, em tempo integral, à realização em seu trabalho. Sua história pessoal no trabalho, ou narrativa profissional básica é, literalmente, a de uma *entrega assertiva de resultados*, papel que terá imposto a si mesmo. Se, ainda nesta faixa etária, um alto executivo deixar o cargo que ocupa em uma empresa, ele ainda assim estará em pleno vigor físico e mental e sua missão profissional, portanto, ainda não terá terminado. Por conseguinte, o mais provável é que ele venha a buscar outras oportunidades para prosseguir em sua carreira desenvolvida até então, continuando a entregar resultados e a construir negócios.

Mas comumente já não é esse o objetivo pessoal de um ex-executivo, quando já se encontra no segundo estágio (provavelmente na faixa etária de 60 a 75 anos). Neste estágio, a atividade profissional do indivíduo vai se tornando gradativamente mais *distribuída* entre várias atividades (em vez de focada, como antes). Isso quer dizer que, à medida que avança em idade e adentra mais fundo este segundo estágio da vida profissional, o ex-executivo comumente já não procurará ser um executivo em outra empresa, mas tenderá a buscar novas alternativas para ocupar-se profissionalmente.

Isto é, aceitando (e cada vez mais acostumando-se com) as novas contingências de sua vida profissional, o ex-executivo paulatinamente deixará as demandas próprias do estágio 1 e se preparando para as novas demandas que virá a ter no estágio 2: ele diversificará suas atividades quase que naturalmente, sem sentir, em consequência de sua diversificação de interesses e preferências. Ele ainda estará realizando trabalhos importantes e entregando resultados, por certo; mas o fará, agora, alternativamente, como uma opção pessoal a mais, produto de sua escolha pessoal, e nem tanto por exigência de algum cargo que esteja ocupando em regime integral, com todas as responsabilidades e urgências que são típicas das posições ocupadas em seu primeiro estágio de carreira.

Ao atingir o terceiro e último estágio na carreira (acima dos 75 anos), o ex-CEO já tenderá a estar profissionalmente solto no tempo e no espaço, usando como lhe aprouver seu próprio tempo, sem que lhe façam maiores exigências ou cobranças. Isso pode parecer auspicioso a princípio, mas também pode parecer, para muitas pessoas, um fardo difícil de carregar.

Ou seja, pode não ser fácil, neste momento da vida, encontrar modos plenos e prazerosos de preencher seu tempo pessoal com atividades que o próprio indivíduo considere substanciosas e dignas de sua atenção, principalmente depois de uma exitosa carreira executiva, como a que esse ex-executivo deve ter experimentado nos anos anteriores. Muitos desses ex-CEOs simplesmente não conseguem solucionar essa questão; e refugiam-se, então, nas memórias de seus grandes feitos do passado, revivendo nostalgicamente na maior parte do tempo os "dias de glória".

Nesse terceiro estágio, o indivíduo pode ver-se às voltas com variadas tentativas (por vezes bem-sucedidas e por vezes nem tanto, ou até mesmo um tanto surpreendentes e até ridículas) de mostrar que "ainda é o mesmo", que não perdeu seu vigor, suas capacidades, seu talento. Ele (ou ela) poderá ter, entretanto, maior dificuldade em continuar mostrando essas qualidades, uma vez que os outros provavelmente não o verão com os mesmos olhos com que o enxergavam no passado, quando o profissional atuava totalmente convicto de estar empregando plenamente aquilo que sabia e podia fazer.

Agora, muitas pessoas provavelmente o olharão com certa indulgência e compreensão (até com uma atitude de comiseração, o que é simplesmente insuportável para alguém que, mesmo tendo uma idade já relativamente avançada ainda se sente capaz), aceitando que essa pessoa "dê menos" em função de sua idade e sua aparência de indivíduo mais velho e já relativamente abatido pelos anos. Essa imagem, que frequentemente o ex-executivo tende a transmitir principalmente para os mais jovens, quase sempre faz muito mal para sua autoestima.

Sua narrativa mais evidente, neste estágio, é aquela do indivíduo experiente, que viveu plenamente sua vida profissional e tem um legado a deixar para a posteridade. Se esse ex-executivo conseguir estruturar e oferecer esse legado de uma forma coerente e bem concatenada, ele provavelmente será bastante valorizado pelos que recebem essa oferta, conquistando desta forma uma sobrevida substanciosa, em termos de prestígio, influência e, é claro, autoestima.

OPÇÕES DE DECISÃO E AÇÃO

O que se espera do executivo que se encontra no primeiro estágio de sua carreira, até aproximadamente os 60 anos de idade, é, sobretudo, o *prosseguimento* proveitoso e ativo de suas energias na própria carreira, isto é, espera-se desse personagem aplicação, presteza, ação — ou *drive*, enfim. Um executivo em plena atividade deve estar colocando todos os seus recursos e capacidades a serviço da obtenção dos resultados pelos quais é responsável. Frequentemente tais executivos confessam que têm pouco tempo para lazer, e que não conseguem passar com a família todo o tempo que gostariam de dedicar a esta. "Não vi meus filhos crescerem", é uma queixa absolutamente comum. Mas muito provavelmente esses personagens não conseguiriam ser os executivos que são, se não dessem esse nível de dedicação ao trabalho de comandar empresas ou setores importantes destas, levando-as a um alto nível de competitividade. Isso quase invariavelmente exige o sacrifício, em algum grau, de aspectos de sua vida que lhe são pessoalmente caros, em outras instâncias.

No segundo estágio, um período de transição na carreira executiva, aquela opção de prosseguir no mesmo ritmo se transforma em outra coisa: a *flexibilização* da carreira, uma espécie de administração do seu tempo.

Nessa etapa, o agora provável ex-executivo estará cada vez mais multiplicando suas próprias possibilidades de ação, tirando o foco que colocava antes em uma só entre elas. Ele agora tenderá a transitar por variadas atividades, exercendo a cada momento aquela que se mostre mais disponível para ele. Como ele provavelmente já dispõe, nesta fase da vida, de uma grande "bagagem", certamente terá recursos pessoais para dedicar-se a diversas atividades, conforme as oportunidades para isso surjam e se lhe ofereçam.

Mas existe uma alta probabilidade de que o ex-executivo não esteja, nesta segunda etapa de transição, pondo com afinco todo o foco (todo o seu esforço pessoal, enfim) em uma única missão, como terá acontecido no primeiro estágio.

Finalmente, no terceiro estágio, não se espera do ex-CEO nem exatamente o prosseguimento da carreira nem uma flexibilização da mesma, mas uma atitude de *autocomplacência* em relação ao exercício profissional, isto é, espera-se que este seja mais tolerante ou benevolente para consigo próprio, dando-se ao luxo de fazer escolhas pessoais que não faria nos estágios anteriores. Espera-se do ex-executivo, agora, uma certa capacidade tanto de remissão pessoal de seus eventuais erros do passado, quanto de aceitação serena de que os êxitos que experimentou também já ficaram no passado e não precisam mais ser remoídos no presente.

Para alguns ex-executivos é extremamente difícil adotar essa atitude, principalmente porque seu poder, suas realizações, o prestígio e o status e a grande influência que exerceu no passado sobre outras pessoas e organizações talvez não mais existam na vida real, mas deixaram na pessoa sinais fortemente marcados, que o indivíduo não consegue apagar ou neutralizar facilmente. Ele ou ela tende, então, a se apegar talvez ainda mais ao que foi o seu passado, quase que exigindo das pessoas que o reconheçam pelos seus feitos de outrora, ao passo que essas outras pessoas (principalmente as mais jovens) em geral não se mostram muito dispostas a pautar suas avaliações pela via desse reconhecimento. Poderão sobrevir nesse estágio, da parte do ex-executivo, sérios sentimentos de frustração e mesmo de depressão, pela falta que sente de tudo aquilo que julga ter perdido e aspiraria ter de volta.

Essa mesma dificuldade emocional pode ser observada em ex-celebridades, depois que seu tempo já tiver passado e sua fama tiver sido esquecida. Um excelente exemplo de quanto celebridades sofrem nessas condições, refugiando-se em vão no passado depois que seu tempo de glória já se foi, é o filme de Billy Wilder, de 1950, "Crepúsculo dos Deuses ("Sunset Boulevard"), com Gloria Swanson fazendo o papel que a imortalizou, da ex-atriz Norma Desmond, agora envelhecida e solitária, mas sem conseguir abandonar as memórias de seu antigos tempos de sucesso para passar a viver no presente.

Esse terceiro estágio, o tempo de *autocomplacência*, pede, enfim, que o ex-executivo consiga aceitar que não mais terá seus esforços *focados* em uma atividade única, ou mesmo *distribuídos* por várias delas, mas estará solto e liberto de quaisquer amarras, para uma atuação *independente*, que o levará para onde literalmente queira ir. O ex-executivo estará agora inteiramente *livre* para trabalhar no que queira, sem compromissos maiores e, de preferência, sem estresse.

ESTÁGIO 1 (A OPÇÃO DO PROSSEGUIMENTO)

Pensemos especificamente, agora, em um executivo que deixa o cargo de CEO ou presidente executivo que ocupava em uma empresa ou corporação. Um ex-CEO é *"ex"* justamente por ter deixado a empresa que comandava. Pode ter deixado esse posto para assumir um outro mais elevado em sua própria corporação; ou, se está deixando esta organização de uma vez, poderá o estar fazendo por deliberação pessoal, ou por ter sido dispensado de suas funções pelos seus superiores — os donos, acionistas ou o Conselho de Administração.

Caso esteja deixando a empresa por iniciativa própria, talvez o faça por já ter outro emprego em vista, o qual lhe interessa mais; ou talvez o faça porque deseja dedicar-se a outras atividades, fazer profissionalmente outra coisa, em vez de seguir sendo o CEO de uma empresa. Nesse caso, o ex-CEO tem à disposição basicamente seis opções para o prosseguimento de sua carreira profissional, a saber:

- empresário;
- empreendedor;
- investidor;
- consultor;
- professor; ou
- conselheiro.

Caso o ex-CEO deixe o cargo não por sua iniciativa, mas por decisão dos acionistas ou do Conselho de Administração, poderá ver-se a partir de então, de um modo que talvez lhe seja inesperado ou talvez já tenha previsto, como um profissional ainda disponível no mercado de trabalho. Nesse caso, dependendo do que tenha em mente, o ex-CEO poderá procurar uma posição equivalente em outra organização, ou optar por um dos caminhos alternativos apontados na lista acima.

Caso saia à procura de outro emprego, poderá vir a se tornar o CEO de outra organização, ou poderá aceitar uma posição que não seja essa, e sim uma de diretor, de vice-presidente ou mesmo um cargo técnico especializado em outra empresa. Se a sua procura não for bem-sucedida ou tomar tempo excessivo, segundo seu próprio julgamento, esse ex-CEO talvez reconsidere suas opções e parta, então, para um daqueles seis caminhos alternativos já apontados.

Todas essas possibilidades de prosseguimento da carreira estão sintetizadas no diagrama a seguir:

OPÇÕES DO ESTADO DE DILIGÊNCIA

Figura 4: Os possíveis caminhos profissionais para um ex-CEO. **Fonte:** Elaboração da própria autora.

A "saída para dentro"

Como indicado no diagrama, um ex-CEO, ao deixar o cargo, pode encaminhar-se "para dentro" ou "para fora" da empresa que estava dirigindo. Dadas certas condições mínimas, esse poderá deixar o cargo saindo "para dentro", isto é, permanecendo a serviço da mesma empresa. As condições mínimas que devem preexistir para que isso venha a ocorrer são cinco, a saber:

1. a *identificação pessoal* do ex-CEO com a organização;
2. a *imagem positiva* do ex-CEO dentro da organização;
3. o *poder* ou *influência* do ex-CEO no âmbito da organização;
4. a existência de uma *posição disponível* na organização; e
5. uma *conjuntura favorável* (econômica, política) à sua permanência na organização.

Identificação pessoal significa, em termos gerais, que o ex-CEO gosta da empresa, sente-se bem trabalhando nela e deseja prosseguir sua trajetória dentro dela. Ele (ou ela) entende que estabeleceu um relacionamento de confiança e lealdade com a empresa e seu sentimento a respeito de seu trabalho é o de que, embora possa estar deixando a posição de CEO, ainda tem uma contribuição a dar à organização.

Imagem positiva refere-se à imagem do ex-CEO especialmente junto aos acionistas e conselheiros: neste caso, sua identificação pessoal com a empresa é correspondida. Por parte dessa, esse executivo é considerado um indivíduo contributivo, leal e competente, sendo positiva a trajetória dele na empresa até então. Os acionistas, proprietários ou conselheiros desejam, nesse caso, que o ex-CEO permaneça.

Poder ou *influência*, neste caso, refere-se à habilidade que o ex-CEO tem de exercer sua capacidade de convencimento sobre as pessoas que podem tomar a decisão de mantê-lo ou afastá-lo da empresa. Esse poder pode vir de várias fontes:

- seu carisma pessoal;
- seu importante nível de conhecimento sobre os negócios da empresa;
- seu parentesco ou relacionamento íntimo com as pessoas que decidem a respeito;
- seu prestígio no mercado;
- sua influência sobre outras entidades que têm, elas próprias, influência sobre a decisão dos acionistas (por exemplo, entidades como o governo, políticos, fornecedores ou clientes-chave etc.).

No caso de empresas familiares, acontece com frequência que o patriarca entregue seu posto de CEO a outrem (a um filho, por exemplo, ou a um gestor profissional) e passe a ocupar uma cadeira no Conselho de Administração. O fato de esse patriarca ainda deter o controle acionário da empresa — ou manter a propriedade sobre uma parcela substancial das ações da empresa — permite que ele possa tomar por si mesmo a decisão de vir a ocupar uma vaga no Conselho, sem ter, para isso, de pedir a autorização de ninguém.

Posição disponível quer dizer que existe uma posição passível de ser ocupada pelo ex-CEO na organização. Nas grandes corporações que são internacionais, ou que são multinegócios, atuando em diferentes mercados com diferentes produtos de diferentes empresas do mesmo grupo, frequentemente o CEO deixa o cargo em uma dessas empresas para assumir a posição de CEO em uma empresa maior ou diferente, na mesma corporação.

Nessas ou em outros tipos de empresa também acontece com frequência que um CEO, quando atinge a idade de aposentar-se ou deixar o cargo, seja chamado a integrar o Conselho de Administração, ou, dada sua expertise única, seja convidado a prosseguir trabalhando na empresa como um Assessor Especial (ou conselheiro, ou mentor) do novo CEO, de sua equipe e/ou em um Conselho Consultivo. Obviamente uma tal posição precisa estar disponível, mas não é nada incomum que ela seja especialmente criada, quando os acionistas desejam muito que o ex-CEO permaneça na empresa.

Conjuntura favorável quer dizer que o andamento dos negócios e a economia da empresa favorecem, ou mesmo pedem, que esse ex-CEO continue prestando serviços à empresa. Pode ser que não seja assim: se a empresa estiver em crise, se tiver novos sócios que pensem de modo diferente, pode ser que o ex-CEO, por melhor que atenda aos outros quatro requisitos, não venha a permanecer na organização.

A "saída para fora"

Quando não estão dadas essas condições mínimas necessárias para a permanência do ex-CEO na organização (ou quando uma ou duas delas estão sendo frontalmente contrariadas), quase sempre o ex-CEO deixa a organização e parte para outra. Continua no "modo de *prosseguimento*", isto é, continua em sua trajetória de *confirmação assertiva da carreira*, mas vai fazê-lo em outro lugar, em outra empresa.

Muitos CEOs já sabem que não permanecerão na empresa que comandam, por várias razões possíveis:

- porque seu contrato está terminando e há boas razões para achar que não será renovado;
- porque não estão, eles próprios, satisfeitos com as condições em que estão trabalhando; e
- porque se prenuncia que o controle acionário mudará de mãos e parece totalmente improvável ou inviável sua permanência sob os novos controladores.

Em qualquer dessas circunstâncias, frequentemente o CEO já inicia sua busca de uma outra posição, em outra empresa, antes mesmo de deixar aquela que comanda no momento. Isso é normal no mercado de trabalho e acontece em posições de todos os níveis, executivas ou não, nas organizações empresariais. Muitos *headhunters* e outros especialistas aconselham que os CEOs e outros executivos *C-Level* de tempos em tempos respondam favoravelmente a convites que recebam para candidatar-se a postos em outras organizações, nem tanto por terem interesse em mudar de emprego, mas apenas para testar sua empregabilidade e imagem e saber como sua experiência e suas competências são vistas pelo mercado.

Como mostra o diagrama dado anteriormente, deixando a empresa que dirige, o CEO poderá empregar-se de imediato ou ficar disponível no mercado de trabalho. Neste segundo caso, se estiver interessado em prosseguir em sua carreira tal como ela vem acontecendo, ele se candidatará a uma posição equivalente em outras organizações.

Alguns CEOs jamais ficam desempregados: têm no mercado uma imagem de gestor excelente e são constantemente cobiçados por outras empresas, que querem contratá-los. Outros não são assim tão reputados e precisam, portanto, "garimpar" uma nova posição. Dependendo da conjuntura econômica e de sua disposição para ir trabalhar em outros mercados (outras cidades, regiões ou países), essa busca pode ser mais ou menos demorada. Para um CEO que se considere altamente competente, ficar um ano no mercado sem conseguir reempregar-se pode ser uma condição bastante angustiante, talvez o levando a pensar em uma trajetória alternativa.

Em outros casos, o ex-CEO deseja mesmo assumir uma nova carreira, desviando-se do caminho que vinha seguindo. Nesse caso, ele pode escolher uma das seis opções dadas no diagrama já apresentado:

- **empresário** — ele compra o todo ou parte do controle acionário de uma empresa já existente, passando a participar de sua direção;
- **empreendedor** — ele resolve iniciar um novo negócio e, para tanto, começa, sozinho ou em sociedade, uma nova empresa, podendo ser uma *startup*, uma ONG (organização não governamental sem fins de lucro) ou uma empresa convencional;
- **investidor** — ele se associa a uma incubadora ou uma aceleradora de empresas, ou encontra uma via alternativa, a fim de participar do desenvolvimento de novas empresas concebidas e iniciadas por empreendedores, passando a atuar em relação a elas como um investidor-anjo ou participando de um fundo de investimentos;
- **consultor** — assumindo que sua expertise nas áreas em que atuou é forte, valorizada no mercado e atraente para outras empresas, ele poderá desenvolver uma atividade de consultoria, constituindo uma empresa de prestação de serviços trabalhando individualmente, ou assumindo o papel de consultor associado em uma empresa de consultoria já existente (inclui-se aqui também a opção de atuar como um *coach*, mentor ou *advisor* de empresas ou executivos);
- **professor** — tendo uma formação acadêmica apropriada (um doutorado, um mestrado, ou em alguns casos até mesmo um mestrado profissional ou uma pós-graduação *lato sensu*), o ex-CEO poderá empregar-se em uma universidade ou faculdade e dar aulas em cursos de graduação ou pós-graduação, conforme o caso; e, finalmente,
- **conselheiro** — ele poderá usar de sua experiência atual (ou fazer um curso especial para isso) e se dispor a atuar como membro em Conselhos de Administração de outras empresas.

Em todos esses casos, no entanto, o que o ex-CEO está fazendo é seguir sua trajetória realizadora, pondo foco em uma atividade específica e prosseguindo no primeiro estágio da carreira.

ESTÁGIO 2 (A OPÇÃO DA FLEXIBILIZAÇÃO)

Entre os 60 e os 75 anos de idade, é provável que o CEO enverede por um outro caminho, deixando de lado o foco anterior em uma atividade prioritária, específica, que caracterizou sua trajetória no primeiro estágio, para aceitar dedicar-se a várias atividades ao mesmo tempo.

É claro que, nessa faixa etária, alguns profissionais já deixaram há muito tempo de ser CEOs ou executivos, transformando-se em empresários, empreendedores, investidores, consultores, professores ou conselheiros, como foi sugerido. Porém, quando faz essa escolha ainda na faixa etária do primeiro estágio, o executivo já terá saído de nosso radar atual, uma vez que, neste segundo estágio, nosso interesse está em pôr em evidência somente aqueles ex-executivos que estão deixando de vez o *C-Level*. Interessa-nos tratar, neste ponto, unicamente daqueles executivos que saem em definitivo do cargo de CEO, portanto, provavelmente com idade acima dos 60 anos.

Por que estaria um CEO, nesta idade, deixando esse cargo? Em princípio, pelas mesmas razões pelas quais poderia ter deixado o cargo com menos idade, isto é, ainda no estágio 1. Entretanto, há uma possível razão adicional para sua saída tardia, e já a abordamos em capítulo anterior: ele pode deixar o cargo de CEO pela idade, por ter atingido a idade-limite, de acordo com as regras do jogo estabelecidas pela sua companhia. E, neste caso, não poderia esse ex-CEO (de 60 anos ou mais) também adotar qualquer daquelas seis atividades alternativas que mencionamos anteriormente? Não poderia ele (ou ela) transformar-se em um empreendedor? Em um consultor? Em um professor?

Sem dúvida poderia, e muitos efetivamente o fazem. A grande questão que diferencia aqueles que adotam uma dessas outras atividades nesta idade e aqueles que a adotam com idade menor (antes dos 60 anos) é o *sentido* que geralmente é dado a essa nova atividade escolhida:

Quando, ainda no estágio 1 da carreira, um indivíduo deixa de ser CEO para transformar-se, digamos, em empreendedor, ele troca uma carreira *focada* por outra carreira também *focada*: esse profissional adota, para sua atividade como empreendedor, a mesma postura que adotava antes, quando era CEO: a postura do *prosseguimento*, do *foco*, de quem deseja e consegue fixar-se em uma atividade só e, nesta, entregar resultados assertivamente. Trocando de atividade no estágio 1 da carreira, portanto, o ex-CEO será um professor *focado*, caso opte pela carreira de professor; ou será um consultor *focado*, caso opte por seguir a carreira de consultor etc.

Porém, quando abandona o posto de CEO por outra atividade já no estágio 2 da carreira, sua entrega pessoal, seja como consultor, como professor ou como investidor (nessa outra atividade) não será igualmente assertiva — não será uma carreira *focada*. O profissional atuará nessas atividades alternativamente, disperso entre várias delas, *contingencialmente*. Isto é, a partir de 60 anos de idade (aproximadamente, sem rigidez quanto à idade, fique claro), o ex-CEO poderá decidir que será não *apenas* um investidor, mas ao mesmo tempo também um consultor, um professor...

O que mais claramente caracteriza este segundo estágio da carreira é justamente essa alternância das atividades profissionais; ou seja, o abandono da síndrome da identificação e dedicação exclusiva a um dado tipo de trabalho. O sujeito poderá montar sua empresa de consultoria e começar a oferecer seus serviços também como *coach* de executivos; mas ele poderá também, ao mesmo tempo, montar uma empresa para representar localmente um dado produto; ou poderá, ainda, em uma faculdade, dar aulas de uma disciplina que seja especialidade sua... Essas atividades, assumidas nesta faixa etária, já não são encaradas como mutuamente excludentes, como quando são assumidas por um ex-CEO de menos de 60 anos!

Entretanto, o ex-CEO poderá, neste estágio 2 da carreira, *continuar focado* em uma só atividade, é claro, mesmo que deixe de ser um CEO. Há duas outras escolhas específicas possíveis que ele poderá fazer, escolhas adicionais, que tendem a ser exclusivas e que não o levarão a seguir aquela esperada alternância entre as seis atividades dadas.

Podemos dizer que o ex-CEO tem ainda dois típicos Planos B à sua disposição, aos quais daremos o nome de: Plano B1 e Plano B2. Sendo mais explícitos, o ex-CEO poderá dedicar-se a:

- um *negócio de família* (Plano B1); ou
- uma *atividade política, estatal ou classista* (Plano B2).

Plano B1

Muitos executivos (CEOs inclusive) mantêm paralelamente algum tipo de negócio de família, que é tocado por outra pessoa e que não exige, portanto, sua atenção pessoal. Esse outro negócio paralelo pode ser uma fábrica, uma loja, uma fazenda etc. Por vezes trata-se de algo herdado dos pais; outras vezes é um negócio criado pela esposa, pelos irmãos ou outros membros da família.

Frequentemente esse negócio paralelo segue em vigência durante anos a fio, sem que o CEO tenha de se preocupar com ele. Quando, porém, ele deixa o cargo de CEO de uma empresa neste segundo estágio, é bem possível que esse negócio, antes apenas alternativo, ganhe precedência em seu rol de preocupações. Mas ele, agora, quer fazer desse Plano B1 a *sua atividade principal*. O executivo, doravante, se dedicará àquela loja que, durante anos, a esposa veio tocando pessoalmente sem contar com ele; ou àquela fazenda de gado leiteiro que seu irmão administrou até o presente. Essa atividade empresarial, até então vista como secundária por quem era um CEO, passa a ser importante para ele, agora que não é mais o executivo-chefe de uma empresa — e ele reivindicará para si o comando dessa empresa, desejando desenvolvê-la, fazê-la crescer. Será a "nova" empresa da qual ele passará a ser o "CEO".

Plano B2

Quanto ao Plano B2, trata-se de alguma atividade *política* (o ex-CEO candidata-se, digamos, a vereador, ou torna-se Secretário de Finanças da Prefeitura Municipal local), ou *classista* (ele assume o cargo de presidente do Sindicato dos Comerciantes Varejistas de sua localidade). Alguns ex-CEOs sentem uma vocação relativamente tardia para a atividade política e se candidatam a um cargo eletivo; outros atendem a esse chamado aceitando um convite para dirigir uma secretaria de governo, ou uma atividade estatal ou patronal.

Olavo Setúbal deixou sua cadeira no Conselho de Administração do Banco Itaú para ser prefeito da capital de São Paulo; Henrique Meirelles, que presidiu o Banco de Boston, aceitou ser inicialmente o presidente do Banco Central e, depois, Ministro da Fazenda do Brasil. Escolhas semelhantes foram feitas, no passado, por muitos empresários e CEOs, entre eles, por exemplo, Dilson Funaro (que era proprietário da empresa de brinquedos Trol e foi ser presidente do BNDES e, depois, Ministro da Fazenda no governo Sarney) ou Marcílio Marques Moreira (que era VP do Unibanco e aceitou ser Ministro da Fazenda no governo Collor). Igualmente, todos os presidentes da FIESP ou da Febraban (e de outras entidades patronais), inclusive os atuais Paulo Skaf (Fiesp) e Murilo Portugal (Febraban) foram (são) empresários e/ou presidentes de grandes companhias.

Os Planos B1 e B2 são as únicas opções que conferem ao ex-CEO uma extensão no tempo da carreira profissional *focada* que tinham antes dos 60 anos de idade como CEOs. Não se dirigindo para uma dessas duas opções nem prosseguindo por mais algum tempo como CEO de sua própria empresa, o executivo certamente optará por uma daquelas seis atividades alternativas que já apontamos mais atrás, agora praticadas em regime *disperso*.

ESTÁGIO 3 (A OPÇÃO DA AUTOCOMPLACÊNCIA)

Ao redor dos 75 anos de idade, e daí para mais, quase invariavelmente um ex-CEO terá abandonado completamente qualquer pretensão de ocupar novamente uma tal posição, de voltar a ser um executivo ou mesmo de trabalhar em uma única atividade de maneira focada. É muito provável também que tenha reduzido substancialmente sua atividade plural, como consultor, palestrante, investidor, professor, conselheiro — que, no estágio 2, ele (ou ela) teria cultivado em paralelo — passando a praticá-las bem mais moderadamente.

Se, no estágio 2, esse ex-CEO se encaminhou para um Plano B (B1 ou B2, conforme descrito), as coisas podem ser agora um pouco diferentes: no Plano B1, o ex-CEO estará ainda envolvido com a empresa da família, muito embora também moderadamente, se puder ser assim (isto é, se houver outras pessoas que possam tomar o negócio contando com sua ajuda apenas minimamente). Nesse caso, ele provavelmente permanecerá fazendo ali trabalhos mais esporádicos e atuando como uma espécie de conselheiro dos membros mais jovens da família.

Se o ex-executivo tiver anteriormente enveredado por um Plano B2, indo trabalhar para o Estado, é provável que já não esteja fazendo isso nessa faixa etária. Se tiver se envolvido em uma atividade de representação patronal, é possível que permaneça nela por mais um tempo. Mas, se tiver abraçado a carreira política, é bem provável que tenha se tornado um político de carreira e tenha pretensões de continuar sendo enquanto tiver forças para tal. A vida política, por mais estressante que possa ser, por alguma razão se mostra muito atraente para as pessoas de mais idade, principalmente quando atuam no Poder Legislativo, nem tanto no Poder Executivo. Para verificarmos como isso é verdade, basta prestarmos atenção ao que se passa no Congresso Nacional e veremos que muitos políticos de 80 anos de idade ou mais ainda estão em plena atividade.

Seja como for, esse estágio três é uma etapa final da vida profissional, uma etapa de *slow down*, um tempo em que é preciso "ir mais devagar". Nela, o ex-executivo deverá ter reduzido substancialmente as horas que dedica ao trabalho diário e a seus compromissos com interlocutores profissionais, distribuindo agora seu tempo de modo essencialmente distinto de como fazia nos estágios anteriores.

É provável ainda que, neste terceiro estágio, ele (ou ela) consiga dar uma atenção substancialmente maior aos netos e também a *hobbies* e compromissos sociais, ainda que não abandone por completo o lado profissional. É provável até mesmo que passe a olhar atividades profissionais, agora bem mais esporádicas, também como uma espécie de *hobby*, e que muito de suas conversações sobre temas profissionais, aos quais dava, no passado, um enorme valor, passem a ser, agora, mesclados com outros temas sociais.

No estágio três, o ex-CEO estará especialmente interessado em deixar um *legado*, e este poderá tornar-se um ponto alto em sua nova maneira de se enxergar na vida, uma nova opção pessoal. Legado é o nome que se dá a algo extraído da maior experiência de vida e carreira de alguém, e que presumivelmente tem algum valor (valor intelectual, econômico, social etc.) para os mais jovens, algo que alguém mais maduro transmite a outrem mais jovem ou, mais especificamente, que uma geração transmite à geração seguinte.

O ex-executivo poderá ter um legado a deixar para a posteridade, quando atinge esta última faixa etária. Nela, mais do que usar tudo o que sabe (toda a experiência que reuniu nos anos anteriores) para realizar ele mesmo feitos importantes, é mais provável que entenda ser seu papel passar esse conhecimento e essa experiência para as gerações mais novas, a fim de que estas tenham suas realizações facilitadas. Esse é um papel extremamente nobre e importante do "velho" ex-executivo agora no estágio 3. Feliz do ex-CEO que entende isso e se dispõe a abraçar convictamente essa causa.

Uma forma de cumprir esse papel é escrever um livro sobre suas experiências, talvez uma biografia profissional ou um livro de memórias. Outra é dispor-se a narrar essas experiências em palestras e conferências, ou participando de grupos de reflexão, ou engajando-se em ações de educação e desenvolvimento de jovens para a vida profissional, como voluntário. Esses modos de agir não são mutuamente excludentes.

O TEMPO E O "DAY-AFTER" DE QUEM FOI CEO: UMA REFLEXÃO

O senso comum afirma que tempo é dinheiro — um dito que se popularizou no mundo capitalista, diferentemente de como o tempo é visto nas sociedades primitivas. Algo que contribuiu decisivamente para isso foi a formulação de Marx para a compreensão do capitalismo: sua forma de definir o valor da força de trabalho pelo tempo de trabalho necessário à produção dos bens. Com isso Marx estabeleceu as bases conceituais para que todos os valores na sociedade capitalista tivessem um princípio de equivalência, medido pelo tempo.[2]

Tipicamente, quando um ex-executivo se encontra no estágio 1, abaixo dos 60 anos de idade, tempo é mesmo dinheiro para ele, mas dinheiro enquanto *ativo realizável*, enquanto moeda disponível de imediato, que ele precisa ganhar para a manutenção, ou elevação, de seu padrão de vida pessoal e familiar e até para sustentação de um status de poder e influência. O trabalho é, então, seu modo de fazer dinheiro. Como ele ainda não abriu mão de sua carreira focada especificamente em realizações, se deixar de ser o CEO de uma empresa ele tratará de saltar para uma outra, a fim de prosseguir nesse seu trajeto de realizações, seja como CEO, seja exercendo outro tipo de atividade. Seu tempo é, então, mercadoria, *moeda* para comércio; e ele venderá seu tempo a quem lhe pagar bem por ele.

Em sua análise do capitalismo contemporâneo, Luc Boltanski e Ève Chiapello comentaram as forças que movem e valorizam o sujeito constantemente envolvido, operando, interagindo, comunicando, reagindo ou processando informações, realizando trabalho. Nas regiões mais afluentes do planeta, dizem os autores, isso ocorreu em meio a uma dissolução quase total das fronteiras entre o tempo privado e o tempo profissional, entre o trabalho e o consumo. Nesse paradigma de permanente conexão, o maior prêmio é conferido à atividade em si mesma, "estar sempre fazendo algo, movimentando-se, mudando... é isso que confere prestígio ao indivíduo, em oposição à estabilidade, que muitas vezes soa como um sinônimo para a inação". É um modo de vida que demanda uma temporalidade 24/7 (vinte e quatro horas por dia, sete dias por semana) para sua realização.[3]

O professor do Insead e também psicanalista holandês Manfred Kets de Vries, de 67 anos, autor de um livro sobre o que chama de "os quatro pilares da existência humana", chamado *Sex, Money, Happiness and Death: The Quest for Authenticity* (Sexo, dinheiro, felicidade e morte: a busca da autenticidade), pergunta, sobre o que o dinheiro significa para o alto executivo: "Quanto é o suficiente? Faço essa pergunta aos executivos, e eles não sabem me dar uma resposta. Quando o assunto é remuneração, é sempre possível, em teoria, ganhar mais; não existe um teto sobre o qual as pessoas dirão: 'Isso é suficiente. Esse limite está ótimo para mim'. Achar isso seria contraintuitivo, pois existe um problema inerente ao ganho financeiro. Com ele nasce, concomitantemente, uma cadeia de necessidades: os mais ricos são também os mais necessitados, por paradoxal que isso soe."[4]

Mas o tempo já não é exatamente essa moeda de troca no estágio 2, quando nosso personagem já tem mais de 60 anos. Nesta etapa, o tempo é outro tipo de moeda, mais especificamente um *pecúlio*, uma poupança formada e disponível, que não tem uma destinação imediata. O tempo já não mais funciona apenas como um tipo de dinheiro para se comprar o que quiser no dia a dia; depois de décadas atuando no mercado de trabalho, o sujeito chega, nesse estágio 2, a um ponto em que deve já possuir alguma "gordura para queimar", uma reserva que poderá se permitir gastar mais liberalmente.

Agora ele, portanto, "irá com menos sede ao pote", não estará tão sofregamente ocupado em acumular compromissos e transformá-los em numerário; poderá escolher melhor aquilo que pretende realizar, agora baseando-se mais em suas preferências pessoais do que nas exigências de um cargo, ou nos compromissos que tem com uma organização empresarial.

Para a antropóloga Mirian Goldenberg, à medida que as pessoas envelhecem, o tempo passa a ser um capital. "Até os 40 anos, você gasta muito tempo para satisfazer as demandas externas, ou fazendo um trabalho que você odeia, porque quer ganhar dinheiro. Porém, quando começa a se aproximar dos 60 anos", diz ela, "o tempo passa a ser uma riqueza: antes o tempo era para os outros, agora o tempo é para mim. Sou a principal interessada no meu tempo."[5]

No estágio 3, acima dos 75 anos, o tempo já se transformou em um terceiro tipo de moeda. Ele já não tem mais aquelas características dos estágios anteriores — de ativo financeiro ou de pecúlio. O tempo é, agora, de fato, um... *débito*, uma dívida a ser paga, não de uma vez só, mas aos poucos, em contínuas prestações diárias. Ou seja, a cada dia temos de comparecer com esse préstimo, porque diariamente o tempo se apresenta a nós, cobrando-nos, não nos permitindo ignorar que ele está ali. Nos mínimos gestos, palavras, encontros, ações, lugares, lembranças... E em tudo com que nos deparamos pela frente, o tempo nos recorda que ele existe. E são nossas ações diárias que pagam essa prestação: é preciso que façamos todos os dias alguma coisa que sacie essa fome interminável do tempo por ações nossas.

Entrados na terceira idade, não mais temos tempo para dar em troca de dinheiro (estágio 1), ou tempo para gastar no que preferirmos ou até para esbanjar (estágio 2). Nosso tempo agora tem de ser gasto aos poucos, diariamente, em ações que nos completam, que nos preenchem. Temos de entregar algo ao tempo, diariamente, para que ele saia satisfeito de nossa casa — por um dia, para retornar no dia seguinte!

Se vivemos, no estágio 1, a *felicidade da realização*; e no estágio 2, a *felicidade da utilidade*; no estágio 3 vivemos a *felicidade da simples presença, da participação, da visibilidade*: a cada pagamento feito ao tempo (leia-se: a cada ato diário devidamente cumprido), sentimos que estamos vivos e presentes — e somos felizes por um dia mais. Se fracassarmos nesse dia, se não pagarmos nossa prestação diária, sobrevirá o tédio, a melancolia. Será esse o preço pago pela atitude relapsa de não ter buscado a felicidade momentânea desse dia.

Nem sempre isso é tão negativo assim, entretanto. Vale a pena, um dia ou outro, deixar de cumprir esse compromisso com o tempo, somente para confirmar que ele existe e é necessário em nossa vida. Um pouco de tédio, em doses homeopáticas, pode ser útil para nos advertir que, na terceira idade, é o lema dos jovens escoteiros que, paradoxalmente, deve governar a nossa vida: "Sempre alerta!" — complementado por um ou ambos estes corolários: "Combata seu tédio todos os dias" ou "Felicidade em conta-gotas".

Peter Toohey, historiador canadense da Universidade de Calgary, escreveu um livro chamado *Boredom, a Lively History* (Tédio, uma história animada), em que nos adverte que o tédio pode ser um importante aliado para nós, justamente como um sistema de alerta que nos adverte do risco que estamos correndo, antes que esse mesmo tédio se transforme em depressão.[6]

O poeta russo Joseph Brodsky, Prêmio Nobel de Literatura de 1987, fez um discurso de formatura em junho de 1989 aos formandos da Faculdade Dartmouth, nos EUA, chamado "Elogio ao tédio", em que apontou sua crença convicta de que o tédio é produto da repetição. "A principal condição da vida é, justamente, a repetição", afirmou. Em tudo o que se nos apresenta buscamos um padrão; e todo padrão está impregnado de repetição, portanto, de tédio!" E isso aplica-se inclusive ao dinheiro... "Assim", aconselha ele aos jovens formandos, "neurose e depressão vão entrar no vocabulário de vocês; comprimidos passarão a frequentar suas gavetas... Não há nada essencialmente errado em fazer da própria vida uma busca constante por alternativas; não há nada de errado em pular de emprego em emprego, de casamento em casamento, casa, clima etc., mas o tédio estará perseguindo vocês o tempo todo."[7]

Nos parágrafos anteriores surgiram temas relativos às decisões do CEO que deixa a organização quanto a onde se localizar no mercado ou a maneiras de lidar com desafios que parecem tão pessoais, como procurar caminhos profissionais alternativos ou estar atento para a ação deletéria do tédio. São tópicos que parecem ser reservados exclusivamente às escolhas pessoais dos envolvidos, sem que haja qualquer instância institucional que tenha, e possa ter, influência ou importância sobre as decisões que serão tomadas pelos indivíduos. No entanto, como mostra o próximo capítulo, toda essa movimentação dos CEOs, incluindo nela os desafios e obstáculos no caminho, pode ser acompanhada e suavizada pela Gestão do Capital Humano da organização. Embora possam nos parecer óbvias as funções e a importância do RH, essa área passa por pressões e mudanças de relevância, como se verá no capítulo a seguir.

RESUMINDO...

Reputamos este como sendo um dos capítulos mais interessantes do livro, pela exploração de uma questão que pouco se discute na literatura sobre o trabalho do CEO e de outros altos executivos do *C-Level* nas empresas: o que acontece com um ex-CEO? Com um ex-executivo? O que se espera que faça, ou que deva fazer esse personagem, quando deixa seu cargo em uma grande organização?

Essa questão crucial terá de ser respondida pelo executivo (ou ex) com base em sua própria percepção pessoal sobre os seus propósitos com relação ao mercado de trabalho: profissionais executivos ainda jovens, quando deixam o cargo de CEO, frequentemente tentarão sê-lo em outra organização; ou tentarão fazer outro tipo de trabalho compatível com sua expertise, sua experiência e sua autoimagem profissional.

Os profissionais de mais idade, que entendem ter se encerrado (ou estar se encerrando) seu ciclo de vida profissional nesse tipo de função, tenderão a assumir outra postura, provavelmente dedicando-se a outras (ou a diversas, mais de uma) atividades, em condições mais amenas de trabalho. Mas *quais* outras atividades poderiam ser essas? E por que razão seriam elas as escolhidas pelo ex-executivo? Além disso, de que modo tenderão eles a agir profissionalmente a partir de então? São aspectos instigantes, que se discutem neste capítulo.

Finalmente, o capítulo se encerra com uma breve, mas importante, reflexão sobre o uso do tempo pessoal pelo ex-CEO.

PARTE 6
Gestão do Capital Humano na Empresa

Capítulo 21

Gestão do Capital Humano

PARA QUE SERVE A ÁREA DE RECURSOS HUMANOS?

A área de RH é certamente a mais complexa de quantas compõem a estrutura organizacional de uma empresa. Ela lida com as ciências humanas, ou o que muitos chamam de núcleo "mole" da ciência e da tecnologia (as *soft sciences*, em oposição às ditas *hard sciences*, as ciências físicas e matemáticas). Essas ciências humanas apresentam características especiais, que exigem certo esforço para lidar com elas, a saber:

- tratam de conhecimentos muito recentes na história das ciências, em grande parte ainda em fase de construção e sujeitas a grandes mudanças de enfoque e a novas descobertas e avanços;
- comumente não são passíveis de mensuração objetiva;
- frequentemente, ainda, os conteúdos que elas abordam são altamente interpretativos; e, como se não bastasse tudo isso,
- estão, nos dias atuais, sob forte impacto de inovações tecnológicas e de forças sociais, políticas e econômicas que desafiam todo o conhecimento já estabelecido sob esse rótulo: "ciências humanas".

Isso certamente não acontece (pelo menos não na mesma medida) com as áreas do *hard management* — finanças, vendas, distribuição, logística, produção, administração de materiais, engenharia de processos e outras.

Dos dois clássicos fatores de produção (capital e trabalho), a área de Recursos Humanos foi criada nas empresas para gerir o segundo, em nome e em benefício dos acionistas. Com o passar do tempo e mesmo as transformações havidas no próprio capitalismo, não mudou o fato de a Gestão de Recursos Humanos seguir sendo essencialmente uma criação do capital (leia-se: dos acionistas) para ajudar a fazer render lucro o capital humano da empresa.

Entretanto, para entender melhor como mudou ao longo do tempo a matéria-prima com que trabalha a área de RH, vale a pena discorrer um pouco sobre as várias etapas na história dessa função de administrar as pessoas nas organizações. Essa história pode ser dividida em quatro grandes estágios, a saber:

- a gestão do Poder;
- a gestão das Especializações;
- a gestão dos Recursos; e, por fim,
- a gestão do Conhecimento.

Cada estágio desses pode ser razoavelmente localizado no tempo, ao longo dos últimos 200 anos:

A GESTÃO DO PODER EM RH

Esse primeiro estágio se estende dos primórdios da industrialização até aproximadamente a década de 1940, por cerca de 125 ou 130 anos. Durante esse período, os empregados são apenas mão de obra: uma quantidade de indivíduos usando seus braços resistentes e suas mãos relativamente habilidosas para executar trabalhos físicos. Nessas circunstâncias, as mais importantes qualificações exigidas de um trabalhador para ocupar um posto de trabalho são a sua força e a sua resistência física. O trabalhador é um anônimo, em uma massa de executores sem qualificação técnica.

Há, consequentemente, uma evidente segregação do trabalho pelo capital, sendo "natural" a pressão sobre o trabalhador para que produza mais e mais. É o que faz o trabalhador: apenas trabalha, não podendo aspirar a mais nada. Não há, para este, perspectivas de ascensão ou progresso, estando ausente das empresas o conceito de carreira. O máximo que o trabalhador pode esperar, em alguns casos, é uma atitude paternalista, de aquiescência ou proteção que um ou outro representante do capital possa lhe oferecer.

Há na empresa uma clara linha divisória entre os que mandam e os que obedecem. E os órgãos de representação de trabalhadores (sindicatos ou equivalentes) ou inexistem ou são por demais frágeis e inoperantes, cooptados pelos donos do poder.

Nessas circunstâncias, o profissional de RH é usualmente chamado de Chefe de Pessoal. É apenas alguém nomeado pelo dono da empresa, para contratar e despedir empregados em nome deste. Sua forma de tratar os empregados é autoritária e policialesca: o empregado deve ser vigiado, para que não roube ou cometa erros que prejudiquem a produção. Os trabalhadores que se mostrarem dedicados e leais poderão ser recompensados com algum favorecimento e atitudes paternalistas.

Embora tenha produzido know-how importante para que se inicie um processo de mudança nesse estado de coisas e um salto para um estágio melhor nas relações de trabalho, o movimento da Administração Científica, de Taylor e outros, no início do século 20, ainda traduzia fortemente esse modo de encarar o trabalho, ao afirmar o papel dos engenheiros da empresa de planejar o trabalho, e do corpo de trabalhadores de executá-lo estritamente como foi planejado.

Nesse estágio (que ainda persiste em muitas empresas, principalmente as pequenas e médias empresas familiares fora dos grandes centros), o Chefe de Pessoal é geralmente um homem de confiança do dono da empresa, a quem é entregue a tarefa de "ficar de olho" nos empregados, para que trabalhem direito, não façam bobagens e não roubem o patrão. A grande missão do Chefe de Pessoal é, em última análise, fazer as pessoas trabalharem e manter a disciplina.

A GESTÃO DAS ESPECIALIZAÇÕES

Esse segundo estágio aparece pelo aumento acentuado da complexidade do trabalho, em grande medida gerado pelos avanços teóricos vindos da Administração Científica, do Fordismo e da Escola das Relações Humanas (com Elton Mayo); e também do crescimento das organizações empresariais no mundo, especialmente nos Estados Unidos. Esse segundo estágio marca a vida das grandes organizações, nitidamente a partir da década de 1940 e estendendo-se por cerca de quatro décadas, até meados dos anos 1980.

Esse novo estágio na evolução da Gestão de Pessoas nas organizações aparece em primeiro lugar nos EUA, a partir da Segunda Guerra Mundial, com o desenvolvimento da tecnologia e da indústria bélica e, passados os difíceis anos da Grande Depressão (anos 1930), com o ingresso de enormes contingentes de trabalhadores, mestres e contramestres de produção nas áreas fabris das empresas. É uma nova era na gestão de pessoas, que vai se impondo à primeira, à medida que as empresas crescem em tamanho e em complexidade, e à medida que novas tecnologias passam a ser mais e mais decisivas para sua sobrevivência e a sua expansão.

Aparecem ou aperfeiçoam-se, por essa época, diversos instrumentos e ferramentas que visam a facilitar a gestão de pessoas nas empresas. Entre eles, os mais destacados são: os testes psicológicos, o *house organ* dos empregados, os métodos de análise e descrição de funções, os sistemas de classificação de cargos para formulação de estruturas salariais, a avaliação de desempenho no trabalho, a análise ocupacional, o levantamento de necessidades de treinamento, vários tipos (avançados para a época) de recursos instrucionais, planos de sucessão e carreira, entrevistas de desligamento, a inspeção de segurança no trabalho etc.

O gestor de pessoas já não consegue dar conta, sozinho, do controle de tudo o que é necessário para adequadamente avaliar o desempenho dos trabalhadores, recompensar os melhores e/ou punir ou dispensar os que não desempenham bem. Para tanto, torna-se necessário, agora, que o empregador conte com toda uma equipe de técnicos que vão formar uma sofisticada equipe de RH (que ainda não se chama assim, por sinal) separados uns dos outros no organograma da área pelas famosas "caixinhas". A equipe de RH diferencia-se das equipes de trabalhadores comuns — ela é agora uma nova estirpe de empregados que deve entender e saber lidar com as complexidades que a massa dos demais empregados passou a representar.

A essa altura, as empresas (especialmente as maiores, que empregam grandes contingentes de pessoas) organizam-se em departamentos funcionais específicos, agrupados sob diretorias. Em cada setor ou área, o trabalho precisa ser rápido e eficiente. A figura emblemática do Chefe de Pessoal da fase anterior viu-se agora desdobrando-se em dezenas, ou mesmo centenas, de pequenos chefes de pessoal que se disseminam dentro da organização, cada qual controlando o trabalho do seu time, em sua respectiva jurisdição e impondo a disciplina às equipes de trabalho, nas unidades operacionais que formam a base da pirâmide.

O Chefe de Pessoal anterior transformou-se em um burocrata generalista. Como anteriormente, ele ainda aplica controles ao trabalho, e ainda atua expressamente a serviço do patrão. Porém, agora esses são controles administrativos, na forma de planilhas de cálculo, memorandos, ofícios e regulamentos. Vestindo paletó e gravata, o novo gestor de pessoas já não se encontra dentro da fábrica, e sim em uma ampla sala de escritório, tendo uma diligente secretária (seus olhos e ouvidos) a alguns metros dele, sentada a uma mesa à frente da porta fechada de seu gabinete.

Esse novo personagem, agora chamado Gerente de Pessoal ou, mais modernamente, Gerente de Relações Industriais, cuida exatamente das relações entre a empresa (as grandes empresas são, então, quase apenas indústrias manufatureiras, por isso o nome "Relações Industriais") e seus empregados. A quase totalidade das empresas dos demais setores econômicos (agricultura, comércio, serviços) encontra-se ainda em um estágio inferior de amadurecimento, na antiga era do Chefe de Pessoal.

O termo "Relações" (na expressão "Relações Industriais") sugere ainda uma outra mudança, embora em boa medida apenas aparente: uma mudança de atitude da empresa para com o trabalhador, de um modo impositivo de agir para outra, de mais diálogo e aproximação. De fato, a empresa não quer conflitar com seus empregados, pelo que se propõe a "relacionar-se" com eles, tentando fazê-los compreender que os está prestigiando e apoiando, ao usar uma profusão de instrumentos tecno-profissionais para cuidar de suas vidas profissionais e carreiras.

Para ajudá-lo, o Gerente de Relações Industriais conta agora com diversos profissionais especialistas, cada qual operando um dos subitens da gestão das pessoas, responsabilidade que se tornou bastante mais complexa.

Há agora um psicólogo fazendo a seleção de candidatos; um pedagogo treinando os empregados; um economista elaborando os cálculos necessários à remuneração das pessoas; um engenheiro cuidando da segurança no trabalho; um médico tratando as doenças profissionais; um assistente social ouvindo os trabalhadores sobre os problemas pessoais deles; um jornalista colhendo informações, elaborando reportagens e publicando notícias sobre a empresa aos trabalhadores; um advogado cuidando do cumprimento da legislação trabalhista, negociando com sindicatos e dirimindo demandas trabalhistas.

Nas grandes empresas, para ocupar uma posição de liderança sobre esse corpo de especialistas, o novo Gerente de Relações Industriais precisará ter executado, por vários anos, pelo menos algumas dessas funções especializadas.

Nesta etapa, os empregados já não mais compõem apenas aqueles dois grandes grupos anteriores: o dos que planejam e o dos que executam. Eles agora se distribuem em várias camadas: há os gestores de topo, os gestores intermediários, os supervisores e encarregados das unidades de linha, os técnicos e os operários qualificados, semiqualificados e braçais. Cada grupo desses tem suas próprias peculiaridades e necessidades, exigindo tratamento diferenciado. Agora, o trabalho especializado é mais reconhecido e as qualificações-chave para a ocupação de um posto de trabalho mais nobre são: o domínio de uma habilidade técnica e a precisão na execução do trabalho.

A GESTÃO DOS RECURSOS

Os anos 1980 marcam, na vida das empresas, a chegada de mais uma nova era: o mundo mudou após as duas crises do petróleo da década anterior e a recessão mundial do início dos anos 1980 e após o advento do microcomputador. Diferentes camadas intermediárias, nas organizações foram literalmente eliminadas, em formidáveis *downsizings*, tornando-se as empresas muito mais enxutas e achatando-se os organogramas. Mesmo nas grandes organizações, entre o presidente no alto e o operário braçal lá embaixo, passam a existir não mais que três, talvez quatro, níveis hierárquicos, em vez dos seis ou sete de antes.

Esse movimento de enxugamento da empresa não tem volta: a melhora das condições econômicas após os anos 1980, não basta para levar as empresas a compensar a saída de hordas de trabalhadores havida nos anos anteriores. Agora é o computador pessoal (que sozinho faz o trabalho burocrático de dezenas e dezenas de pessoas) que, substituindo os mainframes, mantém a organização *lean*, enxuta.

A maioria dos departamentos de serviços a empregados que compunham a anterior estrutura de RH vão sendo desmantelados e terceirizados (vigilância, portaria, transporte de empregados, alimentação, seleção de executivos, saúde ocupacional, comunicação com empregados), ou então vão sendo fundidos entre si (Recrutamento e Seleção com Treinamento e Desenvolvimento, Benefícios a empregados com Administração de Salários). Diversas funções que pertenciam à área de Relações Industriais são eliminadas ou têm sua importância reduzida, tais como: *fringe benefits*, serviço social, *house organ*, recrutamento de pessoal, carreiras profissionais, cadastros de pessoal promovível.

O nome "Relações Industriais" torna-se anacrônico e inadequado e rapidamente dá lugar a um outro: "Recursos Humanos". Os trabalhadores são, agora, para as empresas, principalmente recursos (tais como os demais recursos materiais e financeiros) e devem ser, portanto, encarados prioritariamente pela lógica da relação custo-benefício: mantêm-se operantes apenas aqueles postos de trabalho que podem "agregar valor" ao negócio, eliminando-se os demais.

Paradoxalmente, com a ascensão econômica do Japão e as dificuldades dos EUA, aparecem as técnicas japonesas de gestão — o CCQ, o TQM, que colocam em evidência a necessidade de se trabalhar em equipe, administrar a cultura organizacional e estender a qualidade a toda a organização. O discurso dos profissionais de RH torna-se ambíguo: por um lado, defende-se o empregado como o mais importante recurso da empresa; mas, por outro, esse mesmo recurso é o primeiro a ser cortado ao menor sinal de crise.

Se o estágio da Gestão do Poder durou 200 anos e o estágio da Gestão das Especializações durou 40, este novo estágio, da Gestão dos Recursos, tem duração ainda mais curta, de 15 a 20 anos, se tanto, cobrindo a década de 1980 e parte da década seguinte.

Agora, os recursos tecnológicos competem com os recursos humanos. Os sistemas de execução automática do trabalho cada vez mais substituem o trabalho humano (o *steel collar* gradativamente substitui o *blue collar* nos galpões das fábricas). Comparado aos recursos tecnológicos, os trabalhadores humanos passam a ser também recursos (por isso o nome agora adotado, Recursos Humanos), mas são, sempre que possível, substituídos pelos primeiros, mais eficientes, mais rápidos e mais baratos.

Mas reconhece-se ainda a importância desses recursos humanos naquelas atividades que exigem o pensar, nas quais as máquinas não são eficientes. Agora, são a qualidade do trabalho, a produtividade dos recursos e a eficácia das operações as variáveis reconhecidas, sejam elas produzidas por máquinas, sejam pelos trabalhadores humanos. Para as pessoas, as qualificações-chave para ocupar um posto de trabalho são a empregabilidade, a participação ativa e a capacidade de agregar valor ao negócio. O gestor de RH é, a partir desse momento, um economizador de recursos; seu papel consiste em minimizar os custos e extrair a máxima produtividade do corpo de empregados da empresa.

A GESTÃO DO CONHECIMENTO

A partir de aproximadamente 1995, o talento pessoal e o capital intelectual que o empregado é capaz de aportar à empresa é que passam a ser especialmente reconhecidos. O trabalho humano passou a ser realizado muito mais com a mente do que com as mãos. Atualmente, mais da metade dos trabalhos entregues às pessoas em uma empresa poderiam ser realizados por um tetraplégico, que não conseguisse fazer mais do que apenas apertar um botão ou uma tecla com um dedo, ou mesmo com o nariz! As máquinas fazem o resto.

A economia passa a ter nos serviços, e não mais na indústria, o principal setor de atividade (certamente passa a ser assim nos países mais desenvolvidos e cada vez mais no mundo todo). Nessa nova Era dos Serviços, os ativos intangíveis da empresa (sua tecnologia, suas patentes, seus produtos e a tecnologia neles embarcada, além de suas marcas, sua reputação, suas listagens de clientes e o conhecimento adquirido sobre esses clientes) são o que tem maior valor, suplantando várias vezes o valor contábil dos ativos tangíveis da empresa (as instalações, as máquinas, os estoques de matérias-primas e de produto acabado). Chega-se ao paradoxo de se ter uma empresa recém-surgida, que ainda não deu um centavo de lucro, muitas vezes mais valiosa no mercado do que uma empresa bem conhecida e muito maior, que sistematicamente dá lucro e dividendos aos seus acionistas, mas cujos ativos são predominantemente físicos.

Que significa tudo isso? Certamente que a inteligência instalada em uma empresa está se transferindo das mentes humanas para os softwares — os quais, instalados nos hardwares, vão tomando de assalto os postos de trabalho antes ocupados por operadores humanos.

Há mais de meio século, Peter Drucker estabeleceu uma distinção entre duas categorias básicas de trabalho: aquele executado pelos "trabalhadores da informação", que meramente processam dados; e o dos "trabalhadores do conhecimento", que raciocinam e resolvem problemas. Os primeiros estão a olhos vistos sendo substituídos por máquinas, que fazem o trabalho muito mais perfeitamente e muito melhor que os operadores humanos. Apenas aqueles trabalhos que requerem o uso de inteligência que as máquinas não são capazes de apresentar é que continuam sendo feitos por gente de carne e osso.

Acontece que o avanço da tecnologia é muito rápido e, cada vez mais trabalhadores da informação são dispensados, trocados por robôs e computadores. Cria-se nos países o que se chama "desemprego estrutural". Até algum tempo atrás havia uma correspondência entre o crescimento econômico e o crescimento do emprego — se crescia o primeiro, crescia também o segundo; e se o ritmo da economia caísse, caía também o ritmo do emprego. No desemprego estrutural é diferente: cresce a economia, mas não cresce o emprego — ao contrário, ele decresce. E isso se deve ao fato de que o crescimento econômico em grande parte já prescinde do trabalho humano.

Em outras palavras, as posições disponíveis para os trabalhadores da informação vão diminuindo, as máquinas fazem o trabalho no lugar deles. Por outro lado, mesmo os trabalhadores do conhecimento não estão livres da competição com as máquinas, porque também a automação está, igualmente, investindo cada vez mais sobre as atividades que requerem pensar e tomar decisões.

A inteligência artificial e a aprendizagem de máquina permitem hoje que robôs pesquisem informações, organizem-nas em formatos coerentes, escrevam textos e até tirem conclusões. Com isso, muitos trabalhos de advogados e jornalistas, que até bem pouco tempo atrás pareciam a salvo do assalto da automação, já estão sob risco. Assim, as oportunidades de trabalho, dentro do quadro atual de atividades, vão se tornando mais escassas mesmo para os trabalhadores do conhecimento. O que resta é a possibilidade de novas atividades serem criadas, justamente pelas oportunidades surgidas a partir desse célere avanço da tecnologia.

Nas empresas se diz que, atualmente, cerca de 80% dos trabalhos já podem (ou poderão muito em breve) ser executados por máquinas, não havendo motivo real para ter humanos executando-os. Sobram para estas os 20% restantes: postos de trabalho de elite, nos quais são tomadas decisões mais estratégicas, ou nos quais se resolvem problemas técnicos ou de mercado especialmente complexos, atividades para as quais não existem (ainda) máquinas inteligentes.

Para esses trabalhos tão especiais, as empresas querem recrutar, empregar e promover verdadeiros talentos — profissionais altamente competentes, que façam a diferença. É a gestão deste pequeno grupo, representando um quarto ou um quinto do efetivo de uma organização, que realmente importa para os diretores da empresa. E é, portanto, a esse seleto grupo de trabalhadores tão especiais que o gestor de RH deve dedicar toda a sua atenção. O contingente restante de empregados, várias vezes maior, não é de fato relevante: ocupa postos de trabalho que, mais dia, menos dia, serão dados às máquinas e, enquanto não o forem, são disputados por trabalhadores humanos disponíveis em abundância no mercado de trabalho.

Além disso, os processos de gestão de pessoas daquele contingente de 80% dos empregados comuns tornam-se cada vez mais simples, porque tais processos são cada vez mais automatizados: os softwares e as ferramentas de gestão por eles acionados facilitam enormemente o trabalho de recrutar e selecionar; contratar e alocar a um dado posto de trabalho; dar instruções sobre o trabalho a ser feito; acompanhar, avaliar e controlar o desempenho no trabalho, identificando, apontando e mesmo corrigindo erros; prevenir acidentes durante o trabalho; definir a remuneração e efetuar seu pagamento periódico; programar substituições e férias dos empregados, qualquer que seja a quantidade deles em uma planta ou escritório. Consolidando-se essas mudanças, os computadores podem fazer todo o trabalho que foi, outrora, do Chefe de Pessoal — o gestor de Recursos Humanos não precisa mais se dedicar a isso. E, nessas circunstâncias, a única questão realmente chave em seu trabalho passa a ser, de fato, a identificação, a contratação e a gestão dos talentos da organização.

OS TRABALHADORES DO CONHECIMENTO

No final dos anos 1950, como dissemos, Peter Drucker cunhou a expressão "trabalhadores do conhecimento" em oposição a outra "trabalhadores da informação". Queria mostrar que estes últimos estavam perdendo terreno e tendo seus empregos ameaçados pelos avanços tecnológicos, ao passo que os primeiros ganhavam importância e prestígio, em uma economia da informação, como já vivíamos então (e que, de lá para cá, fortaleceu-se cada vez mais).

Drucker nos explicou também que um "trabalhador da informação" apenas manipula dados, informações e conhecimentos, sem que, em seu trabalho, entre no mérito do que tais conteúdos significam. Não há nenhuma diferença, para um "trabalhador da informação", entre transmitir, receber, processar, armazenar, classificar ou recuperar listagens de nomes e endereços de clientes, descrições de genomas ou documentos encriptados sobre estratégias diplomáticas. Qualquer desses conteúdos não passa de dados, para um "trabalhador da informação" — é tudo uma questão de quantidade de informação e de tempo e espaço (virtual, inclusive) para seu armazenamento e tratamento.

Para um "trabalhador do conhecimento", as coisas são diferentes: as informações e os conhecimentos têm significados, ou valor semântico, de modo que é fundamental entendê-los e saber em que sentido são importantes, quanto o são, para quem e quando: o "trabalhador do conhecimento" opera com a mente; ele pensa, calcula, avalia, critica, faz inferências e chega a conclusões e, além disso, capta com sua sensibilidade a qualidade da informação que tem em mãos, no contexto em que ela aparece.

Drucker mostra, em suas reflexões e propostas, que, enquanto as máquinas automáticas estão, em seu avanço inexorável, paulatinamente substituindo os "trabalhadores da informação", são os "trabalhadores do conhecimento" que as utilizam para ampliar e aprofundar sua própria capacidade de fazer dessas informações e conhecimentos um instrumento útil para a vida das pessoas.

Uma coisa é certa, diz o eminente economista americano e professor de administração do MIT, Lester Thurow, morto em 2016. "O conhecimento está no cérebro dos seres humanos, e estes não são escravos, no sentido de que não são propriedade das empresas. No entanto, essas porções de conhecimento individual [geralmente] são pequenas e, por si sós, têm pouco valor; quase sempre é preciso reuni-las e somá-las para que sejam mais valiosas. Nenhuma pessoa, individualmente, é tão inteligente nem tão importante quanto todas juntas.[1]

Com suas palavras, Thurow nos lembra da importância das empresas, grupos e comunidades, enquanto ambientes aglutinadores e catalisadores do conhecimento disponível. Para cada pessoa, vale a pena associar-se a outras e trabalhar com elas na ampliação e no aprofundamento do conhecimento, para a geração de novos produtos e serviços. Sozinho, cada um de nós pode produzir alguma coisa nova com seu excelente conhecimento, sem dúvida, mas, trabalhando em conjunto com outras pessoas, podemos ir incomparavelmente mais longe.

CAPITAL INTELECTUAL E GESTÃO DO CONHECIMENTO

Damo-nos conta agora, de que, notavelmente, esses conceitos de Drucker foram emitidos há mais de meio século e, no entanto, continuam sendo atualíssimos. Peçamos o depoimento, a respeito, de um dos mais dedicados estudiosos do tema, o professor e consultor norte-americano Thomas A. Stewart, autor de *Intellectual Capital — The New Wealth of Organization* (Ed. Doubleday/Currency, 1997):

"... pus-me a olhar para uma série de áreas da vida econômica e vi o óbvio: o conteúdo cognitivo é cada vez maior nos produtos correntes do dia a dia; o conhecimento tem importância cada vez maior na cadeia de valor; os investimentos das empresas em equipamentos focam cada vez mais aqueles que são baseados em informação e comunicação; o conhecimento está em tudo — no que compramos e vendemos. Ele é o mais importante ingrediente em todos os negócios. Os ativos que criam e trabalham sobre saber — os sistemas e estruturas, em suas relações com clientes e consumidores, mas sobretudo os ativos que são os próprios seres humanos — são os que mais importam, muito embora raramente sejam mencionados dessa forma nos balanços das empresas."[2]

Stewart prossegue em suas ponderações, refletindo que "o conhecimento, ao contrário de outras matérias-primas, é um recurso praticamente inesgotável. A teoria econômica neoclássica, baseada na alocação de recursos escassos, não é, por isso, inteiramente aplicável quando nos referimos ao valor econômico do conhecimento (...):

O trabalhador industrial era um alienado, como dizia Marx, porque não era dono nem das ferramentas com que trabalhava nem do próprio produto desse trabalho. O capitalista era o dono de tudo (ou quase tudo) — das máquinas e ferramentas, das instalações e do fruto do trabalho executado; e, quando a produção era vendida, o consumidor pagava por ela e o capitalista embolsava o lucro, pagando ao trabalhador apenas o seu (parco) salário.

Ora, na era do trabalho baseado em conhecimento, a questão da propriedade tornou-se muito mais complexa: o trabalhador do conhecimento é que é proprietário de seu próprio cérebro, essa ferramenta incrível — o empregador apenas a arrenda, se se pode dizer dessa forma. O trabalho produzido pelo cérebro do trabalhador é de propriedade do empregador, é certo, mas ele também continua subsistindo no cérebro do próprio trabalhador, dada a natureza peculiar dessa fonte".[2]

Stewart está se referindo, neste ponto, a um dos aspectos mais fascinantes da economia do conhecimento: o fato de que ela obedece à "lei dos benefícios crescentes", e não dos "benefícios decrescentes", como é o caso dos ativos físicos tradicionais envolvidos na produção de bens e serviços na economia industrial.

Nesta, um produto, uma máquina, uma ferramenta, uma matéria-prima se desgastam e vão perdendo valor econômico à medida que são utilizados. Quando você compra um automóvel novo na concessionária, ele passa a valer 10% ou 20% menos tão logo esteja na rua. Ao longo do tempo, ele vai se desvalorizando e, quando você quiser vendê-lo, depois de dois ou de cinco anos, alcançará por ele um valor de venda que não passará de uma fração do valor original do bem. É assim, porque a "lei" em vigência é a dos "benefícios decrescentes": quanto *mais* se usa um bem, *menos* ele vale.

A "lei" que vigora para o conhecimento é o oposto dessa — é a "lei dos benefícios crescentes": quanto *mais* se usa um conhecimento, *mais* ele vale. Mais ele se associa vantajosamente a outros conhecimentos, produzindo novas e importantes ideias; mais pessoas ganham com o uso desse conhecimento; mais produtos e serviços são gerados a partir dele...

Por sua fundamental importância, a "gestão do conhecimento" ganhou status de absoluta prioridade nas organizações empresariais, tornando-se uma questão estratégica na gestão das empresas, em muitos casos até uma questão "de vida ou morte". O conhecimento foi definitivamente acrescentado à clássica tríade dos fatores de produção: capital, recursos e trabalho, tomando parcialmente o lugar do trabalho (enquanto trabalho mental), dos recursos (enquanto método) e até mesmo, em parte, do capital (à medida em que se tornou também um "capital" intelectual).

Em qualquer dessas variedades, o conhecimento tornou-se, enfim, altamente relevante do ponto de vista econômico, pois pode ser transformado em dinheiro (em salário, em lucro, em capital de giro, em crédito, em publicidade etc.). Mesmo o conhecimento normalmente considerado irrelevante, como a piada solta no tempo ou no espaço, ou a fofoca, podem se transformar em dinheiro, à medida que viraliza e atrai a atenção de enormes quantidades de pessoas. Empresas atentas ao mercado, remunerarão esse conhecimento irrelevante, não por seu valor intrínseco, mas por sua capacidade de aglutinar uma imensa quantidade de clientes em potencial que, esses sim, têm valor. Um exemplo simples disso são os sites de humor ou da maioria dos youtubers.

Voltando à questão levantada por Lester Thurow, apontada anteriormente, o que é possível a empresa fazer para que o capital intelectual representado pelos indivíduos que nela trabalham (indivíduos que podem a qualquer momento faltar, porque morreram, aposentaram-se, saíram da empresa...) se incorpore aos ativos da empresa e se torne, de alguma forma, parte integrante do tecido da organização? Essa é, sem dúvida, uma questão-chave do capitalismo intelectual, e que levanta a questão tão discutida da aquisição e retenção de talentos pela organização.

"É difícil atacar esse problema da transferência de conhecimentos entre as pessoas nas empresas", pondera a professora Rosabeth Moss Kanter, da Harvard Business School. "Especialmente quando se trata de empresas muito grandes. Diversas delas, com as quais tive contato, mesmo tendo nomeado 'diretores de gestão de conhecimento' ou 'presidentes de aprendizado', ainda assim se queixam de que a tendência humana é no sentido oposto, de *não* compartilhar informações — e isso prejudica bastante o atingimento desse propósito." Rosabeth continua: "O problema não é de tecnologia, mas se liga ao modo como as pessoas se comunicam entre si e cooperam (ou não cooperam) umas com as outras."

O fato é que as empresas que tiveram sucesso, até o presente, no uso de redes para compartilhar conhecimentos desenvolveram algumas regras básicas. Por exemplo, elas descobriram que o compartilhamento de conhecimentos é maior e melhor quando se fazem reuniões presenciais regulares (trimestrais, digamos). Além disso, as melhores redes são aquelas cujos gestores são mais ativos; e, além disso, essas boas redes não se auto-organizam espontaneamente, precisando ser induzidas a fazê-lo.[3]

Ainda que a tarefa seja árdua, a resposta a esse dilema das empresas requer, sem dúvida, um esforço para o estímulo à aprendizagem interna — fomento à troca constante de informações, à experimentação em grupo, ao debate e ao diálogo nas mais diversas situações e ao compartilhamento de ideias e soluções entre os colaboradores da empresa. Cada vez mais nos certificamos de que a aprendizagem é fundamentalmente um processo *social*, muito mais do que um ato individual e isolado. Em comunidade aprende-se melhor; e é também em comunidade que aquilo que cada um aprendeu pode ser aplicado, testado, questionado, discutido e aperfeiçoado; pode, enfim, adquirir um efetivo sentido. A melhor e mais importante aprendizagem se faz coletivamente, estimulando-se o aprender em grupo, através de redes, de equipes, de comunidades de prática e outras formas. Desse modo, as organizações são capazes de aumentar seus ativos partindo dos talentos individuais.

AQUISIÇÃO E RETENÇÃO DE TALENTOS

A gestão dos talentos nas organizações tende a se tornar uma prática cada vez mais importante e estratégica. Klaus Schwab, o fundador do Fórum Econômico Mundial de Davos, que se realiza anualmente na Suíça, acredita nisso. Segundo suas palavras, o encaminhamento da revolução digital (por meio de tecnologias como inteligência artificial, aprendizagem de máquinas, Internet das Coisas, neurociências, impressão 3D) trará um impacto cada vez maior às empresas. "Defendo que haverá uma nova revolução *ideológica*, em que o capitalismo, como o conhecemos até o presente, será substituído por uma espécie de 'talentismo', um novo sistema econômico baseado mais no talento do que no capital. E os atributos desse novo regime de produção serão: maior liberdade individual com mais responsabilidade social — promovidos por um processo de educação que será permanente por toda a vida e que promoverá maior respeito pela diversidade."[4]

Mas o que é realmente um talento? Embora o termo esteja muito em voga hoje em dia, na prática é bastante difícil confirmar que um dado colaborador ou trabalhador da empresa seja ou não é um "talento", principalmente pela falta de parâmetros objetivos e generalizáveis para um julgamento confiável a respeito. A experiência mostra que, profissionalmente falando, todo mundo tem direito a "um lugar ao sol", isto é, qualquer pessoa que não esteja seriamente incapacitada física ou intelectualmente é hábil ou competente em alguma coisa ou na execução de algum tipo de atividade, seja ela cabível ou não em uma empresa, passível ou não de ser oferecida com chances de contratação no mercado de trabalho.

De fato, há muitos tipos de atividade das quais uma dada empresa não precisará e, por conseguinte, trabalhadores que têm habilidade especificamente para executar essas atividades não terão lugar nessa empresa e dificilmente serão contratados por ela ou nela permanecerão. Por exemplo, uma pessoa pode ser bastante competente em falar Esperanto com fluência, desenhar com crayon sobre papel, elaborar inspirados sonetos ou enigmáticos haicais, ou ainda, fazer contorcionismos com o corpo. Mas mesmo que possa apresentar desempenhos notáveis em uma dessas habilidades, essa pessoa terá dificuldade em encontrar uma empresa disposta a lhe oferecer uma remuneração para realizar esse tipo de atividade. Ao contrário, há também muitos outros trabalhadores com habilidade em realizar outros trabalhos que são manifestamente necessários não só em uma, mas em muitas empresas, e que, oferecendo tais habilidades no mercado certo no momento certo, provavelmente serão contratados.

Note-se que, neste momento, parecemos estar desviando nossa atenção do tema específico que nos interessa — o "talento" — para tratar de "habilidades" e "competências". Esse desvio é, entretanto, proposital, pois uma boa maneira de chegar à noção de "talento" é partir dessas duas outras noções.

Podemos chamar de "habilidade" à capacidade que alguém tem de apresentar um notável desempenho em uma ou mais atividades; e podemos chamar de "competência" a uma habilidade que tenha *valor de mercado*, isto é, que seja vendável em um mercado de trabalho. Portanto, se um sujeito for um notável contorcionista (como exemplificado anteriormente), ele demonstrará ter uma habilidade; mas, se esta habilidade for oferecida ao contratante certo — um circo ou parque de diversões, digamos — ela será mais do que apenas uma habilidade: será uma *competência*.

CAPACIDADES, NÃO COMPETÊNCIAS

No entanto, neste contexto, é melhor usar o termo "capacidade", em vez de "competência". É certo que o mercado de trabalho costuma valorizar as "competências", isto é, aquilo que um profissional se mostra em condições de realizar ou cumprir. "Queremos que você demonstre ter tais e tais competências, que as use na empresa, fazendo seu trabalho", é o que escuta o profissional, quando recrutado para uma posição qualquer.

Em princípio isso parece ser uma forma correta de abordar o problema; mas o fato é que tais competências e suas descrições são sempre *externas* à empresa e às necessidades desta. Por exemplo, quando se pede a alguém que atue como se fosse "dono do negócio", que seja "orientado para a estratégia" ou que mantenha "sangue frio em situações tensas", não estamos levando em conta que, em cada empresa em particular, o "negócio", a "estratégia" ou as "situações tensas" têm características muito peculiares, que se tornam, ali, distintas de como são em qualquer outra empresa.

Assim, um profissional terá de conhecer profundamente o negócio de uma empresa para poder lidar com ele. Ter conhecido outros negócios pode ajudar, mas não é tudo. Da mesma forma, poder lidar com propriedade com as estratégias de uma dada organização não qualifica ninguém para lidar com eficácia com a estratégia de uma outra organização, por mais semelhantes que, à primeira vista, elas possam se parecer.

O que esperamos de um profissional, por conseguinte, é que tenha a *capacidade* de fazer as coisas que precisam ser feitas nesta empresa, que seja capaz de apresentar soluções para os problemas dela; e não que disponha de competências apenas genéricas, aplicáveis às empresas de modo geral.

O que desejamos saber, então, quando recrutamos alguém para exercer uma função estratégica em nossa empresa, é se essa pessoa mostra evidências de que possui a *capacidade* necessária para exercer tais funções, aqui, nesta empresa para a qual está sendo recrutada, dentro das condições internas e externas que são dadas por esta.

Por conseguinte, quando adotamos o termo *capacidades*, ao invés do que se denominam genericamente *competências*, como parâmetros para a avaliação de um candidato a uma posição específica, precisamos ter em mente quais são os padrões de conduta, os comandos normativos que regem o cumprimento dessa posição; e não a descrição de um conjunto de competências nas quais o candidato deveria estar apto. Ao contratar alguém, não estamos de fato contratando as competências que essa pessoa possa ter, mas sua capacidade de oferecer soluções para questões prementes na empresa.

Como as competências, é claro que essas capacidades são evidenciadas em parte pelos estudos e em parte pelas vivências práticas na vida, ou pelo leque de experiências profissionais pelas quais a pessoa efetivamente passou e é capaz de arrolar. É certo, portanto, que, à medida que alguém tiver novas experiências de trabalho, tendo tido nelas sucesso ou fracasso, supõe-se que essa pessoa gradativamente se transformará em alguém cada vez mais capaz de apresentar soluções específicas para problemas específicos. Porém, a pergunta certa, a respeito de seu currículo escolar e profissional não é de fato: "Quais são as suas competências?", e sim "Você é capaz de fazer o que tem de ser feito nesta empresa?" A diferença entre as duas formas de perguntar é sutil, mas essencial.

MAS O "TALENTO", ONDE ESTÁ?

Um sujeito talentoso é, dentro dessa acepção, um indivíduo que atualmente já é capaz (ou poderá sê-lo muito em breve) de oferecer ao mercado de trabalho um leque de diversas e importantes capacidades, sempre as apresentando em nível excepcionalmente elevado. Analisando essa definição temos dentro dela as seguintes frases:

1. ... *um leque de diversas e importantes capacidades*, isto é, o que caracteriza um "talento" é sua expertise não em uma só, mas em uma quantidade apreciável de capacidades;
2. ... *em nível excepcionalmente elevado*, isto é, "talentos" não são pessoas de desempenho ou performance mediana ou meramente satisfatória; diferentemente disso, seu desempenho claramente ultrapassa em muito esse nível apenas médio, podendo ser considerado excelente ou excepcional, e isso na maioria das capacidades apontadas; e, por fim,
3. ... *indivíduo atualmente capaz (ou que poderá sê-lo muito em breve) de oferecer ao mercado de trabalho um leque de capacidades*, isto é, nem sempre o talento já apresenta atualmente um alto desempenho; também pode ser geralmente rotulado de "talento" aquele indivíduo que, aos olhos dos outros, tem potencial para vir a apresentar tais competências em nível excepcionalmente elevado em um futuro próximo.

Lembremos que o uso do termo "talento" não é exclusivo dos ambientes empresariais: há indivíduos que são "talentos" quando se trata do trabalho dentro de uma empresa, mas também há "talentos" nos esportes, nas artes, na música, na literatura, na política, na educação, em trabalhos sociais, nas diversas áreas científicas etc. A definição dada anteriormente, com seus corolários, serve, portanto, para qualquer desses muitos ambientes.

Naturalmente, quando falamos em "talentos" referimo-nos às necessidades de uma empresa, as capacidades que ressaltam como importantes e que se espera que essas pessoas apresentem em nível destacadamente alto. Elas compõem um amplo leque de possibilidades, geralmente incluindo: trabalhar bem em equipe; tomar decisões com qualidade; liderar inspirando e motivando seus colaboradores; comunicar-se com eficácia; vivenciar com serenidade situações tensas e suportar períodos relativamente longos de ansiosas expectativas; analisar bem e tirar boas conclusões de situações complexas; antecipar-se aos problemas que surgem etc.

Dos três conteúdos ressaltados anteriormente na definição de um "talento", devemos nos concentrar agora no terceiro: é mais fácil identificar um talento quando se trata de alguém que *já é capaz* de apresentar uma alta performance nessa ampla variedade de capacidades. Ao contrário, é bem mais problemático dizer que estamos na presença de um talento, quando o indivíduo ainda não foi suficientemente testado nessas capacidades, apresentando tão somente um alto *potencial* para vir a apresentá-las.

O (IM)PREVISÍVEL AVANÇO DA AUTOMAÇÃO

Neste novo estágio, o gestor de RH é prioritariamente um gestor dos talentos disponíveis na empresa. Seu principal papel consiste em cuidar dos altos potenciais existentes entre os empregados e identificar, mapear e garantir a permanência do capital intelectual da organização. A noção de empregabilidade se agudiza (quem não tem empregabilidade não permanece), e a terceirização passa a ser uma forma prioritária de contratar inteligência ou capital intelectual. O termo Recursos Humanos já não dá conta do que está acontecendo; e as empresas começam a fazer tentativas nem sempre claramente direcionadas para alterá-lo, substituindo-o por outros, tais como: "People Department", "Departamento de Talentos", "Departamento de Gente".

A substituição cada vez maior do trabalho humano pelo trabalho das máquinas é inexorável. E, no fundo, longe de ser uma dor de cabeça para um CEO, ela lhe serve, de fato, como solução de um grande problema, porque lidar com pessoas é muito complicado: os algoritmos mentais das pessoas são herméticos, mal conhecidos e frequentemente dão *tilt*! Assim, o trabalho do CEO é realmente facilitado, e não dificultado, pelo fato de estar a automação tecendo redes cada vez mais sofisticadas de processos encadeados entre si que, no conjunto, são capazes de dar conta das operações, dispensando a maior quantidade possível de operadores humanos. No limite, o negócio ideal (talvez a grande utopia a que o acionista aspiraria) seria aquele em que um só gestor no topo (o CEO) toma as decisões, seu assistente clica no link indicado, um complexo de computadores faz tudo o que é necessário e, lá na ponta, o cliente recebe o produto acabado!

Ou seja, pode-se confiar bem mais nos servomecanismos (recuperemos o velho termo da cibernética), porque são dispositivos que claramente produzem e dão resultados mensuráveis. Eles não precisam ser motivados ou treinados, não se filiam a sindicatos, não pedem aumento nem requerem avaliações de performance ou pesquisas de clima organizacional. Seus equivalentes humanos, ao contrário, são por demais complicados: para que façam sua parte, precisam ser engajados, comprometidos... Definitivamente empregar robôs é bem mais compensador!

É claro que também os CEOs são humanos e sentem o drama na própria pele. Como pessoas, também sofrem, se emocionam, vibram, amam, deprimem-se... Não são, portanto, insensíveis à tragédia humana, mesmo sendo soldados de um capitalismo que sempre prioriza o dinheiro, muitas vezes em detrimento da solidariedade, da consciência e da ética. Porém, como responsáveis diretos que são pelo sucesso das empresas que dirigem (que é de onde, afinal de contas, vêm seu sustento e sua garantia de segurança), o papel dos dirigentes é claramente dar resultado. E é o que tratam de fazer, independentemente de conflitos pessoais que possam carregar no íntimo pelo fato de as pessoas estarem sendo desempregadas pelos robôs.

Entre os "operadores-autômatos" da nova era, os primeiros a mostrar a cara foram os drones. Há anos já estavam em pleno uso veículos militares não tripulados capazes de observar a paisagem do alto, mapear o terreno, reconhecer ações humanas, selecionar aquelas que parecem hostis, calcular os riscos, escolher alvos e disparar mísseis — tudo isso sem intervenção humana: a guerra remota, à distância! Além deles, hoje, no Vale do Silício, já se desenvolvem robôs para atuar como assistentes pessoais automatizados, capazes de assumir tarefas cansativas e tediosas do dia a dia (como fazer a faxina ou buscar comida na geladeira). E também já se fabricam robôs humanoides com pernas, braços, algo parecido com um rosto e até mesmo "habitando" uma pele sintética, que lhes dá uma aparência mais suave — e que são usados para servirem de companhia a crianças, doentes e idosos.

Designers especializados estão procurando também humanizar um pouco mais a aparência dos robôs. O pressuposto, demonstrado em pesquisas, é que máquinas que tenham aspecto mais próximo daquele dos seres humanos levam as pessoas a sentirem-se afetivamente mais ligadas a elas, de certa forma reunindo em uma mesma categoria, no imaginário das pessoas, esses assistentes pessoais robóticos e os cãezinhos ou gatinhos, pets vivos que frequentemente são hoje tratados como verdadeiros membros da família.

Esse "admirável mundo novo" torna-se cada vez mais viável. Por exemplo, os custos da automação estão, previsivelmente, caindo com grande rapidez. Um robô industrial bem sofisticado pode ser adquirido, atualmente, dependendo da amplitude das funções que exercerá, por cerca de US$45 mil — que é, em média, quanto paga anualmente a um operário seu, a Foxconn chinesa.

Porém, além de estarem passando do patamar das meras ferramentas para outro mais elevado, de "operadores escravos" de inquestionável fidelidade (em um nível que não se pode esperar dos operadores humanos), as máquinas estão também começando a ser empregadas como aplicativos para o corpo, em substituição ou trazendo algum *upgrade* a funções físicas, em uma espécie de "ciborguização" ou "robocopização" que não sabemos bem aonde vai dar...

Por exemplo, exoesqueletos operados apenas pelo pensamento já estão sendo desenvolvidos. A intenção, com esses equipamentos, é a de vir a devolver os movimentos, ao menos parcialmente, a deficientes físicos até recentemente considerados irrecuperáveis. A neurobiologia sintética também já contabiliza pelo menos 250 mil seres humanos com algum tipo de implante neural no cérebro, segundo o Media Lab. E avatares tomando o lugar de humanos também já não são novidade: em 2011, Sergey Brin, do Google, participou ativamente de uma conferência na Singularity University por meio de uma imagem holográfica que foi projetada na sala, quando ele se encontrava a milhares de quilômetros de distância.

E não podemos esquecer os algoritmos cada vez mais sofisticados, usados hoje para direcionar nossas pesquisas na internet; ou para realizar, em milésimos de segundo e sem intervenção humana, a compra e venda de ações no mercado internacional de papéis.

O resumo da ópera é que, mais dia, menos dia, o HRD (Human Resources Director) terá de se confrontar cruamente com essa realidade, sem poder fugir — e será obrigado a repensar profundamente seu papel na empresa.

Aliás, Ram Charan já o advertiu sobre isso!

A PROPOSTA CHOCANTE DE RAM CHARAN E O FUTURO DO RH

De fato, em meados de 2014, o consultor indiano Ram Charan, também professor da Wharton Executive Education School e autor do best-seller *Pipeline de Liderança*, trouxe grande perplexidade aos profissionais de RH ao publicar, na Harvard Business Review, um polêmico artigo propondo a pura e simples extinção da área de RH das empresas. Charan apoiava-se na sua percepção de que esta não estaria dando plena conta das expectativas dos dirigentes quanto à sua contribuição para o negócio.

O consultor sugeriu que os processos rotineiros e protocolares que ocupam grande parte do tempo dos profissionais de RH deveriam ser entregues à direção de Finanças das empresas, uma vez que seu processamento é cada vez mais automatizado e as decisões que se tomam a respeito envolvem quase que apenas a consideração da relação custo-benefício das mesmas. No entanto, a porção mais nobre do trabalho de RH — qual seja, o suprimento de talentos para garantir o futuro da empresa — ficaria sob orientação direta do CEO.

A tese de Charan foi fortemente contestada pelos profissionais de RH, como era de se esperar. Aliás, o próprio consultor indiano já antecipara que essa reação aconteceria. Entre as vozes que se elevaram contra sua proposta, destacou-se a de Dave Ulrich, um dos mais prestigiados estudiosos de RH — que, polida mas firmemente, considerou a proposta descabida.

Pode ser que o ato de Charan não tenha passado de uma excentricidade autopromocional. Atualmente, Ram Charan, montado em seu elevado prestígio, talvez sinta que pode simplesmente dizer o que quiser! Pode ser que ele tenha querido de fato causar um impacto, com isso faturando mais alguns pontos junto aos dirigentes das maiores corporações internacionais. Porém, é inegável que o cerne de seu artigo apresenta uma tese já bastante discutida entre os próprios gestores de RH, ainda que de forma inconclusiva: é preciso mesmo redirecionar os esforços de RH no sentido de virem a proporcionar uma contribuição mais efetiva para o negócio. No Brasil, coerentemente, a ABRH tem batido insistentemente nessa tecla.

Mas, há algo intrigante na proposta de Charan em dividir o RH em duas partes — algo que ele realmente não abordou, mas que parece ser de enorme importância, que é a tendência de que, nos próximos anos, essa divisão (entre um RH apenas processualístico e voltado para "o grosso da tropa" e outro RH voltado para a seletiva gestão dos verdadeiros talentos da empresa) acentue-se cada vez mais, exigindo que se dê a cada lado um tratamento específico, o que tenderá a promover uma inevitável cisão nas operações dos órgãos de RH das empresas: de um lado, a gestão burocrática de processos internos rotineiros e crescentemente automatizados para a gestão de pessoas; e, de outro, a preparação de talentos para perenizar a empresa e garantir sua competitividade.

Vamos nos manter, portanto, em estado de alerta, mas sem perder de vista que a Gestão do Capital Humano ainda está, como diz a expressão em inglês, *alive and kicking* (viva e dando chutes, ou seja, com ampla vitalidade). Tanto é assim, que é necessário conhecer em profundidade as ferramentas mais importantes que são utilizadas por esses gestores nas empresas, tema do próximo capítulo.

RESUMINDO...

A Gestão do Capital Humano na grande empresa, aspecto central quando se fala em sucessão do CEO e de outros cargos executivos, ou mesmo de ocupantes de cargos profissionais de importância crítica na organização, é o objeto central deste capítulo.

Começamos nos inquirindo o que é a área de Recursos Humanos de uma empresa e que finalidade tem ela. Examinamos os estágios básicos em que essa área se desenvolve, não apenas ao longo da história das organizações e da administração, mas também de acordo com a evolução de cada organização em si, evolução essa que vai exigindo da empresa mudanças no modo de encarar a Gestão do Pessoal. A esse propósito, identificamos quatro grandes estágios na Gestão de Recursos Humanos nas empresas, quais sejam:

- a Gestão do Poder;
- a Gestão das Especializações;
- a Gestão dos Recursos; e
- a Gestão da Inteligência Instalada.

Enveredamos, em seguida, por uma discussão (atualíssima, aliás) sobre Gestão do Capital Intelectual e Gestão do Conhecimento (expressões importantes para designar o que faz uma área de RH atualmente) e as suas implicações; assim como examinamos o que seriam tanto os "trabalhadores do conhecimento" quanto os "trabalhadores da informação", de acordo com as denominações criadas por Peter Drucker. Dentro desse mesmo prisma, esclarecemos, em seguida, o sentido dos termos "talento", "competência" e "capacidade".

Finalmente, voltamos à interface entre Recursos Humanos e automação, em parte já discutida anteriormente, para retomarmos conceitos de Ram Charan, desta vez a propósito de sua polêmica tese sobre o futuro da área de RH.

Capítulo 22

Ferramentas para a Gestão do Capital Humano

O arsenal de práticas de Gestão do Capital Humano nas organizações é grande. Dinamicamente, o mercado de ideias e abordagens em Gestão de Recursos Humanos vai renovando-as continuamente: algumas delas permanecem mais tempo, outras surgem e logo são esquecidas. Os gestores do Capital Humano nas empresas leem artigos, ouvem especialistas, fazem cursos e seminários, frequentam encontros e congressos, visitam-se uns aos outros, buscando atualizar-se sobre as chamadas *best practices*, atentos à necessidade de fazer o melhor em seu trabalho, nas suas organizações.

Algumas dessas abordagens são tão importantes para uma boa Gestão do Capital Humano e da Inteligência Instalada na empresa, que precisamos passá-las em revista. É o que fazemos neste capítulo.

A AVALIAÇÃO DE PERFORMANCE

A avaliação de performance é uma das muitas ferramentas que se desenvolveram dentro das empresas norte-americanas durante ou logo após a 2ª Guerra Mundial: a indústria do país cresceu aceleradamente e se robusteceu; e novas ferramentas, mais sofisticadas, para a gestão das pessoas se tornaram necessárias, uma vez que aquelas práticas muito simples e diretas até então à disposição dos Chefes de Pessoal já não davam conta das complexidades que as ações de administração de pessoal passaram a impor, pelos grandes contingentes de empregados que as empresas vieram a ter. O que se viu nessa época, então, foi uma maior profissionalização da gestão de pessoas nas organizações empresariais, para a qual diversos recursos técnicos foram criados.

As entrevistas de avaliação, visando a permitir a discussão da avaliação entre chefe e subordinado, foram introduzidas no sistema de avaliação somente anos depois, pelo início dos anos 1970, como um aperfeiçoamento. Essas entrevistas quase sempre eram feitas apenas na avaliação dos cargos mais elevados, sendo geralmente dispensadas quando os avaliados eram empregados horistas ou mensalistas ocupando cargos auxiliares.

O expediente de pedir ao próprio empregado que também avaliasse a si mesmo, a fim de permitir a confrontação entre sua autopercepção e a percepção do chefe sobre ele, foi outra inovação, surgida concomitantemente com a introdução da entrevista entre chefe e subordinado no sistema de avaliação. Já as chamadas "avaliações em 360 graus", em que o empregado se autoavalia e é também avaliado pelos colegas ou pares, além do chefe, essa modalidade somente chegou às empresas mais tarde, pela década de 1990.

As avaliações baseadas em metas tampouco existiam no início — e, quando se trata de avaliar empregados em cargos de execução, elas praticamente ainda inexistem hoje, na maioria das empresas. Entretanto, usa-se bastante essa modalidade, para a avaliação de ocupantes de cargos de chefia e gerência e, sem dúvida, de cargos de direção. Essa forma quantificada e mais objetiva de avaliar performance com base em metas traçadas e resultados esperados (e não apenas nas opiniões do superior sobre quanto o subordinado atende a quesitos específicos, como descrito anteriormente) chegou com o advento da chamada Administração por Objetivos (APO), concebida por Peter Drucker[1], nos anos 1960.

Alguns anos mais e já estávamos no século 21. E, em meados da primeira década do novo século, era o BSC que começava a dar lugar a mais uma novidade, uma nova *buzzword*, quanto à medição da performance dos executivos: surgiu a expressão *KPI* (*key performance indicator*). As empresas mergulhavam no universo digital e, em profusão, novos termos em inglês passaram a frequentar o vocabulário dos gestores nos ambientes empresariais, inclusive quando se falava de performance.

Outro termo (este em português) também entrou na moda e passou a ser empregado com desenvoltura, associado aos KPIs: *métricas* — significando "indicadores", "critérios" ou "parâmetros" para medição de metas no trabalho. Os KPIs seriam, então, aquelas métricas que foram selecionadas pela empresa para fazer a avaliação dos seus processos de gestão; e *atender a essas métricas* seria o papel de cada gestor em sua respectiva área. Alguns exemplos de KPIs mais comuns passaram a ser:

- *time to market* — o tempo de lançamento de um produto, desde o desenvolvimento do conceito até o momento em que se tem, finalmente, o produto para venda;
- *lead time* — o tempo de duração de um processo;

- *stock out* — o número de vezes (ou de dias) que determinado item do estoque chega a saldo zero;
- *market share* — fatia do mercado conquistada por determinado produto em um dado período.

O Método OKR

Que vem a ser isso? OKR (*Objectives and Key Results*) é um framework para definir metas, muito utilizado no Vale do Silício. É um sistema simples para criar alinhamento e engajamento em torno de metas mensuráveis e dinâmicas, tipicamente definidas a cada trimestre. O método foi originalmente desenvolvido pela Intel, inspirado na APO de Peter Drucker.

O Google foi uma das primeiras empresas a aderir ao método OKR, em 1999, quando tinha menos de um ano de operação. Nessa empresa, o método mostrou-se particularmente eficiente, tendo sido uma peça-chave na estratégia de crescimento do Google, que evoluiu de cerca de 40 pessoas no início para mais de 60 mil empregados atualmente. O exemplo revela que o método OKR tanto pode ser utilizado em pequenas empresas quanto em grandes corporações. Além do Google, a lista de empresas de internet que hoje utilizam OKR é bastante grande, incluindo: Twitter, LinkedIn, Dropbox, GoPro, Coursera, Eventbrite, entre outras. No Brasil, a lista inclui empresas tais como: Nubank, VivaReal, Locaweb, ContaAzul e Moip.

John Doerr é provavelmente o maior acertador de todos os tempos, entre os investidores de tecnologia e internet. Investiu, ainda nos primeiros tempos dessas empresas, no Google e na Amazon, entre várias outras. Foi Doerr quem introduziu o OKR no Google, tendo na ocasião inventado um artifício sintático bastante criativo para servir de regra básica na definição de uma meta. Para ele, uma boa meta deve ter a estrutura desta sentença:

Eu vou fazer _____, medido por _____.

Ou seja, uma boa meta deve informar *o que* o dirigente vai realizar, assim como informar a maneira *como* ele medirá sua realização. E, provavelmente, essa regra é mesmo a melhor maneira de explicar o que é a estrutura de um OKR:

Eu vou fazer (*objetivo*), medido por (conjunto de *key results*).

Ou seja, um OKR tem dois componentes: o *objetivo* (o que queremos atingir) e um conjunto de *key results* (como saberemos se estamos chegando lá).

O *objetivo* (o que queremos atingir) deve ser:

- qualitativo;
- aspiracional e motivador;
- memorável.

E, para cada objetivo, é recomendável estabelecer de dois a cinco *key results* (que são o modo como saberemos se estamos ou não atingindo nosso objetivo). Os *key results* devem ser:

- quantitativos;
- baseados em critérios de sucesso que mostrem se estamos progredindo;
- baseados em métricas (recomendado) ou *milestones* (etapas a cumprir).

Como exemplo, imaginemos uma empresa digital que queira aumentar o engajamento e a satisfação dos seus clientes. Ela produzirá a seguinte peça de OKR:

Objetivo: Encantar os clientes

Key results:

- Atingir um *Net Promoter Score* de 52.
- Reduzir o *churn* de receita em 30%.
- Aumentar as visitas no site para 5,3/mês.
- Aumentar o tráfego orgânico (não pago) para 80%.
- Aumentar o engajamento: 75% dos usuários possuindo perfis completos no site.

Portanto, neste exemplo, os *key results* acima deverão ser suficientes para definir e medir de modo claro o que se quer dizer com a frase: "Encantar os clientes". Outra empresa poderia ter o mesmo objetivo, com *key results* completamente diferentes.[2]

Quanto à avaliação de desempenho tradicional, ainda bastante usada nas empresas com funcionários sem função gerencial ou, eventualmente, com supervisores de primeira linha, ela se encontra hoje sob ataque de muitos, que já a julgam uma ferramenta inútil nas empresas. A avaliação tradicional é realizada anualmente, na tentativa de identificar aspectos, nas competências do trabalhador, que requeiram aperfeiçoamento. Identificados esses pontos, é comum que a empresa recomende um PDI (Plano de Desenvolvimento Individual) para cada funcionário submetido à avaliação. No entanto, muitas empresas estão hoje deixando de lado esse sistema e adotando modos menos formais e mais diretos, mais ágeis e mais frequentes de avaliação, que tornam o processo mais parecido com o eventual hábito do chefe de dar feedback constante aos seus subordinados.

A Microsoft já adotou, a partir de 2014, esse novo modelo de feedback frequente como forma de avaliação de performance, para a grande maioria dos seus funcionários. Também a Accenture, a gigante da auditoria e da consultoria, fez isso: "Estamos substituindo um processo anual de gerenciamento do desempenho por um outro mais inserido no dia a dia dos envolvidos, que se baseia em manter entre chefe e subordinado conversas frequentes, em tempo real, sobre as perspectivas de progresso para os funcionários, sobre as prioridades da área em que ele trabalha e sobre como reforçar seus pontos fortes e aperfeiçoar suas deficiências, diz a líder de RH da Accenture para a América Latina, Alejandra Ferraro, em um depoimento.[3]

Como Alejandra, muitos outros profissionais da área de RH acreditam que é hora de abandonar de vez o critério tradicional de realizar a avaliação de performance uma vez por ano; e que, em substituição, o melhor é que o chefe esteja em permanente contato com seus colaboradores, avaliando e reavaliando cada um deles o tempo todo.

Entretanto, o professor da FIA Joel Dutra, um especialista em estudos sobre gestão de pessoas, tem uma posição mais ponderada a respeito. Ele lembra que a avaliação de performance tem, além de outras vantagens, um importante papel de promover a articulação dentro dos departamentos de RH, ajudando na tomada de decisões.

Segundo Dutra, é a partir da avaliação de performance que a empresa e o gestor geralmente decidem a respeito do desenvolvimento, a movimentação e a remuneração do profissional avaliado. Em sua opinião, o feedback deve ser sempre instantâneo; mas, mesmo assim, a avaliação de performance não deve ser deixada de lado, pois ela é um momento muito propício para se falar de expectativas e de desenvolvimento do colaborador — ela é, de fato, "um momento raro nas organizações", segundo Dutra, pois é justamente quando uma conversa mais profunda entre chefe e subordinado tende a ser feita. Para o professor da FIA, a empresa que decide mudar tão radicalmente seus processos de avaliação precisará já ter uma cultura de gestão de pessoas bastante madura, caso contrário a troca provavelmente não dará certo. Ela não é válida, por conseguinte, para a maior parte das organizações, principalmente aquelas que ainda têm sua gestão de pessoas em fase de estruturação.[3]

A AVALIAÇÃO DE POTENCIAL

Mas o maior problema de avaliação de empregados apontado pelos críticos está na premissa de que é possível mensurar o potencial de uma pessoa. Grande parte das empresas dispõe de algum procedimento para fixar metas que lhes permitem acompanhar os resultados obtidos pelos colaboradores individualmente e, portanto, medir o seu desempenho no trabalho, mesmo que com frequência se cometam erros nessas avaliações. Porém, medir o *potencial* de um colaborador é outra coisa: como se faz isso? As avaliações de potencial sempre foram e continuam sendo extremamente subjetivas![4]

Esse é realmente um problema: como se mede o potencial de alguém em uma dada competência? Como se pode obter, com suficiente antecedência para que se possa investir nessa pessoa, indícios relativamente claros de que ela virá a realizar algum dia essa competência presumivelmente excepcional, tornando-se mais adiante um efetivo talento?

Na área dos esportes, esse problema é recorrente: à procura do próximo Pelé, os grandes clubes de futebol do Brasil (e do mundo) mantêm "olheiros" visitando e observando, regular e insistentemente, meninos promissores que jogam em campinhos de terra batida, nas cidades e lugarejos do interior. O atacante argentino Lionel Messi, do Barcelona, que já ganhou o troféu de melhor jogador de futebol do mundo por cinco vezes, jamais jogou profissionalmente na Argentina: descoberto por um desses observadores, foi convidado a emigrar para a Espanha com apenas 13 anos de idade e, na equipe do Barcelona, recebeu todo o suporte necessário para desenvolver plenamente sua extraordinária capacidade como jogador de futebol. O que teria sido observado por alguém em seu comportamento, de tão decisivo, naquela época, naquele lugar, quando ele ainda era tão menino, que levou a uma aposta tão certeira?

Algumas empresas têm entendido que o potencial de crescimento de seus executivos pode ser medido por uma combinação de vários fatores. Três desses fatores, especificamente, são citados com frequência:

- prontidão para aprender;
- visão de futuro; e
- ambição pessoal com lealdade.

Faz sentido. Um profissional que seja capaz de *aprender rapidamente* poderá em pouco tempo se assenhorar dos novos conceitos e técnicas de que precisa para resolver problemas mais complexos no trabalho. Um profissional que seja capaz de visualizar com razoável acuidade como as situações ou condições presentes evoluirão no futuro próximo (ou não tão próximo), será alguém precioso para a formulação de estratégias adequadas para a empresa. E um profissional que ambicione crescer na organização, mas saiba temperar essa ambição com ética, sem usar de expedientes escusos ou condenáveis para conseguir seu intento, é alguém com quem, sem dúvida, a companhia poderá contar nos momentos mais difíceis. Todavia, embora esses três requisitos possam facilitar o entendimento sobre o que seria um executivo de alto potencial, ainda assim não é possível garantir se eles são suficientes para poder dizer que alguém que os atenda é um talento; também não é muito fácil medir cada um deles em um indivíduo.

A MATRIZ 9-BOX

Muitas empresas fazem uso de uma matriz chamada *9-Box* (a "matriz das nove caixas") para classificar seus executivos ao mesmo tempo quanto a performance e potencial. A matriz 9-Box tem geralmente o aspecto apresentado a seguir:

Ferramentas para a Gestão do Capital Humano

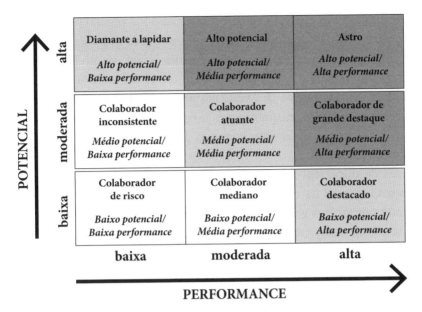

Figura 5: Esquema visual da matriz 9-Box. **Fonte:** Adaptação da autora a partir de figura original em inglês. Disponível em https://www.linkedin.com/pulse/crafting-talent-focused-compensation-practices-alessandro-renna/.

Nesta matriz, classifica-se cada executivo da companhia em alguma das nove posições dadas no desenho. Neste, o eixo horizontal refere-se ao *desempenho ou performance* do indivíduo, que pode ser classificado com baixo, moderado (médio) ou elevado; e o eixo vertical refere-se ao seu *potencial*, também classificável como baixo, médio ou elevado:

- Executivos que se classificam em alguma das três posições marcadas na cor *cinza escuro* merecem a mais alta atenção por parte da empresa, porque apresentam performance e/ou potencial especialmente elevados.
- Executivos que se classificam em alguma das três posições marcadas na cor *cinza claro* pedem uma atenção especial por parte da empresa, porque:
  - são ainda "diamantes a serem lapidados" (*potential gems*);
  - performam em alto nível, embora não tenham potencial para crescer mais (*solid performers*); ou
  - são bons cumpridores de suas responsabilidades e estão bem nos cargos que atualmente ocupam na companhia (*core players*).
- Por fim, os executivos que se classificam em uma das três posições marcadas na cor *branco* são aqueles que inspiram maiores cuidados, uma vez que a companhia está insatisfeita com seu baixo desempenho e/ou potencial.

No que diz respeito especificamente à questão do potencial (independentemente do desempenho do colaborador), a matriz 9-Box sugere que o executivo situado na faixa horizontal superior da matriz possivelmente estará pronto para uma promoção para um nível hierárquico acima do seu atual talvez em mais um ano, no máximo dois. As chances de promoção do executivo situado na faixa intermediária precisam ser mais bem examinadas; e, quanto aos executivos situados na faixa inferior, não se entende, pelo menos de acordo com seu potencial atual, que possam vir a ser promovidos na companhia.

Matrizes de dupla entrada são bastante comuns como modelos de análise dos mais diversos aspectos da vida empresarial.

Encarada por muitos gestores de RH como um modelo de meritocracia, a 9-Box passou a ser vista como capaz de dar à companhia uma visão mais precisa e mais abrangente sobre a inteligência instalada na empresa e como uma ferramenta perfeita para a aquisição e a retenção de talentos. Presumivelmente, a matriz oferecia ainda bons subsídios para a tomada de decisões sobre carreiras na empresa, bem como para a concessão de bonificações, o planejamento de promoções, o diagnóstico de necessidades de educação executiva e até mesmo para decisões sobre demissões.

Entretanto, a matriz foi também objeto de críticas: logo alguns começaram a duvidar de sua capacidade de dar conta das complexidades e do dinamismo do atual mundo dos negócios e de oferecer reais subsídios para tantas finalidades. Segundo uma pesquisa feita em 2014 pelo braço de pesquisa da Deloitte, 70% das empresas mostravam-se, na época, insatisfeitas com suas ferramentas de avaliação, que quase sempre incluíam a matriz 9-Box.

O BANCO DE TALENTOS

Um Banco de Talentos (*talent pool*) é basicamente um inventário de seletos colaboradores considerados "talentos" na organização. Eles são nominalmente identificados e, para cada um deles, é preparado um dossiê, contendo todas as informações que sejam importantes, visando sua trajetória futura na empresa. Um Banco de Talentos (BP) contribui para que a empresa (com seu gestor de RH à frente) possa responder a várias questões cruciais diretamente relacionadas à gestão dos talentos, ao desenvolvimento dos executivos e aos planos internos de Carreira e de Sucessão.

Nos Estados Unidos, por vezes chamam-se os Bancos de Talentos não de *talent pools*, mas de *talent communities*. Evidentemente, *pool* e *community* são conceitos diferentes; mas, na prática, o que se observa é que se trata quase sempre apenas de uma diferença de nomeação. Ou seja, quer-se dizer a mesma coisa que *talent pool*, quando se o chama de *talent community*, exceto, talvez, pelo fato de que o termo *pool* tende a designar um agrupamento menor de talentos do que o termo *community*.

Entretanto, se pensarmos que a expressão "comunidade de talentos" poderia ser tomada no sentido que o professor Etienne Wenger, da Universidade da Califórnia, dá à expressão "comunidade de aprendizagem"[5], então, sim, poderemos pensar em um banco de talentos que não se limite aos colaboradores da companhia, mas se estenda a outros profissionais de fora, tais como seus fornecedores, distribuidores, clientes, prestadores de serviços pontuais (como consultores externos, acadêmicos, *coaches* e mentores, ex-empregados aposentados e até mesmo ex-candidatos altamente dotados, que tenham se interessado em algum momento em trabalhar na companhia, mas, por alguma razão, não foram admitidos.

Algumas perguntas importantes que um BT pode ajudar a empresa a responder são:

- Temos colaboradores com potencial em quantidade suficiente para suprir, no futuro próximo, todos os postos críticos na organização?
- Existem desequilíbrios a serem corrigidos no BT (por exemplo, vários talentos disponíveis para suprir esta ou aquela posição, ou poucos, ou mesmo nenhum, disponíveis para suprir outras tantas posições)?
- A que nível hierárquico cada um desses talentos selecionados poderá chegar, dentro de cinco anos? E dentro de dez anos?
- Existem sucessores devidamente identificados para todas as posições críticas na estrutura da organização? Caso sim, em quanto tempo se imagina que estarão prontos, em cada caso?
- O CEO que dirigirá nossa organização daqui a (digamos) dez anos já faz parte de nossos quadros? Quem são, nominalmente, os candidatos mais promissores para alcançar essa posição? Que oportunidades de desenvolvimento estão sendo proporcionadas a eles?
- Há casos de liderados que são iguais ou mesmo melhores que seus próprios líderes em determinadas competências? Nesse caso, quais são esses casos? Em quais capacidades essa discrepância aparece? Temos planos para identificar, evitar e corrigir esse tipo de situação?
- Quanto investimento planejamos fazer nos próximos anos para atender às necessidades de desenvolvimento de nossos talentos? Como esses investimentos deverão ser alocados?

Um banco de talentos funciona como uma espécie de "reserva de mercado" para a empresa: de um lado, ele supre o Plano de Sucessão, fornecendo sucessores em potencial para as posições críticas; de outro, pode perfeitamente acontecer que, na eventual vacância de uma posição crítica, um dos talentos disponíveis no banco seja guindado diretamente à posição. Aliás, é útil observar se este último caso se repete seguidamente. Isto é, acontece com frequência que, mesmo tendo um Plano de Sucessão em plena vigência, a empresa quase sempre acabe escolhendo um dos seus talentos disponíveis no BT para ocupar uma vaga recentemente aberta? Caso isso aconteça, é um sinal claro de que o Plano de Sucessão não está funcionando.

Alguns passos importantes na construção de um BT são:

1. Estabelecer um processo que permita a constante renovação e fertilização do BT com novos talentos ingressados em todos os níveis hierárquicos.

    Isso pede que os colaboradores sejam constantemente avaliados — dos diretores no alto da pirâmide hierárquica aos estagiários, aprendizes e auxiliares na base. As avaliações (de desempenho e de potencial, assim como as avaliações de aprendizagem e de aplicação prática do que foi aprendido, feitas sistematicamente após os treinamentos) são peças-chave na descoberta de novos talentos a serem carreados para o BT.

    Os processos de recrutamento e seleção são outra fonte: sempre que possível, os selecionadores devem encaminhar para as vagas abertas na organização candidatos externos que não apenas tenham capacidade de ocupar a vaga, mas apresentem igualmente potencial para crescer na organização. O especialista norte-americano em RH Stephen Bruce, em um recente artigo publicado na revista *HR Daily Advisor*, advertiu que, "um passo importante nos processos de recrutamento e seleção e de retenção de talentos é explorar quais habilidades, competências, educação e experiência a empresa está buscando. Para isso, não se deve confiar apenas nas descrições de cargo, mas ir além delas."[6]

2. Assegurar que o BT esteja olhando para o futuro da empresa, não para o seu passado.

    Essa questão tem tudo a ver com a visão de futuro da empresa e sua estratégia competitiva. Presume-se que uma empresa que tenha uma Missão e uma Visão de futuro, tenha desenvolvido esta última olhando para um horizonte de cinco, ou talvez dez ou mesmo quinze anos à frente (nesse sentido, a Visão é diferente da Missão, uma vez que esta tende a olhar mais os propósitos atuais da organização). Quando a empresa periodicamente revê sua estratégia competitiva (e acredita-se que ela deva fazê-lo anualmente), ela retoma esta Visão de futuro e a reafirma e reforça, com novas ações estratégicas que decide implementar.

Pois este conhecimento do que se descortina à frente, no entender dos estrategistas da empresa, é um componente essencial da vida da empresa, a ser conhecido e utilizado pelos gestores do BT como ponto de partida para a escolha dos novos talentos que serão incorporados ao pool.

3. Incluir no BT também pessoas dotadas de conhecimentos privilegiados, que não pertencem aos quadros da empresa.

Mencionamos este ponto anteriormente, quando comentamos a expressão "comunidade de talentos" que, por vezes, se usa em lugar de "banco de talentos". Se estivermos olhando para nossos talentos como sendo uma autêntica comunidade, para além da função precípua de um BT (que é suprir candidatos internos para posições críticas que forem ficando vagas na empresa), poderemos expandir nossa "comunidade de talentos", admitindo, para fazer parte dela, outras pessoas de fora da empresa, que podem contribuir com esta: professores, consultores, prestadores de serviços, clientes etc.

Neste caso, o BT (agora CT — Comunidade de Talentos) passará a ter duas funções, não apenas uma: continuará, é claro, fornecendo candidatos para as vagas executivas abertas; mas será também aproveitado como um ambiente de contínuo debate e aprendizagem, sobre as questões cruciais que interferem na vida da empresa.

O ASSESSMENT CENTER

Assessment se traduz, basicamente, por *avaliação*; mas nos ambientes corporativos o termo tem uso mais preciso, referindo-se especificamente à avaliação das características pessoais, dos conhecimentos e das capacidades dos profissionais de uma empresa, em particular aqueles de nível gerencial.

Por sua vez, a expressão *Assessment Center* (AC) designa o ambiente (físico ou, mais frequentemente, virtual) em que processos de *assessment* são conduzidos sistematicamente para avaliar executivos e outros profissionais de uma empresa.

Em um AC, usam-se diversas *ferramentas de assessment*. São os instrumentos utilizados para avaliar os profissionais, podendo incluir testes, entrevistas, dramatizações, discussão de casos práticos, vivências individuais e em grupo, games, bem como outras formas de induzir os participantes a exibir comportamentos que, presumivelmente, reproduzirão ou representarão o modo como eles são capazes de "performar" no trabalho. Observando tais comportamentos dos seus avaliados, os avaliadores de um AC obtêm percepções, fazem inferências e tiram conclusões sobre o que podem esperar desses executivos e técnicos nas situações de trabalho.

Um AC é um recurso dispendioso. Só se justifica que uma empresa organize e mantenha um tal centro de *assessment*, quando faz parte de seu programa de desenvolvimento de executivos realizar avaliações sistemáticas e periódicas dos mesmos, em especial daqueles executivos e profissionais que ocupam ou deverão ocupar cargos críticos (os mais especializados e/ou os mais difíceis de preencher). Ainda assim, só existirá um AC organizado e funcionando permanentemente naquelas empresas que são de grande porte, nas quais seja financeiramente compensador fazer a avaliação de sua grande quantidade de profissionais elegíveis. E, finalmente, para ter um AC operando regularmente, é preciso que essa empresa esteja também permanentemente preocupada com a aquisição e a retenção de talentos; e, para isso, tenha em uso um sistema já provado de avaliação da performance e de potencial para seus executivos, bem como um Plano de Carreiras para eles e um Plano de Sucessão para suprimento das posições críticas que se abram.

É claro que a empresa sempre pode recorrer a serviços externos quando precisa fazer *assessment*, contratando os serviços de um AC no mercado. Entretanto, esse tipo de serviço é escasso: não é fácil encontrar serviços de AC organizados, prontos para operar e oferecendo ferramentas de *assessment* apropriadas às necessidades e às expectativas *daquela* empresa em particular.

Como um recurso substituto, quando são solicitadas, as empresas que se dedicam a Recrutamento e Seleção, ou os birôs de psicologia empresarial, os headhunters, as consultorias de RH, os psicólogos que atuam como *coaches*, as agências de colocação, as agências de outplacement e até mesmo agências de serviços temporários poderão se sentir animadas a propor projetos de *assessment* localizados e pontuais a uma empresa solicitante. Mas, com vistas a atender a esse cliente, esses ACs serão quase sempre montados ad hoc, apenas para aquele projeto, para o que o prestador de serviço reunirá as ferramentas de avaliação de que dispõe, e que já vem utilizando em recrutamento e seleção e em outras atividades análogas. Evidentemente, nesse caso, a qualidade do serviço que será prestado dependerá da maior ou menor expertise do profissional contratado para prestá-lo e da validade e confiabilidade dos instrumentos de *assessment* que este conseguirá reunir e utilizar.

Profissionais que trabalham regularmente ou mesmo ocasionalmente com *assessment* de executivos costumam ter suas ferramentas preferenciais — testes, casos para debates, vivências, dramatizações, games que conhecem bem e estão acostumados a usar em diferentes situações. Embora haja muitos casos em que o valor de uma dada ferramenta é bastante discutível, é sabido que a experiência de um profissional de avaliação em usar a ferramenta aumenta a eficácia desta.

Em outras palavras, quanto mais utiliza uma dada ferramenta de *assessment*, mais um avaliador está habilitado a extrair dela boas conclusões sobre um dado avaliando. De tanto usá-la, o avaliador se torna um especialista no uso dessa ferramenta — e é capaz de obter, aplicando-a, informações e conclusões importantes sobre o executivo diagnosticado, mesmo quando a ferramenta em si parece ser bastante limitada. Dir-se-ia que é preferível ter um *assessment* conduzido por um avaliador profundamente identificado com uma ferramenta de *assessment* que seja limitada, do que tê-lo conduzido por um avaliador não familiarizado com a ferramenta que usa, mesmo que esta seja muito rica nas suas possibilidades de medição.

É preciso dizer, entretanto, que não se faz *assessment* com uma única ferramenta, e sim com um conjunto delas — muito embora uma das ferramentas usadas (geralmente um teste bem conhecido e preferido do aplicador) seja considerada o "carro-chefe" do *assessment*. Os especialistas em *assessment* têm, quase sempre, seu teste preferido — em um caso o DISK, em outro o MBTI ou algum outro (são muitos aqueles que estão disponíveis no mercado). Mas, de qualquer forma, o *assessment* é sempre conduzido combinando-se o uso de um teste com pelo menos uma entrevista e, talvez, uma vivência em grupo e/ou um estudo de caso a ser debatido pelos participantes.

Depois de submetido um executivo à sessão de *assessment*, um laudo é produzido, apresentando conclusões sobre o avaliado. Geralmente esse laudo é entregue ao superior imediato deste, para que tome as providências necessárias a respeito. Geralmente essas providências consistem em revelar o conteúdo do laudo ao avaliado durante uma entrevista pessoal, em que se discute o que fazer para a correção de suas fragilidades e/ou o reforçamento de seus pontos fortes.

Idealmente, uma sessão de *assessment* deveria ser um recurso para fins diagnósticos e prognósticos ao mesmo tempo, isto é, deveria servir para avaliar desempenho *e* potencial. Diagnóstico e prognóstico são conceitos diferentes: *diagnosticam-se* a performance, as capacidades, as qualidades e as características *atuais* do executivo; *prognosticam-se* aquelas que se esperam desse executivo *no futuro*. Diagnóstico relaciona-se, portanto, com avaliação de performance; prognóstico, com avaliação de potencial.

O PLANO DE SUCESSÃO

A questão crucial que se coloca em um Plano de Sucessão é que a sucessão na estrutura de cargos executivos (e mesmo de cargos não executivos) da empresa requer que se tenham sistematizadas as avaliações de performance e de potencial dos profissionais envolvidos. Não é viável estabelecer um Plano de Sucessão bem-feito sem se contar com resultados constantemente atualizados desses dois tipos de avaliação.

Mas o que é um Plano de Sucessão? Ele é, basicamente, um mapa dos cargos ou postos de trabalho considerados críticos ou estratégicos na empresa (incluindo, portanto, os postos de trabalho executivos), relacionando para cada um deles três grupos de informações:

1. Informações sobre o cargo:

    - título do cargo;
    - responsabilidade geral a ser atendida pelo seu ocupante;
    - responsabilidades específicas em que a responsabilidade geral se desdobra;
    - capacidades necessárias à ocupação do cargo;
    - pré-requisitos mínimos (escolaridade, formação, tempo de trabalho na área etc.) entendidos como necessários para o exercício do cargo;
    - posicionamento do cargo no organograma e na estrutura de remuneração da empresa.

2. Informações sobre o atual ocupante do cargo:

    - nome, idade e outros dados de identificação pessoal;
    - qualificações, experiência, escolaridade e outros dados curriculares;
    - histórico de trabalho na empresa;
    - resultados das últimas avaliações de performance e potencial do ocupante, indicando também capacidades em que é forte e áreas para desenvolvimento;
    - expectativas que se têm sobre este profissional em termos de sua carreira futura na empresa.

3. Informações sobre sucessores indicados para o cargo:

    Em geral, as empresas elegem, para cada posição executiva, dois sucessores, sendo um deles o primeiro e, além deste, um segundo sucessor, passível de ser indicado no caso de vacância do posto e de impossibilidade de se promover o primeiro sucessor.

    Sobre cada sucessor indicado, as mesmas informações pedidas acima sobre o ocupante atual do cargo são solicitadas. No caso do CEO, o papel de fazer a indicação certamente deve caber ao Conselho de Administração.

Quase sempre, a indicação de ambos os sucessores é feita com base nas últimas (por vezes também levando em conta as duas anteriores) avaliações de performance e de potencial dos possíveis candidatos. Evidentemente, os resultados obtidos pelos indicados terão sido destacados, isto é, as empresas selecionam para possíveis sucessores seus candidatos mais bem avaliados.

O Plano de Sucessão deve ser periodicamente revisto — é aconselhável fazê-lo a cada dois anos, pelo menos, mas há empresas que fazem revisões anuais no Plano de Sucessão. Isso depende, obviamente, da dinâmica da própria empresa e da quantidade de substituições que vêm sendo feitas no quadro de dirigentes dela.

O Sigilo do Plano de Sucessão

A questão do sigilo deve ser considerada com grande atenção. Em geral, é contraproducente para a motivação de um executivo da empresa que ele ingresse no Plano de Sucessão (seja considerado para a sucessão do atual ocupante em uma ou duas posições) e acabe, quando da próxima revisão do plano, sendo preterido e deixando o rol dos sucessores. Saber que isso aconteceu é muito desmotivador para um executivo, que simplesmente sentirá que sua carreira está indo por água abaixo daí por diante.

Por causa disso, torna-se relevante decidir previamente se o Plano de Sucessão deve ser aberto ou sigiloso. Se ele for aberto ao conhecimento das pessoas, a quem deve ser dado conhecê-lo? Será ele aberto para toda a companhia, ou apenas para aqueles executivos nele implicados?

E, se aberto apenas aos executivos implicados, quem deveria ter conhecimento acerca desse Plano? E sobre o quê? Os atuais ocupantes devem saber quem são os sucessores indicados para virem a ocupar a sua posição? Os sucessores indicados devem ser informados para quais posições estão sendo cogitados como sucessores? E cada um deles deveria saber se é o primeiro ou segundo sucessor indicado?

Que acontece se um sucessor indicado não se interessar pela posição para a qual foi designado, ou tiver pretensões de ascender na carreira executiva por outra trilha? (Por exemplo, tendo sido indicado como sucessor para futuramente ocupar a posição de Diretor Comercial em um laboratório farmacêutico, o atual Gerente dos Laboratórios rejeita a indicação, porque sua intenção é no futuro ocupar a Diretoria de Pesquisa e não a Diretoria Comercial.)

Caso o Plano de Sucessão seja sigiloso para o grosso da organização, quem deve conhecê-lo? Presumivelmente o Diretor de RH (ou quem faça as vezes dele) deve conhecer o Plano de Sucessão, uma vez que se supõe que é quem o administra. Mas, quem mais deve conhecê-lo? O CEO, por certo, mas... alguém mais?

Essas questões não são irrelevantes. A experiência mostra que a melhor solução para o caso é considerar o Plano de Sucessão, em princípio, sigiloso. Conhecem-no em todos os seus detalhes unicamente duas pessoas: o presidente da empresa, que é o responsável pela decisão final sobre o preenchimento das posições críticas pelos sucessores indicados, quando chegar o momento de fazê-lo; e o Diretor de RH, que é, em última análise, quem administra o Plano.

Porém, à medida que se aproxima a necessidade de preencher uma dada vaga, essa parte do Plano poderá ser aberta a algumas pessoas. O primeiro sucessor poderá saber que está sendo cogitado para essa posição; o superior do detentor atual da vaga poderá estar envolvido na escolha e na preparação do melhor candidato para ocupá-la; e, em alguns casos (aposentadoria, saída voluntária etc.), o próprio atual candidato poderá saber do processo de sua própria substituição.

Além disso, em vários casos específicos, será preciso informar a um potencial sucessor que ele está sendo cogitado para ocupar no futuro uma dada posição — uma vez que é provável que também tenha sido criado um PDI (Plano de Desenvolvimento Individual) para esse potencial sucessor. Afinal de contas, muitas vezes torna-se demasiado complicado oferecer educação corporativa a um executivo sem informá-lo sobre por que a companhia deseja que ele se desenvolva naquela área!

Em outros casos, executivos da companhia podem ser chamados a participar de cursos, seminários, programas de MBA e outros tipos de evento destinados genericamente a *high potentials* ou *high flyers*. Nesse caso, essas pessoas saberão que estão sendo cogitadas para futuras promoções, mas, além disso, não serão informadas de mais nada. Trata-se de um bom expediente, que pode resolver a questão do sigilo em boa parte dos casos. (Leve-se em conta que outros executivos, que *não* tenham sido convidados a participar de tais eventos, poderão concluir que *não* estão classificados na companhia como *high potentials*, achando até mesmo que a falta do convite sinalize que talvez já tenham chegado ao ápice de suas carreiras nessa companhia!)

Uma forma de preparar um executivo para uma futura promoção (e que pode ser a mais eficaz em certos casos) consiste em transferi-lo ou promovê-lo para uma posição intermediária, mantendo-o ali por um tempo, antes de efetivamente designá-lo para a posição mais alta pretendida.

Por exemplo, um promissor gestor da Universidade Corporativa da empresa poderá ser deslocado para a área de Administração de Salários, permanecendo ali por dois anos, preparando-se para, finalmente, assumir o cargo de Diretor de Recursos Humanos. Ou um Gerente Nacional de Vendas poderá ser deslocado para a posição de Gerente de Produto, como uma forma de se preparar, em um tipo de conhecimento novo, para mais tarde vir a ocupar a posição de Diretor Comercial. Ou ainda, imagine-se um Diretor Comercial da sucursal brasileira de uma companhia, que é indicado para atuar como Gerente-Geral da pequena sucursal da companhia no Uruguai, para voltar ao Brasil dois anos depois, a fim de ocupar o cargo de Gerente-Geral da sucursal brasileira, que é bem maior e mais complexa que aquela do Uruguai.

Em alguns casos, o *job rotation* pode ser uma solução intermediária. Job rotation (ou rodízio de cargos) é como se chama uma prática, adotada por muitas empresas, visando desenvolver ao máximo seus colaboradores mais promissores, por fazê-los vivenciar, em condições reais, os desafios de diferentes posições. A intenção, com esse procedimento, é que esses colaboradores venham a ocupar, mais tarde, posições nas quais todo esse variado aprendizado será utilizado. Voltaremos ao tema do job rotation em outro capítulo mais adiante.

Em um mundo em que as turbulências são frequentes e as ameaças externas (da tecnologia, do mundo político, das condições da economia) são constantes e intensas, pode ser muito difícil ter em vigência um Plano de Sucessão. Em um país como o nosso, em que se somam a todas essas dificuldades os altos e baixos da economia e da política, o desafio pode ser ainda maior. Um Plano de Sucessão não é para qualquer empresa. Esta precisa estar muito bem preparada para organizá-lo e colocá-lo para funcionar.

O Plano de Sucessão funciona melhor quando a empresa é grande, navega em "oceano azul" e o ambiente dos negócios é estável e favorável. Mas também é verdade que, possivelmente, em condições tão favoráveis, a própria empresa não precise tanto assim de um Plano de Sucessão! Este tende a ser mais necessário nas empresas que estão sob ameaça, que operam em um mercado altamente competitivo e quando o ambiente dos negócios não é tão favorável — quando é bem mais difícil, enfim, manter em vigência um tal Plano!

Talvez seja justamente por essas dificuldades que poucas empresas tenham Planos de Sucessão. Um levantamento feito no Brasil com grandes empresas em 2012 pela consultoria Fesa constatou que mais de um terço das entrevistadas não dispunham de sucessores indicados para substituir seus presidentes, além do que 82% delas não haviam sequer definido uma data para a troca do comando. "Se uma em cada três empresas nem pensa na sucessão de seu principal executivo, imagine o que acontece com os demais cargos", conclui Denys Monteiro, sócio da Fesa e coordenador do estudo.[7]

É preciso receber com reservas essa informação — a situação pode ser, na realidade muito pior! Em 2007, Joseph L. Bower, professor da Harvard Business School comentou: "Fiquei abismado ao saber, recentemente, que em uma sondagem de 1.380 diretores de RH de grandes empresas americanas, 60% deles disseram que sua empresa não tinha um plano de sucessão para o presidente. Como o dado sugere, nessas duas últimas décadas um número excessivo de empresas ignorou a árdua tarefa de formar futuros líderes, enquanto executivos graduados ficaram cada vez mais focados em cumprir as metas de resultados do trimestre seguinte. Na hora de buscar um novo presidente, mais e mais empresas rumam para o mercado."

Paradoxalmente, "há fortes indícios de que alguém de dentro (um 'insider' bem preparado) pode ser crucial para que a empresa possa ter um desempenho sustentado", prossegue Bower. "No estudo que fiz, de nada menos que 1.800 sucessões de presidentes, constatei que esse desempenho é consideravelmente melhor quando a sucessão presidencial se resolve com um 'insider'. Outros estudiosos, entre eles Jim Collins em sua obra, 'Feitas para durar', chegaram a uma conclusão semelhante.'[8]

RESUMINDO...

O capítulo anterior pode ser considerado preparatório para o conteúdo que se desenvolveu neste. Apresentamos aqui um desfile, com detalhados comentários, das ferramentas mais importantes na Gestão do Capital Humano nas organizações. São abordados, explicados e discutidos os seguintes instrumentos:

- a Avaliação de Performance (ou Desempenho) e, inclusive, o mais novo "filhote" das teorias de gestão nessa área — o modelo OKR;
- a Avaliação de Potencial e o instrumento mais conhecido em uso associado a esse tipo de avaliação — a Matriz 9-Box; e mais
- o Banco de Talentos; o *Assessment* Center; e, finalmente, o Plano de Sucessão.

Da mesma forma que a temática tratada no capítulo anterior preparou o terreno para o que abordamos no atual capítulo, este serve, por sua vez, de preparação para o que será apresentado no próximo. Nele, será detalhada, entre outras abordagens, uma proposta metodológica para a gestão do capital humano, a partir dos seus três estágios constituintes que são: a Fundamentação Estratégica, o *Assessment* e o Desenvolvimento dos Executivos.

Capítulo 23

Uma Proposta Metodológica para a Gestão do Capital Humano

A seguir, apresentamos uma proposta para a Gestão do Capital Humano concebida a partir da nossa experiência na consultoria para diversas organizações. A proposta compõe-se de três fases:

- Fundamentação Estratégica;
- *Assessment* dos Executivos; e
- Desenvolvimento dos Executivos.

Fundamentação Estratégica

É necessário, antes de mais nada, determinar claramente quais indicadores de resultado são cruciais na dinâmica da empresa e orientarão as ações de Gestão do Capital Humano da mesma. Sugerimos que esta definição dos fundamentos estratégicos da empresa seja revista a cada três anos.

Assessment dos Executivos

Com base nos indicadores-chave de resultados, é preciso, em seguida, mapear as capacidades instaladas na organização. Recomendamos que esta etapa seja realizada na empresa com menor periodicidade, a cada dois anos.

Desenvolvimento dos Executivos

Finalmente, a terceira fase consistiria em programar e realizar os eventos de desenvolvimento que a fase anterior sugeriu como necessários, e então acompanhar e avaliar a evolução pessoal de cada executivo considerado no *Assessment*. Propõe-se que isso seja feito anualmente.

Tratemos em maior detalhe de cada uma dessas três fases no processo de Gestão do Capital Humano:

1. A FUNDAMENTAÇÃO ESTRATÉGICA PARA GESTÃO DO CAPITAL HUMANO

A Fundamentação Estratégica para a Gestão do Capital Humano é o início de tudo. Sem tê-la realizado, não fará muito sentido constituir um *Assessment* Center e começar a avaliar os executivos da empresa. Essa fase responde à pergunta: "Por que gerimos nosso Capital Humano?" A resposta que damos é esta: "Fazemos isso para que, por intermédio das pessoas, a empresa possa alcançar os resultados que lhe garantirão Perenidade, Reputação, Rentabilidade, Tecnologia e Crescimento."

Por sua vez, essa primeira fase, que busca determinar os indicadores mais importantes na gestão da empresa, desdobra-se em três passos, ou subfases, que são:

- Diagnóstico de Identidade e Cultura;
- Pesquisa de Alinhamento; e
- Atributos da Liderança.

Diagnóstico de Identidade e Cultura da Empresa

O passo 1 na Fundamentação Estratégica é uma ação de caráter essencialmente *qualitativa*. Consiste em identificar quatro aspectos-chave no arcabouço estratégico da organização, que são:

- *Estratégia* — a identificação de uma *visão de futuro* para a organização e dos *imperativos* do seu negócio.
- *Cultura* — a identificação dos *valores* e dos *atributos essenciais* nas práticas da empresa (o seu verdadeiro *DNA*).
- *Perfil da Liderança* — a identificação dos *fatores associados* à definição do que é *Excelência* na atuação dos líderes dessa organização.
- *Modelo de Gestão* — a identificação dos traços definidores, ou das *características* dos atuais *procedimentos* estabelecidos de gestão da organização.

Para cada aspecto do arcabouço estratégico mencionado acima, precisaríamos dispor de um *Roteiro de Análise*, com questões específicas que permitem identificar, respectivamente, a Estratégia, a Cultura, o Perfil da Liderança e o Modelo de Gestão da empresa. Questões presentes nesses Roteiros são, por exemplo:

- *Qual é o cenário mais provável para o futuro?* (uma das questões para identificação da Estratégia)

- *Quais valores são praticados na empresa?* (uma das questões para identificação da Cultura)
- *Quais são as contribuições esperadas de cada área para a realização da Estratégia da empresa?* (uma das questões para identificação do Perfil da Liderança)
- *Em que os líderes prestam maior atenção e o que controlam mais intensamente na organização?* (uma das questões para identificação do Modelo de Gestão)

Pesquisa de Alinhamento

Tendo realizado o Diagnóstico de Identidade e Cultura da empresa, segue-se para o segundo passo no trabalho de Fundamentação Estratégica: a Pesquisa de Alinhamento. Diferentemente do que se dá na realização do primeiro passo, esta pesquisa tem caráter *quantitativo*: ela é realizada mediante a aplicação, junto aos executivos da empresa, de um questionário cuidadosamente preparado.

No questionário, as questões propostas referem-se àqueles aspectos-chave que constituem o arcabouço estratégico da organização, descritos anteriormente. Essas questões versam, por exemplo, sobre:

- a aceitação, pelo executivo, de diferenças culturais presentes na organização;
- seu conhecimento das oportunidades e dos passos no encaminhamento de sua própria carreira;
- sua avaliação sobre os planos estratégicos da organização; e
- sua visão sobre os valores e a cultura organizacional.

Em cada questão, o executivo responderia escolhendo uma entre quatro opções, em um gradiente, em que assinala *se concorda ou discorda* da afirmação feita nessa questão. As opções oferecidas na escala são: "Concordo totalmente", "Concordo parcialmente", "Discordo parcialmente" e "Discordo totalmente". Propositadamente, as opções dadas são em número par, para se evitar a tendência muito comum das pessoas de escolher a neutralidade de uma posição intermediária.

Além dessas opções, os respondentes devem indicar ainda, também para cada questão apresentada e também assinalando um dos itens em uma escala de quatro posições, que *nível de importância* atribui àquela questão para a gestão da empresa. As opções oferecidas na escala são: "essencial", "prioritária", "necessária" e "desejável".

Finalmente, ainda em relação a cada questão, o respondente assinalaria uma de quatro opções sobre até que ponto *a empresa estaria pronta para atender* ao requisito proposto na questão. Aqui as opções são: "prontidão plena", "prontidão suficiente", "prontidão razoável" e "prontidão insuficiente".

A tabulação dos resultados consolidaria as respostas dos executivos nessas questões, levando em conta as gradações que deram a elas em cada uma das três escalas. O resultado indicaria, basicamente, até que ponto o corpo de executivos da empresa:

- acredita serem *verdadeiras e corretas* aquelas afirmações que estão sendo feitas no questionário sobre sua empresa (*exatidão*);
- considera essas mesmas afirmações *importantes* para a gestão da empresa (*importância*); e
- entende que a empresa está *pronta para responder* aos desafios apresentados por meio dessas questões (*prontidão de resposta*).

A pesquisa de alinhamento é um instrumento-chave para se entender o que o corpo de gestores da empresa pensa sobre ela, especificamente com referência àqueles quatro aspectos apontados como cruciais no seu arcabouço estratégico: Estratégia, Cultura, Perfil de Liderança e Modelo de Gestão. Sobre esse arcabouço estratégico, os executivos revelariam, pelas respostas tabuladas, se existiriam pontos falhos ou inadequados em várias questões relativas a cada um desses aspectos (*exatidão*); se esses pontos merecem maior ou menor atenção (*importância*); e se a empresa está ou não em condições de buscar soluções para os mesmos (*prontidão de resposta*).

Atributos da Liderança

Finalmente, o passo 3 da Fundamentação Estratégica refere-se à formulação, aplicação e acompanhamento de Planos de Desenvolvimento para os executivos considerados. Diferentes abordagens poderão ser consideradas apropriadas para a realização de tais Planos de Desenvolvimento, conforme o caso. A seguir, algumas possíveis abordagens:

- condução de cursos e seminários;
- programação de visitas técnicas;
- job rotation;
- programação de desafios específicos on the job;
- desenvolvimento de projetos específicos;
- processos de *coaching*;
- processos de *mentoring*;
- outros treinamentos diversos.

Mais adiante, ao tratar de Desenvolvimento de Executivos, analisaremos cada uma dessas formas de treinar e desenvolver talentos nas organizações.

2. ASSESSMENT DE EXECUTIVOS

O *Assessment* de Executivos inicia-se com o mapeamento das capacidades instaladas, realizada conforme sugere a figura a seguir:

Figura 6: Esquema visual de mapeamento de capacidades instaladas para realização de Assessment. **Fonte:** Elaboração da própria autora.

Como se observa nessa figura, para a realização do *assessment*, quatro campos numerados em sequência seriam considerados:

1. Perfil;
2. Know-how;
3. Background; e
4. Performance.

Perfil

No primeiro campo, *Perfil*, há a necessidade de traçar uma "fotografia' profissional do executivo, apontando as características que mais fielmente o definem e lhe permitem enquadrar-se com maior ou menor propriedade ao nicho específico que a empresa está destinando a ele (ou ela).

Nesse campo, os seguintes aspectos são considerados:

a) *Capacidades* — Quais competências o executivo apresenta para realizar seu trabalho? Até que ponto essas competências se traduzem em efetiva capacidade de realizar o trabalho e de ele extrair resultados?
b) *Atributos de liderança* — Que atitudes e comportamentos específicos de Liderança o executivo mostra em seu trabalho? Até que ponto esses atributos se coadunam com o Perfil de Liderança que a empresa identifica como adequado em seu caso?
c) *Diagnóstico, de acordo com a proposta apresentada* — Que perfil o executivo apresenta, quando submetido a esse instrumento de *assessment*? O perfil obtido tem aderência em relação ao perfil que é indicado para esse executivo no cumprimento de suas funções na empresa? (O processo de *assessment* será discutido em detalhe mais adiante.)

Know-how

O campo *Know-how* refere-se ao saber prático, efetivo, do executivo, como profissional. É importante que a exploração deste campo dê a conhecer até que ponto o executivo é capaz de trazer para a atuação prática do dia a dia sua experiência pessoal e tudo o que aprendeu até o presente, estudando e trabalhando.

Quando analisado quanto a este aspecto, o executivo provavelmente se surpreenderia com a indicação de temas e áreas de conhecimento que ele reconheceria como sendo suas ("Eu já sabia disso; apenas não sabia que sabia!"). Enfim, é comum encontrarmos nas empresas profissionais (executivos ou não) que não são capazes de dimensionar corretamente seu saber profissional. Muito do que aprenderam ficou simplesmente esquecido em um canto de sua mente, geralmente por falta de uso, dada a ausência de oportunidades para sua recuperação e aplicação.

Nesse campo, levam-se em conta os seguintes aspectos:

a) *Consistência do repertório* — Como nossos saberes (profissionais ou não) se ligam em rede, em cada área de conhecimento da qual depende para seu trabalho, o executivo pode apresentar um conjunto coeso de conceitos e práticas. Tais conceitos e práticas se associam, estimulam-se e reforçam-se entre si. Também é possível que em algumas dessas áreas possa haver lacunas de conhecimento a serem preenchidas. Identificar essas áreas de conhecimento ainda deficientes é essencial no estudo deste campo.
b) Parte também importante do repertório é o que podemos chamar de "capacidade de reflexão crítica sobre o mundo". Como estamos lidando com profissionais de nível executivo, que ocupam os escalões mais altos da organização, é de se supor que essas pessoas sejam capazes de dialogar com

profissionais de alto nível de outras áreas e setores e atividades. Espera-se ainda que eles conheçam e interpretem de forma apropriada aquilo que se passa nos campos político, econômico, social, tecnológico e ecológico, no país e no mundo. Para exercer bem suas funções, um alto executivo precisa não apenas estar bem informado, mas ter igualmente capacidade crítica para fazer um uso adequado dos conhecimentos que domina.

c) *Consistência da formação* — Ajuda muito verificar o histórico curricular do executivo (inclusive os estudos que fez, suas experiências profissionais anteriores ao seu ingresso na empresa e mesmo suas vivências pessoais de natureza informal e não profissional em outros ambientes: comunidade, igreja, família etc.) em busca de evidências que confirmem os dados colhidos no item anterior.

d) Áreas a desenvolver — O resultado final da exploração deste campo deverá ser a indicação de lacunas de saber profissional a preencher ou áreas de desenvolvimento em que a empresa poderá ajudar o executivo a aperfeiçoar-se. (Voltaremos a esta questão mais adiante.)

Para facilitar o trabalho de avaliação neste campo, sugerimos o uso de um *Roteiro de Conhecimentos e Experiências*, a ser preenchido pelo executivo, disciplinando suas informações sobre este campo.

Background

Este campo é complementar ao anterior. Se a procura de informações curriculares se dá no campo *Know-how*, neste outro, *Background*, seria possível saber o que resultou das experiências tidas por essa pessoa. Não se quer saber do seu currículo, mas do que lhe trouxeram, em termos de benefício pessoal e profissional, as vivências pelas quais passou nos episódios apontados por seu currículo.

O termo *background* remete à ideia daquilo que está por trás do que se mostra, aquilo que não é imediatamente evidente e ao qual, frequentemente, não se dá grande valor. No entanto, é muito necessário valorizar esses conteúdos aparentemente inexpressivos, tácitos ou secundários. Uma frase que denota isso claramente é atribuída por muitos a Albert Einstein: "Educação é o que fica, depois que você esqueceu tudo o que aprendeu."

Sobretudo, é relevante saber, neste campo, o que o executivo avaliado aprendeu com seus... fracassos! Geralmente, falar dos fracassos é algo que ninguém quer fazer, e o próprio nível de resistência apresentado pelo executivo ao ser perguntado sobre isso já é um dado significativo sobre o que teria aprendido. Mas, em geral, é nos fracassos que aprendemos mais, pois eles nos fazem pensar — enquanto, em contrapartida, tendemos a dedicar muito pouca atenção e reflexão aos nossos êxitos, que somente servem para comemorar e incensar a nós mesmos.

Também será altamente interessante relacionar o que o executivo conclui sobre si mesmo, ao refletir sobre esta questão, com o que conclui ao mapear suas capacidades e analisar seu perfil (no campo itens do campo *Perfil* com os quais o campo *Background* tem grande afinidade).

Examinam-se, no campo *Background*, os seguintes aspectos:

a) *Experiência* — Tanto a experiência anterior quanto a atual, dentro do escopo descrito anteriormente.

b) *Trajetória* — Neste caso, observando como as diversas experiências do executivo, tanto profissionais quanto de vida, se sucedem umas às outras, em uma *timeline* que seja capaz de mostrar a relação entre elas, denotando aprendizado e progresso, de um para outro momento da vida. Velocidade dessa trajetória, diversificação das experiências tidas e níveis de estresse ou tensão experimentados em decorrência delas são características também examinadas.

Ainda neste campo, para facilitar o trabalho de avaliação, costuma-se apresentar aos executivos um roteiro (de fato uma continuação do roteiro utilizado no campo anterior) a ser preenchido pelo executivo.

Performance

No quarto campo considerado, o da *Performance*, busca-se saber qual percepção o executivo tem de sua adequação, harmonização ou aderência à sua atual posição na empresa, como também ao seu cargo, àquilo que executa e às suas responsabilidades, e aos seus objetivos e metas de trabalho, desafios que tem de enfrentar e resultados que deve entregar.

Performance é, basicamente, o desempenho, a atuação direta em um dado trabalho. Na verdade, é um pouco mais do que isso. Não é à toa que o termo inglês *performance* de alguns anos para cá tomou o lugar daquele mais tradicional, *desempenho*, no vocabulário dos gestores de RH. Também os artistas *performam*, fazem *performance* — e, quando são talentosos, sua performance deixa maravilhada a plateia. Assim, *performance* diz muito mais sobre a expressão do talento e do virtuosismo, do que o mero *desempenho*.

Quanto à *Performance*, o aqui proposto Modelo de *Assessment* leva em conta os seguintes aspectos:

a) *9-Box* — Já comentamos sobre este instrumento de avaliação de potencial em um capítulo anterior. Não é necessário, portanto, repetir aqui a explicação já dada. Entretanto, é pertinente lembrar a importância do *9-Box* como instrumento preditivo da *performance futura* do executivo: quando se o avalia por meio deste instrumento, começa-se a pensar em como este executivo deverá ser considerado para futuras movimentações de pessoal nas linhas de subordinação hierárquica da empresa.

b) *Avaliação de performance* — Também já discutimos, no capítulo anterior, este tradicional instrumento de Gestão de Recursos Humanos. É importante dizer que a Avaliação de Performance e a *Avaliação de Potencial* pelo *9-Box* complementam-se e são essenciais para dar completude ao *assessment* de executivos.

c) *Autoavaliação* — Nas empresas em que a Avaliação de Performance obedece ao sistema 360°, pressupõe-se que o executivo avalia a si mesmo, em paralelo com as avaliações que são feitas dele por seu superior, seus subordinados e pares. Porém, é preciso mais do que esse tipo de autoavaliação formalmente instituída pela empresa. O executivo precisa estar continuamente avaliando-se, perguntando-se como está se saindo e o que é excelente, satisfatório ou insatisfatório em sua performance no trabalho.

Obviamente, entrevistas são um instrumento essencial no *Assessment* de Executivos. Um entrevistador experiente consegue apreender, em uma entrevista pessoal, face a face, uma grande quantidade de mensagens corporais (não verbais) que apenas o preenchimento de questionários, ou mesmo a entrevista remota, realizada pela tela de um computador, não é capaz de oferecer. Assim, nossa metodologia de *assessment* privilegia as entrevistas pessoais, frequentemente realizadas em profundidade, como instrumento diagnóstico.

Outra questão essencial em um projeto de *Assessment* é a contextualização adequada das mensagens recebidas dos executivos avaliados, seja nas entrevistas, seja no preenchimento de instrumentos avaliativos. Frequentemente o contexto muda completamente o sentido daquilo que é dito ou registrado nas assinalações de um questionário. E isso se refere tanto ao contexto interno (o que se passa dentro da empresa), quanto ao contexto externo (o que se passa no entorno dela).

Projeto de Vida

Como mostra a figura apresentada no início deste capítulo, no centro dos quatro espaços dados (Perfil, Know-how, Background e Performance), um círculo demarcado pela expressão acima, Projeto de Vida, contextualiza, unifica e dá um sentido especial aos quatro espaços. O Projeto de Vida é, portanto, organizador dos quatro outros campos, apresentando-se como um campo não apenas adicional, mas integrador dos demais. A carreira, os valores pessoais, os fatores mais expressivos para a motivação pessoal do executivo estão sendo considerados nesse quinto campo.

Consideramos de grande importância conhecer o que é esse quinto campo no caso de cada executivo avaliado no *assessment*. No entanto, ainda mais relevante é que o próprio executivo tenha uma percepção aguda e madura de como esse campo se apresenta, em seu caso pessoal.

Essa percepção não pode ser instrumentada por testes ou questionários, pois ela não se delimita dessa forma nem tem contornos que possam ser acessados pelos métodos quantitativos. Também propomos que se ofereça estímulos aos executivos, durante todo o processo de *Assessment*, bem como outras etapas do trabalho, para que ampliem e aprofundem seu autoconhecimento, nessa área tão pessoal. Nunca é demais insistir: os executivos devem iniciar suas reflexões sobre seu próprio Projeto de Vida o quanto antes, neste trabalho, se é que não o fizeram ainda, independentemente de qualquer outra iniciativa.

Será no trabalho de *mentoring* com os executivos (que descreveremos mais adiante) que esse Projeto de Vida de cada um deles deve mais do que nunca se explicitar e ser colocado no centro das atenções. Ele deve ser visto como um objeto prioritário de estudo do próprio executivo. O *mentoring* é, em si mesmo, um recurso essencial para esse tipo de reflexão.

O *Assessment* Center que costumamos organizar para a empresa cliente é metodologicamente elaborado em três estágios, sequenciados conforme segue:

1. Buscamos dentro da organização referenciais claros, que permitam uma interpretação apropriada dos dados que serão colhidos no terceiro estágio, com a aplicação dos instrumentos de avaliação decididos no segundo estágio. Sem colher em primeiro lugar esses referenciais, muitas das informações que aqueles instrumentos poderão nos proporcionar acabarão sendo inúteis, pois não será possível julgar sua validade, se não houver algum termo de comparação contra o qual eles possam ser examinados. Por exemplo, não faz sentido afirmar que um determinado executivo tome "boas decisões", ou mantenha a calma em "situações tensas", caso não soubermos dizer em que contexto preciso uma dada decisão pode ser considerada "boa", ou uma dada situação ser considerada "tensa". Por isso a necessidade de em primeiro lugar estabelecer tais parâmetros.

    Esses parâmetros ou referenciais são buscados prioritariamente dentro da própria organização, mediante a análise de documentos disponíveis e depoimentos dados por seus altos dirigentes. Esses documentos e depoimentos tendem a ser mais úteis para essa finalidade, quando versam sobre temas tais como:

    - as estratégias competitivas que estão sendo postas em prática pela organização;

- o modelo de gestão que está sendo empregado — inclusive alguns aspectos específicos mais relevantes do mesmo, tais como a governança corporativa e a distribuição de alçadas e do poder de tomar decisões dentro da empresa;
- o estilo de liderança que é geralmente praticado dentro da organização;
- valores professados e paradigmas seguidos e defendidos pela empresa;
- processos de trabalho que estão em vigor na organização, assim como o nível de disciplina e exatidão com que são operacionalizados.

2. O estágio seguinte na montagem do *Assessment* Center consiste em escolher as ferramentas mais apropriadas para realizar a avaliação dos executivos, de acordo com as referências obtidas no primeiro estágio. Para que essa escolha das ferramentas seja apropriada, logicamente é preciso que os parâmetros definidos no estágio 1 sejam perfeitamente claros e importantes. Os instrumentos de avaliação que se escolherão devem avaliar como o executivo *age*, não como ele *é*. Infelizmente, não é tão simples encontrar instrumentos de avaliação que atendam a este requisito. A maioria deles costuma medir traços de personalidade ou características pessoais do avaliando, não satisfazendo, portanto, ao requisito acima.

Mas não há saída fácil para essa questão. Se os instrumentos de avaliação não foram criteriosamente escolhidos, pode-se acabar colocando "o carro adiante dos bois", ou seja, escolher quesitos que se ajustem aos instrumentos avaliativos disponíveis, em vez de escolher instrumentos para avaliar os quesitos desejados, como é o certo.

3. Finalmente, o estágio seguinte seria o da efetiva realização do *assessment*, mediante a aplicação dos instrumentos aos executivos. Feita a aplicação, os resultados obtidos são tabulados e conclusões são extraídas a partir dessa tabulação. Submetem-se essas conclusões a um "teste de realidade", tentando-se verificar como elas se comportam na prática e validá-las. Feito isso, essas conclusões são descritas em um relatório final de *assessment*, que proporá medidas e ações corretivas e será apresentado e debatido com os gestores de cúpula e os gestores de RH da empresa. Igualmente, reuniões devolutivas são agendadas e conduzidas com os executivos avaliados e seus superiores.

O *assessment* é um procedimento altamente importante para garantir à empresa o suprimento de talentos necessários à sua gestão nos anos vindouros e, consequentemente, sua produtividade, rentabilidade, competitividade, crescimento e perenização.

Diferentemente de outras consultorias, também especializadas em *Assessment* de Executivos, nossa proposta é que não se trabalhe com o conceito de *competência*, e sim de *capacidade*. A diferença entre ambos já foi pontuada em outro ponto deste livro, mas não custa lembrar que o uso do termo *capacidade* nos leva a pensar nas ações práticas que o executivo é *capaz* de oferecer à organização, de acordo com as demandas bem específicas que esta tem, *neste* momento de existência dela. Quanto ao conceito de competência, ele é genérico demais para ser útil. Quem demonstra ter uma competência poderia empregá-la em *qualquer* empresa, mas sempre em um nível de performance que estará um pouco abaixo do ideal para uma delas, especificamente.

O diagnóstico proporcionado pelo *Assessment* Center tem, em si mesmo, pouco valor, se nada se fizer de concreto em relação às necessidades de desenvolvimento que ali se explicitaram. Na verdade, seria somente *após* o *Assessment* que efetivamente se iniciaria o trabalho mais árduo da empresa (e da consultoria) dentro deste sistema — porque será necessário, agora, desenvolver os executivos avaliados, a partir das necessidades de desenvolvimento individual constatadas no diagnóstico feito.

3. UMA FERRAMENTA PARA ASSESSMENT

Questionários formados por questões cuidadosamente selecionadas, versando sobre fatores escolhidos para representar habilidades, atitudes e comportamentos de gestão podem ser uma eficiente ferramenta para ser usada no processo de assessment. A proposta é que eles sejam aplicados individualmente às pessoas, sendo suas respostas tabuladas e avaliadas segundo uma chave de decifração que não seria acessível ao respondente.

As questões propostas nos questionários identificariam aspectos relevantes relacionados a modos de *agir, pensar* e *sentir* dos respondentes, chegando, após a tabulação, ao mapeamento de 20 competências básicas de gestão, mensuradas mediante uma escala de 0 a 10 pontos e agrupadas em duas grandes categorias, a saber:

Foco em Resultados

- Agilidade estratégica;
- Gestão de demandas;
- Organização e gestão de recursos;
- Relação com a hierarquia;
- Comunicação e assertividade;
- Delegação;
- Gestão do tempo;
- Decisão;
- Liderança;
- Priorização e conectividade;
- Flexibilidade e inovação;
- Acompanhamento de performance.

Foco em Relacionamento

- Autoimagem;
- Sociabilidade;
- Realização e ambição;
- Vigor e energia;
- Gestão de conflitos;
- Maturidade emocional;
- Empatia e confiança;
- Gestão de mudanças.

O mapeamento das competências de gestão da empresa, assim obtido, oferece as seguintes vantagens:

Para a Organização

- obtenção de um perfil gerencial dos executivos avaliados, tanto individual quanto coletivamente;
- obtenção de informações sobre capacidades, que permitam um alinhamento desse perfil gerencial com as necessidades da organização e suas demandas estratégicas;
- identificação das competências e dos potenciais que compõem a capacidade instalada da empresa e seu mapeamento para a construção de um Banco de Talentos;
- elaboração de um Plano de Desenvolvimento de Recursos Humanos focado nas necessidades efetivas dos executivos avaliados e alinhado com as exigências do negócio.

Para o Grupo Executivo

- informações que permitam melhor compreensão sobre as características específicas e peculiaridades psicossociais do grupo executivo;
- informações que permitam melhor calibrar e ampliar a eficácia dos executivos do grupo avaliado.

Para o Profissional Avaliado

- autoconhecimento;
- identificação de necessidades de desenvolvimento;
- obtenção de importantes informações para a reavaliação do projeto pessoal de vida e carreira;

- sugestões permitindo alinhamento entre a atuação profissional e a qualidade de vida;
- indicação de pontos relevantes para maior eficácia na relação com superiores e com subordinados;
- possibilidade de construção de um plano confiável de autodesenvolvimento.

PRODUTOS CONCEITUAIS OBTIDOS COM A APLICAÇÃO DESSES QUESTIONÁRIOS

Sistemas e Processos Facilitados ou Aperfeiçoados:

- Perfil de Competências;
- Mapeamento das Competências;
- Banco de Talentos e de Potenciais;
- Mapas Educativos;
- Laboratório de Competências;
- Avaliação de Candidatos.

Soluções Customizadas Proporcionadas pela Aplicação:

- Estruturação ou Reestruturação da Organização;
- Movimentação Interna de Profissionais;
- Adequação de Perfis conforme necessidades dos cargos;
- Aquisição e Retenção de Talentos.

Alguns Diferenciais dessa Proposta Comparados com Outros Instrumentos Análogos

- O laudo emitido após a tabulação focalizaria com prioridade a eficácia com que os avaliados obtêm resultados por meio de outras pessoas.
- O instrumento não apresentaria vieses baseados em traços psicológicos ou de personalidade, comuns em instrumentos análogos.
- As análises colocariam o foco na obtenção de resultados pelo gestor avaliado.
- O instrumento seria sensível à ocorrência de redirecionamentos ou transformações havidas na empresa ou nos negócios, assim como de mudanças pessoais ou alterações significativas nos ambientes de trabalho.
- A avaliação do perfil resultante das tabulações levaria em conta as necessidades específicas apontadas pela empresa.

- Os laudos permitiriam análise comparativa dos resultados obtidos pelo(a):

    a) profissional avaliado com profissionais de mesmo nível hierárquico;
    b) empresa em que foi aplicado o instrumento, com outras empresas de perfil semelhante; e
    c) profissional e empresa com dados do mercado.

- O sistema poderia ser customizado em várias situações, a fim de atender a especificidades da empresa cliente.
- A aplicação do instrumento seria possível sem dificuldade, no caso de um único profissional avaliado, alguns profissionais ou dezenas ou centenas deles.
- Os custos de aplicação seriam reduzidos, permitindo o uso do instrumento em processos seletivos realizados em maior escala.

As conclusões desse instrumento proposto iriam além do mapeamento do "acervo" individual dos executivos e líderes, potenciais ou efetivos. Tão relevante quanto esse levantamento, o processo de Educação Corporativa, também integrado nessa proposta, é capaz de transformar de maneira profunda a gestão daquelas organizações que a aplicasse, conforme desenvolvemos no capítulo seguinte.

RESUMINDO...

Tratamos neste capítulo de uma proposta metodológica para a Gestão do Capital Humano.

Produto de muitos anos de debate teórico, de experimentação e de aplicações práticas em empresas clientes, a metodologia aqui proposta para a Gestão do Capital Humano nas organizações foi adquirindo contornos únicos, que são devidamente explicados e exemplificados neste capítulo. Abordam-se aqui, pela ordem, os três grandes estágios dessa metodologia. São eles:

- a Fundamentação Estratégica para essa gestão;
- o *Assessment* de Executivos; e
- a aplicação de um instrumento de *assessment*.

Capítulo 24

Desenvolvimento de Executivos

Três importantes produtos finais resultam do *Assessment* de Executivos na empresa, a saber:

- um Banco de Talentos estruturado;
- os PDIs (Planos de Desenvolvimento Individual) para cada executivo considerado; e
- um Plano Educativo Coletivo (apenas para sucessores).

BANCO DE TALENTOS

Sendo o Banco de Talentos uma ferramenta importante para a Gestão dos Recursos Humanos da empresa, já o abordamos mais atrás em detalhe. Não será necessário, portanto, retornar ao assunto neste capítulo.

PDI (PLANO DE DESENVOLVIMENTO INDIVIDUAL)

Um PDI é justamente o que a expressão já diz: um plano visando ao desenvolvimento de um executivo ou profissional da empresa. Decorrente dos resultados colhidos no *assessment* (que se prevê realizar a cada dois anos), os PDIs geralmente têm duração menor, devendo ser revalidados ou renovados anualmente.

Os PDIs para executivos tendem a concentrar-se em quatro grandes atributos, que são, na verdade, áreas potenciais para o desenvolvimento do executivo:

- Atitude Empreendedora;
- Busca de Resultados;
- Gestão de Negócios; e
- Liderança.

Em cada um desses atributos, o PDI especifica:

- que *conteúdos*, especificamente, devem ser desenvolvidos;
- que *ações* específicas serão empreendidas a respeito;
- que *cronograma* será seguido na condução dessas ações; e
- quais *indicadores de sucesso* apontarão a eficácia dessas ações.

Os PDI dos executivos em geral são conduzidos sob a supervisão direta dos respectivos superiores (os maiores interessados na capacitação dos gestores que estão sob seu comando) e a orientação dos profissionais de Gestão de Recursos Humanos da empresa. Em tais casos, costumamos participar assiduamente, porém mais à distância, intervindo quando solicitado pela empresa, ou quando isso se mostra necessário.

No que concerne aos PDIs para o CEO e outros profissionais da mais alta gestão da empresa, costumamos ter uma presença mais ativa, dando pareceres, fazendo sugestões e participando diretamente com respeito a:

- avaliação dos atributos do gestor;
- ciclo de desenvolvimento proposto para esse gestor; e
- ações a empreender referentes a focos mais estratégicos de desenvolvimento profissional e pessoal.

AÇÕES PARA DESENVOLVIMENTO PROFISSIONAL

Ações de desenvolvimento podem ser de vários tipos, combinando formatos tradicionais e mais modernos. Para cumprimento dos PDIs, sob a orientação da área de Gestão de Recursos Humanos da empresa, recomendamos oito formatos que a experiência mostra serem os mais eficazes para mudar o comportamento executivo no que seja necessário.

Obviamente outros formatos — surgidos mais recentemente —, inclusive envolvendo ferramentas digitais e encontros remotos entre instrutores e treinandos, podem ser acrescidos a esta lista. Mas, em geral, eles carecem de maior quantidade de aplicações e de verificações mais rigorosas sobre sua eficácia, razão por que não constam deste trabalho. Somos, entretanto, claramente abertos à experimentação de novas formas de produção de aprendizagem gerencial, tendo debatido o assunto com frequência.

Os formatos mais utilizados em nossos programas para desenvolvimento de executivos têm sido:

- cursos, seminários e workshops;
- desafios on the job;
- desenvolvimento de projetos;
- job rotation;

- treinamentos variados;
- visitas técnicas;
- *coaching, counseling* ou tutoria; e
- *mentoring.*

Embora sejam, em geral, bem conhecidos, não é ocioso comentar brevemente cada um deles.

Cursos, Seminários e Workshops

São ações localizadas, com duração limitada (4, 8, 12 ou até 16 horas), compactadas em um ou dois dias, conduzidas por um especialista focado no tema e frequentadas por grupos de treinandos com necessidades de aprendizagem semelhantes.

Os *cursos* tendem a ser mais informativos, focando mais a transmissão de conhecimentos do especialista condutor para os participantes e aplicando-se aos casos em que o desnível entre os conhecimentos do condutor e dos participantes é flagrante.

Os *seminários* são mais participativos e interativos, com os participantes tomando para si a responsabilidade de aportar variados conteúdos e de apresentar suas visões pessoais sobre aspectos mais polêmicos do tema tratado. Enfatizam prioritariamente, portanto, a oferta de momentos de reflexão e análise crítica pelos participantes.

Os *workshops* são "oficinas de trabalho", eventos intensamente focados na aplicação prática dos conteúdos teóricos que forem tratados. Por conseguinte, podem e devem transformarem-se em autênticas sessões de atividade em equipe sobre os temas relevantes para a atividade profissional dos participantes, mas desenvolvidas fora de seus respectivos ambientes usuais de trabalho.

Desafios on the Job

Neste caso, o formato de desenvolvimento implica tomar porções especialmente significativas do trabalho do executivo, separando-as temporariamente e utilizando-as para fins de desenvolvimento.

Um exemplo: No caso de um Gerente Distrital de Vendas de uma companhia industrial, sua descrição de cargo ou guia de atribuições poderá atribuir-lhe a responsabilidade, entre outras, de colher informações relevantes sobre os produtos concorrentes disponíveis no mercado. Como essas responsabilidades geralmente são descritas de modo apenas genérico, pode não ser muito fácil para o ocupante do cargo interpretar o que isso quer realmente dizer, ou mesmo adotar procedimentos válidos para cumprir essa responsabilidade.

Aliás, em muitos casos, devido a essa inconveniente generalidade dos enunciados das responsabilidades nas descrições de cargo, resulta, na prática, que elas nem são adequadamente atendidas pelo ocupante do cargo nem adequadamente cobradas pelo seu superior, produzindo-se aí uma espécie de "vácuo conceitual", um autêntico "buraco" na inteligência instalada na organização.

Paradoxalmente, "vácuos conceituais" dessa ordem são excelentes oportunidades para a criação de *desafios on the job*, sendo necessário para tanto que os gestores sejam devidamente preparados para identificá-los, caracterizá-los e desenvolver projetos de desenvolvimento específicos, baseados nesses "vácuos", aos quais os ocupantes desses cargos serão submetidos. Os superiores desses empregados tornam-se responsáveis pela aplicação desta metodologia de desenvolvimento, sob a orientação do órgão de Recursos Humanos. Geralmente permanecemos por trás do processo, dando respaldo técnico aos profissionais de RH que o coordenam.

Os *desafios on the job* são ótimas oportunidades especialmente para a capacitação de jovens e talentosos profissionais (ocupando ou não posições executivas), além do que ajudam a clarificar mais as áreas nas quais a inteligência instalada da empresa carece de novos aportes de conhecimento.

Treinamentos Variados

De fato, neste caso, não estamos considerando um formato específico para desenvolver pessoas, mas uma ampla classe de formatos ocasionalmente usados. Na vida de uma organização, muitas oportunidades de desenvolvimento se apresentam, sendo necessário apenas reconhecê-las e aproveitá-las. A listagem de treinamentos variados disponíveis para o desenvolvimento de executivos na empresa pode incluir:

- cursos universitários de graduação e pós-graduação profissional ou acadêmica, *lato sensu* ou *stricto sensu*;
- cursos dados por agências externas de capacitação;
- cursos de idiomas;
- palestras variadas;
- estágios práticos;
- entrevistas com especialistas, dentro e fora da empresa; e
- frequência a congressos, feiras, encontros profissionais.

Visitas Técnicas

As visitas técnicas poderiam igualmente ser enquadradas na listagem dada anteriormente; mas, neste caso, elas têm características e finalidade que as tornam especiais, requerendo uma classificação à parte.

Neste caso, uma visita técnica é um evento programado, no qual um executivo visita uma empresa congênere (ou outra entidade), com a missão principal de buscar conhecimento previamente definido e de aplicação direta em sua realidade profissional.

Um exemplo: Um gerente de marketing visita uma empresa que conseguiu desenvolver práticas avançadas de uso de mídias sociais em divulgação e promoção de produtos, uma iniciativa que sua empresa deseja também implantar. Outro exemplo: Uma empresa industrial desenvolveu um modo codificado original de comunicar-se instantaneamente com seus fornecedores de matérias-primas, a fim de agilizar o suprimento do almoxarifado da fábrica; e o executivo em treinamento visita essa empresa para conhecer tal processo e trazê-lo para implantação também em sua unidade.

Como se observa, as visitas técnicas pouco ou nada diferem daquelas que se fazem nos projetos de benchmarking (a rigor, elas efetivamente *são* parte integrante dos projetos de benchmarking). E, como tal, as visitas técnicas devem ser cuidadosamente planejadas por antecipação, inclusive quanto às ações que serão empreendidas posteriormente à visita, para implantação local dos processos e técnicas que tiverem sido colhidos pelo visitante.

Desenvolvimento de Projetos

O desenvolvimento de projetos é uma técnica nobre em educação de modo geral, inclusive a capacitação profissional. É muito utilizado na educação formal, em todos os níveis, inclusive no ensino fundamental, em escolas públicas e privadas de ponta, pedagogicamente ambiciosas.

Todos sabemos definir basicamente um projeto: "É qualquer trabalho para o qual se possa indicar e fixar claramente uma data-alvo ou objetivo final. A gestão de projetos, por sua vez, pode ser definida como o trabalho envolvido em planejar, controlar, coordenar e completar uma tarefa ou série de tarefas com as características dadas acima."[1]

Já falamos aqui da importância atual dos projetos, ao tratar dos cinco grandes pilares da gestão estratégica. Manifestamos, então, nossa percepção de que, em tempos como os atuais, de mudanças muito aceleradas, os planos estratégicos se defasam rapidamente, exigindo constantes retomadas e reformulações. Com isso, o conceito de "longo prazo" se flexibiliza, passando a aplicar-se a prazos muito mais curtos do que no passado, o que aproxima conceitualmente a elaboração de um novo plano estratégico para a empresa na feitura de um... projeto! Projetos estão, portanto, "na crista da onda", como se diz.

Na metodologia conhecida por "educação por projetos", "pedagogia de projetos" ou "aprendizagem por projetos", quanto aplicada em Educação Corporativa, o executivo ou profissional (agora na qualidade de estudante) recebe uma incumbência para cumprir, envolvendo múltiplas tarefas, nas quais pode utilizar aquilo que já sabe, mas também aprender coisas novas que sejam úteis à sua realidade profissional. O projeto é concluído com a apresentação, pelo estudante, do seu relatório final, narrando o que realizou, como esse resultado pode ser aplicado na prática e, sobretudo, o que aprendeu com essa experiência.

O resultado obtido com o projeto deve ser aplicável na área de trabalho (ou pelo menos na empresa) em que atua o estudante, e pode fazer uso, portanto, de recursos disponíveis em seu ambiente de trabalho. Todavia, desenvolvem-se também projetos que requerem do estudante que pesquise em outros ambientes, como empresas clientes, fornecedoras, parceiras ou congêneres, universidades, bibliotecas, órgãos públicos, a comunidade em que a empresa atua, o mercado que ela atende etc.

Nada impede, tampouco, que a aprendizagem baseada em projetos se faça em equipe, com vários estudantes trabalhando juntos, em atividades de interesse comum.

Os principais benefícios da pedagogia de projetos são:

- Os estudantes são estimulados a pensar criticamente e a solucionar problemas concretos.
- O conteúdo abordado é mais facilmente compreendido e retido na mente, ao ser aplicado em situações práticas.
- Os estudantes aprendem a se comunicar melhor entre si sobre os temas técnicos de que tratam, ao apresentar uns aos outros e aos seus superiores as descobertas que fizeram e as conclusões que tiraram.
- Os estudantes quase sempre se mostram fortemente envolvidos com os conteúdos tratados nos projetos, ao trabalharem em coisas práticas que fazem uso desse conteúdo e perceberem claramente os benefícios advindos de seu trabalho.
- Os estudantes aprendem a conduzir pesquisas de campo e de laboratório; e também a explorar racionalmente e economicamente os recursos disponíveis; e
- Ao assumirem a responsabilidade por seus projetos, os estudantes têm a oportunidade de apresentar suas conclusões aos superiores e, não raro, à cúpula da empresa, amadurecendo em seu envolvimento e familiarização com questões estratégicas de importância capital para a empresa.[2]

Job Rotation

Também já abordamos anteriormente este formato de capacitar executivos, não sendo necessário nos repetirmos aqui. Entretanto, cabem ainda algumas considerações adicionais:

Embora não seja obrigatório, um programa de *job rotation* (por vezes traduzido por *rodízio de cargos*) tende a funcionar melhor quando envolve profissionais ou cargos que estejam dentro da jurisdição de um único gestor. Fazer JR entre cargos que respondem a diferentes gestores implicará em providências adicionais envolvendo as várias jurisdições, que nem sempre estarão bem afinadas. Também é preciso que esses cargos ou funções tenham certa equivalência entre si, em termos de complexidade, tempo de aprendizagem e remuneração. Sem isso, as trocas poderão ser vistas como vantajosas demais para uns e desvantajosas para outros, o que dificulta o processo.

Ademais, não é necessário que todas as áreas que respondem a um mesmo gestor sejam envolvidas no JR. Comumente, algumas dessas áreas têm responsabilidades mais urgentes, ou têm ocupantes demasiado novos na equipe, ou, ainda, são problemáticas em algum sentido próprio daquele contexto. Em tais casos, é melhor que tais áreas fiquem fora do programa.

O JR pode ser cumprido em quatro modalidades distintas, a saber:

- estágio;
- projeto;
- substituição temporária; e
- substituição permanente.

JR como Estágio

Neste caso, o que temos é apenas um JR temporário, voltado exclusivamente para fins de treinamento e aprendizagem, por um tempo, que pode ir de uma semana a três meses, um ou dois profissionais de cada área envolvida exercerá funções ou aprender outras atividades com colaboradores experientes de uma outra área.

Esse tipo de JR pode ser estendido, fazendo-se com que os colaboradores envolvidos passem por várias áreas diferentes da sua, em vez de apenas uma delas. Nesse caso, esta modalidade de JR não diferirá muito dos programas clássicos de *traineeship*. A experiência que a empresa já tenha com programas de *trainees* pode ser, aliás, bastante útil para orientar este tipo de JR.

Em um programa de *JR como estágio*, os colaboradores envolvidos terão de deixar temporariamente os trabalhos que fazem atualmente e, portanto, suas metas e resultados nesses trabalhos deixam de ser sua prioridade para o momento. O gestor da área, coordenador geral do programa, terá de aceitar, neste caso, que está investindo, durante o programa, no desenvolvimento profissional desses colaboradores e que é esse desenvolvimento que lhes é prioritário.

JR como Projeto

Neste caso, o que o programa oferecerá é bastante diferente do que foi descrito no primeiro caso: a empresa conceberá projetos bi- ou pluridepartamentais (isto é, envolvendo dois ou mais departamentos ou áreas) sobre problemas ou questões que têm a ver com as atividades das áreas envolvidas. Por exemplo, se estamos falando de um grande Departamento de Logística em uma empresa industrial, talvez tenhamos projetos tais como: Reorganização de almoxarifados; Reavaliação e recadastramento de fornecedores; Capacitação técnica de compradores; Movimentação interna de materiais; Adoção de procedimentos intermodais nos transportes; Elaboração de um manual de comercialização com clientes do exterior etc.

Os colaboradores escolhidos para participar do JR se engajarão em um ou mais projetos e — neste último caso — participando de um deles na qualidade de líder de projeto. Esses colaboradores poderão receber, antes de iniciarem o programa, um treinamento em liderança e participação em projetos.

Dependendo da situação, esses colaboradores poderão ser integralmente deslocados de seus cargos atuais durante o tempo de duração do programa (Três meses? Seis meses?); ou então, poderão deslocar-se de seus cargos atuais somente por meio período, durante o tempo de vigência do programa, continuando a dedicar-se às suas responsabilidades atuais no tempo restante.

É claro que, nesta última hipótese, é preciso que os colaboradores envolvidos tenham suas metas de trabalho e expectativas de resultados renegociados, dado que se dedicarão, por alguns meses, apenas parcialmente ao trabalho ao qual hoje dedicam a jornada integral.

JR como Substituição Temporária

Neste caso, o programa pode se parecer a princípio com um programa de *JR como estágio*, mas é diferente deste na prática: os colaboradores envolvidos não precisam ser deslocados todos ao mesmo tempo nem precisarão ser deslocados sequer para outras áreas da empresa, eles simplesmente serão designados para responder por cargos superiores aos seus, em suas próprias unidades ou outras unidades.

Por exemplo, vendedores poderão temporariamente substituir supervisores de vendas; analistas juniores poderão substituir analistas plenos ou seniores; encarregados ou supervisores poderão substituir gerentes. E isso pode acontecer inclusive na própria unidade na qual o colaborador envolvido esteja trabalhando.

Essas substituições são temporárias e episódicas. Como foi dito, havendo a oportunidade, realiza-se uma substituição deste tipo. Oportunidades para isso surgem, por exemplo, quando o titular da área entra em férias, adoece ou deixa a empresa, e ainda não há um substituto pronto a assumir. Ou ainda, quando o titular da área precisa ausentar-se em missão profissional no exterior, ou é uma mulher que está em vias de afastar-se para ter uma criança. As empresas podem perfeitamente aproveitar tais oportunidades para substituições temporárias, com finalidade de treinamento de colaboradores mais jovens e menos experientes.

Muitos dizem que, neste caso, não se está fazendo propriamente uma JR, mas apenas substituições temporárias, uma vez que não acontece de fato uma rotação de cargos entre vários ocupantes. Embora isso seja verdadeiro, de fato não tem muita importância. Na prática, as empresas que pensam em implantar este tipo de solução tendem a concebê-la no mesmo contexto do JR.

Entretanto, há alguns riscos neste tipo de JR. Em primeiro lugar, é necessário que a substituição seja verossímil, e não apenas pró-forma. Ou seja, o substituto deve substituir de fato seu superior, passando, tanto quanto possível, a ter acesso às informações que normalmente chegam a este; participando das reuniões de que o superior participa regularmente; examinando os assuntos que lhe cabe examinar; e tomando as decisões que o superior normalmente toma. Quando o programa contempla estas possibilidades, ele tende a ser um poderoso instrumento de educação gerencial.

JR como Substituição Permanente

Finalmente, a quarta modalidade de JR é aquela à qual normalmente as pessoas se referem, quando pensam em JR: tomam-se quatro ou cinco cargos ou áreas e se realiza uma troca entre os titulares das mesmas, de tal sorte que os quatro ou cinco envolvidos passam, a partir de um momento X, a responsabilizar-se por um cargo ou área diferente do que era o seu. O cargo original é entregue a um dos outros colegas.

Um programa deste tipo envolve complexidades que precisam ser consideradas, para que se transforme em um sucesso, e não em um rotundo fracasso. Recomendamos as seguintes providências:

1. Não realize o programa à revelia das pessoas nem o coloque em prática sem que todos os envolvidos estejam de acordo. Antes de iniciar o programa, todos os executivos devem participar de reuniões para se esclarecer o que acontecerá com cada um, de tal modo que todas as suas dúvidas sejam devidamente esclarecidas e nenhuma questão fique pendente ou mal explicada. Os executivos que participam do programa não podem ter surpresas posteriores, às quais tenham de responder com um: "Eu não sabia."
2. Se a responsabilização de cada um por uma outra área diferente da sua exigir capacitação, aprendizagem teórico-prática ou familiarização com mercados, clientes, produtos, procedimentos ou normas legais, é preciso que o programa seja realizado em duas fases: a primeira deverá ser a fase de estágio (vide, neste capítulo, as informações sobre *JR como estágio*). Somente depois dessa fase é que o programa de *JR como substituição permanente* poderá ser implantado. Neste caso, ainda, os atuais titulares das áreas deverão organizar (provavelmente com o auxílio da área de RH e de nossa consul-

toria) um bom treinamento para seus colegas que assumirão seu trabalho dentro de algum tempo. Em todas as áreas, esse programa de educação profissional deve acontecer simultaneamente, de acordo com um cronograma bem estabelecido.
3. Preocupe-se em orientar bem os colaboradores que *não* participarão do programa, seja porque suas áreas têm necessidades e problemas que não autorizam essa participação, seja porque os próprios titulares não querem ou não estão preparados para participar. Um programa de JR tende a polarizar muito as atenções, na unidade e na empresa como um todo, colocando os envolvidos na berlinda, sob os olhares curiosos dos demais. Isso pode, por um lado, provocar preocupações e aumento de tensão nos próprios envolvidos. Aliás, a experiência pode, até bem mais frequentemente, provocar ciúmes, arrependimentos e ressentimentos da parte daqueles que poderiam participar e não estão.
4. Preocupe-se em orientar muito bem os colaboradores que se reportam hoje a um dos envolvidos e passarão a responder a outro. Não é muito fácil para as equipes de colaboradores ter de aceitar que seu chefe vai deixá-los para chefiar uma outra área, enquanto o chefe dessa ou de outra área de mesmo nível hierárquico vem chefiá-los. Isso geralmente causa tensões. E mais, essa situação tende a ser especialmente vulnerável a críticas, caso o atual chefe da equipe seja visto como um "bom" chefe, e o novo chefe que virá seja entendido como um "mau" chefe. Ou ainda, caso exista alguém dentro da equipe que já esteja (ou julgue estar) pronto para ocupar a posição e contava com essa promoção.
5. O programa deve ser bem documentado desde o início. Tenha alguém (pode ser um analista de RH) encarregado de fazer um detido acompanhamento de tudo o que acontece durante o programa e de elaborar, a partir de algum momento, um autêntico *case*, que permita estudar o que aconteceu. Essa providência terá várias utilidades:

  a) se o programa fracassar, será mais fácil saber onde é que se errou;
  b) se ele tiver sucesso, todos integrantes quererão saber onde está o "pulo do gato", e é bom ter isso bem documentado;
  c) se você estiver realizando o programa em uma filial, provavelmente terá de reportá-lo, em algum momento, à matriz, contando detalhes do que houve;
  d) se o programa der certo, provavelmente a empresa vai querer repeti-lo com outras áreas e estas poderão queimar etapas, evitando problemas que já foram resolvidos nesta experiência anterior (para que reinventar a roda?);

e) se o programa tiver mesmo sucesso, é possível que sua empresa se torne *benchmark* para o mercado. Nesse caso, você bendirá o dia em que resolveu atender ao que está sendo proposto neste capítulo, porque poderá usar este material para explicar o que foi feito aos visitantes de outras empresas, ao falar a uma plateia em um congresso para o qual foi convidado a relatar o programa, ou ao escrever um *paper* para o seminário que vai ter de ministrar em algum curso de pós-graduação.

6. Finalmente, não pare nessas breves recomendações. Procure ler mais sobre o tema e conhecer outras experiências a respeito. Você sempre aprenderá alguma coisa e terá *insights* interessantes para aperfeiçoar seu programa, mesmo que ele já esteja em pleno andamento.

Coaching, Counseling ou Tutoria

O *coaching*, especificamente, é uma das modalidades de educação profissional mais conhecidas e populares atualmente. Muito pode ser dito sobre ela; e muito pode também ser omitido aqui, pois dificilmente o leitor não conhece ao menos algo sobre o assunto.

Em nossas atividades de consultoria, usamos muito o *coaching individual e em equipes* como formato para capacitar e desenvolver executivos e profissionais não executivos. Com frequência realizamos processos de *coaching* especificamente com executivos participantes da Alta Gestão da empresa, como parte integrante de suas ações de desenvolvimento, dentro dos respectivos PDIs.

Os termos *coaching, counseling, tutoria* e *mentoring* (ou *mentoria*) frequentemente são usados de forma um tanto solta, produzindo-se certa confusão de conceitos. Muito do que alguns chamam de *coaching*, outros consideram *mentoring*; o que uns dizem que é tutoria, outros denominam *coaching*... Dadas as intersecções entre esses conceitos, é comum que sejam às vezes confundidos uns com os outros.

Para nosso uso, e para fins práticos em sua aplicação aos programas de Sucessão, de *Assessment* e de Desenvolvimento de Executivos de que participamos, fazemos a seguinte distinção entre esses conceitos:

Counseling — Os processos de *counseling* têm a finalidade de situar o profissional no ambiente em que atua — trata-se de uma forma de aconselhamento que o ajuda a esclarecer onde se encontra neste momento na carreira profissional e para onde deseja se deslocar. Portanto, para nós, o *counseling* serve ao propósito de esclarecer e orientar a pessoa para seu próximo movimento. É um processo que atende o aconselhado em curto prazo, acerca das dúvidas ou indefinições que ocupam sua mente no momento.

Coaching — Na preparação do profissional, para efetivamente fazer esse movimento, entra em cena o *coaching*. O *coach* é quem ajuda um profissional, de qualquer nível, a desenvolver as habilidades, competências e capacidades necessárias para executar adequadamente seu trabalho. O *coach* é, por conseguinte, um especialista, um conhecedor daquele ofício específico. Ele domina os mistérios do seu trabalho ou *métier*. Não é à toa que, por exemplo, os técnicos de equipes de futebol (que são chamados de *coaches*, em inglês) quase invariavelmente são ex-jogadores: dificilmente alguém que não tenha tido a experiência de praticar efetivamente o esporte será capaz de penetrar nos seus meandros e deslindar, para os atuais profissionais do ramo, os truques e atalhos necessários à sua prática em alto nível.

Tutoria — Eis aqui um termo ambíguo, frequentemente usado em duas acepções distintas, até mesmo opostas: de um lado, temos a palavra *tutor*, tal como é utilizada no Direito, indicando um adulto responsável por guiar uma criança e eventualmente administrar seus bens, até que atinja a maioridade e se torne legalmente responsável para fazer por si própria essa administração. Nesse sentido, o termo *tutoria* se aproxima (até bastante) de *mentoria*, qualificando o tutor como um bom candidato a mentor da criança em questão.

Por outro lado, o advento da internet e dos sites e o aparecimento de profusões de vídeos na web (muito especialmente após o início das publicações de vídeo no YouTube), popularizaram a expressão (que já existia antes, de qualquer forma) *tutorial*, agora usada para designar a orientação passo a passo, dada geralmente em vídeo, a quem deseje aprender a executar uma atividade qualquer (por exemplo, copiar uma tela do computador, pintar uma parede, trocar a resistência do chuveiro, fazer um desenho a bico de pena ou apertar a lente solta dos óculos...).

Oposta ao conceito anterior de *tutor*, portanto, um *tutorial* é uma instrução detalhada, cuidadosamente feita, movimento por movimento, na sequência dada, com a finalidade de ajudar pessoas que pouco ou nada sabem sobre aquela tarefa, a cumpri-la satisfatoriamente. O tutorial é, portanto, *for dummies*, como se diz em inglês (para pessoas inteiramente ignorantes naquilo). Nessa acepção, por conseguinte, fica muito claro que um *tutor* está muito mais próximo de um *coach* do que de um mentor! E é neste segundo sentido que usamos esse termo: tutoria é, para nós, o ensino passo a passo de um trabalho no qual o executor é ainda um iniciante. Como, entretanto, quase sempre trabalhamos com os executivos das empresas clientes, resulta que dificilmente nos engajamos em processos de tutoria.

Resta, agora, tratar dos processos de *mentoring*, que constituem, como é bem sabido, uma de nossas áreas de maior especialidade. Dada essa circunstância, preferimos destacar essa ação, tratando-a à parte em relação aos demais processos análogos já vistos.

MENTORING

Já mencionamos e discutimos mais atrás, ainda que brevemente, os processos de *mentoring*. Tratemos agora de aprofundar esse conceito, dizendo que, em primeiro lugar, bem mais do que apenas uma metodologia de desenvolvimento, o *mentoring* é de fato "um jeito de viver o trabalho", levando em conta tudo o que acontece com o sujeito no seu ambiente profissional ou em sua interface com ele.

O *mentoring* é também um processo de cocriação entre mentor e mentee, ou mentorado, no qual ambos evoluem e se ensinam mutuamente. Durante esse processo, o mentee tem a seu lado alguém com quem estabelece uma relação de confiança pessoal, a quem pode revelar suas maiores dúvidas profissionais e, frequentemente, pessoais. Nesse sentido, essa relação, tomada pelo lado do mentee, é bastante semelhante à relação do paciente com seu psicoterapeuta, a quem o paciente se sente confortável em consultar e em confidenciar até mesmo segredos íntimos.

Do lado do mentor para com o mentee, entretanto, trata-se de uma relação distinta daquela do psicoterapeuta com seu paciente, uma vez que o terapeuta não se envolve emocionalmente com o paciente, enquanto o mentor, sim, o faz. O psicoterapeuta (e em especial o psicoterapeuta que faz uso da psicanálise em sua prática) não pode se envolver com o paciente principalmente por duas razões: a principal dela é que ele não pode perder sua neutralidade, caso contrário não conseguirá pensar na problemática do paciente com a devida isenção; a outra razão é que a problemática do paciente de psicoterapia frequentemente envolve conteúdos emocionais graves, que o tornam especialmente vulnerável perante os embate da vida, exigindo que recorra a um profissional altamente especializado.

Nos processos de *mentoring* isso é diferente: a problemática do mentee não atinge níveis de gravidade emocional ou psicológica que requeiram esses cuidados. Os problemas que o mentee coloca para o mentor são de ordem subclínica, isto é, não precisam ser tratados por profissionais especializados em transtornos mentais.

Além disso, também o mentor se beneficia (e é isso mesmo que deve acontecer) participando do processo de *mentoring*, uma vez que testa suas ideias e crenças sobre o trabalho, a vida profissional, trajetórias de carreira e as questões estratégicas nas empresas — e o faz em contato com alguém que, geralmente sendo de outra geração, traz novas experiências pessoais e vem para as discussões com um diferente mindset.

Ausência de julgamento pessoal nas sessões, escuta contextual, confidencialidade da sessão, desapego às relações baseadas em hierarquia e aferição constante da qualidade das sessões são os principais parâmetros, dentro dos quais mentor e mentee devem continuamente avaliar o andamento do programa.

Um bom sistema de referência para ajudar a empresa a avaliar a urgência de introduzir um programa de *mentoring* entre seus executivos é apresentado no quadro a seguir:

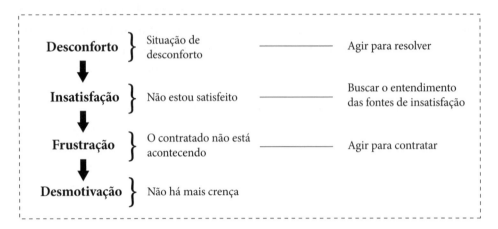

Figura 7: Sistema para avaliação da necessidade de introdução de um programa de mentoring. **Fonte:** Elaboração da própria autora.

O quadro revela o aprofundamento gradativo dos sentimentos negativos de uma pessoa em frente a uma dada realidade da qual esperava algo, ao contrário, positivo. Frequentemente é o que acontece em uma empresa: o sujeito ingressa nela cheio de esperanças e expectativas otimistas em relação às suas possibilidades de realizar e realizar-se — mas, se a empresa não tem condições de corresponder a tais expectativas, o sujeito vai pouco a pouco se desencorajando, em frente aos sinais cada vez mais evidentes de que não acontecerá o que esperava.

O percurso declinante, que vai do desconforto até chegar à franca desmotivação, tal como mostra o quadro acima, pode ocorrer em pouco tempo, normalmente um ou dois anos, ou até mesmo alguns meses, conforme o caso e o tamanho do universo examinado e a quantidade de pessoas envolvidas. Pesquisas de clima organizacional e outras ferramentas de Gestão de Recursos Humanos, assim como evidências obtidas até mesmo informalmente, podem revelar aproximadamente em que estágio desse percurso encontram-se um grupo de trabalho, um departamento, uma diretoria ou até mesmo a empresa como um todo.

Quanto mais baixo for o nível, nesse caso, maior é a urgência de se fazer alguma coisa concreta para sustar esse processo de declínio no engajamento das pessoas e revertê-lo para gerar comprometimento e entusiasmo pelo trabalho. A implantação de processos de *mentoring* junto aos executivos e outros profissionais envolvidos pode ser, nesse caso, decisiva.

Tomemos outra vertente para refletir sobre mais um aspecto relevante do *mentoring*: acreditamos que existe uma inteligência instalada e uma sabedoria estática, não aproveitada na sua maior parte, em cada contexto social em que cada um de nós nos encontramos: a empresa, a família, a comunidade, a sociedade como um todo.

Dentro das organizações empresariais, em particular, subsiste um capital intelectual e emocional oculto, mas indisponível, simplesmente porque as pessoas não sabem como acessá-lo. Essa é a primeira e mais óbvia razão para se disparar, em uma empresa, um programa de *mentoring*: a possibilidade de movimentar essa riqueza de conhecimentos e sentimentos que se encontra represada. Sacudindo-se o ambiente interno por meio das entrevistas de *mentoring*, é possível pouco a pouco descolar esse rico capital das paredes em que se encontra grudado, como se estivéssemos garimpando o ouro que impregna as rochas, nas cavernas de uma mina no subsolo. O *mentoring* é um modo (possivelmente o *melhor* modo) de garimpar esse ouro e trazê-lo para a superfície da empresa.

Depois da vigência do programa de *mentoring* por um tempo, já será possível perceber reflexões positivas do mesmo no dia a dia da empresa. Perceberemos que a cultura interna está se renovando; os contatos interpessoais e intragrupais na organização, para debate de temas importantes, estão se realizando mais frequentemente; o vocabulário das pessoas terá crescido, e a qualidade de suas mensagens umas às outras terá aumentado; a integração entre as áreas deverá ser maior que antes; inovações tenderão a ser sugeridas aqui e ali; questionamentos saudáveis, decorrentes de divergências, e não de conflitos, poderão ser mais frequentes...

O *mentoring* tem, portanto, um caráter eminentemente educativo para a organização como um todo, assim como para cada indivíduo envolvido; além do que um real exercício de ética no trabalho estará sendo feito por esse meio.

A *Pirâmide de Dilts*, reproduzida a seguir, é um conceito que utilizamos para mostrar a evolução esperada do mentee no processo de *mentoring*, conforme orientado pelo mentor. Robert Dilts é um consultor norte-americano, practitioner de Programação Neurolinguística e discípulo direto de John Grinder e Richard Bandler, os pesquisadores que, na Califórnia, na década de 1970, desenvolveram a metodologia da PNL. Dilts sugere, em sua pirâmide, uma sequência de aprendizados progressivamente mais complexos, a ser observada nos mentees, à medida em que vão interagindo com seus mentores em reuniões realizadas ao longo do tempo.

314 A SUCESSÃO NA ESTRATÉGIA DOS NEGÓCIOS | Parte 6

Figura 8: A Pirâmide de Dilts. **Fonte:** Adaptado pela autora com base no texto "A Brief History of Logical Levels", de Robert Dilts. Disponível em: http://www.nlpu.com/Articles/LevelsSummary.htm.

A Pirâmide de Dilts Deve Ser Lida de Baixo para Cima:

- Em um primeiro momento, o mentor ajuda o mentee a situar-se na empresa e em seu estágio de vida e carreira.
- Com base nisso, ajuda-o a definir e assumir (com o mentor) a responsabilidade de traçar planos e cursos de ação, a fim de mover-se na vida e na carreira, a partir daquele ponto inicial.
- Em seguida, o mentee deve ser auxiliado quanto a identificar e recorrer a ferramentas e instrumentos válidos, disponíveis para empreender seu percurso daqui por diante.
- Em um quarto momento, o mentee é estimulado a compartilhar o que já conseguiu no processo de *mentoring*, com a finalidade de aclarar e solidificar seus valores e sua ética de trabalho.
- E, finalmente, no estágio final desse processo, o mentee, sempre com a ajuda do mentor, deve fazer um balanço do que conseguiu atingir, a fim de comprovar seu desenvolvimento.
- Ciclicamente o processo então recomeça, com o retorno do mentee ao ponto inicial, o mais baixo da pirâmide, mas agora reiniciando a trajetória em patamar mais elevado.

A implementação de um programa de *mentoring* na organização deve estar a serviço de uma grande bandeira, que faça sentido para a organização como um todo, por exemplo:

- embasar o processo educativo interno;
- introduzir novas competências no corpo de líderes; e
- apoiar os processos de sucessão.

Passos na Instalação do Programa de Mentoring

A instalação de um programa de *mentoring* na organização pede que isso seja feito de uma forma organizada, compreendendo estas etapas:

- Em primeiro lugar, é necessário reconhecer a existência que a organização dispõe realmente de um capital subjacente, represado e inoperante; aceitar que se trata de algo precioso e de valor, que deve ser resgatado e posto em ação no dia a dia da empresa; e tomar as medidas cabíveis para tal, decidindo realmente implantar um programa de *mentoring*. Com nossa expertise de anos nessa área, temos, sem falsa modéstia, plenas condições de ajudá-los nisso.
- O próximo passo consiste em mapear as lideranças que participarão do programa como mentores. Devem-se escolher aqueles líderes que já são reconhecidos como tal na organização e que exerçam uma dose perceptível de influência no sistema. O ideal é que os escolhidos sejam voluntários — podem ser convidados, mas, de modo algum, convocados para participar —, ou seja, devem engajar-se por sua própria vontade. Os candidatos a mentor precisam ser devidamente mapeados, porque devem ser pessoas dotadas de um vasto e profundo conhecimento sobre a organização, além do que terão de ser previamente treinados para assumir o papel de mentores no programa. Temos condições de ajudar a empresa a fazer esse mapeamento e a dar a devida preparação aos mentores.
- Os mentees também deverão ser escolhidos. Esse é o passo seguinte. Os mentees devem constituir uma população interna à qual a empresa considere oportuno e vantajoso proporcionar oportunidades de desenvolvimento. São pessoas nas quais ela deseja investir e cujo amadurecimento profissional ela pretende acelerar. Os critérios para a identificação desse universo de mentees são específicos para cada organização, dependem de peculiaridades da mesma e da direção que ela deseje dar aos seus programas de desenvolvimento de executivos. Estamos igualmente à vontade para auxiliar a empresa cliente a definir os contornos dessa população-alvo e a efetuar a seleção dos executivos e outros profissionais que participarão como mentees.

- Finalmente, o mapeamento das capacidades instaladas na empresa, sugerido pela figura dada anteriormente, com suas quatro dimensões ou campos (*Perfil, Know-how, Background* e *Performance*), situados em torno de um *Projeto de Vida*, deve ser tomado como ponto de partida para a atuação dos mentores no programa. Na preparação dos mentores para atuarem no programa, isso deverá ser devidamente salientado. A empresa partirá dessas dimensões para identificar o que é importante desenvolver nos mentees de modo geral: suas competências, uma performance diferenciada, a liderança de projetos, a ampliação dos seus conhecimentos, o fortalecimento dos seus valores, a explicitação de suas aspirações...

O programa de *mentoring* deve ter, idealmente, a duração de 12 a 18 meses (um ano a um ano e meio). Sugere-se a realização de uma reunião mensal de duas horas entre mentor e mentee, com sessões de avaliação do processo a cada três meses. Entretanto, é conveniente que essa agenda não seja demasiado rígida e que nem mentor nem mentee se sintam obrigados a fazer qualquer coisa, por mais que se espere de ambos um comportamento disciplinado e seguidor das regras estabelecidas.

Os fatores críticos de sucesso de um programa de *mentoring* são, principalmente:

- a qualidade da parceria que se estabelece entre mentor e mentee, avaliada pela autopercepção dos participantes;
- o nível de engajamento responsável de ambos os lados, denotado pelo cumprimento da agenda e pelo seguimento disciplinado das regras estabelecidas;
- o nível de aprendizagem verificado no processo, avaliado pela autopercepção dos participantes de ambos os lados; e
- o cumprimento de padrões de confidencialidade, necessários à manutenção de um clima ao mesmo tempo intimista e de confiança entre mentor e mentee.

O MENTORING E A ATIVAÇÃO DO CAPITAL INTELECTUAL

De modo geral, constata-se que as empresas têm negligenciado seu capital intelectual — ou, pelo menos, não têm dado a ele o devido valor. Em parte isso se dá por uma dificuldade de acesso a ele, inerente ao próprio objeto: o capital intelectual encontra-se, na maior parte, alojado na mente das pessoas — e nenhuma empresa consegue ter acesso ao que se passa na mente de seu empregado ou colaborador, a menos que este decida voluntariamente abrir-se para ela, divulgando e compartilhando o que sabe. Qualquer outra ideia, como a de, por algum meio, "extrair" das pessoas o conhecimento que têm, a fim de fazer dele algum uso, não passa de fantasia ou delírio.

Só resta às empresas, portanto, encontrar meios de "motivar" quem trabalha para ela a disponibilizar seu conhecimento em prol da realização dos negócios, da busca de resultados e do desenvolvimento da organização.

Parte um tanto paradoxal do dilema, entretanto, é o fato de que, com enorme frequência, a própria empresa sabota sua intenção de apropriar-se e fazer uso desse capital intelectual, não dando aos seus executivos e profissionais reais oportunidades de entregar a ela o que sabem — ainda que esses profissionais quase sempre estejam, eles próprios, ávidos por fazer isso! O fato é que os empregados de uma empresa (particularmente se esta é de grande porte) simplesmente não conseguem aplicar a maior parte do que sabem, porque são pressionados o tempo todo para realizarem tarefas urgentes, atingir metas, atender a métricas estabelecidas, entregar produção e apresentar resultados — e tudo isso "para ontem". A empresa não dá tréguas, exige de seus executivos e especialistas que trabalhem e trabalhem, cada vez mais.

A mensagem sub-reptícia que está por trás dessa forma áspera de tratar as pessoas é bastante óbvia: "Não exerça seu espírito crítico; apenas responda às demandas do dia a dia, cumpra suas responsabilidades, entregue produção e gere lucro!" Ou, dito de outro modo: "Não pense; apenas trabalhe!" O resultado prático disso é que as pessoas são impedidas de exercer na empresa a capacidade de pôr em prática de forma autônoma as suas ideias mais originais, ou de refletir sobre como poderiam melhor atender a organização, fazendo uso do capital intelectual de que dispõem.

Uma decorrência lógica é que a maioria das empresas nem mesmo é capaz de avaliar *quanto* capital de conhecimento está disponível (quanto desse capital está desperdiçando!), por mantê-lo relegado apenas à mente dos seus melhores talentos. Isso a despeito do fato de que as empresas comumente fazem altos investimentos na fertilização dessas mentes, com atualizações do capital intelectual alojado nos seus neurônios: ela amiúde expõe seus executivos e outros profissionais a conteúdos novos, em seminários, congressos, encontros, reuniões, visitas, leituras e outros eventos capazes de renovar-lhes e lhes atualizar esse capital de conhecimento; e, no entanto, nada faz de concreto para aproveitá-lo depois em seu benefício!

Assim, esse conhecimento disponível pouco influencia os negócios, não sendo concretamente aplicado (a não ser em casos excepcionais), para gerar novas opções de ação estratégica, para estimular novos e originais movimentos da empresa ou para reforçar sua posição de mercado, sua perenização e/ou seu crescimento.

Enfim, toda empresa precisa (mas comumente não o faz) responder a uma questão básica, que é a seguinte: será que realmente temos capital de conhecimento suficientemente robusto para dar apoio ao crescimento de nosso negócio?

Para se dispor a contribuir para a resposta a essa pergunta, os executivos e profissionais especializados da empresa precisariam receber estímulos suficientemente convincentes, que os levassem a querer socializar internamente seu conhecimento, trocar informações e ter reflexões conjuntas com seus colegas. A empresa precisa aprender a promover assiduamente o encontro entre as pessoas que nela trabalham, para que, por essa via, o capital intelectual pessoal existente se explicite e possa disseminar-se dentro da organização.

Esses encontros serão dialógicos, simplesmente porque não é cabível que não o sejam. Por princípio, o que neles acontecerá é uma troca efetiva de ricos conhecimentos entre as pessoas envolvidas. O capital intelectual de que cada um dispõe apenas é realmente validado à medida em que se encontra com o capital intelectual dos demais participantes desse diálogo. Com este, todos acabam se enriquecendo de conhecimento novo.

Frise-se que esses diálogos internos na empresa nada têm a ver com a hierarquia — ao contrário, o exercício da hierarquia pode ser até mesmo um entrave aos mesmos, especialmente quando a hierarquia é alçada à condição de critério prioritário na orientação da comunicação interna. Dificilmente um enriquecimento mútuo pela via do diálogo pode ocorrer, quando no mínimo uma das partes envolvidas ainda precisa relembrar e dizer coisas, tais como: "Você é meu chefe" e/ou "Eu sou seu subordinado". Confiança, respeito e igualdade, atributos essenciais para uma situação social realmente de diálogo, são condições facilmente abafadas pela simples sugestão de que a hierarquia existe e prevalece.

É aqui que entram, em uma empresa, os programas internos de *coaching* e, muito especialmente, de *mentoring*. O *coaching* pode funcionar como um importante processo a estimular a explicitação dos conhecimentos disponíveis na mente dos profissionais da empresa. Um *coach* experiente sem dúvida é capaz de perceber a existência desses recursos intelectuais pessoais em seu *coachee*, e de estimular que sejam abertos aos outros que fazem parte da empresa.

Essa experiência do *coach* é fundamental, porque ele não será de grande ajuda, caso apenas siga algum procedimento estandardizado, repetido de uma mesma forma com todos os seus *coachees*. Bem ao contrário, cada situação de *coaching* deve ser vista como única, porque único é também o cabedal de conhecimento que cada *coachee* traz para alimentar sua relação com a empresa. Assim, se nos dispusermos a analisar detidamente, dentro da empresa, 70 processos de *coaching*, veremos que eles representam 70 diferentes formas de se trabalhar com um *coachee*, isto é, que cada caso é realmente um caso!

Mais importante ainda do que o que se passa com o *coaching* é o que se passa com os processos de *mentoring* dentro da organização. O mentor tem uma responsabilidade formidável, que se estende para muito além daquela que cabe a um *coach*. O mentor deve ajudar seu mentee não apenas a aplicar e a disponibilizar internamente seu conhecimento, mas igualmente a fazer considerações sobre como esse seu conhecimento poderia aplicar-se à organização — não necessariamente à organização tal como é em seus dias atuais, ou à organização com seus atuais problemas de aqui e agora; mas, sobretudo, à organização tal como será mais adiante, à organização quando olhada criticamente para o futuro próximo, de acordo com uma perspectiva muito mais ampla.

O *mentoring* deve ajudar as pessoas a enxergar em que podem elas contribuir para a organização, até mesmo quando a própria organização não solicitou isso explicitamente aos seus *coachees*; mesmo que seus dirigentes ainda não tenham tomado consciência de como poderiam usar esses conhecimentos em seus projetos estratégicos.

O *mentoring* é, portanto, um processo do qual a empresa não pode prescindir. Sem fazer *mentoring* internamente, ela corre o risco de manter apenas estático (estagnado, não utilizado) esse fabuloso cabedal de conhecimento tácito que sem dúvida está disponível na mente das pessoas — até que a própria dinâmica organizacional acabe, por fim, por torná-los obsoletos —, pois é este o destino inexorável de todo conhecimento disponível que não seja oportunamente aplicado à empresa: perder-se!

RESUMINDO...

Finalmente, este capítulo discorre sobre o produto final que é obtido com a aplicação de nossa metodologia para Gestão do Capital Humano, que se dá principalmente no campo da Educação Corporativa. Discutem-se aqui:

- o que é e como se formula um PDI (Plano de Desenvolvimento Individual) para cada executivo da empresa;
- os diferentes formatos para a aplicação de Educação Executiva na empresa, formatos nos quais detemos alta expertise, tais como: cursos, seminários, sistemas de *coaching*, processos de job rotation, atribuição de projetos, treinamentos on the job e outros); e,
- por fim, dá-se uma especial ênfase aos processos de *mentoring*, que são de enorme importância quando se trata de Educação Executiva.

CONCLUSÃO

Aos leitores que chegaram até aqui, imagino já não restarem dúvidas sobre o quanto é relevante um processo de sucessão bem conduzido para proporcionar uma boa saúde e vida longa às organizações. Eu diria ainda que, se examinarmos o que acaba de ser dito com os olhos um pouco mais abertos, não teremos dificuldade em enxergar que empresas capazes de manter como seus comandantes gerações consecutivas de líderes capazes e dispostos a tornarem seus empreendimentos crescentemente úteis à sociedade funcionarão como potentes motores que nos empurrarão, a todos, em direção a um futuro de abundância e progresso.

Uma fantasia exagerada? De forma alguma. Como demonstramos ao longo deste livro, um processo de sucessão conduzido de maneira competente e consciensiosa é uma ação de vigoroso aprimoramento e aparelhamento do futuro executivo-chefe. Bem preparado, ele ultrapassará, em sua performance, a atuação do líder que o precedeu.

A empresa inovará e oferecerá melhores produtos ou serviços para os consumidores. A operação será mais lucrativa, o que terá impacto positivo sobre os salários, sobre os impostos pagos. Os empregados passarão a consumir mais, serão incentivados a investir na própria formação e trarão ainda mais inovações para as empresas realimentando o círculo de virtudes. Se multiplicarmos a repercussão de centenas, de milhares de empresas bem gerenciadas e cumprindo a sua missão social de entregar valor aos seus diversos stakeholders, faremos de nosso país um lugar muito melhor para se viver.

Mas ainda será preciso subir algumas colinas até alcançarmos o engajamento do grosso do empresariado nas ações necessárias para preparar sucessores de qualidade. Em algumas partes desta obra foi explicado como ainda é incipiente o número de organizações que se debruçam a sério sobre a questão da sucessão, embora haja um número suficiente de expertise, instrumentos e especialistas suficientes para organizar essa ação de vital importância para a sobrevivência e continuidade das empresas.

Esse não é apenas um fenômeno brasileiro, ao contrário, o nível de comprometimento das empresas nacionais na formação de seus futuros quadros, não só dos líderes de primeira linha, é bem semelhante aos de outros países. E é um índice ainda preocupantemente baixo.

Não há quem desconheça o quão rápido nossos hábitos culturais, de consumo, nossa visão sobre o mundo do trabalho e até mesmo a maneira como nos relacionamos com nossos familiares, colegas e até desconhecidos na rua vêm se transformando. Se nos dermos ao trabalho de recordarmos como levávamos a vida há poucos anos, nos surpreenderemos com a maneira como ela se transformou, mesmo nos detalhes mais íntimos.

Tratamos dessas mudanças no universo do trabalho, de como elas vêm rompendo as paredes das organizações e tornando-as mais fluídas, mais interativas, e obrigadas a se relacionar, crescentemente, com colaboradores, alguns estratégicos, que cada vez menos pertencem aos seus quadros funcionais.

Essa mudança em si, não é boa ou ruim, mas tem o potencial para convulsionar a gestão nas empresas. A partir de agora, exigem-se CEOs mais rápidos, mais criativos. Buscam-se pessoas capazes de acompanhar e vencer um jogo que muda com a rapidez, a imprevisibilidade e a potencialidade destrutiva dos temporais. Nunca foi tão urgente a necessidade de líderes bem-formados, nunca foi tão premente que as organizações dediquem uma fatia generosa de seu tempo e recursos para preparar os futuros líderes para esses tempos movediços que estão apenas começando a se instalar. A recompensa por esse esforço será a própria sobrevivência.

Como disse na introdução deste livro, há trinta anos venho acompanhando processos de sucessão nas mais diversas organizações. Toda a experiência que acumulei neste tempo me mostrou, com toda a clareza, que processos de sucessão feitos com método, vigor e honestidade sempre garantiram uma vida longa e feliz às empresas que se empenharam nessa ação. Isso é mais atual do que nunca.

BIBLIOGRAFIA CONSULTADA

PARTE 1

Cap. 2

[1] Orlando Villas Bôas Filho, professor doutor da Faculdade de Direito da Universidade de São Paulo, em "Ancient Law — Um clássico revisitado 150 anos depois", artigo publicado na *Revista da Faculdade de Direito da Universidade de São Paulo*, v. 106/107, p. 527–562, jan./dez. 2011/2012.

[2] Clóvis Bulcão. *Os Guinle* — A história de uma dinastia. Rio de Janeiro: Intrínseca, 2015. p. 15–16.

PARTE 2

Cap. 3

[1] Yoshiaki Nakano, diretor da Escola de Economia de São Paulo, da FGV e ex-secretário da Fazenda do Estado de São Paulo, em "Catch up", artigo publicado no jornal *Folha de São Paulo*, caderno "Dinheiro", p. B6, 24 jan. 2010.

[2] Amartya Sen, em entrevista. Cf. Fernanda Mena, em "Uma boa sociedade requer tanto o Estado como o mercado", matéria publicada no jornal *Folha de São Paulo*, caderno "Mundo", p. A16, 18 abr. 2012.

[3] César Benjamin, editor da Editora Contraponto, em "Astúcias da razão", matéria publicada no jornal *Folha de São Paulo*, caderno "Dinheiro", p. B2, 13 dez. 2008.

[4] Scott Shane e Ron Nixon, do "New York Times" em Washington, em "Gasto com terceirização explode nos EUA", matéria publicada no jornal *Folha de São Paulo*, caderno "Mundo", p. A11, 6 fev. 2007 (tradução de Paulo Migliacci).

[5] Francis Fukuyama, cientista político americano, em entrevista. Cf. Claudia Antunes, em "O fim do fim da história", matéria publicada no jornal *Folha de São Paulo*, caderno "Mundo", p. A20, 15 jan. 2012.

[6] Suely Caldas, jornalista e professor de Comunicação na PUC-RJ, em "Estatais? Para quê?", matéria publicada no jornal *O Estado de São Paulo*, caderno "Economia", p. B2, 28 fev. 2010.

[7] Ricardo Vélez Rodríguez, membro do Centro de Pesquisas Estratégicas da Univ. Federal de Juiz de Fora (UFJR), professor emérito da ECEME e docente da Faculdade Arthur Thomas, de Londrina, em "O patrimonialismo e o inferno de Jefferson", matéria publicada no jornal *O Estado de São Paulo*, seção "Espaço Aberto", p. A2 , 16 abr. 2016.

[8] Darcio Oliveira, em "A elite brasileira é muito desmobilizada em relação ao país", matéria publicada na revista *Época Negócios*, ano 10, n. 121, p. 34-41, mar. 2017.

[9] Fernanda Nunes, em "Presidente da Eletrobras diz que grupo tem 40% de chefes 'vagabundos'", matéria publicada no jornal *O Estado de São Paulo*, edição online (2017), coluna "Broadcast". Disponível em: http://economia.estadao.com.br/noticias/geral,presidente-da-eletrobras-chama-funcionarios-de-vagabundos-ouca,70001856722. Acesso em: 29 mar. 2018.

[10] Rolf Kuntz, jornalista, em "Reestatizar, com urgência", matéria publicada no jornal *O Estado de São Paulo*, seção "Espaço Aberto", p. A2, 26 mar. 2017.

[11] Moisés Naím, escritor venezuelano e membro do Carnegie Endowment em Washington, em "Ideias que Trump matou", matéria publicada no jornal *O Estado de São Paulo*, caderno "Internacional", p. A10, 19 jun. 2017 (tradução de Terezinha Martino).

[12] Cf. "A responsabilidade de Lula", matéria publicada no jornal *O Estado de São Paulo*, seção "Notas e Informações", p. A3, 16 abr. 2017.

Cap. 4

[1] "Linha do tempo mostra a história do Grupo Pão de Açúcar", matéria publicada na revista *Época Negócios*, edição online (2012). Disponível em: http://epocanegocios.globo.com/Inspiracao/Empresa/noticia/2012/06/conheca-historia-do-gpa-e-entenda-passagem-de-bastao-para-o-casino.html. Acesso em: 29 maio 2017.

[2] Cf. "Olavo Egydio Setubal, do Banco Itaú, morre aos 85 anos em São Paulo", matéria publicada pelo jornal *Folha de São Paulo*, edição online (2008). Disponível em: http://www1.folha.uol.com.br/mercado/2008/08/438365-olavo-egydio-setubal-do-banco-itau-morre-aos-85-anos-em-sao-paulo.shtml. Acesso em: 29 maio 2017.

[3] Renato Bernhoeft, em *Empresa familiar*: Sucessão profissionalizada ou sobrevivência comprometida. São Paulo: Ed. Nobel, 1989.

[4] Tiago Lethbridge, em "O desafio de trabalhar com o pai", matéria publicada na revista *Exame*, São Paulo, Editora Abril, edição online (2011). Disponível em: http://exame.abril.com.br/revista-exame/o-desafio-de-trabalhar-com-o-pai-m0040697/. Acesso em: 5 jun. 2017.

[5] Cf. "Fundador das Casas Bahia, Samuel Klein morre aos 91 anos em SP", matéria publicada online no site *G1*. 2014. Disponível em: http://g1.globo.com/sao-paulo/noticia/2014/11/fundador-das-casas-bahia-samuel-klein-morre-aos-91-anos-em-sao-paulo.html. Acesso em: 5 jun. 2017.

[6] Cristiane Barbieri, em "Como Alair Martins ergueu o maior atacadista distribuidor do país", matéria publicada na revista *Época Negócios*, originalmente em edição de outubro de 2014 e reproduzida na edição de janeiro de 2015. 2015. Disponível em: http://epocanegocios.globo.com/Informacao/Resultados/noticia/2015/01/como-alair-martins-ergueu-o-maior-atacadista-distribuidor-do-pais.html. Acesso em: 9 jun. 2017.

[7] Bruno Vieira Feijó, em "Tudo o que os outros detestavam eu fazia", matéria publicada na revista *Pequenas Empresas, Grandes Negócios*, São Paulo, Editora Globo, edição de aniversário, dez. 2016, p. 36–42.

[8] André Porto Alegre, em *A trajetória de um publicitário comum: Ideias para a formação de um profissional de propaganda*. São Paulo: Matrix Editora, 2014. p. 44–45.

[9] Cf. https://pt.Wikipédia.org/wiki/Walther_Moreira_Salles. Acesso em: 5 jun. 2017.

Cap. 5

[1] Édio Passos, Renata Bernhoeft, Renato Bernhoeft e Wagner Teixeira, em *Família, Família, Negócios à Parte*: como fortalecer laços e desatar nós na empresa familiar. São Paulo: Editora Gente, 2006.

Édio Passos, Renata Bernhoeft, Renato Bernhoeft e Wagner Teixeira, em *Revista Gerações*: sucessão e continuidade das famílias empresárias. Publicação da empresa Höft — transição de gerações. Periodicidade anual — edições 1 a 10 (2010 a 2019).

PARTE 3

Cap. 6

[1] Cf. "Morre Steve Jobs, fundador da Apple", matéria publicada online no site *G1*. 2011. Disponível em: http://g1.globo.com/tecnologia/noticia/2011/10/morre-steve-jobs-fundador-da-apple.html. Acesso em: 1 jun. 2017.

[2] Brent Schlender & Rick Tetzeli, em *Becoming Steve Jobs*: The Evolution of a Reckless Upstart into a Visionary". Crown Publishing Group, 2015. 458 p.

[3] Cf. "Steve Jobs: Sem fundador, Apple tem sucesso, mas futuro é incerto", matéria publicada no site *G1*. 2011. Disponível em: http://g1.globo.com/tecnologia/noticia/2016/10/steve-jobs-sem-fundador-apple-tem-sucesso-mas-futuro-e-incerto.html. Acesso em: 1 jun. 2017.

[4] Cf. "Morre o presidente mundial da Coca", matéria das agência internacionais, publicada no jornal *Folha de São Paulo*, edição online (1997). Disponível em: http://www1.folha.uol.com.br/fsp/dinheiro/fi191011.htm. Acesso em: 1 jun. 2017.

[5] Cf. "Roberto Crispulo Goizueta, who put the fizz into Coke, died on October 18th, aged 65", matéria publicada na revista *The Economist*, edição online (1997). Disponível em: http://www.economist.com/node/104085. Acesso em: 1 jun. 2017.

[6] Cf. notas na enciclopédia digital *Wikipédia*. Disponível em: https://en.Wikipédia.org/wiki/Douglas_Ivester. Acesso em: 1 jun. 2017.

[7] Cf. "Satoru Iwata, presidente da Nintendo, morre aos 55 anos", matéria publicada no site *G1*. 2015. Disponível em: http://g1.globo.com/tecnologia/games/noticia/2015/07/satoru-iwata-presidente-da-nintendo-morre-aos-55-anos.html. Acesso em: 1 jun. 2017.

[8] Luís Alves, em "Michael Pachter diz que o sucessor de Satoru Iwata será japonês", matéria publicada online no site *Eurogamer.pt*. 2015. Disponível em: http://www.eurogamer.pt/articles/2015-07-15-michael-pachter-diz-que-o-sucessor-de-satoru-iwata-sera-japones. Acesso em: 1 jun. 2017.

[9] N.E. Brian, em "Reggie discusses his legendary E3 2004 moment", matéria publicada online no boletim da Nintendo, *General Nintendo News*. 2017. Disponível em: http://nintendoeverything.com/reggie-discusses-his-legendary-e3-2004-moment/. Acesso em: 2 jun. 2017.

[10] Cf. Enciclopédia digital *Wikipédia*. Disponível em: https://en.Wikipédia.org/wiki/Tatsumi_Kimishima. Acesso em: 2 jun. 2017.

Cap. 7

[1] Donovan Herbster, em "19 empresas que trocaram de presidente em 2016", matéria publicada online no site *Business Brasil Review*. 2017. Disponível em: http://www.businessreviewbrasil.com.br/l%C3%ADderesempresariais/2129/19-empresas-que-trocaram-de-presidente-em-2016. Acesso em: 2 jun. 2017.

[2] Cf. https://pt.Wikipédia.org/wiki/Fabio_Barbosa. Acesso em: 5 jun. 2017.

[3] Renée Pereira e Luciana Collet, em "Dona da Eletropaulo muda comando no país e coloca ativos à venda", matéria publicada no jornal *O Estado de São Paulo*, edição online (2016). Disponível em: http://economia.estadao.com.br/noticias/geral,em-reestruturacao--eletropaulo-muda-presidente,10000016853. Acesso em: 2 jun. 2017.

[4] Cf. https://pt.Wikipédia.org/wiki/Rompimento_de_barragem_em_Mariana. Acesso em: 5 jun. 2017.

[5] Leonardo Augusto, em diretor-presidente da Samarco é afastado do cargo", matéria publicada no jornal *O Estado de São Paulo*, edição online (2016). Disponível em: http://brasil.estadao.com.br/noticias/geral,diretor-presidente-da-samarco-e-afastado-do-cargo,10000012924. Acesso em: 2 jun. 2017.

[6] Ram Charan & Geoffrey Colvin, "Why CEOs fail", revista *Fortune*, n. 139, p. 21–69, jun. 1999.

[7] Agrícola Bethlem, *Direção estratégica de empresas brasileiras*. Rio de Janeiro: Elsevier Brasil, 2015. 200 p.

[8] Cf. "Conglomerados são administrados como reinos", matéria publicada no jornal *O Estado de São Paulo*, edição online (2012). Disponível em: http://economia.estadao.com.br/noticias/geral,conglomerados-sao-administrados-como-reinos-imp-,918967. Acesso em: 3 jun. 2017.

[9] Fernando Valeika de Barros, em "O avanço dos coreanos", matéria publicada online na revista *Época Negócios*. 2010. Disponível em: http://epocanegocios.globo.com/Revista/Common/0,,ERT153150-16642,00.html. Acesso em: 2 jun. 2017.

[10] Cf. "Samsung's former no. 2 closes in on billionaire status", matéria publicada no jornal *The Korea Herald*, edição online (2014). Disponível em: http://www.koreaherald.com/view.php?ud=20141103001030. Acesso em: 2 jun. 2017.

[11] Cf. "Presidente da Samsung renuncia após escândalo de corrupção", matéria publicada online no site da *BBC Brasil*. 2008. Disponível em: http://www.bbc.com/portuguese/reporterbbc/story/2008/04/080422_samsung_ac.shtml. Acesso em: 2 jun. 2017.

Bibliografia Consultada 327

[12] Christian Oliver, em "South Korea to pardon businessmen", matéria publicada online no jornal *Financial Times*. 2010. Disponível em: https://www.ft.com/content/16d3a502-a6a0-11df-8d1e-00144feabdc0. Acesso em: 2 jun. 2017.

[13] Cf. "Escândalo da Volkswagen: veja como a fraude foi descoberta", matéria publicada online no site *G1*. 2017. Disponível em: http://g1.globo.com/carros/noticia/2015/09/escandalo-da-volkswagen-veja-o-passo-passo-do-caso.html. Acesso em: 3 jun. 2017.

[14] Jens Meyer, da agência Associated Press, em "Volkswagen admite culpa e pagará US$4,3 bi por escândalo de emissões", matéria originalmente publicada no jornal "Financial Times" e reproduzida no jornal *Folha de São Paulo*, edição online (2017). Disponível em: http://www1.folha.uol.com.br/mercado/2017/01/1849019-volkswagen-admite-culpa-e-pagara-brus-43-bi-por-escandalo-de-emissoes.shtml. Acesso em: 3 jun. 2017 (tradução de Paulo Migliacci).

[15] "Diretor-geral da Porsche é o novo presidente da Volkswagen", matéria publicada online no site *G1*. 2015. Disponível em: http://g1.globo.com/carros/noticia/2015/09/diretorgeral-da-porsche-e-o-novo-ceo-da-volkswagen.html. Acesso em: 3 jun. 2017.

[16] Cf. "Compliance". Disponível em: https://www.volkswagenag.com/en/group/compliance-and-risk-management/compliance.html. Acesso em: 3 jun. 2017.

[17] Vide "Volkswagen do Brasil conquista o Prêmio Ética nos Negócios e fortalece a cultura de compliance junto aos seus empregados", matéria publicada online no site da *VW*. 2013. Disponível em: http://www.vwbr.com.br/ImprensaVW/Release.aspx?id=5e7cd2ac-2d5a-4186-8fd9-69c73e1ad9ef. Acesso em: 3 jun. 2017.

[18] Sergio Fausto, superintendente executivo da Fundação FHC, colaborador do Latin-American Program do Baker Institute of Public Policy, Rice University e membro do GACINT-USP, em "Esperando a Odebrecht", matéria publicada no jornal *O Estado de São Paulo*, seção "Espaço Aberto", p. A2, 23 nov. 2016.

[19] Sérgio Moro, juiz da Lava Jato, em entrevista. Cf. Fausto Macedo e Ricardo Brandt, em "Ideal seria limitar o foro aos presidentes dos três poderes", matéria publicada no jornal *O Estado de São Paulo*, caderno "Política", p. A10, 6 nov. 2016.

[20] Samuel Nunes, em "Marcelo Odebrecht deixa o cargo de presidente da empresa da família", matéria publicada online no site *G1*. 2015. Disponível em: http://g1.globo.com/pr/parana/noticia/2015/12/marcelo-odebrecht-deixa-o-cargo-de-presidente-da-empresa-da-familia.html. Acesso em: 2 jun. 2017.

[21] Vicente Nunes, em "Joesley Batista é afastado da J&F e da Eldorado pela Justiça", matéria publicada online no Blog do Vicente, associado ao jornal *Correio Braziliense*. 2017. Disponível em: http://blogs.correiobraziliense.com.br/vicente/4553-2/. Acesso em: 2 jun. 2017.

[22] Donovan Herbster, em "19 empresas que trocaram de presidente em 2016", matéria publicada online no site *Business Brasil Review*. 2017. Disponível em: http://www.businessreviewbrasil.com.br/l%C3%ADderesempresariais/2129/19-empresas-que-trocaram-de-presidente-em-2016. Acesso em: 2 jun. 2017.

Cap. 8

[1] Darlan Alvarenga, em "Candido Bracher substituirá Setubal na presidência do Itaú Unibanco", matéria publicada online no site *G1*. 2016. Disponível em: http://g1.globo.com/economia/negocios/noticia/2016/11/roberto-setubal-deixa-presidencia-do-itau-e-candido-bracher-assume-cargo.html. Acesso em: 2 jun. 2017.

[2] Daniela Barbosa, em "Presidente da Tiffany & Co. anuncia aposentadoria para 2015", matéria publicada na revista *Exame*, edição online (2014). Disponível em: http://exame.abril.com.br/negocios/presidente-da-tiffany-co-anuncia-aposentadoria-para-2015/. Acesso em: 2 jun. 2017.

[3] Donovan Herbster, em "19 empresas que trocaram de presidente em 2016", matéria publicada online no site *Business Brasil Review*. 2017. Disponível em: http://www.businessreviewbrasil.com.br/l%C3%ADderesempresariais/2129/19-empresas-que-trocaram-de-presidente-em-2016. Acesso em: 2 jun. 2017.

[4] Vivian Codogno, em "'Não sou eterna. Eu estava presidente', diz Sônia Hess", matéria publicada no jornal *O Estado de São Paulo*, edição online (2015). Disponível em: http://pme.estadao.com.br/noticias/noticias,nao-sou-eterna-eu-estava-presidente-diz-sonia-hess,6154,0.htm. Acesso em: 5 jun. 2017.

[5] Vinicius Pinheiro & Felipe Marques, em "Candido Bracher substituirá Setubal na presidência do Itaú-Unibanco", matéria publicada no jornal *Valor Econômico*, edição online (2016). Disponível em: http://www.valor.com.br/financas/4771645/candido-bracher-substituira-setubal-na-presidencia-do-itau-unibanco. Acesso em: 5 maio 2017.

[6] Lucas Amorim, em "O desafio da sucessão nas empresas", matéria publicada na revista *Exame*, Editora Abril, edição online (2012). Disponível em: http://exame.abril.com.br/revista-exame/o-desafio-da-sucessao-nas-empresas/. Acesso em: 5 maio 2017.

[7] Roberto Meir & Alexandre Volpi, em *O Brasil que encanta o cliente*: histórias e segredos de 11 empresas. Rio de Janeiro: Ed. Campus, 2006. p. 46.

[8] Cf. "Artur Grynbaum assume presidência de O Boticário", matéria publicada no jornal *DCI — Diário Comércio, Indústria & Serviços*, edição online (2008). Disponível em: http://www.dci.com.br/servicos/artur-grynbaum-assume--presidencia-de-o-boticario-id137385.html. Acesso em: 5 maio 2017.

[9] Lucas Amorim, em "O Boticário é a empresa certa no país certo", matéria publicada na revista *Exame*, Editora Abril, edição online (2013). Disponível em: http://exame.abril.com.br/revista-exame/o-boticario-e-a-empresa-certa-no-pais-certo/. Acesso em: 5 maio 2017.

Cap. 9

[1] Cf. "Inside the machine", e-Management Survey, revista *The Economist*, p. 7, 11 nov. 2000. (Tradução de Marco A. Oliveira).

[2] Cf. "TecToy", verbete da enciclopédia online *Wikipédia*. Disponível em: https://pt.Wikipédia.org/wiki/Tectoy. Acesso em: 12 jun. 2017.

[3] Donovan Herbster, em "19 empresas que trocaram de presidente em 2016", matéria publicada online no site *Business Brasil Review*. 2017. Disponível em: http://www.businessreviewbrasil.com.br/l%C3%ADderesempresariais/2129/19-empresas-que-trocaram-de-presidente-em-2016. Acesso em: 2 jun. 2017.

[4] Nota publicada no site da empresa *Ibema*. 2015. Disponível em: http://www.ibema.com.br/noticias/Paginas/LerNoticia.aspx?noticia=171. Acesso em: 2 jun. 2017.

[5] Alexandre Teixeira, em "Uma presidente singular", matéria publicada na revista *Época Negócios*. 2008. Disponível em: http://epocanegocios.globo.com/Revista/Epocanegocios/0,,EDR84354-8387,00.html. Acesso em: 12 jun. 2017.

[6] Disponível em: https://experience.hsm.com.br/posts/turnaround-a-recuperacao-das-empresas. Acesso em: 1 jun. 2017.

[7] Tatiana Vaz, em "As lições de Cláudio Galeazzi, perito em salvar empresas", matéria publicada na revista *Exame*, Ed. Abril, São Paulo, edição online (2016). Disponível em: http://exame.abril.com.br/negocios/as-licoes-de-claudio-galeazzi-perito-em-salvar-empresas/. Acesso em: 1 jun. 2017.

PARTE 4

Cap. 10

[1] José Mendonça, em "História de família", matéria publicada online no blog do autor. 2009. Disponível em: http://josemendonca-ba.blogspot.com.br/2009/03/historia-de-familia.html. Acesso em: 22 jun. 2017.

[2] Cf. "Veja 20 estagiários que viraram presidentes", matéria publicada na plataforma *iG*, seção "Guia de Estágio e Trainee". 2010. Disponível em: http://estagio.ig.com.br/guiadocandidato/veja-20-estagiarios-que-viraram-presidentes/n1237826173536.html. Acesso em: 22 jun. 2017.

[3] Ram Charan, Stephen J. Drotter e James Noel, em *Pipeline de Liderança*: O desenvolvimento de líderes como diferencial competitivo. 2. ed. Rio de Janeiro: Ed. Campus, 2013. 344 p.

[4] Joel Souza Dutra, "Carreiras paralelas: uma proposta de revisão de carreiras". *Revista de Administração*, Universidade de São Paulo, São Paulo, v. 27, n. 4, p. 65–73, out./dez. 1992.

[5] Philip Sadler, diretor do Ashridge Management College, no Reino Unido, em *Managing Talent*: Making the Best of the Best. Londres: Century Business Books/The Economist Books, 1993. p. 148.

[6] Earl G. Abbott, Gerente de Treinamento de Vendas da GE, em entrevista. Cf. "Advance in a large company: How it works", matéria publicada na revista *The Michigan Technic*, Michigan, EUA, v. 76, n. 4, p. 86, fev. 1958.

[7] Cf. "O que é gerenciamento de projetos", matéria publicada no site do *PMI — Project Management Institute*, Brasil. Disponível em: https://brasil.pmi.org/brazil/AboutUs/WhatIsProjectManagement.aspx. Acesso em: 16 jun. 2017.

[8] Mariana Segala, em "Depois da carreira em Y, empresas adotam a carreira em W", matéria publicada na revista *Exame*, edição online (2015). Disponível em: http://exame.abril.com.br/carreira/uma-via-de-tres-maos/. Acesso em: 15 jun. 2017.

[9] SEGALA, Mariana. Depois da carreira em Y, empresas adotam a carreira em W. *Você RH*, 9 abr. 2015. Disponível em: https://exame.abril.com.br/carreira/uma-via-de-tres-maos/.

Cap. 12

[1] Cf. "José Galló, da Renner, lança livro 'O poder do encantamento'", matéria publicada na newsletter online *Mercado & Consumo*. 2017. Disponível em: http://www.mercadoeconsumo.com.br/2017/09/27/jose-gallo-da-renner-lanca-livro-o-poder-do-encantamento/. Acesso em: 15 out. 2017.

[2] Peter Drucker, em *Administrando em tempos de mudanças*. São Paulo: Pioneira, 1999. cap. 6. p. 49–52.

[3] Elcio Anibal de Lucca, em "O líder precisa dar o exemplo". Sérgio Costa (org.), em *As lições de 21 personal cases*. Rio de Janeiro: Ed. FGV, 2007 (reimpressão). p. 57–58.

[4] Fernanda Guimarães, em "Após 30 anos, Edemir deixa o setor financeiro", matéria publicada no jornal *O Estado de São Paulo*, caderno "Economia", p. B20, 29 abr. 2017.

[5] Stewart Clegg, Martin Kornberger e Tyrone Ptisis, em *Administração e Organizações*: Uma introdução à teoria e à prática. 2. ed. Porto Alegre-RS: Bookman, 2011. cap. 13. p. 545 (tradução sob coordenação de Patricia Lessa Flores da Cunha).

[6] Jagdish N. Sheth, em *Os maus hábitos das boas empresas* — e como fugir deles. Porto Alegre-RS: Bookman, 2008. cap. 2. p. 41 (tradução de Michelle Tse).

[7] Marcelo Poli, em "Megainvestidor continua quebrando a cara com a Herbalife", matéria publicada na revista *Exame*, São Paulo, Editora Abril, edição online (2014). Disponível em: http://exame.abril.com.br/mercados/megainvestidor-continua-quebrando-a-cara-com-a-herbalife/. Acesso em: 29 maio 2017.

[8] Fernando Dantas, em "Taleb quer sistema que 'goste da desordem'", matéria publicada no jornal *O Estado de São Paulo*, caderno "Economia", p. B10, 8 abr. 2012.

[9] H. Igor Ansoff, em "Estratégia Empresarial". São Paulo: Ed. McGraw-Hill do Brasil, 1977.

[10] Alexandre Teixeira, em "Não há decisão individual na Petrobras", reportagem de capa publicada na revista *Época Negócios*. 2009. Disponível em: http://epocanegocios.globo.com/Revista/Common/0,EMI71263-16380,00-nao+ha+decisao+individual+na+petrobras.html. Acesso em: 1 maio 2017.

[11] Manoel Macedo, presidente da Henkel Brasil, VP da área de Adhesive Technologies e VP da unidade de Consumer Adhesives, em entrevista. Cf. Cláudio Marques, em "A grande função do líder é não desmotivar", matéria publicada no jornal *O Estado de São Paulo*, suplemento "Carreiras & Empregos", p. 2, 30 abr. 2017.

[12] Rodrigo Moreti, em "Gestão de negócios x gestão política a partir da eleição de João Doria Jr. como prefeito de SP", matéria publicada online no blog *Runrun.it*. Disponível em: https://blog.runrun.it/gestao-de-negocios-gestao-de-cidades/. Acesso em: 1 maio 2017.

[13] Patricia Sellers (com os repórteres associados Rahul Jacob e Jessica Skelly von Brachel), em "Does the CEO really matter?", matéria publicada na revista *Fortune*, p. 80–94, 22 abr. 1991.

[14] Edson Pinto de Almeida, em "Lições jesuíticas para orientar líderes à procura de inspiração", matéria sobre o livro de Chris Lowney, "Liderança heroica" (Edições de janeiro, 320 p.), publicada no jornal *Valor*, caderno "Eu & Cultura", p. D3, 1 set. 2015.

[15] Valéria Porto, diretora de RH do PayPal para a América Latina, em "Você tem o que é preciso para ser um bom líder?", matéria publicada no jornal *O Estado de São Paulo*, suplemento "Carreiras & Empregos", seção "Batendo ponto", p. 3, 30 abr. 2017.

[16] Flavio Jansen, CEO da Locaweb, em entrevista. Cf. Cláudio Marques, em "Hoje eu busco focar mais a evolução dos times", matéria publicada no jornal *O Estado de São Paulo*, suplemento "Empregos", p. 2, 8 jan. 2017.

Cap. 15

[1] Cláudio Marques, em "O que depende de mim é escolher bem as pessoas", matéria publicada no jornal *O Estado de São Paulo*, suplemento "Carreiras & Empregos", p. 2, 16 abr. 2017.

[2] Carlos Affonso Souza, diretor do Instituto Tecnologia e Sociedade, em "Os senhores das nossas decisões, resenha do livro de Michael Lewis, "O Projeto Desfazer", publicado na *Revista dos Livros* — Quatro cinco um, ano 1, n. 2, p. 8–9, jun. 2017.

[3] Cf. "Eder Maffissoni assume presidência do laboratório Prati-Donaduzzi", matéria publicada online no site do *Laboratório Prati-Donaduzzi*. 2016. Disponível em: http://www.pratidonaduzzi.com.br/index.php/imprensa/noticias/item/924-eder-maffissoni-assume-presidencia-do-laboratorio-prati-donaduzzi. Acesso em: 22 jun. 2017.

[4] Cf. perfil no *LinkedIn*. Disponível em: https://www.linkedin.com/in/eder-fernando-maffissoni-5b64b534/. Acesso em: 22 jun. 2017.

[5] Cláudio Marques, em "Valorizo o desenvolvimento das pessoas", matéria publicada no jornal *O Estado de São Paulo*, suplemento "Carreiras & Empregos", p. 2, 23 abr. 2017.

[6] Cf. "Nossa história", matéria publicada online no site do laboratório farmacêutico *Eli Lilly*. Disponível em: https://www.lilly.com.br/Sobre_a_Lilly/Nossa_Historia. Acesso em: 23 jun. 2017.

[7] Cf. "Um hotel para cada um", nota publicada na revista *Consumidor Moderno*, ano 21, maio 2017, matéria de capa sobre as empresas e os destaques do 18º. Prêmio Consumidor Moderno de Excelência em Serviços ao Cliente, p. 74.

[8] Cf. Cláudio Marques, em "Fui treinado para ter senso de diplomacia", matéria publicada no jornal *O Estado de São Paulo*, suplemento "Empregos", p. 2, 31 jan. 2016.

[9] Cf. perfil no *LinkedIn*. Disponível em: https://www.linkedin.com/in/patrick-mendes-0b24ab2/. Acesso em: 23 jun. 2017.

[10] Cf. "Embraer anuncia mudança inesperada de CEO", matéria publicada na revista *Exame*, edição online (2016). Disponível em: http://exame.abril.com.br/negocios/embraer-anuncia-mudanca-inesperada-de-ceo/. Acesso em: 23 jun. 2017.

[11] Cf. Perfil no site da *Bloomberg.com*. Disponível em: http://www.bloomberg.com/research/stocks/people/person.asp?personId=1160241&privcapId=683719. Acesso em: 23 jun. 2017.

[12] Cf. "O novo trajeto da Embraer", matéria publicada na revista *IstoÉ Dinheiro*, edição online (2017). Disponível em: http://www.istoedinheiro.com.br/o-novo-trajeto-da-embraer/. Acesso em: 23 fev. 2017.

[13] Paulo Cesar de Souza e Silva, CEO da Embraer, em diálogo com Walter Dissinger, CEO da Votorantim Cimentos. Cf. Darcio Oliveira e Barbara Bigarelli, em "O Brasil parou de pensar, esqueceu o que é planejar", matéria publicada na revista *Época Negócios*, ano 10, n. 121, p. 52–59, mar. 2017.

[14] Donovan Herbster, em "19 empresas que trocaram de presidente em 2016", matéria publicada online no site *Business Brasil Review*. 2017. Disponível em: http://www.businessreviewbrasil.com.br/l%C3%ADderesempresariais/2129/19-empresas-que-trocaram-de-presidente-em-2016. Acesso em: 2 jun. 2017.

[15] Cf. Luiz Sérgio Vieira, em "Inovação na EY", palestra de 27min38 seg, proferida em 10/11/2016, no V Seminário Nacional de Incentivo a Inovação — 2016, promovido pelo CCSA — Centro de Ciência Sociais e Aplicadas, da Universidade Presbiteriana Mackenzie, publicada no canal da TV Mackenzie no *YouTube*. dez. 2016. Disponível em: https://www.youtube.com/watch?v=vtbpXdIeogY. Acesso em: 24 jun. 2017.

[16] Cf. "Joyce Pascowitch e Luiz Sérgio Vieira, da EY, debatem inovação digital", matéria publicada online no site *Glamurama*. 2016. Disponível em: http://glamurama.uol.com.br/joyce-pascowitch-e-luiz-sergio-vieira-da-ey-debatem-inovacao-digital/. Acesso em: 24 jun. 2017.

[17] Cf. "Nossa organização global", matéria publicada online no site da *EY*. Disponível em: http://www.ey.com/br/pt/about-us/our-global-approach/our-leaders. Acesso em: 24 jun. 2017.

[18] Cf. o verbete "Mangels", publicado na enciclopédia online *Wikipédia*. Disponível em: https://pt.Wikipédia.org/wiki/Mangels. Acesso em: 24 jun. 2017.

[19] Cf. perfil no *LinkedIn*. Disponível em: https://www.linkedin.com/in/fabiomazzini/?locale=pt_BR. Acesso em: 24 jun. 2017.

[20] Donovan Herbster, em "19 empresas que trocaram de presidente em 2016", matéria publicada online no site *Business Brasil Review*. 2017. Disponível em: http://www.businessreviewbrasil.com.br/l%C3%ADderesempresariais/2129/19-empresas-que-trocaram-de-presidente-em-2016. Acesso em: 2 jun. 2017.

[21] Maiara Bertão, em "As lições de quem sobreviveu", matéria publicada na revista *Exame*, ano 51, n. 7, edição 1.135, p. 50–52, 12 abr. 2017.

[22] Cf. "Após 3 anos, Mangels se reergue e sai de recuperação judicial", matéria publicada online na newsletter *Automotive Business*. 2017. Disponível em: http://automotivebusiness.com.br/noticia/25477/apos-3-anos-mangels-se-reergue-e-sai-de-recuperacao-judicial. Acesso em: 24 jun. 2017.

[23] Bruno Ferrari, em "Facebook tem novo comandante no Brasil", matéria publicada na revista *Época*, edição online (2016). Disponível em: http://epoca.globo.com/vida/experiencias-digitais/noticia/2016/04/facebook-tem-novo-comandante-no-brasil.html. Acesso em: 24 jun. 2017.

[24] Luísa Melo, em "Marcos Angelini é o novo diretor-geral do Facebook no Brasil", matéria publicada na revista *Exame*, edição online (2016). Disponível em: http://exame.abril.com.br/negocios/marcos-angelini-e-o-novo-diretor-geral-do-facebook-no-brasil/. Acesso em: 24 jun. 2016.

[25] Cf. "Marcos Angelini deixa direção-geral do Facebook no Brasil", matéria publicada online no site *PropMark*. 2017. Disponível em: http://propmark.com.br/digital/marcos-angelini-deixa-direcao-geral-do-facebook-no-brasil. Acesso em: 24 jun. 2017.

[26] Cf. Denise Cursino, em "LIDE Rio Preto traz diretor-geral do Facebook no Brasil à região", matéria publicada online no blog da autora. 2016. Disponível em: http://denisecursino.com.br/2016/11/09/lide-rio-preto-traz-diretor-geral-do-facebook-no-brasil-a-regiao/. Acesso em: 24 jun. 2017.

[27] Igor Ribeiro, em "Marcos Angelini deixa o Facebook", matéria publicada na revista *Meio &Mensagem*, edição online (2017). Disponível em: http://www.meioemensagem.com.br/home/midia/2017/01/26/marcos-angelini-deixa-facebook.html. Acesso em: 24 jun. 2017.

[28] Jonas Furtado, em "Marcos Angelini é o novo presidente da Red Bull", matéria publicada na revista *Meio & Mensagem*, edição online (2017). Disponível em: http://www.meioemensagem.com.br/home/marketing/2017/04/05/marcos-angelini-e-o-novo-presidente-da-red-bull.html. Acesso em: 24 jun. 2017.

[29] Cf. matéria publicada no site de avaliação de empresas *Love Mondays*. Disponível em: https://www.lovemondays.com.br/trabalhar-na-red-bull-do-brasil-ltda/avaliacoes/22422-otima-cultura-organizacional-e-divertida-pess. Acesso em: 25 jun. 2017.

[30] Cf. verbete "Red Bull", publicado na enciclopédia online *Wikipédia*. Disponível em: https://pt.Wikipédia.org/wiki/Red_Bull. Acesso em: 25 jun. 2017.

[31] Cf. "Red Bull", matéria publicada no site *Mundo das Marcas*. Disponível em: http://mundodasmarcas.blogspot.com.br/2006/05/red-bull-te-d-asas_08.html. Acesso em: 25 jun. 2017.

[32] Andrea Seibel, CEO da Leo Madeiras, em entrevista. Cf. Mauricio Goldstein, consultor da Corall, em "Mesmo com a crise, dá para crescer", matéria publicada online no site da consultora *Corall*. 2016. Disponível em: http://blogdacorall.net/index.php/mesmo-com-crise-da-para-crescer-entrevista-com/. Acesso em: 3 nov. 2016.

[33] Ellen Mason, em "Onde estão as melhores escolas de negócios do mundo", matéria publicada online na newsletter digital *Business Review Brasil*. 2015. Disponível em: http://www.businessreviewbrasil.com.br/top10/1646/Onde-esto-as-melhores-escolas-de-negcios-do-mundo. Acesso em: 26 jun. 2017.

[34] Cláudio Marques, em "A grande função do líder é não desmotivar", matéria publicada no jornal *O Estado de São Paulo*, suplemento "Carreiras & Empregos", p. 2, 30 abr. 2017.

[35] Letícia Arcoverde, em "Expatriação de executivos é feita sem planejamento", matéria publicada no jornal *Valor*, caderno "Eu&Carreira", p. D3, 4 fev. 2015.

[36] Diálogo entre Rolf Hoenger, CEO da Roche do Brasil, maior empresa de biotecnologia do mundo, e Fabian Gil, CEO da Dow para a América Latina. Cf. Carlos Rydlewski, em "As grandes empresas precisam se livrar de seus egos. Elas acham que sabem tudo", matéria publicada na revista *Época Negócios*, ano 10, n. 121, mar. 2017, p. 60-67.

[37] Odilon Almeida, presidente da Western Union para a Região Américas e para União Europeia, em entrevista. Cf. Cláudio Marques, em "Meu estilo é gerenciar por meio de perguntas", matéria publicada no jornal *O Estado de São Paulo*, suplemento "Empregos", p. 5, 31 maio 2015.

[38] Rosa Bernhoeft, em *"Mentoring*: práticas & casos". São Paulo: Ed. Évora, 2014. p. 5.

[39] Marisa Eboli, professora da FEA-USP, em "Checklist do líder", matéria publicada no jornal *O Estado de São Paulo*, suplemento "Empregos", p. 2, 7 set. 2014.

PARTE 5
Cap. 17

[1] Lucas Amorim, em "O desafio da sucessão nas empresas", matéria publicada na revista *Exame*, Editora Abril, edição online (2012). Disponível em: http://exame.abril.com.br/revista-exame/o-desafio-da-sucessao-nas-empresas/. Acesso em: 5 maio 2017.

[2] Elisa Campos, em "Quer ser presidente?", matéria publicada na revista *Época Negócios*, edição online (2014). Disponível em: http://epocanegocios.globo.com/Informacao/Resultados/noticia/2014/05/quer-ser-presidente.html. Acesso em: 13 jun. 2017.

[3] Cf. "Recrutar um CEO dentro da empresa, e não fora, é sempre uma grande aposta", matéria publicada online no blog *Universia Knowledge Wharton*, da Wharton Business School, Pennsylvania University. 2005. Disponível em: http://www.knowledgeatwharton.com.br/article/recrutar-um-ceo-dentro-da-empresa-e-nao-fora-e-sempre-uma-grande-aposta/. Acesso em: 13 jun. 2017.

[4] João Pedro Pereira, em "Quando não se sabe quem é o senhor que se segue", matéria publicada no jornal *Público*, edição online (2013). Disponível em: http://www.publico.pt/economia/jornal/quando-nao-se-sabe-quem-e-o-senhor-que-se-segue-27341020. Acesso em: 13 jun. 2017.

[5] Gabriely Araújo, em "Executivos querem trocar experiência", matéria publicada no jornal *O Estado de São Paulo*, suplemento "Carreiras & Empregos", p. 2, 11 jun. 2017.

[6] Joseph L. Bower, em *Onde nascem os CEOs* — Os líderes internos são a chave de um processo de sucessão. São Paulo: Ed. Gente, 2009. prefácio, p. xxiv (tradução de Giancarlo S.R. Pereira).

[7] Cf. "Sob pressão de investidores, fundador da Uber deixa a presidência da empresa", matéria publicada online no site *G1* (2017). Disponível em: http://g1.globo.com/tecnologia/noticia/sob-pressao-de-investidores-ceo-e-fundador-da-uber-deixa-o-cargo-definitivamente.ghtml. Acesso em: 27 jun. 2017.

[8] Sergio Damasceno Silva, em "Claro tem novo CEO", matéria publicada no boletim online *Meio & Mensagem*. 2017. Disponível em: http://www.meioemensagem.com.br/home/marketing/2017/04/04/claro-tem-novo-ceo.html. Acesso em: 29 jun. 2017.

[9] Barbara Bigarelli, em "Amos Genish comenta sua saída da presidência da Telefônica Vivo", matéria publicada na revista *Época Negócios*, edição online (2016). Disponível em: http://epocanegocios.globo.com/Empresa/noticia/2016/10/amos-genish-comenta-sua-saida-da-presidencia-da-telefonica-vivo.html. Acesso em: 27 jun. 2017.

[10] Cf. "Amos Genish assume como CCO da Vivendi", matéria publicada no newsletter online *Meio & Mensagem*. 2017. Disponível em: http://www.meioemensagem.com.br/home/ultimas-noticias/2017/01/05/amos-genish-assume-como-cco-da-vivendi.html. Acesso em: 26 jun. 2017.

[11] Agnieszka Flak, em "CEO da Telecom Itália diz que deve permanecer independente de escolha do presidente do conselho", matéria publicada no jornal *DCI — Diário Comércio, Indústria & Serviços*, edição online (2017). Disponível em: http://www.dci.com.br/internacional/ceo-da-telecom-italia-diz-que-deve-permanecer-independente-de-escolha-do-presidente-do-conselho-id616726.html. Acesso em: 29 jun. 2017.

[12] Ram Charan e Geoffrey Colvin, em "Why CEOs Fail It's rarely for lack of smarts or vision. Most unsuccessful CEOs stumble because of one simple, fatal shortcoming.", matéria publicada na revista *Fortune*. 1999. Disponível em: http://archive.fortune.com/magazines/fortune/fortune_archive/1999/06/21/261696/index.htm. Acesso em: 5 maio 2017.

[13] Xueming Luo e outros, em "Long CEO Tenure Can Hurt Performance", matéria publicada na revista *Harvard Business Review*. 2013. Disponível em: https://hbr.org/2013/03/long-ceo-tenure-can-hurt-performance. Acesso em: 6 maio 2017.

[14] *Mckinsey Global Surveys*. Disponível em: https://www.mckinsey.com/featured-insights/mckinsey-global-surveys. Acesso em: 6 maio 2017.

[15] Lucas Rossi, em "Quanto tempo deve durar um presidente de empresa?", matéria publicada na revista *Exame*. 2014. Disponível em: https://exame.abril.com.br/revista-exame/menos-tempo-no-comando/. Acesso em: 6 maio 2017.

Cap. 18

[1] Rosabeth Moss Kanter, professora da Harvard University, em "Alianças estratégicas e parcerias — Reinventando indústrias e penetrando novos mercados". Texto extraído do vídeo de mesmo nome. Material cedido pela consultoria *MindQuest*.

[2] Cf. "Pesquisa mostra os benefícios da união de esforços", matéria publicada no jornal *O Estado de São Paulo*, caderno "Economia", seção "PME", p. B6A, 25 maio 2014.

[3] Robert S. Kaplan, professor da Harvard Business School, David P. Norton, fundador e presidente do Balanced ScoreCard Collaborative Palladium Group, em Lincoln, Mass., EUA, e Bjarne Rugelsjoen, diretor da GoalFocus, consultoria de *coaching* e performance baseada em Londres, Inglaterra, em "Managing Alliances with the Balanced Scorecard", matéria publicada na *Harvard Business Review*, p. 114–120, jan./fev. 2010 (tradução de Marco A. Oliveira).

[4] Jonathan Hughes e Jeff Weiss, em "Regras simples para uma aliança funcionar", matéria publicada na revista *Harvard Business Review*, edição brasileira, editora Segmento, p. 79–86, nov. 2007.

[5] Cf. "Site 'se vinga' de empresas com má reputação nos serviços", matéria publicada no jornal *O Globo*, edição online (2016). Disponível em: https://oglobo.globo.com/economia/defesa-do-consumidor/site-se-vinga-de-empresas-com-ma-reputacao-nos-servicos-19205375. Acesso em: 5 abr. 2018.

Cap. 19

[1] Cf. "Código das melhores práticas de Governança Corporativa", *IBGC — Instituto Brasileiro de Governança Corporativa*, p. 19. (Sem data e sem outras informações)

[2] Edy Luiz Kogut, da Associação Comercial de São Paulo, em nota em "Governança Corporativa — Boas práticas para fortalecer as relações, matéria patrocinada pela Deloitte, publicada no jornal *O Estado de São Paulo*, caderno "Economia", p. B4, 20 out. 2015.

[3] Roberto Teixeira da Costa, membro do Gacint-USP, um dos fundadores do CEAL — Conselho de Empresários da América Latina e do CEBRI — Centro Brasileiro de Relações Internacionais, em "Governança Corporativa", matéria publicada no jornal *O Estado de São Paulo*, edição online (2014), seção "Opinião". Acesso em: 8 abr. 2014.

[4] Cris Olivette, em "Criar conselho é essencial à governança", matéria publicada no jornal *O Estado de São Paulo*, suplemento "Oportunidades", p. 4, 3 set. 2017.

[5] Flávia Alemi e Malena Oliveira, em "Quase metade das empresas do Ibovespa têm CEO no conselho", matéria publicada no jornal *O Estado de São Paulo*, caderno "Economia", p. B5, 16 fev. 2016.

[6] Flavio Jansen, CEO da Locaweb, em entrevista. Cf. Cláudio Marques, em "Hoje eu busco focar mais a evolução dos times", matéria publicada no jornal *O Estado de São Paulo*, suplemento "Empregos", p. 2, 8 jan. 2017.

Cap. 20

[1] Paulo Silvino Ribeiro, mestre e doutorando em sociologia, em "Durkheim e o Fato Social", matéria publicada no site *Brasil Escola*. Disponível em: http://brasilescola.uol.com.br/sociologia/durkheim-fato-social.htm. Acesso em: 28 jun. 2017.

[2] José Augusto Guilhon Albuquerque, professor de Relações Internacionais do Depto. de Economia da FEA-USP, em "Poder do tempo, tempo do poder", matéria publicada no jornal *O Estado de São Paulo*, caderno "Aliás", p. J5, 14 fev. 2010.

[3] Jonathan Crary, professor de arte moderna e teoria da arte na Universidade Columbia, em "O sono acabou", matéria publicada na revista *Piauí*, ano 8, n. 96, p. 60–65, set. 2014 (tradução de Joaquim Toledo Jr. e revisão de Maria Emilia Bender).

[4] Álvaro Oppermann, em "Corporações no divã" (entrevista com o psicólogo e economista holandês Manfred Kets de Vries, professor do Insead de Fontainebleau, na França). Matéria publicada na revista *Época Negócios*, dez. 2009.

[5] Renato Rocha Mendes, em "O ócio e o silêncio versus a tecnologia", matéria publicada na *Revista da Cultura*, São Paulo, Livraria Cultura, edição 112, p. 28–33, maio 2017.

[6] Lúcia Guimarães, jornalista e colunista do jornal, em "Mortos de tédio", matéria publicada no jornal *O Estado de São Paulo*, 27 jan. 2014.

[7] Joseph Brodsky, poeta russo, prêmio Nobel de Literatura de 1987, em "Elogio ao tédio", discurso de formatura proferido em junho de 1989, da Faculdade Dartmouth, em Hanover, New Hampshire, EUA. Matéria publicada na revista *Piauí*, n. 124, p. 50–53, jan. 2017 (tradução de Sofia Nestrovski).

PARTE 6

Cap. 21

[1] Lester Thurow, economista e professor de administração do MIT, em entrevista. Cf. "A base da pirâmide", matéria publicada na revista *HSM Management*, p. 142–145, mar. 2000.

[2] Thomas A. Stewart, pensador da gestão do conhecimento e colunista responsável pela seção "The Leading Edge" da revista de negócios *Fortune*, em entrevista ao jornalista português Jorge Nascimento Rodrigues. Cf. "O 'tycoon' do capital intelectual", matéria originalmente publicada em "Executive Digest". 1997. Disponível em: http://www.janelanaweb.com/livros/ficha2.html. Acesso em: 23 set. 2009 (a matéria pode também ser encontrada online no "Smart Managing Bulletin Board", http://fortune.com).

[3] Rosabeth Moss Kanter, professora de administração da Harvard Business School, em entrevista. Cf. "O futuro depende dos relacionamentos", matéria de Joel Kurtzman, originalmente publicada na revista *Strategy & Business* e reproduzida em *HSM Management* n. 20, 112–118, maio/jun. 2000.

[4] Klaus Schwab, alemão, fundador do Fórum Econômico Mundial de Davos, Suíça, em entrevista. Cf. Filipe Serrano, em "A globalização precisa de uma reforma", matéria publicada na revista *Exame*, seção "Sete Perguntas", São Paulo, Editora Abril, ano 50, n. 20, ed. 1.124, p. 114, 26 out. 2016.

Cap. 22

[1] Cf. Peter F. Drucker, *Prática de Administração de Empresas*. São Paulo: Pioneira, 1981.

[2] Cf. "O que é OKR?", matéria publicada online no site da consultoria *Lean Performance*. Disponível em: http://leanperformance.com/pt-br/okr/o-que-e-okr/. Acesso em: 2 maio 2017.

[3] Edilaine Felix, em "Método de avaliação passa por reavaliação", matéria publicada no jornal *O Estado de São Paulo*, suplemento "Empregos", p. 3–4, 20 set. 2015.

[4] Daniela Moreira, em "O 9-Box em xeque", matéria publicada na revista *Exame*, edição online (2014). Disponível em: http://exame.abril.com.br/carreira/o-9-box-em-xeque/. Acesso em: 18 jun. 2017.

[5] Etienne Wenger, Richard McDermott & William M. Snyder, em *Cultivating Communities of Practice*, Harvard Business School Press, 2002. 304 p.

[6] Maren Hogan, em "7 ways to build effective talent pools", matéria publicada online no site da empresa de recrutamento *Recruiter*. 2014. Disponível em: https://www.recruiter.com/i/7-ways-to-build-effective-talent-pools/. Acesso em: 21 jun. 2017.

[7] Lucas Amorim, em "O desafio da sucessão nas empresas", matéria publicada na revista *Exame*, Editora Abril, edição online (2012). Disponível em: http://exame.abril.com.br/revista-exame/o-desafio-da-sucessao-nas-empresas/. Acesso em: 5 maio 2017.

[8] Joseph L. Bower, professor da Harvard Business School, em "O inside-outsider: a solução para a crise de sucessão", matéria publicada na revista *Harvard Business Review*, edição brasileira, editora Segmento, p. 48–54, nov. 2007.

Cap. 24

[1] Alan Pearl, em *Project Management Systems and Records*. Londres: Cahners, 1971.

[2] Jordana Pepper, Social Media/Community Manager da Pow Toon Ltd., em "Project-Based Learning: Why educators are revising lesson plans", matéria publicada online no site da *Pow Toon*. Disponível em: https://www.powtoon.com/blog/project-based-learning-why-educator/. Acesso em: 19 dez. 2016 (tradução e adaptação de Marco A. Oliveira).

ÍNDICE

A
accountability, 121
acionista, 76
    primeiro, 7
acionistas, 59, 78, 223, 246
    sócios acionistas, 54
Administração por Objetivos (APO), 266
afirmação, estágio, 96
aposentadoria, 97
Apple, 61
aquisição de talentos, 257–259
assessment, 174, 293
    center, 275–277
    de executivos, 287–294, 291
    ferramentas de, 275
ativos intangíveis da empresa, 251–253
aumento da longevidade, 115
autogerência, 101
avaliação
    de desempenho tradicional, 268
    de performance, 265–269
    de potencial, 269–270

B
background, 289–290
banco de talentos, 272–275, 275
    passos importantes na construção de um, 274–275
benchmark, 309

blue collar, 250–251
breakthroughs, 117
bypass, 206

C
capacidade, 258, 259, 294
capital humano, x
    gestão do, 2
capital intelectual, 254–256
    negligência, 316
carreira, 23, 67, 92
    em W, 107
    etapas na construção da, 94
    fazer, 147
    funcionário de, 23
carreira executiva
    a construção da, 91–114
    etapas, 94–98
    planejando desde a infância, 92–94
carreiras
    de gestão, 108
    em Y, 102, 103, 114
        estrutura, 104
    internas, 94
    profissionais, 33
caso
    Samsung, 71
    Tectoy, 86–87
    Volkswagen, 73–75
    Xerox, 87
CEO, 28, 32, 50, 51, 55, 61, 62, 68, 69, 76, 83, 88, 89, 92, 93, 100, 119, 125, 136, 137, 146, 149, 152, 159, 162, 183, 221, 278

faixas etárias mais prováveis, 226
    sucessão do, 264
    típico CEO, 102
    tornar-se CEO com menos idade, 226
CEO (Chief Executive Officer), 123–138
    deve atender, seis regras que o, 126–135
    dificuldades em deixar o poder, 154
    estágios na carreira, 227
    inseguro em ser um, 152
    padrões de comportamento, 141
    papel do, 124–125
    três tarefas críticas, 136–138
    variáveis no processo de sucessão do, 175
CEOs, 2, 93
chaebol, 71
    cultura do, 71
chefe de pessoal, 246, 246–264, 247–264
    missão do, 247
C-Level, 61, 83, 118, 123, 183, 221
coach, 310
coaching, 89, 173, 309, 310, 318
    em equipes, 309
    individual, 309
Coca-Cola, 62–66
competência, 294
    definição, 258

competências, 258, 259
compliance, 74–76
comunidade de talentos, 275
conjuntura favorável, 234
Conselho
    Administrativo, 219
    de Administração, 34, 52, 55, 69, 76, 215, 217, 221, 223, 278
        funções do, 221
        no processo de sucessão, 223
        suas atribuições, 217
    de Família, 34, 36, 40, 55, 59
consolidação, estágio, 97
contrato social da empresa, 42
corrupção no Brasil, 75–76
counseling, 173, 309
cultura, 48
    androcêntrica, 57
    da empresa, 284–285
    da família, 47
    familiar
        acabando, 49
    judaica, 13
    organizacional, x, 118, 221, 222, 223
    típica, 60
cursos, 301

D

desafios on the job, 301–302
desastre de Mariana, 69–71
desemprego estrutural, 252
desenvolvimento
    de projetos, 303–304
    profissional
        ações para, 300–311
diagnóstico, 277
    de ddentidade, 284–285
dilema, 142, 144
dilemas, 143
    do CEO, 148
disseminação, estágio, 98

E

economia política, 17
    political economy, 18
    public choice, 18
empoderamento, 111
empowerment, 111
empreendedor, 236
empresa
    estatal, 21, 23
    familiar, 7, 30, 46
empresário, 26
empresas
    estatais, 1, 17, 23, 24
        empresas familiares, 15
    familiares, ix, 1, 25, 27, 30, 31, 32, 47, 53, 54, 233
    não estatais, 78
    não familiares, 78
    tempo de vida das, 116
encantamento do cliente, 126–127
envelhescente, 120
Era dos Serviços, 251–253
esquema de pirâmide, 130
estágio da esponja, 96
ex-CEO, 225, 237
    capacidade de convencimento, 233
    imagem do, 233
    possíveis caminhos profissionais para um, 232, 235
executivo, 31, 81, 89
    alto, 2, 73, 172, 185, 197–198
        sucessão de um, 203
executivos, 2, 21, 227
    altos, 31
    C-Level
        quatro pilares na formação de, 169
expatriação, 94

F

família, 31, 33, 48, 71
    proprietária, 47, 50
famílias
    empresárias, ix
fatores de produção, 246
fundador, 47, 80

G

genograma, 58
geração
    baby boomer, 116, 117
    X, 116, 117
    Y, 116, 117
    Z, 116, 117
gerações, 43, 119
gerência
    de função, 101
    de gerentes, 101
    de outras pessoas, 101
gerente
    da empresa, 102
    de grupo de negócios, 102
    de negócio, 101
    de pessoal, 248
    de relações industriais, 248
gestão
    das especializações, 247–249
    de pessoas, 247
    de projetos, 106
    do capital humano, 265, 282
        três fases no processo de, 284
    do conhecimento, 251–253, 254–256
    do poder em RH, 246–247
    dos recursos, 249–250
    familiar, 59
gestores
    troca de, 51
governança corporativa, 218

H

habilidade
　definição, 258
Hanafuda, 65–66
hard management, 245
headhunters, 67–76
　contratação de, 186
herança, 46
herdeira, 57
herdeiro, 27, 52
　jovem, 53
　príncipe, 27
herdeiros, 34, 54
　preparação dos, 59
Hiroshi Yamauchi, 65–66
house organ, 247
HRD, 262

I

identificação pessoal, 232
imagem positiva, 233
individual contributors, 105
influência, 233
integração, estágio, 99
ipsis literis, 51

J

job rotation, 281, 304–305
joint-ventures, 211
JR como projeto, 305–306

K

key results, 268
know-how, 288–289
KPIs, 266

L

lead time, 266
Lee Kun-hee, 72
lei
　dos benefícios crescentes, 255
　dos benefícios decrescentes, 255
líder, 9, 136
　autêntico, 100
　de equipes, 111
　de líderes, 111
　de macroprocessos, 111
　de negócios, 112
liderança, x, 9, 15, 20, 58
　alta, 119
　atributos da, 286
　empresarial
　　lideranças agitadoras
　　liderança de agitação, 118
　modelo evolutivo de, 109
　　eixos, 109
　níveis de, 110
　tríplice, 51
lideranças
　empresariais
　　agitadoras, 117
　　liderança histórica, 117
　　liderança por conhecimento, 117
líderes, 174
　de sucesso, ix
　formadores, 174
　troca de, 10
longevidade do executivo no cargo, 190

M

mandato, 77–79
market share, 267
matriz 9-box, 270–272
mentee, 311
　evolução esperada do, 313–314
mentor, 311
mentoring, 89, 174, 292, 309, 311–314, 313, 314, 316, 319
　continuado, 173
método OKR, 267–269
　estrutura, 267–268
milagre econômico, 117
modelo de meritocracia, 272
mudança, 5, 9
mudanças ambientais, 83–84

N

negócios familiares, 10
new Coke, 62–66
Nintendo, 63–66, 85

O

objetivo, 267
one size fits all (o modelo único), 183
operação Lava Jato, 75–76
organizações, ix, 9, 24, 118, 128, 246, 282
　controladas por famílias, 10
　empresariais, 91
　perenização das, 1

P

paradigma, 8, 9
　mindset, 8
patrimônio, 31, 33, 39, 92
　financeiro, 41
　imobiliário, 41
PDI (Plano de Desenvolvimento Individual), 268, 280, 299–300
pedagogia de projetos, 304
performance, 277, 290, 290–291, 294
　Avaliação de, 291
permanência, 5
pesquisa de alinhamento, 285–286
Pesquisa & Desenvolvimento (P&D), 102
Peter Drucker, 126, 251, 253, 264
pipeline, 99
　de liderança, 99, 108
　propostas, 100
pirâmide de Dilts, 313, 314
plano de sucessão, 277–282
　definição, 278
　o sigilo do, 279–282
poder, 233
posição disponível, 233

potencial, 277
preparação
   emocional, 202
   preparação para o trabalho, 95
preparação, estágio, 95
presidente, 7, 21, 51, 61, 76, 78, 83, 89, 279
   da Eletrobras, 20
   da Petrobras, 22
   defenestrar o, 71
   e CEO, 67
   saída do, 70
primogênito, 47
processo, 4, 5, 6, 7
   coerência, 5
   congruência, 6
      dissonância cognitiva, 6
   de coaching, 189
   de sucessão, 9
   incoerente, 6
   sucessão de mudanças, 5
processos de recrutamento e seleção, 274
produção, estágio, 97
prognóstico, 277
projeto
   definição, 106
proprietários, 78
prosseguimento, 229, 236
   modo de, 234
   opções para o, 231
   possibilidades de, 231

Q
quatro coortes, 116

R
Ram Charan, 99, 114, 174, 191, 262
ramo, 85
recursos humanos, 246, 264
   RH, 245–264
Reggie Fils-Aime, 64–66
relações homoafetivas, 58

retenção de talentos, 257–259
Roberto Goizueta, 62–66

S
Samarco, 69–71
   Mineração S.A, 69
Satoru Iwata, 63–66
self-fulfilling prophecy, 206
seminários, 301
Sérgio Moro, 75–76
stakeholders, 24, 111, 121, 192
steel collar, 250–251
Steve Jobs, 61–66
stock out, 267
sucedido, 56
sucessão, ix, 1, 3, 11, 15, 28, 31, 47, 51, 54, 195, 220, 223
   da presidência, 23
   de pessoas, 5
   de um CEO, 146, 174
   do patriarca, 27
   dos altos executivos nas empresas, 1
   empresarial, 52
   na empresa, 32
      impacto da, 208
         afetando parceiros e aliados, 210
         nos compradores, 213
   no comando, 30
   patrimonial, 40, 43, 52, 60
   por "desgaste" do presidente, 68–70
   problema da, 43
   processo da, 55
   processo de, 33, 37, 47, 60, 66, 80, 119, 149, 195, 216
   processos de, 24
sucessões
   de líderes de sucesso, ix
   monárquicas, 10
sucessor, 9, 27, 28, 56, 72

desenvolver um, 137
futuro, 27
preparar seu, 89
surpresa estratégica, características, 131

T
talento
   definição, 257
Tatsumi Kimishima, 65–66
Teoria das Restrições, 132
testamento, 44
   ocultar, 44
Tim Cook, 61–66
time to market, 266
trabalhador
   da informação, 253–254
   do conhecimento, 253
trabalhadores
   da informação versus trabalhadores do conhecimento, 251
   do conhecimento, 251, 252, 253–254
transgênero, 58
transição, 203, 227
   demográfica, 120
   na carreira executiva, 229
troca de cadeiras, 67–76
turnaround
   champion, 90
   champions, 88
tutoria, 309, 310
tutorial, 310

U
uma boa meta, 267

V
vácuos conceituais, 302
Vale S.A., 69
visitas técnicas, 302–303

W
Walmart, 67–76
workshops, 301